경희 고대사 · 고고학 연구총서 6

고조선의 네트워크와 그 주변 사회

강인욱 · 조원진 · 오대양 · 이후석
김동일 · 정현승 · 배현준 지음

경희 고대사·고고학 연구총서 6

고조선의 네트워크와 그 주변 사회

저 자 | 강인욱·조원진·오대양·이후석·김동일·정현승·배현준
펴낸이 | 최병식
펴낸날 | 2022년 12월 28일
펴낸곳 | 주류성출판사 www.juluesung.co.kr
          서울특별시 서초구 강남대로 435 주류성빌딩 15층
          TEL | 02-3481-1024(대표전화) · FAX | 02-3482-0656
          e-mail | juluesung@daum.net

값 30,000원

잘못된 책은 교환해 드립니다.

ISBN 978-89-6246-493-1 94910
ISBN 978-89-6246-283-8 94910(세트)

· 이 저서는 2019년 대한민국 교육부와 한국연구재단의 지원을 받아 수행된 연구임(NRF-2019S1A5C2A01083578).

경희 고대사 · 고고학 연구총서 6

고조선의 네트워크와 그 주변 사회

강인욱 · 조원진 · 오대양 · 이후석
김동일 · 정현승 · 배현준 지음

주류성

책을 펴내며 _ 6

1부 고조선의 성립과 유라시아

2부 고조선시대(=비파형동검문화)의 전개와 주변 지역

고조선에 대한 관심만큼은 지대하지만, 생각보다 그 연구는 많지 않습니다. 고조선의 경우 문헌자료가 매우 소략하며 고고학 자료 또한 직접적으로 고조선의 실체를 증명할 수 있는 성곽이나 왕족의 고분과 같은 자료가 아직 없습니다. 이러한 제한적인 역사 기록과 고고학 자료의 한계를 극복하기 위해서는 무엇보다도 기존 연구의 틀을 벗어난 새로운 시각과 방법론이 필요할 것입니다. 이 단행본은 고고학과 고대사에서 바라보는 고조선에 대한 새로운 시각을 불어넣고자 기획했습니다.

문헌사 중심의 연구에서는 그동안 지나치게 그 영역에 대한 논의가 집중되어 온 경향이 있습니다. 패수, 열수 등 고조선의 경계를 어디로 보는지에 대해서 연구도 많고 학자들의 견해도 다양합니다. 반면에 고고학에서는 일정한 물질문화의 조합을 밝히고 시공적인 범위를 파악하는 데 집중합니다. 하지만 고조선과 같은 청동기시대 단계에 성립한 정치체는 지금과 같은 영역국가가 아니었다는 점에서 강을 중심으로 하는 국경선의 설정은 의미가 없습니다. 또한 어떠한 고고학자료를 보아도 강을 중심으로 양쪽으로 문화가 나뉘어지는 경우는 전혀 없습니다. 강은 강줄기를 따라서 물질문화가 중심의 역할을 하지 영역화되어 군사가 지키는 국경의 역할을 하지 않기 때문입니다. 반면에 일부 고고학자료를 이용하여 일정한 물질문화를 곧바로 하나의 국가 강역과 동일시하는 것은 고조선의 국가 성격이나 당시 사회 구조가 명확히 밝혀지지 않은 상태에서 자칫 순환논리로 이어질 수 있습니다. 즉, "고조선은 비파형동검문화의 나라"라고 한다면 "모든 비파형동검이 발견되는 지역은 고조선"이라는 단순한 비약 논리가 의외로 일반인들에게 잘못 알려진 것이 그 예입니다. 사실 특정 유물의 분포를 하나의 국가나 정치체 범위로 곧바로 잇는 것은 검증되지 않은 방법입니다. 특정한 유물의 유사성은 그 뒤의 사회, 경제, 또한 기술의 보급이라는 다양한 인간활동의 결과입니다.

이러한 고조선에 대한 선험적인 규정은 다양한 문화들의 성립과 지역간의 교류의 산물인 고고학적 문화에 대한 검토 대신에 "고조선인가 아닌가"라는 흑백논리로 귀착되기 마련입니다. 하나의 국가는 갑자기 출범하지도 않았고, 특히 기원전 1천년기의 사회는 언제부터 국가인가라는 규정을 할 정도로 고고학자료가 충분하지도 않습니다. 이런 상황에서 불충한 자료에 따른 선험적인 고조선의 규정은 오히려 연구의 장애가 되며 토론의 활성화를 막을 수 있습니다.

이에 필진들은 좀더 세계사적 보편성과 거시적인 시야에서 중국 동북지역과 한반도 북부에서 최초로 등장한 정치체인 고조선의 형성에 접근해보고자 했습니다. 이 책에서는 이러한 우리의 문제의식을 구체화시키기 위하여 '청동기'를 연구 대상으로 삼았습니다. 세계적으로 청동기는 복합사회, 나아가서 국가의 형성과정과 밀접한 관계가 있음은 이미 공인된 사실입니다. 다만, 일률적인 '청동기=국가'라는 도식이 모든 지역에 성립되지 않습니다. 고조선 역시 마찬가지일 것입니다. 지난 1963~65년에 북한과 중국의 조중고고발굴대는 고조선 역시 청동기의 사용과 노예제사회라는 점을 내세워서 고조선의 존재를 밝혀냈습니다. 그 이후 '비파형동검문화'를 고조선의 성립및 발전의 설명을 위한 주요한 고고학적 증거로 활용해왔습니다. 하지만, 우리가 직접 조사할 수 없는 중국 동북지역과 북한의 청동기 자료라는 점에서 그 이상의 자세한 연구에는 한계가 있었습니다. 그렇다고 그 대안으로 청동기의 형식분류 또는 세밀한 제작기술의 분석에만 집중한다면 고조선의 존재에 실체적인 접근이 어려울 것입니다. 청동기의 제작을 위한 기술, 청동제기를 통한 제사의 도입, 청동기를 사용한 무기와 전차 등의 도입은 사회 전반적인 변화를 동반해야 가능한 것입니다.

환언하면, 청동기를 통한 고조선의 성립과 발전에 대한 접근은 청동기의 도입과 사용과정에서 고조선과 같은 사회가 성립되는 과정의 일단을 파악하는 데에서 시작한다고 볼 수 있습니다. 따라서 시야를 넓혀서 고조선 이전과 그 주변 지역으로 확대하고 유라시아에서 시작된 선진적인 청동기가 어떻게 이 지역으로 유입되었는지에 대한 다양한 시각을 이 책에서 담아보고자 했습니다.

이번 단행본의 주된 흐름은 고조선을 포함한 동북아시아 광범위한 지역의 청동기를 중심으로 하는 지역 간 네트워크와 복합사회의 형성입니다. 여기에서 네트워크라는 의미는 최근 고고학에서 많이 논의되고 있습니다. 네트워크는 각 지역 간에 정보를 서로 교환하고 인적 물적 자원이 다양한 경로로 교환되는 망(網)을 의미합니다. 이러한 네트워크를 강조하는 이유는 강을 중심으로 하는 가상의 경계선을 긋거나 특정 물질문화의 분포를 과도하게 해석하는 기존 고조선 연구가 가지고 있는 한계를 극복하기 위함입니다.

고조선에 대한 고고학자들의 새로운 접근은 지난 2017년도에 개최된 한국고고학전국대회에서 "고조선으로 본 고조선"이라는 주제로 개최된 것이 하나의 전환점이 되었다고 할 수 있습니다. 한국고고학회가 성립된 이래 '고조선'이 최초로 본격적인 토론의 주제가 되었기 때문입니다. 이러한 새로운 연구에 대한 움직임은 필진들이 활동하는 고조선사부여사연구회를 중심으로 계속 이어졌습니다. 이에 경희대학교 한국고대사고고학연구소와 고조선사부여사연구회가 공동으로 준비하여 2021년에 6월 18~19일 양일 간에 개최한 "고조선의 네트워크"라는 제목으로 학술대회를 개최했습니다. 코로나상황이지만 온라인으로 실시간 중계되면서 많은 분들의 관심을 이끌어 낼 수 있었습니다. 여기에서는 "고조선의 성립", "비파형동검문화", "한국고대사", "국제적연구의 네트워크"라는 4주제로 한국은 물론 러시아와 핀란드에서 참여하신 16분의 발표가 이어졌습니다. 이번 단행본은 이때의 토론에서 그 고민이 시작되었습니다. 그리고 당시에 발표한 논문 6편을 중심으로 하되, 그밖에 새로운 논문들 5편을 추가했습니다.

이 책은 크게 2부로 구성했습니다. 먼저 1부는 비파형동검문화가 성립되기 이전에 청동기문화의 형성과정에 대해서 이야기했습니다. 지난 50여 년간 대릉하유역 일대에서 기씨 명문이 새겨진 상말주초의 청동예기는 큰 논란이었습니다. 그 배경에는 기자조선이라는 문헌상에서 애매하게 등장하는 기사가 있습니다. 기자가 실제 존재했던 이후 1천년이나 지나서 등장하는 역사 기록에 무리하게 해석하기보다는 기원전 12~10세기, 중원에서는 상말주초로 대표되는 혼란기가 유라시아적인 큰 변동임을 강조하고자 했습니다. 이에 대릉하 유역에 대한 중원예기 속의 초원문화 요소, 그리고 유라시아 전차 등의 도입, 상말주초의 혼란상과 문헌기록의 불일치 문제, 그리고 위영자문화로 대표되는 대릉하 유역의 토착적인 문화상을 새롭게 조망했습니다. 물론, 1부에서 다루는 문제들이 고고학적으로 고조선과 직접적인 연관이 있다고 보기는 어렵습니다. 하지만, 위에서 언급한 것처럼 고조선의 기반이 되는 청동기문화는 중원에서는 상말주초의 혼란기, 그리고 초원지역에서는 새로운 유목 청동기문화가 유입되면서 대릉하 유역 일대에서 자체적인 청동기가 태동하는 과정을 역동적으로 살펴보고자 했습니다.

2부에서는 비파형동검문화와 그 주변지역에 대한 여러 논의를 다루었습니다. 본격적으로 고조선을 대표하는 고고학적 문화를 다루는 5편의 논문이 수록되었습니다. 특히 고고학의 시대 구분으로 '고조선시대'를 제안하는 것이 가장 큰 성과라고 하겠습니다. 고조선에 대한 많은 논의에도 불구하고 유독 한국에서 고조선은 시대 구분의 한 획기로 자리매김하지 못해왔습니다. 이에 본격적으로 고조선시대를 제안하기 위하여 고조선의 성립과 발전과정에 대해 언급하고, 특히 기원전 6~5세기를 고조선의 시작으로 제언하는 연구(이후석)가 등장했습니다. 다음으로 고조선문화권의 주변지역에 해당하는 연산산맥 일대의 옥황묘문화와의 교류에 대한 논고(김동일), 초원, 중원, 비파형동검문화권의 교차지대이면서 자신들만의 독특한 문화를 영위해온 발해만유역의 양상(정현승)에 대한 연구가 수록되었습니다. 이어서 고조선의 중심지역에 해당하는 요동지역의 비파형동검문화권의 연구(이후석)와 요서지역에서 한반도로 이어지는 교류상을 보여주는 대표적인 토기인 점토대토기에 대한 연구(배현준)가 이어집니다.

물론, 본 논문집에 수록된 논문은 고조선에 대한 일관된 결론을 내리거나 하는 것은 아닙니다. 하지만, 고조선의 영역이나 중심지와 같은 기존의 반복되는 연구의 패턴을 벗어나서 고고학적 자료에 기반하여 동아시아 고대 복합사회의 형성 과정 속에서 고조선을 바라보는 새로운 기회가 될 것으로 기대합니다. 향후 고조선과 한반도와의 관계에 대한 주제도 각각의 연구를 발전시켜서 단행본으로 출판할 예정입니다.

저는 언제나 고조선은 "거대한 제국도 아니고 상상의 나라도 아니다"는 말을 자주하곤 합니다. 고조선의 성립과 발달을 세계사적인 보편성과 거시적인 안목에서 객관적으로 바라볼 때 그 실체는 한걸음 더 우리 곁에 다가오리라 기대합니다. 그리고 저희의 부족한 노력이 고조선에 대한 실체적인 접근을 하는 데에 작은 디딤돌이 되기를 기대합니다.

비록 작은 책이지만, 그 뒤에는 많은 분들의 도움이 있었습니다. 본 연구서를 내는 데에 실무를 담당한 이후석 선생님과 고조선부여사연구회의 총무인 배현준 선생님께 특별한 감사를 드립니다. 또한 옥고를 내어주신 조원진, 오대양, 김동일, 정현승 선생님을 비롯한 고조선부여사연구회의 회원 여러분, 그리고 서영수, 이청규, 박경철, 이종수 전 회장님들께 감사드립니다. 아울러 학술대회를 준비하고 원고를 취합하는 데에 큰 도움을 주신 경희대 한국고대사고고학연구소의 여러 선생님들께 감사의 말씀을 전합니다. 그리고 지난 20여 년간 북방 고고학이라는 소외된 분야의 연구서를 꾸준하게 발간해주시는 주류성의 최병식 사장님과 이준 이사님을 비롯한 여러 관계자들에게도 변함없는 감사를 드립니다. 끝으로 이번 저서는 한국연구재단의 인문사회연구소 지원사업의 결과물로 나온 것입니다. 이렇게 소외된 연구에 지원을 아끼지 않은 한국연구재단에 감사를 전합니다.

저자들을 대표하여 2022년 10월

경희대 한국고대사고고학연구소 소장
고조선사부여사연구회 회장
강인욱

1부

고조선의 성립과 유라시아

1

청동기시대 고대 북방 유라시아와 동북아시아의 네트워크

- 전차의 확산을 중심으로 -

강인욱

경희대학교 사학과 교수

* 이 글은 『先史와 古代』 第66號(韓國古代學會 2021)에 게재된 논문을 일부 수정·보완한 것이다.

I. 들어가며: 유라시아 고대사에서의 전차

기원전 20세기경 우랄산맥의 안드로노보문화 공동체(또는 신타시타문화)에서 처음 사용된 전차(戰車)는 세계 4대문명은 물론 유라시아 곳곳에 지대한 영향을 미쳤다. 새롭게 발명한 바퀴는 빠르게 이동이 가능한 가공할 무기인 전차의 도입으로 이어졌고, 그 결과 세계 고대 문명의 전술은 물론 사회와 문화에도 큰 영향을 주었다. 이집트와 메소포타미아문명의 첫 번째 전쟁인 카데시전투(The battle of Kadeshi)는 전차가 고대 문명에 영향을 끼친 대표적인 예로 거론된다(강인욱 2015: 32-47). 다만, 전차가 처음 등장하고 사방으로 확산된 유라시아 초원지역은 전통적으로 소련 고고학의 영역으로 외부 세계에서 쉽게 접근하기 어려웠다. 1990년대 이후 러시아를 비롯한 유라시아 각국의 고고학적 자료에 대한 접근이 원활해지고 새로운 유적의 발굴이 알려지면서 고대 전차의 발생과 확산 과정 연구는 세계 고고학의 주제로 급격히 확대되고 있다. 또한 지난 백여 년간 서방 고고학계의 논쟁거리였던 인도-유럽어족의 기원문제도 직접적으로 연결되었음이 밝혀지면서[1] 전차의 발명과 확산문제는 청동기시대 유라시아의 동서문화 교류를 상징하는 연구로 더욱 주목받게 되었다. 특히 전차는 신속한 이동성과 첨단 기술의 확산을 기반으로 하기 때문에 글로벌화되고 빅히

---

1) 대표적인 저서인 데이비스 앤서니의 『말, 바퀴, 전차』는 한국에서도 소개된 바 있다(앤서니 2015).

스토리가 강조되는 21세기의 사회적 분위기와 맞물려 최근에 가장 각광받는 유라시아 고고학의 주제로 주목받게 되었다.

이러한 세계고고학적인 관심에도 불구하고 국내에서 유라시아의 전차 확산과 동아시아로의 도입이라는 주제는 일부 개설적인 소개 이외에는 다루어진 바가 없다.[2] 하지만 최근 정선 아우라지 돌대문토기 주거지의 예처럼(강인욱·김경택 2020), 한반도도 이미 기원전 13세기 이전부터 전차의 확산 시기에 청동제련기술인 세이마-투르비노 계통의 청동기가 유입되었음이 확인되고 있다. 전차의 확산과 동아시아로의 유입은 궁극적으로 한반도와 동북아시아 청동기 문화의 도입 과정에 대한 새로운 활력을 줄 것이다. 이에 본 고에서는 유라시아 전역으로 확산되는 전차에 대한 연구경향을 간단히 리뷰하고, 후반부에서는 주제를 좁혀서 동북아시아(만주 일대~한반도)로의 확산을 다루고자 한다(그림 1). 유라시아 전차는 동아시아로도 확산되어서 몽골을 거쳐서 고대 중국의 상나라로 도입되었으며 하가점상층문화에서도 다양한 전차와 관련된 청동과 골제 유물이 확인되었다. 하가점상층문화는 중원지역과 별도로 유라시아 초원과 만주와 한반도 청동기문화를 잇는 연결고리라는 점에서 고대 전차문화가 동아시아로 어떻게 확산되었는지에 대한 주요한 자료를 제공할 것이다.

한편, 전차는 실제 무기로서의 용도보다는 상징적인 의미로 다양하게 변용되어서 각 문화에 도입되어 사용되었다(강인욱 2015). 실제 전차를 제작하고 관리하며 실제 주요 전쟁의 무기로 사용된 시간과 지역은 극히 제한적이다. 즉, 유라시아 각지로 전차가 확산되는 과정은 실용적인 전쟁 수행 수단으로서의 전차의 확산이 아닌 전차가 가지는 고대 사회에서의 의미와 종교적인 상징, 나아가서 각 사회에서 발생하는 변화라는 관점으로 볼 필요가 있다. 본 고에서는 유라시아 전차의 확산을 검토하고, 구체적인 사례로 내몽골 동남부~만주 일대에서 확인되는 전차문화의 흔적과 그들이 변용되어 가는 과정을 살펴보겠다. 이를 통하여 유라시아 고대 전차문화의 확산이라는 거시적인 맥락과 동북아시아라는 지엽적인 청동기 발달의 보편성과 특수성을 살펴보겠다.

---

2) 다만 필자가 전차문화의 일환인 카라숙문화가 동북아시아와 만주 일대로 확산된 과정을 검토하고 (2009), 개설적인 수준에서 고대 전차의 의미를 소개한 것(2015)이 있을 뿐이다.

<그림 1> 유라시아 전차의 확산과 본 고의 주요 대상인 하가점상층문화 지역(●표시)

II. 유라시아 전차의 연구 현황

1. 고대 전차의 연구방법

유라시아와 동아시아 고대 전차의 확산은 크게 4가지 범주에서 연구되고 있다. 첫 번째로 고고학적 발굴을 통하여 전차와 관련한 유물들이 출토되는 것이다. 두 번째로 암각화와 예술자료를 통한 전차의 이미지를 연구하는 방법이다. 세 번째로 문헌에 기록된 전차의 사용과 관리를 연구하는 것이다. 예컨대 전차의 운용기록(『論語』 등) 및 말의 조련의 문서(『키쿨리문서』[3]), 전차병의 시(『詩經』), 불의 전차와 전쟁(『리그베다』) 관련 기록 등 세계 각지에서 전차에 대한 문헌은 다양하게 제시되어 있다. 이 기록들로 구체적인 전차의 운용상황을 파악하

---

3) Kikkul text, 기원전 14세기 히타이트의 신왕국에서 쓰여진 전차를 모는 말을 조련하는 방법을 담은 문서이다. 키쿨리는 조련사의 이름으로 "Mitanni의 땅에서 말의 조련가인 키쿨리가 말하노니…"라는 구절에서 이 문서의 이름이 유래했다. 매우 세심하게 각 말의 조련법 및 사육 방법에 대하여 1080행의 문서로 이루어져 있다.

는 것은 물론 용어들에 대한 언어학적인 분석으로 그 계통도 파악할 수 있다. 즉, 다양한 전차와 관련한 기록에 등장하는 용어를 통하여 각 전차 용어의 기원을 밝히고, 전차의 확산경로를 추정할 수 있다. 네 번째로는 최근의 경향으로 전차병의 형질적 특성 및 트라우마의 관찰, 또한 전차와 관련된 말뼈를 분석하여 전차를 실제로 몰았던 사람들에 대한 연구이다.

물론, 이 4가지 연구 방법을 모든 지역에 적용할 수 있는 것은 아니며 각 지역에 따라 사용할 수 있는 자료는 다르다. 중국의 경우 암각화 자료는 거의 없지만[4] 유라시아 어느 지역보다 실물 전차자료와 문헌자료가 풍부하기 때문에 발굴된 전차부속품의 연구 이외에도 문헌과 말뼈의 분석 등이 가능하다. 반면, 유라시아 초원의 경우 실제 발굴되는 전차의 예는 신타시타와 같은 몇 유적을 제외하면 거의 없다. 그 이유는 중국 상-주대의 전차는 다양한 청동제 전차부속과 장식을 하는 데에 반해서 유라시아의 전차는 경량화를 위하여 유기물질들로 제작되어서 잘 남아있지 않기 때문이다. 대신에 전차의 형상이 제의의 대상으로 표현된 암각화자료가 많이 남아있다. 한편 본 고에서 주로 대상으로 하는 하가점 상층문화를 중심으로 하는 동북아시아 지역의 경우 암각화는 발견되지 않고, 동물뼈나 DNA 분석 또한 원활하지 않다. 본 고에서 주로 대상으로 할 수 있는 방법은 첫 번째로 언급한 고고학적 접근법, 즉 올자형동기(兀字形銅器)라고 불리었던 고삐걸이와 재갈과 같은 전차 부속에 한정될 뿐이다.

2. 안드로노보문화 공동체의 확산과 전차

고대 유라시아의 전차와 관련한 유적과 유물은 시베리아를 중심으로 중앙아시아와 몽골 일대에 밀집되어 있기 때문에 소련 시절이래 러시아의 연구자들의 주도로 조사가 되어왔다. 특히 시베리아를 중심으로 광범위하게 분포한 안드로노보문화권의 확산이 유라시아 고대 전차의 사용과 관련되었다는 사실이 제기되면서 연구는 더욱 활발해졌다. 구소련의 대표적인 안드로노보문화 연구가로

---

4) 甘肅回廊과 靑海 일대에서 일부 발견된 바가 있으나, 그 수는 유라시아에 비하면 현재까지 매우 적다.

는 쿠즈미나(Kuzmina E.E.)를 들 수 있다. 그녀와 일련의 학자들은 고대 인더스 문명의 주체였던 아리안족이 바로 시베리아에서 시작된 전차문화를 전파시킨 장본인이며, 이후 인더스의 고대 문명이 형성되었음을 주장했다(Кузьмина E.E. 1994). 이러한 연구경향은 소련시절에 본격화되어 인도북부에 존재한 사카 족까지도 스키타이로 대표되는 일련의 유라시아 유목문화의 유입과 관련이 있다는 주장(Бонгард-Левин 1983)까지 등장했다. 쿠즈미나는 전차 문화의 확산이 단순한 운송수단에 한정된 것이 아니고 목축경제와 함께 발달된 야금술과 기타 물질문화를 기반으로 주민들의 확산으로 이어졌음을 논증했기 때문에 러시아 고고학계에서 큰 반향을 일으켰다. 쿠즈미나는 실물자료의 정리에 그치지 않고 중앙아시아 일대에서 암각화에 새겨진 전차의 도상과 언어자료 등을 포함하여 이 현상을 아리아인의 확산에 주목하였다. 즉, 그녀는 시베리아를 중심으로 하는 유라시아 일대에서 안드로노보문화 공동체가 확산되는 과정이다. 이 전차문화의 확산은 전 사회적인 것이어서 바로 인도-이란어족의 문화의 형성과 발전과 관련되었다고 보고(Кузьмина E.E. 1994), 나아가서 인도-이란어족의 일파인 인도 북부의 아리안족의 확산과도 연관되어 있다고 보았다(Кузьмина E.E. 2008). 즉, 고대 전차문화의 확산은 나아가서 동서문명의 교류를 상징하는 최초의 실크로드와 같은 역할을 했다고 보았다(Кузьмина E.E. 2010).

쿠즈미나의 연구는 1970년대 중반에 우랄산맥 지역 첼랴빈스크를 중심으로 건설사업에 따른 조사 과정에서 발견된 신타시타(Синташта)와 아르카임(Аркаим)이라는 대형유적의 발굴조사로 새로운 전환기를 맞이했다. 신타시타 유적은 1960년대 우랄산맥 근처의 신타시타강에 댐을 건설계획에 따라 게닝(Генинг В. Ф.)이 조사하며 알려지게 되었다. 게닝의 신타시타 유적은 1990년대 초에 정식 보고가 되었다. 한편, 신타시타의 뒤를 이어서 이 초기 전차를 대표하는 아르카임 유적은 1986년에 아르카임강 근처의 댐건설과정에서 추가로 확인되었다(Зданович Г. Б., Батанина И. М. 2007; Епимахов А. В. 2017). 소련 정부는 고고학자들의 우려에도 불구하고 댐건설을 강행하려했지만 소련의 패망과 함께 댐건설이 1992년에 최종 철회되었고 대신에 국가지정 사적공원이 되어서 매년 조사와 연구가 심화되고 있다. 신타시타와 아르카임 유적이 서방에도 널리 알려짐에 따라 강력한 고대 전차문화의 확산에 대한 쿠즈미나의 연구도 새롭게 조명을 받기 시작했다. 사실 쿠즈미나 이전에도 서구 학계에서는 인도-유럽어족의 기원을 동구지역에서 찾는 마리아 김부타스(Marija Gimbutas)의 쿠르간문화론이 잘 알려져 있었다(Gimbutas, Marija 1997). 1960년대부터 김부타스는 유럽문화의 기원이 동유럽 볼가강 유역(Pontic steppe) 지역을 발상지로 보는 이론을 제창했다. 그녀의 이론은 마치 에가미 나미오(江上波夫)의 기마민족설을 연상시킬 정도로 전쟁과 갈등에 따른 주민들의 이주와 전파에 방점을 둔 것이다. 이러한 연구경향은 2차대전 직후 금기시되던 전파론적 시각을 연상시키기 때문에 많은 비판을 받아왔다. 물론, 그녀의 설은 세부적으로 본다면 시간과 공간적으로 안 맞는 부분이 많은 것도 사실이지만, 기본적으로는 유라시아 초원지대에서 인도-유럽어족이 유럽으로 확산되어서 현대 유럽인을 형성하였다는 새로운 연구의 흐름을 열었다(그림 2).

1990년대 이후 러시아의 연구가 널리 알려지면서 김부타스의 쿠르간문화론은 볼가강이 아니라 우랄산맥을 중심으로 하는 유라시아 중심을 발원지로 보는 발전된 이론으로 계승되었다.

전파론의 아류로만 백안시되었던 고대 전차의 확산과 인도-유럽인의 기원에 대한 연구는 청동야금술과 전차 기술이라는 발달된 기술에 대한 접근, 언어학적 연구, DNA연구 등이 더해지면서 새로운 전환점을 이루었다. 즉, 학제 간 연구를 통하여 전차 연구는 전파론이 아니라 지역 간의 이동 및 네트워크에 대한 연구를 뒷받침하며 유라시아 고고학의 가장 역동적인 주제로 탈바꿈했다. 라인하르트 쉬메켈(2013)의 저작은 김부타스의 가설 이후 학계의 논쟁을 정리한 대표적인 저서이다.

이러한 새로운 서양의 연구는 1980년대부터 유라시아를 전차문화를 인도-유럽인의 기원으로 지목한 데이비드 앤서니가 대표적이다. 그는 전차문화의 확산에 대한 연구가 2차대전을 촉발한 나치즘의 그림자가 여전히 강하게 남아있던 1980년대부터는 다양한 방법으로 주민의 이주는 존재했으며 그들의 문화를 역사언어학적인 연구로 증명할 수 있다고 보았다(Anthony D. 1986). 그리고 그의 연구는 1990년대 이후 신타시타와 아르카임과 같은 연구성과가 널리 알려지면서 폭넓게 수용되기 시작했다. 2007년에 초판이 나오고 한국에는 2015년에 소개된 그의 저작 『말, 바퀴, 언어』를 통해서 그는 고대 DNA 연구와 병행되면서 넓은 지역 간의 상호 교류는 물론 이민까지도 구체적으로 논의했다(앤서니 2015).

3. 중앙아시아와 몽골의 암각화

우랄산맥 중심에서 발달한 신타시타와 아르카임으로 대표되는 고대 전차문화의 또 다른 연구 경향으로는 그들의 러시아 남부 시베리아, 몽골, 카자흐스탄 지역과 중국으로 이어지는 동아시아로의 확산 과정이라고 할 수 있다. 그중 대표적인 연구자와 연구경향을 꼽아보면 중국의 전차에 대해서 코진(Кожин П.М.)과 고렐릭(Горелик М. В. 1985; 1993)이 있으며 카자흐스탄을 중심으로 암각화와 안드로노보문화 공동체의 전차에 대한 종합적인 연구로 노보제노프가 대표적이다(Новоженов В. А. 1992). 특히 소련 시절부터 활동을 한 코진은 폭넓은 중국과 동양 고고학에 대한 이해를 바탕으로 유라시아와 근동문명의 전차에 대한 일련의 저작을 출판하여서 유라시아 고대 전차문화의 확산연구에 대한 러시아 학계를 주도했다(Кожин П.М. 1985; 1987; 2011; 2007; 2015)

한편, 전차의 동아시아로의 확산과 관련하여 주목할 또 다른 연구자들로 노보시비르스크를 중심으로 고고민족학연구소에서 활동하는 일련의 연구자들이 있다. 이들은 동아시아와 연접한 시베리아 과학원에서 시베리아의 고고학 연구를 중심으로 활동하면서 시베리아의 전차와 동아시아의 고대 네트워크에 대한 연구에 관심을 기울였다. 바이칼 지역의 삼족기 연구로 상나라 시기에 시베리아와 중국의 관련성을 처음 제창하고, 이어서 알타이와 카자흐스탄 일대의 전차 암각화를 연구한 오클라드니코프(Окладников А.П. 1959)로 시작하여, 알타이와 중국 신강지역의 전차 확산과정(몰로딘, Молодин В.И. 2014), 중국 상나라 시기 카라숙문화의 확산과 중원으로의 전차 유입 및 고삐걸이[5]의 연구와 석

---

[5] 이 유물은 오랜 기간 그 용도가 미상이었기 때문에 올자형동기(兀字形銅器), 궁형기(弓形器), 멍에형 모델(Модель ярма) 또는 П-모양 청동기 등으로 불렸다. 이 청동기의 기능을 오랜 기간 밝힐 수 없었던 이유는 상당수의 고삐걸이가 실제적인 용도보다는 형식화되고 상징화되어서 사용되었기 때문이다. 지금은 전차병의 허리에 차고 무기를 사용할 때에 고삐를 묶기 위한 용도임이 밝혀져서 중국에서는 괘강구(挂繮鉤)로 부른다. 본고에서는 '고삐걸이'라는 용어를 사용하겠다.

크리보예 오제로 9호	신타시타 28호
볼쇼이 이파토프스키 32호	신타시타 12호 고분

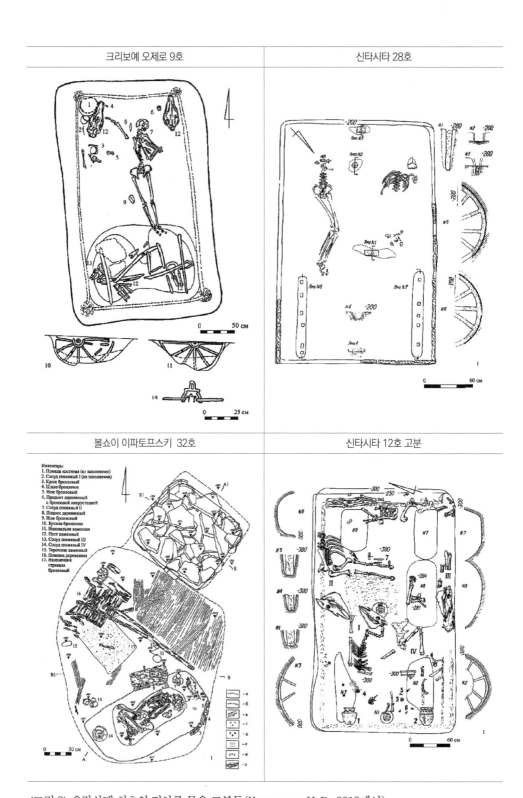

<그림 2> 우랄산맥 최초의 전차를 묻은 고분들(Чечушков И. В. 2013에서)

알타이 엘랑가시(위)·칼박타시(아래) 암각화	사안-알타이(투바)지역의 암각화
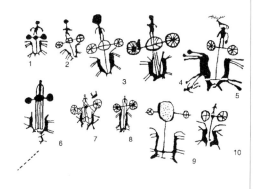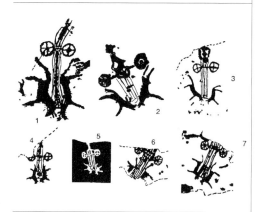	
몽골의 암각화	중국 내몽골 암각화(위) 남산근 유적의 골판(아래)
	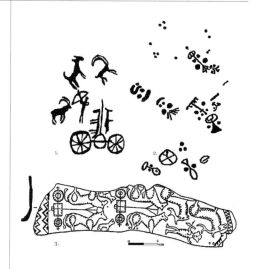

<그림 3> 알타이-중국 북방의 전차 이미지 암각화

루(石樓), 보덕(保德), 초도구(抄道溝), 백부(白浮) 등 중국 북방의 유목계 문화의 특징 연구(바료노프, Варенов А. В. 1980; 1984), 춘추시기 전차의 사용과 적용(코미사로프, Комиссаров С. А. 1980), 암각화에 새겨진 전차 도상의 연구(체레미신, Черемисин Д. В. 2019) 등을 대표적으로 꼽을 수 있다.[6]

러시아, 카자흐스탄, 그리고 몽골 등 유라시아 초원의 동부지역으로의 전차 확산 과정 또한 안드로노보문화 공동체의 확산이라는 과정과 연결되어 있다. 이들의 확산과 함께 전차의 형상은 다양한 암각화에 태양 및 샤먼의 이미지와 함께 남겨졌고, 하늘을 나는 태양 전차에 관한 신화는 유라시아 각 지역에 암각화로 남겨져서 존재하였다(그림 3). 이후 카라숙 문화 단계(기원전 13~9세기)와 사슴돌 단계(기원전 10~8세기)에도 지속적으로 전차의 이미지가 남겨져 있음이 확인된다. 몽골, 카자흐스탄 등 중앙아시아의 여러 나라들에 남겨진 도상으로서의 전차 이미지와 그 연구 역시 최근에 급격하게 증가하는 추세이다.

4. 중국과 동북아시아로의 확산

동아시아로 확산된 최초의 전차 증거는 1920년대 상나라 후기의 유적인 안양(安陽)의 무덤에서 발견되었다(그림 4). 상나라의 전차는 바퀴살의 수가 18개에 불과한 반면에 주나라로 오면서 28개로 증가하고 전차의 탑승인원도 3명이된다. 무게는 증가했지만 중국의 전차는 유라시아에서 들여온 멍에(yoke)를 사용하여 말에게 걸리는 과도한 무게의 부담을 감소시키는 개량화도 병행하여서 기술적인 진보를 이어갔다. 이러한 기술의 발달과 함께 기원전 770년에 개시된 춘추시대 이래 만승지국, 천승지국 등의 용어와 같이 전차의 수량으로 각국의 규모를 가늠하는 판단기준이 될 정도로 전차는 단순한 무기 이상으로 그 의미가 확장되었다. 여기에 더하여 중국에서는 세계적으로 유례가 없을 정도로 활발한 발굴작업이 이루어지면서 현재 수량으로만 본다면 중국의 전차 출토품은 전 세계에서 제일 많다. 2009년의 통계(Wu 2009; 2013)에 따르면 상나라 시기에는

---

6) 얼마전 러시아에서 출판된 중국통사(Деревянко и др. 2016)는 이러한 노보시비르스크의 시베리아 고고학에서 중국을 바라보는 관점을 종합적으로 잘 보여준다(강인욱 2020b).

하남 안양 곽가장 서남 M52호 복원도(劉永華 2002에서)

상주대 전차 용어

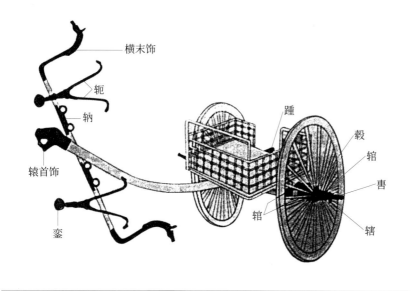

횡말식(橫末飾)
외(軛)
예(輗)
원수식(轅首飾)
난(鑾)
종(踵)
곡(穀)
할(輨)
위(畏)
복토(輻)
할(轄)

<그림 4> 상대의 전차 복원과 용어 설명

100여 기, 주나라 시기에는 700여 기가 발굴되었다.

중국으로의 확산 과정은 소련의 학자들에 의해 처음 제기되었고, 이후 중국 학자들에 의해 연구되고 있다. 주로 중국 학계는 상-주시기 전차의 발굴과 복원, 그리고 당시 국가와 사회에서 차지한 비중에 집중한다. 반면에 소련(그리고 러시아)의 학자들은 중앙아시아에서 중국 북방으로의 확산과정에 좀 더 비중을 두어서 연구한다. 중국으로 시베리아의 전차가 확산되었음은 1950년대로 상트-페테르부르그 출신의 고고학자 키셀료프(Киселёв С.В.)가 중국을 방문하여 유물들을 실견하면서 인지되었다(Киселёв С.В. 1960). 키셀료프는 당시 소련과 중국의 우호적인 외교관계의 영향으로 1950년과 1959년 두 차례에 걸쳐서 중국을 방문하였다. 이때에 그는 상나라의 청동기에 보이는 북방계 청동기와 전차는 유라시아 초원의 카라숙문화와 관련 있음을 주장하는 '소련 내의 청동기문화와 중국 상문화의 관계(苏联境内青铜文化与中国商文化的关系)'이라는 강연을 했다. 키셀료프는 중국의 상나라문화가 시베리아로 유입되었음에 주목했지만, 중국의 학자들은 반대로 북방청동기가 상과 주나라로의 유입하는 과정에 더 관심을 두었다. 20세기 전반기까지 J.S.앤더슨을 비롯한 서양학자들의 중국문화 서방전래설에 비판적인 시각을 가지고 있었던 중국 학계에서는 서방이 아니라 유라시아 초원지역과 관련성을 제기한 그의 연구에 큰 관심을 보였다. 이에 1950년부터 1980년대까지 그의 강의와 연구는 중국에서 소개되며 큰 반향을 일으켰고(吉谢列夫 С. В. 1950; 1953; 1959; 1960a; 1960b; 1981), 이후 林澐, 烏恩 등의 연구로 계승되었다.

키셀료프의 방중은 중국뿐 아니라 소련에도 그 영향을 미쳤다. 그는 반대로 러시아 학계에도 최신 중국 자료를 소개하면서(Киселёв 1960) 시베리아와 중국 사이의 문화적 번연관계에 대한 관심을 환기시켰다. 전차의 확산은 일방적인 문화의 남진만은 아니었다. 전차가 남진하는 기원전 2000년기 중후반대에 바이칼과 몽골 일대에서 구연부에 돌대문이나 물결문을 돌린 삼족기가 대량으로 발견되었고, 이들은 중국에서의 영향으로 보는 견해도 제출되었다(Окладников 1959). 러시아에서는 삼족기(tripod)라 불렸던 중국 영향의 삼족기는 구연부 주변에 돌대문이 돌아감을 강조한 '화변력(花邊鬲)'으로 명명되며 중국 내에서도 1980년대 이래로 시베리아와 중국의 교류를 증명하는 연구주제로 주목받는 계기가 되었다.

하지만 중국으로의 확산에 대한 연구는 1970년대 이후에는 급속히 침체된다. 중국 학계에서 문화혁명과 다만스키 섬의 분쟁 등 정치 지형의 변화로 시베리아와의 관련을 부정하는 경향이 주를 이루었기 때문이다. 이렇게 변화한 관점은 문화혁명 직후에 활동한 田廣金, 郭素新 등이 제기한 '선흉노문화론'으로 대표된다. 이 설은 내몽골 중부의 오르도스 고원 일대에서 초원문화를 영위한 집단은 상나라부터 흉노까지 이 지역에서 거주하던 주민들이라는 뜻이다. 이러한 초원문화 자체기원설의 득세는 현재 중국 영내의 다원일체적 문화발전론으로 이어지면서 더 더욱 유라시아와의 관계를 부정하는 경향으로 이어져다. 물론, 유목문화의 중국 북방 자체기원을 주장하는 '선흉노문화론'은 2000년대 이후에 완전히 소멸되었다. 대신에 '북방지역'으로 통칭하던 유라시아의 영향을 시베리아 보다는 신강지역을 거쳐 서북중국으로 유입되는 중앙아시아 루트에 더 많은 관심을 기울이고 있다. 최근 중국 학계에서 전차의 확산과 함께 전파된 청동 제련기술인 세이마-투르비노에 대한 연구가 급증하는 것(林梅村 2019)은 이러한 북방 유라시아에 대한 변화된 인식을 상징적으로 보여준다.

한편, 중국 장성지역에서는 진섬고원(晋陝高原)에서 이가애문화(李家崖文化), 석루(石樓)-보덕(保德) 유형, 임차욕(林遮峪) 유형, 연산산맥 일대는 백부(白浮) 유적과 초도구(抄道溝) 유형, 대릉하 일대에는 위영자(魏營子) 유형(또는 문화) 등에서 초기 전차와 관련된 유물들이 다수 출토되고 있다(강인욱 2009). 최근 중국에서는 전차의 유입과 함께 세이마-투르비노 계통의 청동야금술에도 주목을 하여서 그 유입루트를 몽골을 통한 것뿐 아니라 신강과 감숙회랑에도 주목하는 등 그 연구가 다양하고 세분되고 있다.

이러한 중국 내로의 전차문화 확산은 언어학 및 형질인류학적 분석이 더해지

〈표 1〉고 인도유럽어에서 차용한 중국의 전차 부속 용어(Lubotsky 1998을 기반으로 필자 첨삭)

현대 중국어	고대(EC) 및 중고(OC) 중국어	토하르 A,B어	토하르어 뜻	현대 인구어
乘(4륜수레)	EC zyingll ⟨ OC *Ləngs	Toch. B klenke, Λ klank	vehicle	현대 독일어 lenken(guide) Wagenlenker(charioteer)
轂(바퀴통, ступица)	⟨ EC kuwk ⟨ OC *kok	Toch. B kokale, A kukäl	chariot	Gr. κύκλος 'ring, wheel", Lith. kaklas, 'neck'
輈(수레끌채)	EC trjuw ⟨ OC *trju	Toch. A tursko	draft-ox	Skt. dhur- 'carriage pole'
鞾(가죽)	EC khwah ⟨ OC *kwhak	Toch. A kac	skin	Lat. cutis, OE hyd.

면더 더욱 구체적으로 논의되고 있다. 먼저 언어학적 연구를 보면 전차가 도입되는 과정은 고고학적 자료와 함께 언어학적으로도 그 과정의 일단을 엿볼 수 있다. 중국의 고대 한자에서 적어도 4개의 단어가 전차부대의 이동과 관련이 있다고 알려져 있다(Lubotsky 1998: 표 1).

이러한 언어적 유사성은 바로 전차와 관련된 여러 부속과 용어를 사용하는 사람들의 이동과 관련되었음은 앤서니(2015)에 의해 동유럽으로 확산되는 전차기술과 인도-유럽인의 확산과정에서도 증명된 바 있다. 초기 인도유럽어(구체적으로 토하르어 계통)가 중국의 전차 용어로 유입되었다는 것도 비슷한 맥락에서 해석할 수 있다. 즉, 중국에서 전차를 몰고 관리하던 전차인들은 중국 북방에서 전차부속(올자형고삐걸이)과 카라숙계 청동기를 사용한 사람들로부터 직접 그 기술을 배우고 전문용어도 도입했음을 의미한다. 또한, 형질인류학적 분석으로 이러한 전차를 몰던 사람들이 북방에서 상나라로 유입되어서 전차를 모는 사람(charioteer)으로 상당기간 활동했음이 고고학적으로도 밝혀지고 있다. 예컨대, 은허 유적에서 발견되는 전차 관련 무덤 중에서도 특히 굴신장(prone burial)은 형질인류학적 연구로 북방계 청동기를 사용하며 전차를 몰던 사람들이라는 최근 연구가 있다(Rawson and al 2020). 안양(安陽) 화원장(花園庄) 54호 묘가 대표적이다.

이러한 상황은 상나라의 전차 도입 및 전차부대의 구성을 북방지역과의 갈등 관계로만 설명할 수 없음을 의미한다. 상나라의 입장에서 본다면 전차를 도입하고 운용하기 위해서는 북방지역의 전차기술을 가진 집단들을 적극적으로 상나라의 구성원으로 편입할 수 밖에 없었을 것이다. 그리고 그들의 이주를 위하여 중원계 청동예기로 대표되는 다양한 위신재와 보상수단을 제시했을 가능성이 크다. 실제로 중국 장성지역에서 북방계 청동기와 전차를 사용하는 집단들(이가애문화, 백부, 산서 고홍, 임차욕)은 북방계 청동기를 제외하면 묘제와 청동기는 중원계와 유사하다. 1980년대에 이미 산서 일대의 북방청동기 반출 유적에서 석루 유형(북방청동기의 영향이 강함)과 보덕 유형(중원의 청동예기가 주를 이룸)으로 나눈 이래 중국 학자들은 이들을 분석하여서 이가애문화나 임차욕문화와 같은 새로운 문화를 상정하기도 했다. 물론, 그 자세한 논쟁은 본 고에서 상론할 수는 없지만, 그 핵심은 유라시아 초원과 중국 북부의 교차지대인 진섭고원 일대의 문화가 유목문화가 중원화가 된 것인지 아니면 상문화에 기반한 그 지역의 토착집단이 북방계 청동기를 도입했는지에 대한 논쟁으로 정리된다. 이러한 현상은 궁극적으로 북방의 전차인들이 중국 북방에서 상당히 장기간 공존하면서 서로에게 문화의 영향을 주고 받으며 융화되었음을 의미하는 것이다. 그리고 그러한 주민집단의 이동과 융화는 단순한 전쟁과 같은 대립뿐 아니라 바로 전차를 만들고 사용하는 전차인집단의 이동, 그리고 중원지역의 제사체계를 도입하며 현지화되는 것과도 밀접한 관련이 있었다고 추정할 수 있다.

이러한 북방지역의 남하는 기본적으로 카라숙문화 시기(기원전 13~9세기, 중국의 상말주초 단계)에 전반적인 몽골을 중심으로 하는 초원지역의 한랭건조화현상에 따른 유목집단의 남하와 관련시킬 수 있다(강인욱 2009). 또한 안양의 전차병 관련 무덤에서 보듯이 중국에서 적극적으로 전차를 도입함에 따라 중국도 적극적으로 당시 초원의 전차문화인들을 받아들였을 것으로 추정할 수 있다. 중국 북방 장성지대에 전차 부대가 등장하는 것은 초원지대의 한랭화에 따른 위기상황과 함께 그 세력은 남하했고, 중국과의 충돌은 불가피했다. 한편, 상나라 말기 중국은 발달된 제련기술과 농업생산력으로 전차 기술을 적극적으로 도입할 수 있는 사회적인 기반이 충분했다. 이러한 새로운 세력과의 조우 및 그들과의 군사적 충돌은 갑골문에 귀방(鬼方)으로 대표되는 이민족의 출현으로 반영되었다. 그리고 상나라 내부에서는 전차기술의 도입을 적극적으로 할 수 밖에 없었다. 전차와 말의 조련기술이 필요함에 따라 이들 유목민 출신들의 사람들의 가치는 급등했고 이것은 유라시아의 유목민들이 남하하여서 중원의 세력으로 편입할 수 있는 매력적인 요소로 작용했다. 이와 같이 고대 전차의 중국으로의 확산은 유라시아 초원과 중원의 상호적인 문화의 교류와 군사적 충돌에 따른 주민의 이주및 기술의 전래에 따른 결과이다. 이러한 문화변화는 중국의 삼족기(蛇紋鬲)가 바이칼 일대까지 확산되는 과정에서 보듯 일방적인 것이 아니라 상호적인 것이었다.

III. 하가점상층문화의 전차 관련 유적

내몽골 동남부지역에서 발달한 하가점상층문화(夏家店上層文化)는 중원, 초원, 비파형동검문화의 교차점에 위치하여서 동북아 청동기시대의 지역 간 교류를 가장 극명하게 보여주는 대표적인 문화이다. 특히 하가점상층문화는 기원전 10~8세기경에는 남산근과 소흑석구 등의 유적으로 대표되는 대형 고분이 표방하듯 전차를 포함한 카라숙계 청동기문화의 영향과 발달된 청동제련기술로 급격히 성장했고, 그 세력은 남하하여 중원및 비파형동검권에 큰 영향을 주었다.

하가점상층문화는 그 출토 청동기 유물로 볼 때 필자의 편년 안에 따르면 크게 5시기로 편년된다. 단인장으로 작은 조형문(鳥形文)이나 연주형(連珠形) 장식이 주로 출토되는 1기, 비교적 대형석곽묘가 등장하며 마구를 포함한 청동기 유물이 증가하나 동검이나 중원계의 유물은 출토하지 않는 2기(南山根 102호 묘), 중원예기가 출현하고 비파형동검을 비롯해서 카라숙 후기~초기 스키토-시베리아 유형의 유물 등 주변지역과의 교류가 심해지고 사회구조가 복합화하는 3기(南山根 101호 묘)와 후기 카라숙 문화 요소가 거의 사라지고 스키토-시베리아 유형의 요소가 증가하는 4기(小黑石溝 8501호 묘) 단계, 옥황묘문화(玉皇廟文化) 계통의 안테나식(雙圓形) 동검이 부장되는 5기(小黑石溝 85년 1구역 3호 묘) 등으로 세분된다(강인욱 2020). 이 중에서 전차와 관련된 유물들이 출토되는 시기는 2~4기로 절대연대는 대체로 기원전 9~8세기에 해당한다.

하가점상층문화에서 전차를 사용하는 집단의 특성은 무덤의 크기에 따른 계급별로 파악할 수 있다. 무덤의 계층구주는 체계적으로 보고가 된 소흑석구와 남산근 유적을 중심으로 무덤의 규모 및 부장품의 차이로 크게 3급으로 나눌 수 있다. 〈1〉 대형급으로 무기, 마구가 공반되며 그 외에도 제사용기로 쓰였던 중원제 청동예기와 초원 계통의 동물장식이 출토되는 무덤이다. 이들은 당시 사회에서 최상위 계급으로 제사, 군사, 사회 통치를 담당하는 최고위 집단에 해당되며 소흑석구 8501호 묘, 소흑석구 9601호 묘, 남산근 101호 묘 등이 있다. 〈2〉 중형급으로 무사, 전사, 청동기 장인 등으로 부장품이 비교적 풍부하며 중원예기는 없거나 1~2점 정도이다. 대신에 출토유물로 보면 무사, 전차, 또는 청동기 제련 기술 관련 등 전문화된 양상을 보여준다. 소흑석구 AII구역 11호 묘와 남산근 102호 묘(마구류 위주), 소흑석구 85년 I구역 2호 묘와 소흑석구 8061호 묘(무기류 위주) 등이 있다. 〈3〉 소형급으로 유물의 양이 적으며 무기나 마구를 공반하지 않고 대신에 소형의 장신구와 토기만 발견되는 여성 및 소형급 무덤으로 나뉜다(강인욱 2020). 이 세 계급 중에서 소형급에서는 무기나 마구를 공반하지 않기 때문에 대형급과 소형급을 중심으로 전차 관련 유물의 출토상황을 살펴보면 다음과 같다.

1. 대형 족장급 무덤

하가점상층문화에서 대량의 청동예기와 무기, 마구 등을 최고위급 대형무덤으로는 남산근 101호, 소흑석구 8501호, 소흑석구 9601호 묘 등을 들 수 있다. 이들 무덤에서는 공통적으로 재갈멈치, 청동방울, 재갈과 다수의 청동장식이 출토되었다. 남산근 101호 묘에서는 재갈과 전차에 걸었던 것으로 추정되는 청동방울(鑾鈴) 5점이 출토되었다(그림 5). 이 전차부속들은 서주시기 연국(燕國) 유리하(琉璃河) 무덤이나 창평(昌平) 백부(白浮) 무덤과 비교하면 그 차이가 뚜렷하다. 또한 하가점상층문화에서는 전차바퀴와 같은 전차의 일부를 이루는 각종 부속은 없이 재갈과 장식류가 주류를 이룬다.

그런데 소흑석구 8501호 묘에서 하가점상층문화의 전차를 전모를 구체적으로 파악할 수 있는 자료가 출토되었다(項春松·李義, 1995). 보고서에는 소흑석구 8501호 묘에서 당호(當護) 2건, 재갈멈치, 재갈, 절약(節約), 차액(車厄; 멍에걸이) 간두식 등이 출토되었다고 보았다. 이 중 당호는 85년 1구역 2호 묘에서 전사의 팔뚝 근처에서 발견된 바, 전차 관련 유물과 직접 관련이 없는 팔뚝보호대로도 볼 수 있다. 그리고 다른 재갈멈치나 재갈과 같은 차마구는 전차뿐 아니라 말을 기승용으로 사용할 때 필요한 마구이기 때문에 이것만으로 전차 사용의 결정적인 증거로 보기는 어렵다. 따라서 가장 확실한 전차의 증거는 차액에 있다. 차액은 전차를 모는 말의 앞머리 어깨위에 얹은 멍에로 하가점상층문화에서 실질적인 전차의 사용에 대한 구체적인 정보를 제공하는 가장 뚜렷한 증거이다.

그런데 소흑석구 8501호 묘 출토품은 중국 북방 서주시대에 사용했던 전형적인 멍에와 많이 다르다. 예컨대 유리하 출토의 차액은 훨씬 더 갸름하고 V자

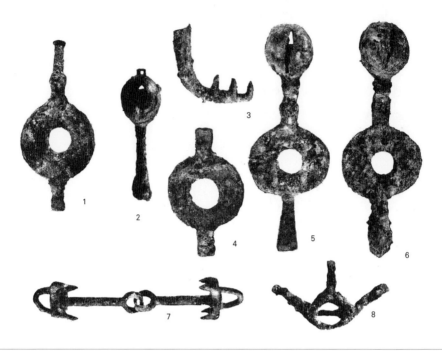

남산근 101호 묘 출토의 마구류

서주 초기 연국의 차마구(유리하 출토)

〈그림 5〉 남산근 101호 묘의 차마구(상)와 서주 연국의 차마구(하) 비교

고조선의 네트워크와 그 주변 사회

형에 가깝다. 그리고 그 꼭지점에는 변령이 있다. 이와 같이 하가점상층문화의
전차는 기본적으로 중국 북방지역의 전차들과는 그 맥을 달리함이 뚜렷하다. 이
밖에도 하가점상층문화에서 출토되는 차마구의 부속들은 중원지역에서 발견되
는 전차 관련 유물과 구성상에서 차이를 보인다. 예컨대, 하가점상층문화에서는
서주시기 중국 북방의 전차 부속에서 주로 발견되는 수직형 변령 및 차축과 같
은 바퀴 관련 유물이 출토되지 않았다. 그리고 소흑석구 8501호 묘에서 출토된
차액은 1마리의 말에 얹는 것인 바, 중원지역 출토품들과는 다르다. 둘의 차이
는 2~4마리의 말이 모는 독주차(獨輈車; 쌍두마차)와 1마리의 말이 끄는 쌍원차
(雙轅車; 외두마차)에 해당하는 바(孫璐 2011), 소흑석구 출토품은 쌍원차의 부
속이라고 할 수 있다.[7]

　이렇게 1마리의 말로 끄는 마차는 당연히 빠른 속도로 달릴 수 없기 때문에

소흑석구 8501호 묘 출토 멍에	서주시기 연국 멍에(유리하 출토)
전국 말기 쌍원차	하남 상촌령 곽국 2012CHMK2호 복원도

<그림 6> 소흑석구 8501호 묘의 멍에와 기타 중국의 전차

---

7) 명칭의 기원은 『考工記』에서 의거한다. 다만, 여기에서 말하는 쌍원차는 전국시대 중국의 것과 맥을
　같이하는 것인지는 분명하지 않다. 현재까지는 소흑석구 출토품이 유일하기 때문이다. 적어도 빠르게
　전쟁에 사용하는 전차로서의 용도를 할 수 없음은 분명하다.

중국의 경우 전국시대 말기에 본격적으로 등장하며, 주로 높은 계급의 귀족이 타는 용도로 사용된다(그림 6). 하가점상층문화의 쌍원차를 전국시대 중국의 전차와 연결시킬 수는 없으나 적어도 한 마리의 말로 움직이기 때문에 실제 전장에서 사용될 수 없는 전차를 사용했을 가능성은 크다고 할 수 있다.

2. 중형급 무덤

1) 전차와 마구를 관리하는 집단

소흑석구와 남산근의 무덤에서 마구만 출토되고 무기류가 출토되지 않은 무덤으로는 남산근 102호 묘와 소흑석구 A-II구역 11호 묘가 있다(그림 7). 1963년에 조사된 남산근 102호 묘(그림 7)는 길이 2.8m×1.15m×깊이 0.9m로 101호 묘(3.8×2.3×깊이 2.4m)보다는 한 단계 작은 중형급 석곽묘이다(조중공동고고학발굴대 1966; 安志敏·鄭乃武 1981). 마구로는 재갈이 2점이 나왔는데, 그중 1개는 재갈멈치와 일체형이다. 그밖에 절약[8] 5점과 고삐를 운용하는 데에 쓰인 것으로 추정되는 T자형 도구 1점, 말장식 30점 등이 있다. 기타 청동기 유물로는 청동칼 6점, 청동도끼 1점, 끌 1, 송곳1, 활촉 3 점, 동경 1점 등의 청동기가 발견되었다. 또한 이 무덤에서는 무덤 주인공이 전차를 실제로 사용했던 것으로 추정할 수 있는 결정적인 증거인 전차와 사냥하는 사람의 그림이 새겨진 골판이 출토되었다. 이 골판에서 주인공은 가슴에 동경을 부착하고 전차에서 내려 화살로 사냥을 하는 장면이 묘사되어있다. 남산근 102호 묘 출토의 유물로 볼 때 이 주인공이 전차를 직접 몰던 사람이라는 점은 확실하다. 여기에서 주목되는 부분은 동검이나 동모와 같은 무기가 일절 공반되지 않았다는 점이다. 무기가 풍부하게 부장되는 하가점상층문화 남산근유형 단계의 다른 무덤을 보면 이는 매우 예외적인 상황이다. 즉, 실제 군사적인 행위를 하는 전사와 전차를 모는 행위를 하는 사람들이 서로 달랐을 가능성을 보여준다.

또 다른 무덤으로 소흑석구 92년 A-II구역 11호 묘이 있다(그림 7). 이 무덤

---

[8] 보고자는 정확한 용도를 특정하지 않고 凸자형 장식이라고 했으나 사방으로 뚫려있어서 고삐끈이 교차하는 곳을 잇는 절약(=십금구)의 일종으로 보인다.

은 92년 발굴구역에서 가장 동북쪽에서 단독으로 위치한 길이 360㎝, 넓이 260㎝, 깊이 250㎝의 대형 장방형 수혈의 석곽묘다(內蒙古自治區文物考古研究所 外 2009). 시신은 신전장이나 다리뼈는 안쪽으로 모아져있어서 무릎은 위로 세우는 굴신장의 가능성이 크다. 이렇게 다리만을 구부린 굴신장은 흔히 기마인들의 자세를 묘사한다고 알려져 있다.[9] 공반유물로는 마구가 대부분을 차지하

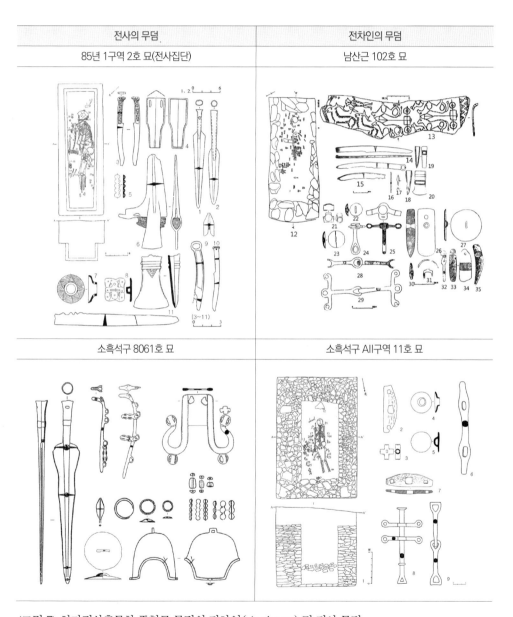

전사의 무덤	전차인의 무덤
85년 1구역 2호 묘(전사집단)	남산근 102호 묘
소흑석구 8061호 묘	소흑석구 AII구역 11호 묘

<그림 7> 하가점상층문화 중형급 무덤의 전차인(charioteer) 및 전사 무덤

여 3공의 재갈멈치와 재갈이 같이 주조된 청동 재갈멈치 1기, 재갈멈치, 재갈, 골제 재갈멈치, 그리고 다양한 종류의 절약류들이 발견되었다. 반면에 무구류로 편입될 수 있는 유물로는 골촉 1점만 있지만, 이 시기에 동촉이 널리 쓰인 것을 감안한다면 이 1점만으로 무기가 존재했다고 볼 가능성은 크지 않다.

이렇듯 소흑석구 102호 묘와 소흑석구 A-II구역 11호 묘의 두 예는 생산도구나 무기가 없이 오로지 마구 위주로만 부장된다는 특징이 있다. 이는 곧 이들 피장자는 전차를 몰며 전쟁을 수행하던 전사가 아니라 오로지 전차로 대표되는 마구를 관리하는 전차인이었을 가능성을 보여준다.

2) 전차가 없는 전사

소흑석구 유적에서 전사의 모습이 두드러지는 무덤으로는 소흑석구 85년 I구역 2호 묘가 대표적이다(그림 7). 이 무덤은 장방형 수혈토광목관묘로 길이 285㎝, 넓이 100㎝, 깊이 90㎝이다. 인골은 유목문화에서 흔히 보이는 측와굴신장으로 매장되었으며 시신의 주변에는 머리에 쓴 투구를 비롯하여 많은 무기류가 발견되었다. 주요 유물로는 공병식 동검 2, 동도 1, 관공부 1, 공내과 1, 동부 1, 팔꿈치보호대 2[10], 동도 5점 등이 있다.

한편, 이 무덤은 위에서 언급한 경우와 반대로 무기가 대량으로 발견되고 반면에 마구류는 출토되지 않았다. 또한 동검 역시 일반적인 공병식동검과 달리 공부가 매우 넓으며 병부에 구멍이 뚫려 있다. 또 다른 동검은 날이 짧고 유엽형으로 되어 있어 소위 '세이마-투르비노' 계통의 동검과 일면 유사하다. 공내과와 투구 등 중국 북방지역 카라숙 후기 단계의 청동기 계통과 유사하다는 점도 주목된다. 이렇듯 무기의 전통은 초원지역의 청동기문화와 깊은 관련을 보이며, 풍부한 무기에도 불구하고 정작 마구류는 출토되지 않았다. 이 주인공은 전사계급에 속하지만 전차와는 관계없었던 사람이라고 추정할 수 있다.

---

9) 알타이의 파지릭문화, 투바의 사글리-바쥐(Саглы-бажи)문화 등이 대표적이다.
10) 이 유물은 當盧로 보고되었는데, 시신의 두 팔꿈치 근처에서 출토되어 실제로는 전사의 팔꿈치 보호대로 쓰였던 것 같다.

3) 상징화된 전차부속(고삐걸이)가 부장된 전사의 무덤

위에서 설명한 유물들과 다소 다른 무덤으로 소흑석구 8061호 무덤이 있다
(靳楓毅 1985). 우연히 수습된 탓에 유구의 상황은 알 수 없고 유물만 알려졌는
데, 다른 하가점상층문화의 무덤과 비슷한 석곽묘로 추정된다. 여기에서 출토된
유물로는 동제 투구, 공병식동검, 동촉 등이 출토되어 소흑석구 A-Ⅱ구역 11호
묘와 유사한 전사의 모습을 확연히 보여준다. 그런데 다른 무기류와 함께 방울
이 달린 재갈멈치 2개와 변형된 올자형의 고삐걸이 2점이 출토되었다. 올자형
의 고삐걸이(=쾌강구)는 그냥 달릴 때는 양 끝쪽 걸이를 허리띠 안으로 넣어서

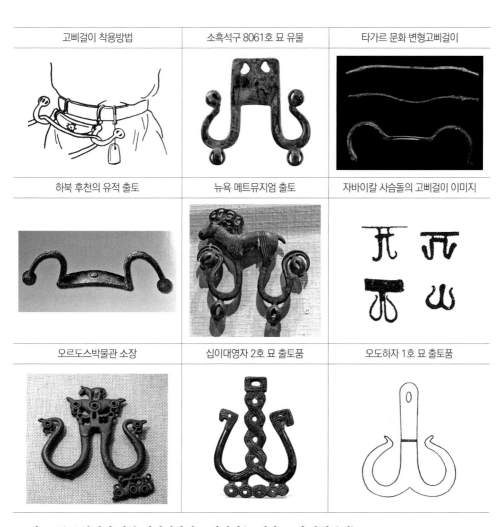

<그림 8> 중국 북방과 남부 시비리아의 고삐걸이(=쾌강구, 올자형동기)

고정을 한다. 그리고 말을 달리다가 양손을 고삐에서 자유롭게 하기 위하여 고삐를 걸 때는 양쪽 끝을 밖으로 나오게 하고 돌출되어 끝에 방울이 달린 부분에 고삐를 건다. 그렇게 실제 고삐를 걸 경우 곡선으로 된 좌우끝이 앞으로 직각으로 꺾이며 가운데의 기호가 선명하게 보인다(그림 8 고삐걸이의 착용법 참조). 또한 빠르게 달릴 경우 방울이 급하게 울리면서 주변의 사람들에게 전차의 도래를 알리는 신호 역할도 한다. 이와 같이 고삐걸이는 전차의 전사가 실제 전쟁을 하는 데에 매우 중요한 도구인 동시에 허리띠의 버클처럼 전사의 몸 가운데를 장식하여 신분의 상징성도 컸다.

이러한 고삐걸이의 상징성은 초원 일대에서 널리 확산되어서 몽골 초원을 중심으로 이 시기 대표적인 석조 기념물인 사슴돌에 집중적으로 표현되었다. 그리고 이후 실제 전차의 사용과 관계없이 상징화된 청동장식으로 이용되었다. 미누신스크 분지의 타가르문화에서도 도식화되어 전혀 실용적이지 않은 형태로 남아서 사용된 것이 그 좋은 예이다(그림 8).

소흑석구 8061호 묘의 변형 고삐걸이는 납작하게 만들어졌다(그림 8). 오르도스 고원 일대를 중심으로 하는 중국 오르도스 지역과 요서지역 발해만 일대의 십이대영자(十二臺營子)와 오도하자(五道河子) 유적 등에서도 비슷한 청동장식들이 발견된 바 있다. 소흑석구 8061호 출토의 변형 고삐걸이는 전차가 실제 전투에서의 용도를 완전히 상실하고 전사를 상징하는 현수용 장식으로 전환되는 과정을 보여주는 유물이라고 볼 수 있다.

IV. 유라시아 전차 확산 속의 하가점상층문화

1. 하가점상층문화의 전차 도입과정

이상 하가점상층문화의 전차 도입과정을 시기별로 정리하면 다음과 같다. 도입기는 남산근 102호 묘 단계(전체 편년의 2기)로 전차를 관리하고 만드는 전차 집단이 출현한다. 이후 발달기(전체 편년의 3기, 남산근 101호 묘, 소흑석구 9601호 묘)에서는 전차 청동방울(난령)과 멍에가 발견된 것으로 보아 최상위 집단은 독주차(쌍두마차)를 사용했을 가능성이 크다. 쇠퇴기(소흑석구 8061호 묘, 소흑석구 AⅡ-11호 묘)에서는 전차를 타지 않는 전사집단이 대세를 이루면서 마구의 사용은 쇠퇴하고, 대신에 전차를 상징하는 변형 고삐걸이로 이어지며 전차의 부속은 상징화가 된다. 이렇게 하가점상층문화에서 이루어지는 전차의 도입과 상징화과정은 하가점상층문화의 청동기에서 큰 영향을 받은 비파형동검문화권으로도 곧바로 이어졌다. 다음 장에서 살펴볼 예정인 바, 비파형동검문화에서는 바퀴 또는 태양을 상징화한 동경이 제의의 상징물로 사용되었으며, 고삐걸이도 도식화되어서 방울장식으로 변형되어 존속했다. 물론 요서지역의 비파형동검문화에서 중원의 전차와 관련 있는 유적들이 있다. 흥성(興城) 주가촌(朱家村), 객좌(喀左) 남동구(南東溝), 건창(建昌) 동대장자(東大杖子) 등에서 발견된 여(軎, axle cap)가 대표적이다. 하지만 이는 춘추 말~전국시대 중원의 위신재가 유입된 것으로 하가점상층문화의 쇠퇴 이후 새롭게 들어온 것이기 때문에 본고에서 다루는 것과는 다른 맥락이다.

하가점상층문화는 호전성이 매우 강했음에도 불구하고 전차를 주요한 무기로 택하지 않고 상징적인 범주에서만 활용했다. 사실, 하가점상층문화의 선택은

〈표 2〉 유라시아 전차의 동아시아 확산 과정

우랄~서부 시베리아 (BCE 20th~10th)	안드로노보문화공동체(신타시타문화, 표도로보문화 등) 서부 시베리아의 초원지역 전차집단의 번성 및 확산(세이마-투르비노 청동기 장인집단)		
몽골~남부 시베리아 (BCE 15~7th)	암각화, 사슴돌 등으로 전사집단 표현 올자형동기(고삐걸이대)의 상징화 실물 전차 흔적은 아직 없음		
중국 북방 장성지대 (BCE 13~9th)	섬서성 서북부와 산서성 일대의 이가애문화(석루 유형-보덕 유형), 하북성 북부 일대의 장가원상층문화(백부유형), 동도, 동검, 동부 등 중국 북방의 초원계 청동기(백부 유적) 의례와 권위의 성격이 강해짐(후천의 유적) 전차부속은 상나라의 것과 유사(=전쟁 등으로 경쟁)		
하가점상층문화 (BCE 10~8th)	내몽고 동남부 남산근, 소흑석구 등 중원식 전차를 변형도입 후 간략화. 전차없는 전사가 등장하며 전차는 의례적 기능으로 변화	도입기 : 남산근 102호 묘 (전차 집단의 유입)
		발달기 : 남산근 101호 묘 소흑석구 9601호 묘
		쇠퇴기 : 소흑석구 A-11호 묘 소흑석구 8061호 묘
비파형동검문화권 (BCE 9~3th)	도식화된 고삐걸이, 동경, 방패형장식 등 수레장식이 일부 잔존 샤먼의 의식에 전차 부속이 상징화된 다뉴경문화권		

지극히 당연한 것이다. 평원지역이 아니라 산간의 계곡에 웅거했기 때문에 실제 무기로서 전차는 효과적이지 않기 때문이다. 또한, 인구적으로 중국에 절대 열세였던 이들은 빠르게 습격을 하고 퇴각하는 유목전사들의 전형적인 방법을 구사했을 것이다(Rawson J. 2015). 하가점상층문화의 강력한 전사의 존재는 실제로 그들이 수행했던 중원과의 다양한 전쟁으로도 증명된다. 제(齊) 환공(桓公) 시절 중국을 침공했던 산융(山戎)으로 비정되는 이들은 다양한 경로로 군사적인 캠페인을 벌였고, 그 과정은 『左傳』에 다양한 기록으로 잘 남아있다(강인욱 2016). 아마 이들은 전차 대신에 소규모의 군인들로 빠르게 이동하는 기마전술을 펼쳤을 것으로 생각한다. 대신에 하가점상층문화에서 전차 부품은 일부 존속하며 상징적인 장식 위주로 남았다. 이러한 유라시아 전차가 하가점상층문화로 도입되어서 상징화된 유물로 전환되는 과정은 〈표 2〉와 같이 정리할 수 있다.

2. 전차에서 동경으로

전차를 상징하는 대표적인 이미지로는 위에서 살펴본 고삐걸이와 함께 전차의 바퀴가 있다(그림 9). 이 바퀴는 전차의 가장 핵심적인 기술로 다양한 종교에서 사용되었으며[11] 유라시아 전역에서도 다양하게 사용된다. 이들은 태양을 상징하여 샤먼이 바퀴형상을 들고 있거나 제사를 겸하는 대형무덤의 모티브로 차용된다(그림 9-3·4).

이와 같은 전차에서 사용되는 바퀴의 이미지는 한편 샤먼의 도구로 전환되면서 몸에 부탁되는 양상을 보인다. 남산근 102호 석곽묘에서 출토된 골판에 새겨진 전차와 전차인 및 시베리아 스키타이시대 샤먼의 청동상에서 이러한 전환과정이 잘 드러난다(그림 9-5·6). 아울러 창평 백부 유적의 고삐걸이에 새겨진 기호들의 등장으로도 추정할 수 있다. 필자가 2017년에 북경을 방문하여 북경수도박물관에 전시된 창평 백부 출토의 고삐걸이를 관찰한 결과 그 중심에는 태양, 전차, 그리고 사수 등의 이미지가 새겨져 있음을 발견했다(그림 10).

이와 같이 전차의 바퀴가 가지는 상징성은 동북아시아로 오면서 전차가 사라

---

11) 대표적인 예로 불교에서 지혜를 상징하는 Chakravartin(차크라바르틴, 轉輪)을 들 수 있다.

1: 파키스탄 Muhammad-Patat의 바퀴를 든 샤먼 암각화(Olivieri, L. M. & Vidale, M. 2014)	2: 남부 시베리아 하카시아의 "샤만-카멘(Shaman-Stone)" 암각화

3: 바퀴 형태를 한 몽골 히르기수르	4: 투바 아르잔 고분
	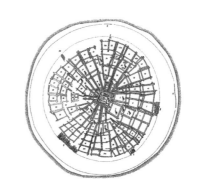
5: 우랄산맥 스베르들로프주 샤먼청동상	6: 남산근 102호 출토 전차인

<그림 9> 유라시아 각지의 샤먼과 제의로 상징화된 바퀴의 형태

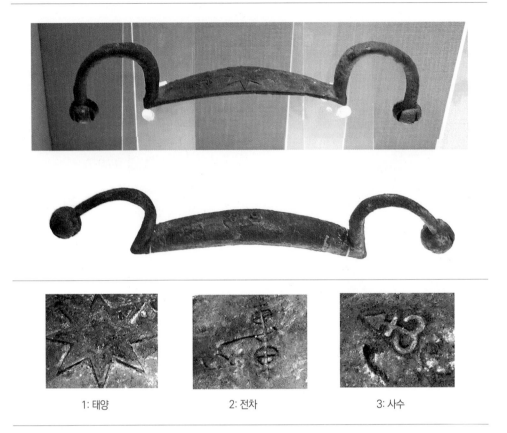

하북 창평 백부묘 출토 고삐걸이(상: 3호 묘, 하: 2호 묘)

| 1: 태양 | 2: 전차 | 3: 사수 |

<그림 10> 하북 창평 백부묘 출토 고삐걸이와 그 정면에 새겨진 기호(북경수도박물관 전시품을 필자가 촬영한 것임)

짐과 동시에 동경으로 그 의미가 점진적으로 바뀌었을 가능성이 크다. 그러한 전차에서 동경으로 바뀌는 과정을 추정할 수 있는 자료가 최근 중국 하북 난현(灤縣) 후천의(後遷義) 유적에서 발굴되었다(그림 11). 후천의 T3-5호 무덤(이하 후천의 5호 무덤으로 통칭)에서는 하북지역 일대로 확산된 전차의 확산을 보여주는 주요한 증거인 고삐걸이(울자형 동기)가 출토되었다(11-3). 묘광의 길이는 2.84×1.40~1.50(m)이며 깊이는 1.0m정도이다. 묘광 내에는 5㎝정도의 목관 흔적이 남아있다. 인골은 40대 전후의 남성으로 신장은 179.6㎝로 매우 큰 편이다. 인골은 신전장으로 매장되었는데, 특이하게 왼쪽 손목뼈는 몸에서 분리되어서 따로 발견되었다. 아마 왼손은 전차 결박구에 묶여서 잘린 것으로 추정된다.

무덤의 상면에는 소의 두개골과 다리뼈 7마리 분이 배장되었다. 부장품으로는 시신의 머리와 발 쪽에 청동예기 4건(簋1, 鼎3)과 토기 3점이 발견되었다. 시신 주변의 유물로는 양쪽 어깨에 원개형 방호구(陽隨, 2건), 금제 귀걸이 2건, 왼쪽 가슴 근처에 금박편, 오른손 근처에 청동투부 등이 발견되었다. 5호 무덤의 연대는 공반한 청동정이 부호묘(婦好墓)의 정(鼎)이나 궤(簋)와 같은 양식으로 상말 시기로 기원전 13세기 후반~12세기 초반으로 볼 수 있다.

후천의 T3-5호 무덤의 또 다른 특징은 고삐걸이 근처의 허리춤 부분을 화려

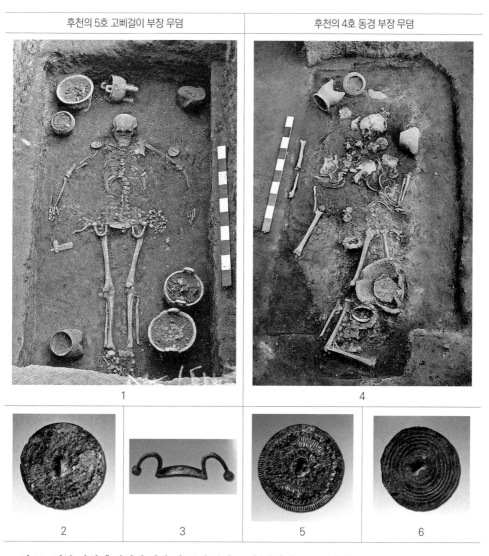

후천의 5호 고삐걸이 부장 무덤	후천의 4호 동경 부장 무덤

<그림 11> 하북 난현 후천의의 전차 및 동경 부장 무덤(기원전 13~12세기)

한 청동장식으로 치장을 했다(그림 11-1). 이렇게 장식이 달린 고삐걸이를 달고 실제 전차로 전쟁을 한다면 상당히 무겁고 몸의 움직임이 불편하다. 아울러, 전차를 모는 사람의 무덤에 대량의 청동 제사용기를 부장한 양상 또한 매우 예외적인 현상이다. 따라서 이 고삐걸이는 실용적인 의미보다는 장식용으로 쓰였을 가능성이 크다. 실제로 고삐걸이 이외에 투부 1점을 제외하면 무기류나 마구류가 전무하다. 대신에 황금 장식등 치장을 한 용도가 매우 강한 것으로 볼 때 이 무덤의 주인공은 전차를 실용적인 용도로 사용한 전차병이라기보다 제사와 권위의 상징으로 전차인의 이미지를 도입한 것으로 볼 수 있다.

한편, 후천의 유적 5호 무덤은 층위적으로 한 단계 늦은 시기에 해당하는 트렌치 2호(T2)에서 발굴된 40대의 남성을 묻은 4호 무덤(기원전 12세기 전후)과 좋은 비교가 된다. 4호 무덤에서 고삐걸이는 사라지고 대신에 기하학문이 새겨진 동경이 발견된다(그림 11-5·6). 이러한 전환과정의 일단은 남산근 102호 묘 출토 골판에 새겨진 목에 동경을 건 전차인의 형태로 알 수 있다(그림 9-6). 이런 전차인은 시베리아 일대의 스키타이시대에 해당하는 단계의 샤먼상과 매우 흡사하다(그림 9-5). 이와 같이 전차의 바퀴 대신에 태양을 상징하는 동경으로 점진적으로 대체되어 갔다.

환언 하면, 유라시아 전차 전통에서 유리한 고삐걸이는 실용적인 기능을 완전히 상실한 이후에도 전사를 상징하는 장식으로 계속 사용되었다. 이후에 연산산맥, 나아가서 발해만 유역에서는 위영자 유형을 거쳐 십이대영자문화로 전환되어가면서의 동경 위주의 상징으로 바뀌어 갔다.

3. 제의와 국력 : 중원지역과의 비교

전차의 실질적인 기능 대신에 상징성이 고도로 강조된 하가점상층문화와 달리 중국에서는 춘추전국시대에도 계속적으로 전차를 사용하였다. 실제로 전국시대의 무덤에서도 꾸준하게 귀족들의 무덤에서 전차가 나온다. 전차전은 위에서 언급한 것처럼 그 비용이 많이 들고 관리가 어렵기 때문에 유라시아 전역에서 기원전 8~7세기를 기점으로 사실상 거의 사라진다는 점을 감안하면 세계 문명에서도 매우 특이한 양상이다. 이러한 중국의 특수성은 중원이라는 평원지대에서 전차의 운용이 용이하며, 상대적으로 인구밀도가 높기 때문에 대량의 전차를 생산할 수 있었기 때문이라고 볼 수 있다.

춘추전국시대 중국의 전차부대에 대한 문헌을 보면 전차 1승을 전차병(=charioteer) 1인, 갑사 10인과 보병 20인으로 구성하는 기내채지법(畿內采地法)과 전차병 3인과 보병 72인으로 구성된 기외방국법(畿外邦國法)으로 나뉜다. 임태승(2018)은 전자를 전차를 도입한 초기에 사용한 것으로 서주대까지 사용했으며, 후자는 춘추 후기 이후에 사용된 것이라 보았다. 즉, 기내채지법은 전차병 10인이 기본 단위인 바, 하나의 전차에는 2인의 전차병이 탑승했을 것이다. 실제 상나라 시기의 전차를 보면 전차병이 2인이 간신히 들어갈 정도의 크기이며, 실제로 2인의 전차병이 순장된 경우(安陽 郭家莊 M52)가 발굴된 것도 그러한 정황을 반영한다. 한편, 기외방국법은 하나의 유니트에 3인의 전차병이 있으니 이때에는 3인승 전차 1개를 사용했음을 알 수 있다. 그런데 이러한 두 체재는 단순한 군대 조직의 차이가 아니라 전차의 기능 및 운용에서 큰 변화가 있었음을 의미한다. 서주대의 기내채지법에는 5대의 전차에 보병 20인이 하나의 유니트로 구성된다. 즉, 전차 1대에 보병이 4인이 배정되는 꼴이니 보병들은 사실상 실제 전투를 수행하기보다는 전차의 수리와 보급을 담당했을 것이다. 반면에 춘추 말기의 기외방국법에 따르면 전차 1대에 보병이 72인, 그리고 그 뒤에 수리 및 보급을 담당하는 25인이 합쳐서도 모두 100인으로 구성된다. 실제 100명의 군대에 1대꼴로 전차의 수는 감소했으며, 각 전차의 크기는 3인용인 바 전차의 생명인 신속성도 많이 감소가 되었다. 즉, 이러한 변화는 중국에서도 춘추시대에 들어서면서 전차가 실질적인 전쟁의 주력에서 빠지고 보병 위주의 전투가 전개되었음을 의미한다.

하지만, 이러한 전차의 실질적인 전투 무기로서의 기능이 약해지는 것과 달리 전차를 지칭하는 용어는 더욱 널리 사용되기 시작한다. 즉, "천승지국"이나 "백승지국"과 같은 국가의 국력을 상징하는 단위로 전차가 사용되기 시작한다. 임태승(2018)은 천승지국을 대략 76~100㎢의 땅 안에 국인(國人) 3백여만 명과 야인(野人) 1백여만 명 등 도합 4백여만 명이 평시엔 농업에 종사하고 전시엔 사병(士兵)과 도역(徒役)으로 전쟁을 수행하였다고 추산한 바 있다. 이는 실제 당시 중국의 인구나 제후국의 규모를 감안하면 상당히 과장된 느낌이다. 그럼에도 이

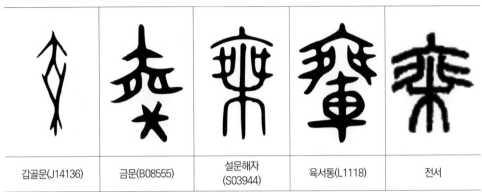

〈표 3〉 乘자의 시대별 변천(출전: hanziyuan.net)

갑골문(J14136)	금문(B08555)	설문해자 (S03944)	육서통(L1118)	전서

러한 추산이 가능할 수 있는 것은 이미 춘추 말기에 실제 전차가 주력 무기로 사용된 것이 아니라 상징적인 의미로 변화했음을 의미한다. 승(乘)이 전차 자체가 아니라 하나의 부대를 운용하는 단위가 되었기 때문이다.

결론적으로 중국으로 유입된 전차는 제의적인 기능을 담당하는 하가점상층문화-비파형동검문화권과 달리 실제 전쟁에서의 사용을 거쳐서 춘추 말기에 행정과 국력을 상징하는 단위로 바뀐다. 그리고 이것은 언어의 변천으로도 알 수 있다. 전차를 대표하는 乘은 원래 갑골문에서는 나무위에 사람이 서있는 모습으로 표현되었고, 이후 올라앉는다는 뜻으로 사용되었다. 하지만 이 글자는 춘추시대에서 전국시대를 거치면서 두 말이 끄는 전차의 형상으로 변화한다. 이미 『좌전』에서 乘은 모두 163번이 나오는데(임태승 2018), 올라가다, '탑승하다'라는 전통적인 의미(cheng)는 72번이 나오며 말, 병거, 전차병(=甲士)이라는 의미로는 모두 91번이 쓰였다. 전차가 실제 무기로서의 기능을 상실하고 대신에 국력의 상징으로 바뀌면서 사회적인 상징성을 가진 것으로 변환하는 과정을 보여준다.

이와 같이 유라시아 전역에서 전차가 거의 사라지는 시점인 춘추전국시대에 중국에서 오히려 귀족을 중심으로 오히려 활발하게 만들어지고 사용되었다. 그 이유는 상나라 이후 전차가 소수의 사람들이 전쟁에서 사용하는 전쟁의 무기에서 국력의 상징으로 바뀌었기 때문이다. 이러한 점은 전차가 제의와 전사의 상징으로 바뀌는 하가점상층문화의 상황과도 좋은 대조가 된다.

V. 마치며

본 고에서는 우랄산맥 지역에서 발생한 고대 전차의 연구현황을 살펴보고 그들이 동아시아로 확산되는 문제를 유라시아 초원문화의 유입경로가 되는 하가점상층문화를 중심으로 살펴보았다. 하가점상층문화에서는 백부 유형이나 이가애문화와 같은 중국 북방 장성지대의 상말주초 시기의 여러 문화와 달리 적극적으로 무기로서 전차를 도입하지는 않았다. 대신에 전차가 가지는 상징성은 유지가 되었으며, 전차의 여러 요소는 동경 위주의 제사체계로 흡수되어서 비파형동검과 한반도로 그 영향을 미쳤다.

이와 같이 전차의 등장과 사용은 단순한 기술의 전파 과정으로만 설명할 수 없다. 전차를 운용하기 위해서는 기술뿐 아니라 전쟁, 정치, 사회, 경제 등의 인문적 요인과 지리 환경적인 요소가 종합적으로 맞을 때에 이루어질 수 있기 때문이다. 하가점상층문화의 경우 전차를 만들고 운용한 집단과 전사 집단이 별도로 존재한 흔적이 있다. 하지만 그들이 거주한 곳은 평원이 발달하지 않은 내몽골 동남부의 지리환경인 바 실제 전차를 만들고 관리하기 위하여 필요한 조련할 마부와 말 등 일련의 조직을 유지할 필요는 없었다. 이러한 배경하에서 하가점상층문화에서 전쟁 자체의 전략적인 것보다는 의례와 상징, 나아가서 샤먼의 도구로 전환되었다. 이후 하가점상층문화의 청동기문화는 요서지역의 비파형동검문화로 확산되면서 전차의 주요한 요소들도 상징화 되어서 확산되었다. 이것은 동아시아 청동기의 발달이 전쟁보다는 제사와 샤먼 계급의 등장을 중심으로 형성되어왔다는 것과도 상통한다. 즉, 전차의 확산이라는 유라시아의 보편성과 함께 동북아시아라는 지역적인 특성이 함께 작용했다. 하가점상층문화와 인접한 요서지역 십이대영자문화에서는 다뉴경 위주의 청동기 의기 체계로 확립되었다. 그 과정에 전차를 장식했던 방울, 고삐걸이 등은 신을 부르는 샤먼의 도구로 결합되어서 확산된다.

이렇듯 유라시아 전역을 휩쓸었던 전차가 동아시아로 확산되면서 제사위주의 청동기 체계에 편입되어 변화하는 과정은 유라시아 청동기문화의 보편적인 확산과 동아시아 청동기문화의 특수성을 잘 보여준다. 또한 전차가 국가의 국력과 행정적인 능력을 상징하는 것으로 바뀐 중국과도 좋은 대조를 이룬다. 즉, 전차는 일방적인 확산이 아니라 각 지역에 맞게 적절하게 변용되었고 재지사회에서 재창조 되었다. 비파형동검 문화권의 의례용 청동기들이 전차의 부속과 관련된 것을 감안하면, 비록 전차 자체는 한반도와 만주 일대로 들어오지는 않았지만 그들에 대한 신화와 종교적인 이미지는 변용되어서 유입되었다고 결론 지을 수 있다. [12)]

---

12) 실제로 부여의 해모수신화에도 전차가 등장할 정도로 그 영향은 오랜 기간에 걸쳐서 변용되었지만 누층적으로 지속되었다고 볼 수 있다.

참고문헌

〈한국어〉

강인욱, 2009, 「기원전 13~9세기 카라숙 청동기의 동진(東進)과 요동·한반도의 초기 청동기문화」, 『湖西考古學』21, 湖西考古學會.

강인욱, 2015, 『유라시아 역사 기행』, 민음사.

강인욱, 2016, 「기원전 9~3세기 요서지역의 고고학문화와 山戎·東胡」, 『白山學報』106, 白山學會.

강인욱·김경택, 2020, 「유라시아-연해주 금속 루트와한반도 청동기의 기원과 계통」, 『인문학연구』44집, 경희대학교 인문학연구원.

강인욱, 2020a, 「요서지역의 하가점상층문화」, 『동북아시아 고고학 개론 I : 선·원사시대 편』, 동북아역사재단.

강인욱, 2020b, 「유라시아의 관점에서 바라보는 중국의 선사시대와 고대-[중국통사 1-고대에서 기원전 500 년까지-]를 중심으로」, 『동북아역사논총』68, 동북아역사재단.

기세찬, 2017, 「춘추시대의 전쟁수행방식과 전쟁관」, 『사총』91, 고려대학교 역사연구소.

김동현, 2008, 「전차를 탄 태양도상의 연구」, 홍익대학교 대학원 석사학위논문.

데이비드 W. 앤서니(저), 공원국(역), 2015, 『말, 바퀴, 언어』, 에코리브르. (원저: Anthony, David W., 2007, The horse, the wheel, and language: how Bronze-Age riders from the Eurasian steppes the Eurasian steppes shaped the modern world. Princeton University Press)

라인하르트 쉬메켈, 2013 『인도유럽인, 세상을 바꾼 쿠르간 유목민』 푸른역사 (원서 : Die Indoeuropaer: Aufbruch Aus Der Vorgeschichte, 1999).

朴錫弘 2004, 「甲·金文에 나타난 殷代 "車"문화 연구」, 『中國學論叢』17, 한국중국문화학회.

孫璐, 2011, 「중국 동북지역 선진시대 차마구의 등장과 변천」, 『한국고고학보』81, 한국고고학회.

이유표, 2020, 「'玁狁方興'-서주와 험윤의 전역 기록 검토」, 『한국고대사탐구』 34, 한국고대사탐구학회.

임태승, 2018, 「孔子시대 '千乘之國' 實狀의 재구성」, 『유교사상문화연구』71, 한국유교학회.

조중공동고고학발굴대, 1966, 『중국 동북 지방의 유적 발굴보고』, 사회과학원출판사.

피타 켈레크나 저, 임웅 역, 2019, 『말의 세계사』, 글항아리.

〈중국어〉

靳楓毅, 1985, 「寧城縣新發現的夏家店上層文化墓葬及其相關遺物的研究」, 『文物資料叢刊』9, 文物出版社.

吉谢列夫, 1960, 「同志在我国各地訪問」, 『考古』1期.

吉谢列夫, 1950, 『吉谢列夫講演集』, 北京: 新華書店

吉谢列夫, 1953, 『蘇聯的歷史科學和歷史教学』, 北京: 时代出版社.

吉谢列夫 C. B. 1959, 「通訊院士再度来華」, 『考古』12期.

吉谢列夫 C. B. 1959, 「四十年来蘇聯境内青铜时代的研究」, 『考古』6期.

吉谢列夫 C.B. 1960, 「通訊院士在北京所做的學術报告」, 『考古』2期.

吉谢列夫 C.B. 1981, 『南西伯利亞古代史(上·下册)』, 乌鲁木齊: 新疆社会科学院民族研究所(内部印刷).

內蒙古自治區文物考古研究所·寧城縣遼中京博物館, 2009, 『小黑石溝 - 夏家店上層文化遺址發掘報告』, 科學出版社.

北京市文物管理處, 1976, 「北京地區的又一重要考古收获 -昌平白浮西周木槨墓的新啟示」, 『考古』4期.

山西省考古研究所·靈石縣文化局, 1986, 「山西靈石㫃介村商墓」, 『文物』11期.

安志敏·鄭乃武, 1981, 「内蒙古寧城县南山根 102號石槨墓」, 『考古』4期.

烏恩, 1985, 「殷至周初的北方青銅器」, 『考古學報』2期.

烏恩, 2002, 「論夏家店上層文化在歐亞大陸草原古代文化中的重要地位」, 『邊疆考古研究』第1辑, 北京: 科学出版社.

烏恩岳斯圖, 2007, 『北方草原考古學文化研究』, 科學出版社.

遼寧省昭烏達盟文物工作站·中國社會科學院考古研究所東北工作隊, 1973, 「寧城縣南山根的石槨墓」, 『考古學報』2期.

劉观民, 1989, 「蘇聯外貝加爾地區所出几件陶扁的分析」, 『中国原始文化論集』, 文物出版社.

劉永華, 2002, 『中国古代車輿馬具』, 上海辭書出版社.

李伯謙, 1998, 「從灵石族介商墓的發现看晋陝高原青铜文化的歸屬」, 『中国青铜文化結構體系研究』, 科學出版社.

李水城, 1992, 「中国北方地带的蛇纹器研究」, 『文物』1期.

林梅村, 2019, 『塞伊玛-图爾宾诺文化與史前丝绸之路』, 上海古籍出版社.

林澐, 1987, 「商文化青铜器與北方青铜器關系之再研究」, 『考古学文化论集 一』, 文物出版社.

林澐, 1991, 「對南山根M102出土刻文骨板的一些看法」, 『內蒙古東部區考古學文化研究文集』, 海洋出版社.

林澐, 2019, 「關于青铜弓形器的若干问题」, 『林澐文集(三卷)』, 上海古籍出版社.

林澐, 2019, 「再論掛繮鉤」, 『林澐文集(三卷)』, 上海古籍出版社.

张文·翟良富, 2016, 『后遷義遗址考古发掘报告及冀东地區考古文化研究』, 文物出版社.

田廣金·郭素新, 1986, 『鄂爾多斯式青銅器』, 文物出版社.

韓嘉谷, 1990, 「花邊鬲寻踪——谈我国北方长城文化带的形成」, 『内蒙古東部區考古学文化研究文集』, 内蒙古文物考古研究所 编, 海洋出版社.

〈러시아어〉

Бонгард-Левин, Г. М. 1983, От Скифии до Индии. Древние арии: мифы и история. Рипол Классик.

Бочкарев, В. С., и др. 2010, Кони, колесницы и колесничие степей Евразии, Екатеринбург-Самара-Донецк: ООО ЦИКР Рифей.

Варенов, А. В. 1980, Иньские колесницы. Изв. СО РАН, н. 1, с.164-169.

Варенов, А. В. 1984, О функциональном предназначении «моделей

ярма» эпохи Инь и Чжоу...Новое в археологии Китая: Иссле
дования и проблемы.-Новосибирск: Наука, с. 42-51.

Генинг В. Ф., Зданович Г. Б., Генинг В. В. 1992, Синташта:Археолог
ический памятник арийских племен Урало-Казахстанских
степей. Т. 1. Челябинск: Южно-Уральское кн. изд-во.

Горелик М. В. 1985, Боевые колесницы Переднего Востока III-II ты
сячелетий до н.э. // Древняя Анатолия: Сборник статей. —
М.: Наука, — с. 183-202. — 256 с.

Горелик М. В. 1993, Оружие Древнего Востока. IV тысячелетие —
IV век до н. э. — Москва: Наука, Восточная литература.

Деревянко.А.П. и др., 2016, История Китая с древнейших времен д
о начала XXI века: в 10 т. / гл. ред. С.Л.Тихвинский. - М.: На
ука - Восточная литература. - Т.1: Древнейшая и древняя ис
тория (по археологическим данным): от палеолита до V в. д
о н.э. / - 974 с.

Евсюков, В. В., и Комиссаров, С. А.. 1984, Бронзовая модель колесн
ицы эпохи Чуньцю в свете сравнительного анализа колесн
ичных мифов. Новое в археологии Китая: Исследования и п
роблемы. Новосибирск, -с. 52-66.

Есин Ю.Н. 2013, Петроглифы «Шаман-камня»(гора Оглахты, Хакас
ия)Научное обозрение Саяно-Алтая № 1(5), -66-81.

Зданович Г. Б., Батанина И. М. 2007, Аркаим - Страна городов: Про
странство и образы. Челябинск: Изд-во Крокус; Южно-Ура
льское кн. изд-во.

Киселёв С.В. 1960, Неолит и бронзовый век Китая. (По материала
м научной командировки в КНР) // Совесткая Археология.
№4. С. 244-266.

Кожин П.М. 1969, К вопросу о происхождении иньских колесниц
// Культура народов Зарубежной Азии и Океании. Сборник

МАЭ, Вып. XXV. Л.: Наука, С. 29-40.

Кожин П.М. 1985, К проблеме происхождения колесного транспорта // Древняя Анатолия. - Москва: Наука, - С. 169-182.

Кожин П.М. 2011, Китай и Центральная Азия до эпохи Чингисхана: проблемы палеокультурологии. М.: ИД «Форум», 368 с.

Кожин П.М. 1987, Колесничные сюжеты в наскальном искусстве Центральной Азии // Археология, этнография и антропология Монголии. Новосибирск: Наука, . С. 109-126.

Кожин П.М. 2015, От колесничной упряжки к древнекитайской кавалерии // Общество и государство в Китае. Т. XLV, ч. 1.М.: ИВ РАН, с.24-33

Кожин П.М. 2007, Этнокультурные контакты населения Евразии в энеолите — раннем железном веке (палеокультурология и колесный транспорт). Владивосток: Дальнаука, 428 с.

Комиссаров, С. А. 1980, Чжоуские колесницы (по материалам могильника Шан-цуньлин). Изв. СО АН СССР, (1), с.156-163.

Кузьмина Е. Е. 1986, Древнейшие скотоводы от Урала до Тянь-Шаня. Фрунзе.

Кузьмина Е.Е. 2010, Предыстория Великого шёлкового пути: Диалог культур Европа — Азия. М.: КомКнига, 240 с.

Кузьмина Е.Е. 2008, Арии - путь на юг. - М.; СПб., -558 с.

Кузьмина, Е. Е. 1994, Откуда пришли индоарий?: материальная культура племен андроновской общности и происхождение индоиранцев. Восточная лит-ра.

Молодин В.И. и др. 2014, Арии степей Евразии: эпоха бронзы и раннего железа в степях Евразии и на сопредельных территориях; сб. памяти Е.Е.Кузьминой.

Новоженов, В. А. 1992, Наскальные изображения повозок как исторический источник (к проблеме взаимосвязей населения ст

епной евразии в эпоху энеолита и бронзы). диссертации
к.и.н., -Кемерово, с.577.

Окладников, А. П. 1959, Триподы за Байкалом. М.: Изд-во Наука,
с.114-132.

Смирнов К. Ф., Кузьмина Е. Е. 1977, Происхождение индоиранцев
в свете новейших археологических открытий. М.: Наука.

Черемисин, Д. В., Комиссаров, С. А., и Соловьев, А. И. 2019, Наскал
ьные изображения колесниц Центральной Азии как маркер
мобильности и миграций. In Мобильность и миграция: кон
цепции, методы, результаты, с. 215-228.

Чечушков И.В., 2013 Колесничный комплекс эпохи поздней бронз
ы степной и лесостепной Евразии (от Днепра до Иртыша),
Т.1,2, дис. к.и.н., Екатеринбург.

〈영어〉

Anthony, David W. 1990, Migration in archeology: the baby and the
bathwater, American anthropologist 92.4, pp. 895-914.

Anthony, David; Vinogradov, Nikolai 1995, Birth of the Chariot, Archae-
ology, 48 (2), pp. 36-41

Gimbutas, Marija 1997, The Kurgan Culture and the Indo-Europeaniza-
tion of Europe: Selected Articles from 1952 to 1993, Washington,
D. C. Institute for the Study of Man.

Hsiao-yun Wu 2013, Chariots in Early China - Origins, cultural interac-
tion and identity. (BAR International Series 2457). Oxford, Ar-
chaeopress.

Lubotsky A. 1998, Tocharian loan words in Old Chinese Chariots chari-
ot gear and town building, in The Bronze Age and Early Iron Age
Peoples of Eastern Central Asia. ― Mair Victor H. (ed.) ― Wash-
ington D.C.: Institute for the Study of Man.

Rawson, J., Chugunov, K., Grebnev, Y., & Huan, L. 2020, Chariotry and
Prone Burials: Reassessing Late Shang China's Relationship with
Its Northern Neighbours. Journal of World Prehistory, 33(2),
pp.135-168.

Rawson, J. 2015, Steppe weapons in ancient China and the role of
hand-to-hand combat. 故宮學術季刊 33.1 pp.37-96.

Jacobson-Tepfer, E. and V. A. Novozhenov (eds) 2020, Rock Art Chroni-
cles of the Golden Steppe: from Karatau to Altai, Almaty: Centre
for the Rapprochement of Cultures.

Olivieri, L. M., & Vidale, M. 2014, New Evidence on the Symbols of early
Swatbetween 2nd and 1st Millennial BCE. Арии степей Еврази
и: эпоха бронзы и раннего железа в степях Евразии и на со
предельных территориях; сб. памяти Е.Е.Кузьминой, pp.
369-376.

〈인터넷자료〉

http://qiyuan.chaziwang.com/etymology-3974.html (2020년 3월 확인)

Епимахов А. В. Аркаим и Синташта : история открытия и археолог
ическая реальность 2017 http://antropogenez.ru/article/1002/
(2020년 3월 확인)

2
———

유라시아 초원과의 교류관점에서 본 대릉하 유역의 상 - 주시기 청동예기와 고조선의 성립

강인욱

경희대학교 사학과 교수

———

* 이 글은 『白山學報』 第120號(白山學會 2021)에 게재된 논문을 일부 수정·보완한 것이다.

I. 서론

비파형동검과 다뉴경의 존재로 대표되는 고조선의 형성을 이해하기 위한 시작은 그 이전 단계의 문화 전개에서 시작되어야 한다. 이 시기 요서지역과 내몽골 동남부지역은 하가점하층문화가 소멸되고 난 이후인 기원전 15~11세기 단계는 유적이 급감하며 이전 단계와는 단절된 양상이다. 이 시기에 이 지역의 문화는 유라시아와 중국에서 유입되는 문화가 공존하면서 새롭게 재편된다.

유라시아에서 유입되는 청동제련술과 무기로 대표되는 세이마-투르비노(Seima-Turbino)계 청동제련술[1]과 전차 무기와 함께 상말주초의 중원계 청동기가 매납유적으로 대표되는 중원의 세력이 공존하면서 새로운 문화로 전개되어간다. 이렇게 유라시아 초원과 중원이라는 서로 상이한 문화를 대표하는 집단은 대릉하 유역은 물론 전 중국의 북방지역에서 서로 이웃하여 접변을 하면서 다양한 지역 간의 네트워크가 형성되고 새로운 문화가 정립된다. 이러한 전체 동북아시아적인 문화 변동을 거친 이후 단계에서 요서지역의 비파형동검문화가 발달한다.

앞 장에서 필자는 고조선의 성립 시기에 전차로 대표되는 유라시아의 청동기

---

1) 기원전 20~15세기에 유라시아 초원에서 발달한 청동제련술. 세이마와 투르비노라는 두 지역에서 발견된 청동기 매납유적에서 기원했다.

문화가 유입되었다는 것을 밝혔다. 이 장에서는 그러한 노력의 연장선으로 기후(箕侯) 또는 기족(箕族)의 세력으로 일찍이 알려졌던 대릉하 유역의 중원계의 상말주초 매납유구에 대한 재해석을 하겠다. 즉, 기존 중원-요령지역의 토착세력이라는 이분법적인 시각을 탈피해서 제3의 요소인 유라시아 초원지역과의 교류도 고려하겠다.

1970년대 객좌 북동촌의 발견이 알려진 이래 대릉하 유역을 중심으로 요서지역 일대에서 13여 개의 유적에서 청동예기가 발견되면서 많은 주목을 받아왔다. 중원에서 한참 벗어난 요서 대릉하 일대에서 발견되는 현상은 다양한 해석의 여지가 있어왔기 때문에 지난 50여 년간 중국은 물론 한국과 일본의 고대사 및 고고학 연구자들의 관심이 집중되어 왔다. 이에 따라 많은 학자들이 대릉하 유역의 청동예기 매납 현상에 대하여 다양한 의견을 제시했지만 명문자료에 대한 고문자학적인 해석이 주를 이루었으며, 여전히 고고학적 관점에서는 만족할

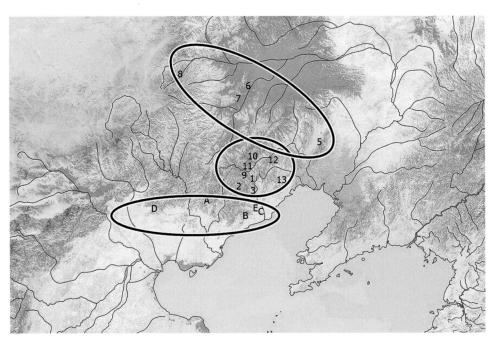

〈카라숙계 무기군〉 A: 초도구, B: 풍가촌, C: 동왕강대, D: 소하남, E: 양가
〈대릉하 매납유구 중심권〉 1: 북동촌, 2: 소파태구, 3: 산만자, 4: 마창구, 9: 고가동, 10: 화상구, 11: 고로구, 12: 목두성자, 13: 위영자
〈대릉하 매납유구 외곽권〉 5: 화이루, 6: 두패자, 7: 서수파라, 8: 천보동

〈그림 1〉 기원전 14~10세기경 하북–요서지역 유적군 분포도

만한 수준의 설명보다는 가설 이상의 수준으로 접근하지 못한 것도 사실이다. 필자는 본고에서 이 시기 확산된 유라시아 청동기문화에 대한 이해가 결여되었다는 것에서 그 원인을 찾고자 한다.

이에 본 고에서는 대릉하를 중심으로 하는 요서지역의 상~주 시기 청동예기가 출토된 유적들을 요서지역의 고대 문화 흐름이라는 맥락에서 그 의의를 살펴보고자 한다. 그를 위하여 대릉하 청동예기의 연구에 대한 기존 연구의 한계를 검토하고, 그를 극복하기 위하여 고고학적 맥락에서 그 매납과정을 설명하고 모델을 정립해보고자 한다.

II. 대릉하 청동예기의 연구 경향

1. 주요 연구

대릉하 유역의 상말주초 시기 청동예기가 처음 알려진 것은 1941년 대릉하 유역 고로구(咕嚕溝) 유적에서 발견된 청동방정이다. 하지만 이는 채집품으로 학계의 큰 주목을 끌지는 못했다. 대릉하 유역의 청동기가 본격적으로 주목받은 계기는 1955년에 보고된 객좌 마창구(馬廠溝) 유적이었다. 이후 1970~80년대 초반에 들어서 다수의 유사한 유적들이 확인되었다. 문화혁명 직후인 1970년대에 북동촌(北洞村) 1·2호(1973년, 1974년), 산만자(山灣子, 1974년과 1977년 보고), 천보동(天寶同, 1982년), 서우파라(西牛波羅, 1982년 보고), 두패자(頭牌子, 1982년), 소파태구(小波汰沟, 1978년과 1983년 보고), 화이루(花爾樓, 1979년과 1982년 보고) 등에서 다양한 청동예기의 매납이 다수 확인되었다. 이러한 매납유구와 함께 1~2점의 청동예기가 부장되는 상말주초의 시기에 해당하는 무덤들도 발굴되었다. 1977년에 위영자(魏營子), 1989년 화상구(和尙溝) 유적, 고가동(高家洞) 유적(1979년에 처음 발견, 1998년 보고) 등이 있다.

이상의 상황을 종합하면 기원전 13~11세기(상말주초)에 해당하는 중원 계통의 청동기를 반출하는 유적은 13개소가 된다. 사실상 80년대 초반 이후에 새롭게 추가된 자료는 없지만, 중원지역을 제외하고 단일 지역에서 이렇게 상말주초라는 한정된 시기에 대량의 청동예기를 매납한 지역은 요서지역이 유일하다.

대릉하의 매납유적에 대해서는 지난 50여 년간 관련 학자들의 많은 연구가 제출되었다. 연구사만을 위한 논문(조원진 2010; 趙凌烟 2016)도 다수 발표되었을 정도로 다양한 연구가 제출되어왔다. 대부분의 연구는 모두 기자와 기족의 이동 또는 중국 세력의 진출이라는 점에 초점을 맞추어서 연구가 진행되어왔다. 특히 중국 학계에게 대릉하 청동예기의 발견은 매우 특별한 의미로 다가왔다. 1970년대 초 북한과 중국 사이에 심각한 정치적 분쟁을 일으킨 리지린과 조중 고고발굴대의 활동 직후(강인욱 2015) 중국에서는 요령지역의 역사 귀속에 대한 위기감을 느끼고 있었다. 그 와중에 대릉하 청동예기의 기후 방정은 중국의 북방지역에 대한 영유권을 강조할 수 있다는 점이 연구의 착발점으로 작용했다.

대릉하 청동예기의 존재를 알린 객좌 북동촌 유적의 발견 과정을 보면 이러한 중국의 입장이 잘 표출되었다. 북동촌의 유적이 알려진 것은 1973년 2월로 문화혁명 직후의 어수선한 상황이었다. 그럼에도 발견된 바로 그 다음 달에 발간되는 『考古』4기에 그 발견이 보고될 정도로 유례가 없이 신속하게 반응했다(遼寧省博物館 外 1973). 그리고 그 1년 뒤에는 추가로 북동촌 2호갱의 발굴성과를 보고하면서 '만리장성 북방지역은 중국의 역사적 영토가 아니라는 소련의 중국 청동기 북방기원설을 분쇄할 수 있는 결정적인 증거임'[2]을 선언했다(喀左縣文化館 外 1974). 즉, 대릉하 유역의 중국계 청동예기는 한국과의 갈등은 물론 당시에 소-중 간에 격화되었던 영토분쟁에 따른 유라시아와의 관련성을 부정하는 단계까지 이르렀다. 이와 같이 대릉하 유역의 상말주초 청동예기의 발견은 단순한 고고학적 발굴이 아니라 그 시작부터 매우 철저하게 정치적인 배경하에 진행되었음을 감안해야 한다.

이러한 중국의 관점은 중국을 대표하는 기자 세력의 동진을 기정사실화 하면서 구체화되었다. 북동촌 발굴 직후 유리하 출토의 언후 명을 들어서 주가 성립

---

2) 중국 학계의 청동기 북방기원설은 1960년대 상나라의 청동기와 전차가 유라시아 초원의 카라숙문화에서 기원했음을 지적하는 세르게이 키셀료프(1960)의 설이 소개된 이후였다. 하지만 1970년대에 중국 학계에서 다만스키 섬의 분쟁 등 정치 지형의 변화로 시베리아와의 관련을 부정하기에 이르렀다. 1980년대에 이에 따라 이후 비판하기 시작했고, 내몽골 중부의 오르도스 고원 일대에서는 초원문화의 중국 기원설인 '선흉노문화론'이 제기되었고, 내몽골 동남부는 대릉하의 청동예기를 근거로 상주문화의 북방 확장설로 연결된다.

되면서 상의 이주민이 요서지역으로 확산되었다고 본 晏琬(1975)의 연구가 그 시발점이다. 이후 2000년대 이후에 동북공정과 요하문명론이 전면에 등장하면 서 대릉하 청동예기는 중국 동북지방 및 한반도의 청동기시대가 중원문명의 확산으로 성립되었다는 주요한 근거로 활용되고 있다. 이러한 중국 학계의 연구 경향에 대해서는 '중국학자는 동북아시아에 대한 중국의 영유권을 강조하기 위하여 기자의 존재를 긍정하려는 입장을 전제하고 연구를 한다'는 이성규(2011)의 지적이 시사하는 바가 크다.[3]

한국에서는 윤내현(1981)과 이형구(1983) 등에 의해 이 자료들을 기자조선과 연결시키는 가능성이 제기되었고, 최근에는 기자조선이라는 연구의 틀을 벗어나서 중원 청동기, 연국의 팽창, 위영자문화의 관계 등 다양한 관점에서 이 문제에 대한 새로운 해석이 제기되고 있다(송호정 2005; 심재훈 2008; 김정열 2009; 박대재 2013; 최호현 2019; 이유표 2019; 민후기 2019). 이들 연구들은 기자조선의 실재 여부에 경도되었던 초기의 연구를 극복하고 주로 대릉하 유역의 청동예기가 누가 어떠한 역사적 배경에서 남겼는가에 집중된다.

다양한 연구의 주장을 보면 대체로 토착민에 비중을 두는 견해보다는 상나라 말기나 주나라 초기의 중국에서의 유이민 또는 군사적인 행위로 남겨진 것에 주목한다. 견해 간의 차이가 보여주는 주요 핵심은 바로 청동기를 만들고 매납한 주체를 중국계와 토착계로 이분법적인 상황에 대한 다양한 견해이다. 여기에 청동기 사용의 주체에 따라서 어디에서 만들어(제작지), 어떠한 경로로 들어와서 (유입경로), 어떠한 용도로 사용되었는가(용도)의 4가지 측면에 대한 서로 다른 견해들이 표방된다.

이 청동기를 사용한 주체에 대해서는 기자조선과 유관[4]의 여부에 따라서,

1) 상말주초의 혼란기를 피해서 도망친 기족 중심의 유이민과 그들이 세운

---

3) 사실 이러한 중국 학계의 연구경향은 중국의 영향권을 최대한 넓게 보려는 현상의 발로라고 할 수 있다. 즉, 비중원계의 청동기나 토기의 존재를 최소화하거나 이민족의 결혼과 같은 예외적인 현상으로 간주하려는 경향이 강하다. 단, 최근에도 중국학계 내에서도 지나친 기자조선으로 대표되는 역사적 사건에 기대어 해석하는 것을 경계하는 소수의 견해(林永昌 2007; 徐堅 2010)도 있음은 매우 긍정적이다.

4) 여기에서 말하는 유관하다는 것은 기자와 기자조선 자체를 인정한다는 뜻이 아니다. 기자로 대표되는 중국계 이주민들이 이 청동기의 이동과 사용에 결정적인 역할을 했다는 뜻이다.

국가(고죽/영지/기족의 국가), 2) 연국의 원정설, 3) 토착 위영자문화설, 4) 유이민+토착문화설 등으로 세분된다(郭大順 1987; 김정열 2009; 오대양 2019).

제작지의 경우 대체로 중원 제작설에 동의하는데, 최근 직접 기자와 관련을 짓는 경우 상과 더 가까운 관계를 상정한다. 구체적으로 기, 아 등의 족휘에 근거하여 구체적으로 중국 산동반도, 하북의 연국과 산서성 일대(최호현 2019; 민후기 2019)를 지목한다. 또한 일부 청동예기(산만자)의 자체적인 생산 가능성에 더욱 비중을 두는 견해(최호현 2019)도 등장했다.

유입경로의 경우는 기족이나 기자 일파의 이동을 인정하는 경우 상의 유이민이 직접 들고 온 것으로 본다. 연국의 원정설을 지지하는 경우 연나라의 캠페인(campaign) 과정에서 남겨진 것(박대재 2010)이라는 설과 연나라가 이 지역의 토착세력을 위무하기 위하여 분여했다는 설(宮本一夫 2000), 또는 토착세력이 군사적인 정벌을 통하여 약탈한 것으로 보는 견해도 있다(김정열 2009).

용도에 대해서는 크게 제사용도와 전란에 따른 은닉으로 나뉜다. 제사용도는 1~3)번설을 지지하는 경우 유이민들이 이동하여 중원의 제사를 지내고 남긴 구덩이로 보며, 4)토착 주민설의 경우 주술적인 의미(廣川守 1995)로 나뉜다. 전란과 연관시키는 견해(이유표 2019)의 경우는 전형적인 제사의 매납으로 보기 어렵다는 데에 근거한다.

2. 기존 관점의 검토

1) 중국계 유이민설

기존 연구의 핵심은 청동기가 남겨진 동인을 중국의 혼란을 피한 유이민의 존재나 전쟁에서 찾는다. 특히 상말 주초의 혼란기에 자신들이 제사로 사용하던 청동기를 가져온 유민들의 소산이라고 본 견해는 전통적인 기자조선의 동진이라는 설과 부합하기 때문에 많은 학자가 지지한다. 물론, 불완전한 사서와 고고학적 현상을 그대로 잇는 것은 비판의 여지가 있기 때문에 주나라 성립이후 연나라의 팽창과 연동시켜서 연국이 팽창과 함께 소멸했다는 추가적인 설명이 뒷받침되기도 한다.

다양한 시도에 불구하고 어떠한 고고학적인 정황도 이러한 유이민설을 뒷받침하지 못한다. 그 첫 번째 이유는 성터와 같은 이주민의 거주를 증명하는 유적의 부재이다. 중원의 경우 상나라의 은허나 서주대의 매납유적들은 제사를 봉행하는 왕이나 귀족이 거주하는 성터 근처에서 발견된다. 중원에서 청동기의 매납은 제사와 연동되어 이루어지는 거버넌스의 주요한 행위였다. 따라서 많은 인력과 자원이 소비되는 청동기를 이용한 제사와 매납은 그들의 중심지에서 발생할 수 밖에 없다. 하지만 대릉하 근처에는 청동기의 매납을 한 중국계 유이민 세력의 존재를 뒷받침하는 성지나 대형 고분이 전혀 발견되지 않았다. 심지어 유이민의 존재를 증명할 수 있는 어떠한 주거지나 중원계의 주민의 거주를 증명하는 문화층이 없다. 이들을 중원계의 유이민으로 섣불리 단정할 수 없는 가장 큰 이유가 여기에 있다.

두 번째 이유는 매납 유구에서 출토된 청동예기의 기종이다. 대릉하 유역 매납유구에서 출토된 기종은 주로 거대한 자비용의 삼족기 위주이다. 고(觚), 작(爵), 치(觶) 같은 작은 유물보다는 정(鼎), 언(甗), 궤(簋), 뢰(罍) 같은 대형 유물이 다수를 점한다. 이들이 중원 계통의 제사 전통을 유지하는 세력이라면 이런 불완정한 조합으로 매납할 이유가 없다. 더욱이 대릉하 유역의 기종은 거대한 자비용기로 오히려 가지고 이동하기가 매우 어려운 것들이 주를 이룬다. 일부 주장대로 중국에서 급하게 피신하는 유이민들이라면 굳이 휴대하고 피난하기에 불편한 대형의 용기만을 가지고 이동할 리가 없다.

2) 연국의 전쟁설

중국계 유이민설의 이주라는 단순한 설정은 전혀 증명될 수 없기 때문에 최근에는 이 매납유구를 상나라 이후 북경 일대에 등장하는 서주 연국의 성장과 연동하여 설명하는 견해들이 제출되고 있다. 즉, 연국의 원정으로 대표되는 전쟁 관련 매납설은 연국의 군대가 이 지역을 정벌하고 그 기념으로 자신들의 청동예기를 매납했다는 설명이다. 물론, 대릉하 유역에서 연나라와의 전쟁이나 주둔의 흔적이 없기 때문에 '단기간의 원정'으로 보는 수정적인 견해도 있다. 하지만 단기간 주둔이건 장기간 주둔이건 연국 전쟁설의 가장 큰 문제는 매납유구라는 정황적인 증거에만 의존한 추론일 뿐 전쟁 상황을 뒷받침하는 결정적인 고고학적 증거는 결여되었다는 점이다.

사실 불충분한 정황으로 이러한 전쟁과 같은 단기간의 사건과 연결시키는 것은 중원지역에서 사서에 등장하는 북방 이민세력의 침략과 연결시키는 방법으로 시도된 바 있다. 대표적인 예로 郭末若은 周原 일대에 널리 분포하는 청동 매납유적을 犬戎의 침입에 따른 결과로 보았다. 즉, 피난을 가는 서주 세력들이 급하게 묻고 잠시 이동했다가 다시 찾을 수 없게 되었다고 보았다(김정열 2009: 100 재인용). 이러한 전쟁 유이민 설은 고고학자료가 부족했던 20세기 중반까지 고고학자료를 설명하는 주요한 방법이었다. 한국에서도 일제강점기 때에 한반도 서북한과 요동 일대에 분포하는 전국~진한대의 대표적인 유적인 명도전 매납유적을 전국계의 유이민으로 보는 견해(藤田亮策 1948)가 대표적이다. 하지만 지난 수십 년간 다양한 고고학자료가 알려진 현재의 시점에도 전쟁 행위를 뒷받침할 만한 직접적인 근거가 없다. 첫 번째로 대릉하 일대에서 서주 연국의 거주 흔적이 발견되지 않았다. 두 번째로 연나라와 대적할 만한 세력의 흔적이 대릉하 유역에 보이지 않는다. 대릉하에서 서쪽인 백부 유적과 같이 북경과 연산산맥 일대에 존재한다. 반면에 대릉하 일대에서는 연나라에 대적할 만한 거대한 호전적인 세력이 없다. 세 번째로 전쟁과 관련된 무기나 마구는 일절 없이 자비용기 중심의 청동예기를 묻었다는 점이다. 네 번째로 단기간의 전쟁으로 보기엔 매납유구의 수가 지나치게 많고 집중되었다는 점 등이다. 다섯 번째로 대릉하 유역과 같이 상-주 시기에 중원 세력이 전쟁과 같은 행위를 통해서 자신의 지역 밖에 청동기를 매납한 증거가 없다. 따라서 연국의 전쟁설은 그것을 뒷받침할 만한 갑골문이나 명문이 나오지 않는 이상 현재까지의 고고학적인 증거로 증명하기란 거의 불가능하다.

3) 토착세력설(위영자문화설)

이는 구체적으로 토착집단이 전쟁 등을 통하여 탈취했다는 설, 토착민을 위무하기 위하여 증여했다는 설, 또는 유이민이 사용한 것을 이후 현지인이 이어서 사용했다는 설 등으로 나뉜다. 토착민의 역할이 강조되는 데에는 대릉하 청동예기의 매납유적과 동시기인 '위영자문화'의 설정(곽대순 1987)이 결정적인 역할을 했다. 곽대순은 요하지역의 토착 고대문화를 강조하고, 상말주초의 청동기를 들여온 유이민과 결합하여 성립한 위영자문화를 설정했다. 위영자문화의 무덤에서도 청동예기가 발견되는 등 그 시간적인 범위 및 중원지역과의 관련성도 상당부분 확인되었다. 최근 한국에서도 이 위영자문화의 역할에 주목하는 견해가 제출되고 있다(오대양 2019). 유이민설이나 전쟁설보다는 구체적인 고고학적 자료에 기반한다는 점에서 설득력이 있지만, 이도 완벽한 설명이 되기에는 역시 많은 허점을 내포한다.

첫 번째로 매납유구와 위영자문화의 무덤의 유물은 1:1로 대입시키기에는 두 문화 사이에 차이가 많다. 기종상으로 볼 때 매납유구의 청동기는 대형 자비용 그릇이지만 위영자문화 무덤의 청동기는 '유'와 같은 액체를 따르는 도구가 부장된다. 또한, 위영자문화의 무덤은 그 규모가 작고 청동기도 1점 매장하는 정도의 중소형에 불과하다.

두 번째로 위영자문화의 개념이 불분명하다. 위영자문화의 고고학적 유물 조합이 뚜렷하지 않은 채 일정한 시간과 공간을 부여하고 그 안의 모든 유적 유물을 위영자문화로 규정하는 개념의 확대가 이루어졌다. 실제로 중국은 물론 한국에서도 최근 위영자문화에 대한 많은 연구가 제시되고 있으나, 학자 간의 위영자문화의 정의가 애매한 것이 사실이다. 중국의 경우 곽대순(1987)이 처음 위영자문화를 분류한 직후 뒤를 이은 董新林(2000)은 토기를 중심으로 그 편년안을 제시하고 하한을 비파형동검문화가 발달하는 기원전 7세기까지로 잡았다. 이와 같은 학자 간의 난맥상은 주요한 분석의 기준으로 삼는 자료가 토기인지 청동기인지와 관련이 있다. 사실 토기 또는 청동기와 같은 기준 유물에 따라 문화의 규정이 변경되는 상황은 대릉하 유역뿐 아니라 같은 시기 중국 북방지역에서 공통적으로 보인다. 중국 서북지역의 위영자와 비슷한 시기 농-목 교차지대에 발달한 이가애(李家崖)문화의 경우도 토착화된 유목세력과 유입된 상나라 세력인지에 대한 논쟁이 지속되고 있다(韓炳华 2018). 즉, '위영자문화'는 뚜렷한 유물조합의 발굴에 따른 문화 설정이 아니라 시간과 공간의 공백을 메우기 위한 선험적인 규정으로부터 비롯된 것이다. 이에 이질적인 매납유구와 기타 무덤과 주거지 유적을 하나의 문화로 규정하려는 노력이 표출된 것이다. 따라서 매납유구를 단순하게 '위영자문화'에 귀속시키는 것은 현재로서는 논란이 될 수 밖에 없다.

4) 유이민-토착 계승설

위에서 본 바와 같이 기존 대릉하 청동예기를 중국계와 토착계라는 이분법적인 사고가 가지는 한계라고 판단하고 유이민과 토착민이 함께 결합하여 형성되었다는 설이 대두하고 있다. 위영자문화와 상말주초 시기 청동예기 매납유적의 명백한 연관관계가 없는 점에 주목하여 두 유적군 사이를 계기적인 문화 발전으로 보고 그 현상을 해석한다. 예컨대 북동촌, 산만자 등과 같은 상말주초의 매납유적은 유이민이 남기고, 곧바로 현지의 주민인 위영자문화인들이 그에 영향을 받아서 청동예기를 사용했다고 본다. 그리고 좀 더 구체적으로 대릉하 중원예기를 청동광산을 얻기 위한 중국인들의 진출(王立新·付琳 2015).[5] 또는 유이민은 곧 소멸되고 위영자문화인들이 그것을 수습해서 묻었다는 설(이유표 2019) 등이 있다.

이러한 설 역시 구체적인 증거가 결여되었다. 정작 중원예기가 집중적으로 매납된 대릉하지역에서는 청동광산이 없으며, 대릉하보다 북쪽인 시라무렌하유역의 희작구 유형을 중심으로 분포한다. 물론, 희작구 유형이 분포하는 지역에서도 천보동과 같은 1~2점의 청동예기가 나오는 흔적은 있지만, 그 출토 맥락은 상당히 이질적이다. 또한, 위영자문화의 주민들이 은계의 주민들이 버리고 간 청동예기를 대신 묻어주었다는 설은 사실 고고학적으로 전혀 증명이 불가능한 상상의 영역이다. 무엇보다 토착 세력이 약탈을 하건 아니면 계승을 한다는 설을 뒷받침하려면 토착세력이 이미 상당히 성장했다는 증거가 전제되어야 한다. 하지만 주지하다시피 대릉하 유역의 토착민들의 군사력이나 사회적으로 상당히 발달되었다는 고고학적 증거가 없다. 따라서 제 3의 대안이 나오기 위해서는 좀 더 구체적인 설명과 자료가 필요한 상황이다.

---

5) 청동광산을 찾아서 북쪽으로 진출했다는 설은 이미 1990년대에 중국에서 대전자의 爵形土器를 들어서 '이리두문화'의 진출로 보는 견해가 제출된 바 있다(杜金鵬 1995). 하지만 청동자원을 찾아서 이 지역으로 왔다면 모방한 토기가 아니라 청동기가 나와야 할 것이다. 또한 이민을 증거할 수 있는 묘제와 유물의 동질성은 전혀 찾아볼 수 없다는 점에서 그 근거는 부족하다.

3. 역사적 내러티브의 한계와 기자조선

개별 연구의 검토와 함께 반드시 생각해 보아야 할 문제는 대릉하 청동예기의 해석의 기저에 자리잡은 '기자조선'에 대한 인식이다. 다양한 연구의 배경에는 기자조선이라고 하는 사서의 기록 및 중원 상·주 세력의 확장에 대한 관심에서 파생된 것이라고 해도 과언이 아니다. 중국은 물론 한국 역사에서도 기자조선에 대한 믿음은 매우 뿌리가 깊어서 고구려에서부터 이미 기자신(箕子神)을 섬겼으며 조선시대에 소중화를 표방하면서 기자는 일종의 국가적 이데올로기화가 되었다. 이러한 상황에서 기자조선의 성립과 대릉하 유역의 기씨 명문 청동예기를 연동해서 관심이 갈 수밖에 없다.

이러한 기자조선의 존재유무와 중원세력의 북방 진출이라는 선험적 지식은 역설적으로 대릉하 청동예기에 대한 고고학적 논의를 저해시키는 요인으로 작용했다. 실제로 대부분의 연구는 청동기의 매납이라는 고고학적 유구의 해석보다는 기자와 청동기들을 어떻게 연결시킬까에 대한 관심에서 시작되었다고 해도 과언이 아니다. 실제로 유적과 유물 자체보다는 명문학, 고대사의 관점에서 논의가 주도된 것도 이런 배경에서 기인한다. 물론, 이러한 고고학 연구의 부재는 상말주초 시기에 대릉하 유역 일대에 유적이 급감하는 공백의 시기라는 현실적인 문제도 있었다. 그 결과 지금까지의 많은 연구들은 다양한 노력에도 불구하고 대릉하 유역의 청동예기 매납 현상에 대한 종합적인 해석을 좀 더 명징하게 제시했다고 보기는 어려운 형편이다.

필자는 이러한 기존 인식의 한계가 고고학적 자료를 '역사적 내러티브(historical narrative)'와 관련을 짓는 과정에서 나온다고 생각한다. '역사적 내러티브'[6]는 특정한 역사적 사건을 염두에 두는 서술을 말한다. 이는 팔켄하우젠(Falkenhausen 1993)이 정의한 고고학 자료를 역사 서술을 위한 접근법(his-

---

6) 사전적인 정의는 시작과 결말이 있는 이야기를 뜻한다. 여기에서는 기자의 동진과 같은 특정한 사건을 설명하기 위하여 도입되었다. 역사적 내러티브와 역사적 접근의 차이를 예를 들어 설명한다면 얼마 전 발견된 공주 공산성의 명광개(明光鎧)로 명명된 찰갑옷을 들 수 있다. 이 갑옷의 연대와 형식학적 분류를 통하여 사서에 기록된 백제 멸망 당시의 당나라와 군사적 갈등을 증명하는 것은 역사적 접근이다. 반면에 이 갑옷을 결정적인 근거가 없이 '명광개'로 규정하고 특정한 사건(백제가 당나라에 명광개를 선물한 점)과 연결시키는 것은 역사적 내러티브에 해당하는 해석이라고 할 수 있다.

torical approach)과 달리 특정한 사건을 설명하기 위하여 고고학자료를 동원하는 현상을 설명하기 위하여 필자가 도입한 개념이다. 문헌자료가 풍부한 경우 역사적 접근법이 상당히 유용하게 도입되는 데에 반하여 역사적 내러티브 기법은 고고학 자료로는 거의 증명될 수 없다. 고고학 자료가 폐기되고 후에 고고학자에 의해 발굴되는 과정은 철저하게 우연성에 기초하기 때문에 특정한 역사적 사건과 연결이 되기 위해서는 많은 자료의 축적과 교차검증이 필요하다. 예를 들면, 남해안에서 조선시대의 해군의 천자총통이 발견되었다고 해서 그것을 곧바로 임진왜란이나 이순신 장군의 부대와 연결지을 수는 없으며, 다양한 유적과 유물에 대한 해석이 병행되어야 하는 것과 같은 원리이다. 실제로 고고학 자료는 다양한 맥락으로 폐기가 된 것이며 현대의 역사가가 관심을 두는 특정한 사건과 연관되는 경우는 극히 예외적이며 또 많은 증명이 필요하다. 따라서 구체적인 논증이 없는 역사적 내러티브에 입각한 연구는 오히려 선입견으로 작용해서 고고학 연구의 큰 장애가 될 수도 있다.

본 장에서 살펴본 다양한 견해들이 지닌 태생적인 한계는, 이와 같이 기자의 동래라고 하는 역사적 내러티브가 가진 한계를 굳이 불충분한 고고학적 자료에 기반하여 해석하려는 기존 연구 방법이 지닌 태생적인 한계에서 기인한 것이라 볼 수 있다.

III. 대릉하 유역 청동예기와 유라시아 청동기

기존 대릉하 청동예기에 대한 분석은 그 결론은 다양하지만 기본적인 문화변동의 요인으로는 중국에서 들어온 유이민(또는 군사)과 대릉하의 토착세력이라는 두 큰 흐름을 전제하고 전개 된 것이다. 하지만, 이 지역에서 간과할 수 없는 점은 매납유구가 등장하는 시기에 대릉하지역은 물론 감숙회랑에서 연산산맥까지 소위 '장성지대'인 중국 북방 전반에서 북방 유목문화의 남하하는 흔적이 보인다는 것이다. 따라서, 대릉하 청동예기의 해석을 위해서는 공간적으로 중원-대릉하라는 이분적 구도에서 벗어나서 넓게 바라볼 필요가 있다.

상말주초라는 시기는 비단 중국 내부에서 이루어진 왕조 교체로 대표되는 중원지역만의 혼란상황만을 의미하지 않는다. 기원전 13~12세기를 전후하여 유라시아 초원의 카라숙계 청동기(초기 북방계 청동기)는 유라시아 전역의 온대지역으로 확산된다(강인욱 2009). 이들의 확산은 '세이마-투르비노'현상으로 언급되는 발달된 청동제련기술과 전차로 대표된다(강인욱 2021).

이러한 초원의 유목문화 확산은 일시적으로 중국 북방의 장성지대와 객좌-적봉 일대와 같은 농경과 유목의 점이지대에 일시적으로 유적의 급감 현상과 초원계 유물의 확산으로 이어졌다. 중국 장성지대 일대가 전면적으로 한랭건조해지면서 농경 및 정착에 불리해지고, 그에 따라 초원계 문화가 도입되지만 상대적으로 인구밀도가 희박하고 정착민이 거의 없기 때문에 고고학적으로는 유적이 급감하기 때문이다. 실제로 객좌~적봉 일대는 기원전 15세기경에 하가점하층문화가 소멸된 이후 기원전 12세기경에 하가점상층문화와 위영자문화가 등장하기 직전까지 약 3세기 동안에 유적의 수는 급감한다. 카라숙계 청동기가 확산되는 시점의 유적 공백현상은 몽골초원, 만리장성 이북지역에서 공통적으로 발견된다.

대릉하 유역의 위영자문화는 실제로 다양한 문화의 요소가 혼재되지만, 정작이 시기를 대표하는 주거유적은 드물며 대형무덤이 사라지는 등 이러한 과도기적 상황을 잘 반영한다. 한편, 농경과 목축의 접경지역이 공백에 가까운 상태가 되는 것은 중원지역의 문화가 확산되기에도 용이한 조건이 된다. 실제로 중국 북방의 장성지대에는 전반적으로 중원 계통의 문화가 북상하는 양상이 간취된다. 그들의 청동기 조합에 중원예기는 물론 전차부속, 무기 등으로 유목문화의 요소가 편입되는 현상으로도 나타난다. 섬서-산서성 일대의 이가애문화(石樓-保德 유형), 장가원상층(張家園上層)문화, 창평 백부(白浮) 및 서발자(西拔子) 등이 대표적인 예이다. 이는 중원과 전차 집단 사이의 군사적 충돌에 따른 초원의 전차병들이 중국으로 도입되는 현상(강인욱 2021)과도 맞물린다.

즉, 대릉하 유역에서 발견되는 청동예기는 단순하게 중원문화 이주민이 대량으로 이동하여 유입된 결과가 아니라 혼란한 시기에 이 지역에서 새롭게 형성된 세력들에 의해 선택되고 변용되어 제작되었을 가능성이 크다. 그 주요한 특징을 열거하면 다음과 같다.

1. 마창구의 노끈무늬 언(甗)

객좌 마창구 출토의 언(그림 2-1)의 동체 상단부에는 돌대문을 연상시키는 노끈무늬(중국어로 부가퇴문)가 있다.[7] 이러한 노끈무늬는 필자가 아는 한 중원의 청동기에서 전혀 발견되지 않는다. 대형 삼족기에서 문양의 중심이 되는 그릇 상반부에 노끈무늬를 넣은 것은 이 지역만의 지역적인 특색이 청동기 제작에 반영되었음을 의미한다. 도철문 대신에 노끈무늬를 거푸집에 새겨서 주조했다는 것은 이 청동기를 사용하는 주체들이 노끈무늬가 가지는 상징성을 더 중요시했다는 뜻이다.

또한, 농경-유목이 교차하는 상말주초의 시기에 노끈무늬가 돌아간 삼족기는 중국 북방지대의 농-목 교차지점은 물론 북쪽 깊숙이 몽골과 바이칼 지역으로 확산된다는 점이 매우 주목된다(그림 2-2~7). 노끈무늬의 삼족기는 같은 시기에 남부 시베리아 일대 및 몽골에서는 전례가 없는 이질적인 기형으로 유라시아 고고학에서도 주목을 받아왔다. 이에 1950년대 말부터 상말주초기에 중국 북방과 바이칼 일대로 이어지는 농-목 교차 지대의 지역 간 교류를 대표하는 유물로 간주되었다(오클라드니코프 1959).

이후 지속되는 발굴로 이들 삼족기는 중국 고고학계에서 화변력(花邊鬲)으로 명명되었고, 중국 장성지대를 대표하는 상징적인 유물로 자리 잡았다(韓嘉谷 1990). 화변력의 분포는 상말주초 단계에 중국 북방과 남부 시베리아 일대에 널리 분포하며(霍耀 2018)(그림 2-8), 이 현상을 기후 변화와 연결지어 해석한다. 즉, 기원전 1500~1000년경에 유목문화가 남동쪽으로 널리 확산되어서 '반농반목구'가 형성된다(韓茂莉 2005). 이는 이 지역 일대가 불안정한 기후로 농사와 유목민의 접촉이 많아지면서 다양한 생계경제와 문화를 영위하는 집단 간에 네트워크를 형성하는 지역으로 재편됨을 의미한다. 마창구 출토품과 같은 대형의 삼족기에 당시 북방지역을 대표하는 노끈무늬가 시문되었음은 이와 같이 새롭게 재편되는 이 점이지대에서 자신들이 선호하는 무늬로 청동기를 제작주문하

---

7) 조양박물관에서는 이 청동기가 '소파태구'로 표시되어 전시 중이었는데 마창구 보고서(喀左縣博物館 1955)의 도면과 대조하면 마창구 출토품이 분명하다. 착오인 듯 하다(2017.11).

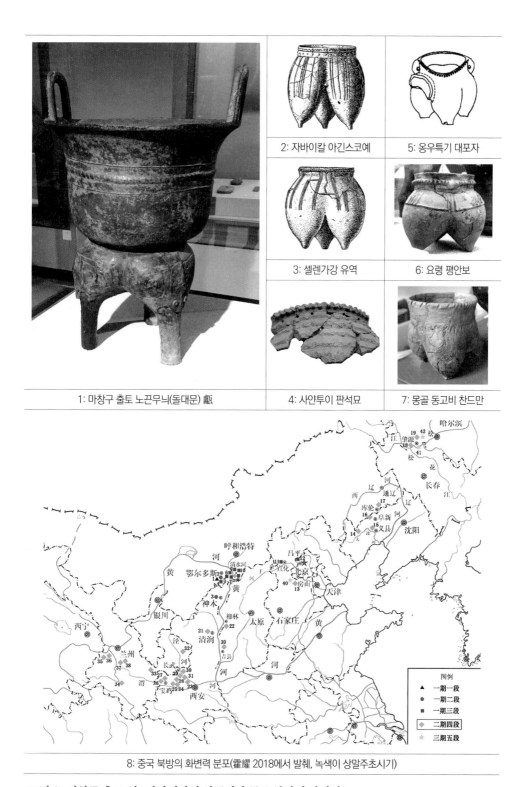

	2: 자바이칼 아긴스코예	5: 옹우특기 대포자
1: 마창구 출토 노끈무늬(돌대문) 甑	3: 셀렌가강 유역	6: 요령 평안보
	4: 사얀투이 판석묘	7: 몽골 동고비 찬드만

8: 중국 북방의 화변력 분포(霍耀 2018에서 발췌, 녹색이 상말주초시기)

<그림 2> 마창구 출토 언, 자바이칼의 삼족기와 중국 북방의 화변력

였음을 실증하는 자료이다.

2. 특정 대형용기의 독점적 사용

중원계의 집단과 유목민의 접변과 네트워크를 통하여 이 지역에서 발생한 또 다른 현상은 특정한 제사용기의 독점적 사용이다. 중원지역과 달리 대릉하 매납 유구에서는 무기류가 공반되지 않으며, 작은 크기의 청동기류는 거의 출토되지 않으며, 특정 기종이 몰려서 발견된다. 이러한 특정기종에 대한 선호는 발견 초기부터 여러 학자들에 의해 지적되었다. 예컨대 북동 1호에서는 뢰(罍)류가 6점, 산만자에서는 궤(簋)가 10점이 발견되었으며, 북동 2호에서는 거대한 언(甗)이 3점 발견되었다(김정렬 2009).

그런데 여기에서 어떠한 기종을 취사선택했는지를 파악하는 것은 이 청동기 사용집단의 성격을 규명하는 단서가 된다. 대릉하 유역 매납유구에서 주로 사용되는 그릇은 대형의 자비용기가 많다. 천보동, 북동촌, 소파태구 등 매납유구에서 거대한 정, 력, 언 같은 자비 용기가 반드시 출토된다. 즉, 청동기는 1~2점에 불과하지만 대형이었던 바 제사를 지내는 집단들에게 상징성은 컸을 것이다. 또한, 이 대형의 청동예기는 운반이 용이하지 않아 무작위로 들여오거나 유이민이 들고 이동하기 어렵다. 즉, 대형 청동기에 기종이 집중되는 것은 이들이 단순한 유이민이 아니라 새롭게 재편된 이 지역 집단이 영위한 제사체계에 결합하여서 선택된 기종임을 반증한다.

3. 초원 계통 제사유구

상말주초의 청동기 중에서 다소 이질적인 출토 유구가 노합하와 시라무렌하 강 유역에서 보인다. 천보동, 두패자, 서수파라 등은 대릉하 유역에서 북쪽으로 치우쳐서 위치하며 그 유물의 조합도 이질적이다. 천보동, 서수파라의 경우 대형의 청동언이 1점씩 발견되었고, 두패자의 경우 청동정 2점과 언 1점이 발견되었다. 이들은 초원지역 및 청동광산이 인접한 지역에서 지역색을 강하게 띈 것이 특징이다. 이에 중국학계에서 발견 당시부터 중원에서 만든 것이 아니라 이

지역에서 만들었을 가능성이 일찍이 제기한 바 있으며(蘇赫 1982), 최호현(2019)도 비슷한 견해를 표명했다.

이렇게 단독으로 발견되는 유적들은 대부분 지표수습이기 때문에 그 자세한 매납 상황은 알 수 없지만, 유일하게 천보동 유적은 자세한 정황에 대한 기록이 남아 있다. 천보동 유적은 시라무렌하 남쪽의 동서로 뻗은 산의 완만한 산비탈의 돌로 만든 입석유구에서 발견되었다. 입석은 장방형으로 높이 1.8m, 가로세로 약 1.8×1.5m이며, 그 주변은 적석을 했다. 동언은 입석의 서측과 석판형 돌 사이에서 눕혀진 채로 발견되었다. 이 주변에 별다른 유물은 없지만,[8] 초원지역의 제사유구와 유사하다. 입석을 세우고 그 주변에 적석을 하는 것은 히르기수르, 사슴돌 등과도 그 유사성을 살펴볼 수 있다. 가장 유사한 유구는 초원지역에서 찾을 수 있다는 점에서 중원계의 대형 자비용 청동기가 내몽골 동남부 일대로 확산되는 것은 중원계 이주민이 아닌 유목문화에 경도된 토착민들의 제사유구에서 사용되었을 가능성을 제시하는 근거가 된다.

4. 도마형 청동기

대릉하 일대의 매납 유구 중에서 가장 동쪽에 위치한 의현 화이루에서는 청동도마 2점이 출토된 바가 있다(그림 3-1·2).[9] 화이루 출토품의 전반적인 청동기의 제작 풍격은 중원의 것이다. 하지만 이러한 고기를 얹는 도마 형태의 청동예기는 중원 내에서 발견된 바가 없다. 최호현(2019)은 이 기형은 안(案)으로 보았으나, 실제 기형과 용도에서 차이가 두드러진다. 案은 다리가 짧고 액체 나 찜을 가열할 수 있는 찜통이나 가열기처럼 만들어졌다(그림 3-6). 반면에 화이루 출토품은 다리가 길고 음식을 담는 부분은 쟁반에 가깝다.[10]

---

8) 보고서에서는 홍산문화, 상주시기의 다양한 토기와 석기가 출토되었다고 보고했으나, 이 문화층은 동언 출토지에서 500m 떨어진 지점인 바, 직접적인 관련성을 상정하기는 어렵다.

9) 이 부분은 학자에 따라 애매하게 서술되어 있다. 원 보고서에서는 방울이 없는 저형기만을 소개했다. 반면에 李海艳은 방울이 달린 저형기도 화이루 출토라고 보았으며, 최호현(2019)은 금주시박물관 전시품으로 구분해서 소개했다. 이해염이 금주시박물관의 연구원임을 감안하면 화이루 출토품일 가능성이 더 크다.

10) 화이루 출토에 비교될 수 있는 도마형 청동기로 필자가 확인할 수 있는 유일한 예는 四川 서부 산악 지역인 염원(鹽源) 출토품이 유일하다(2018년 11월 광한시박물관 특별전 실견, 그림 3-5 참조).

이렇게 고기를 담는 쟁반은 유라시아 초원 일대의 유목민들의 고분에서 자주 출토된다. 다만, 대부분의 유물은 목제이기 때문에 잘 남아있지 않은데, 영구동결대에서 발견된 파지릭문화의 실물이 잘 남아있다(도면 3-3·4). 여기에 더하여 금주시박물관 전시품 도마형 청동기는 도마의 밑에 청동방울이 달려 있다. 이렇게 청동기에 방울을 다는 풍습은 상말주초 시기에 중국 북방지역에서 압도적으로 많아서 유목민과의 접촉 과정에서 발생한 풍습이다(李海艳 2018). 더욱

1: 화이루 출토 조형기

2: 화이루 출토 방울달린 조형기

3: 파지릭 문화 고분 출토 목제 도마
(베르흐니-칼진 유적)

4: 파지릭 문화 고분 출토 석제 도마
(파지릭 고분)

5: 사천 염원 출토 도마형 청동기

6: 안양 곽가장 160호 묘 출토 안(案)

<그림 3> 중국과 유라시아 일대의 도마형 기명

이 제사 의식에서 유목문화에서 흔히 사용하는 방울이 울린다는 것은 제사의식의 변화를 의미하는 바, 고기를 얹는 도마의 도입과 연동되어서 매우 주목되는 바가 아닐 수 없다. 즉, 기형 자체는 중국에서 제작이 시작된 것에 기원한 것이라고 해도 이 지역의 제사에 체계에 맞게 변용되어서 재창조된 것이 분명하다.

5. 중원 청동기와 초원 청동기의 융합

대릉하 유역의 청동기에서는 중원지역과 달리 카라숙계 청동기의 동물 문양과 유사한 것들이 보인다(그림 4-1~4). 산만자 출토의 제량유(提梁卣)와 뢰(罍)의 손잡이에는 중원에서 흔히 볼 수 없는 사슴 또는 양의 머리 형태가 보인다. 제량유의 경우 손잡이의 형태가 다르며 경부 장식을 위해 문양대를 만들었지만 문양을 시문하지 않은 것으로 중국의 기준으로 보면 높은 등급이 아니다(최호현 2019). 또한, 손잡이 끝에 동물의 머리를 장식하는 예는 중원지역의 청동기에서는 비슷한 예를 찾아볼 수 없다. 이러한 형태의 동물 장식은 전기 카라숙 청동기의 동검이나 동도에서 일반적으로 발견된다. 특히 중국 하북지역의 초도구 유형에서 많이 보이며, 그밖에 내몽골 동남부에서도 보인다(그림 4-5·6).

또 다른 증거로는 유나 뢰에서 요리를 뜨기 위한 도구인 숟가락(또는 국자)의 존재가 있다. 소파태구 출토의 동시(銅匙)의 손잡이에는 카라숙식 동검을 대표하는 특징인 방울이 달려있다(그림 5-1). 이와 같은 초원형식의 숟가락은 산서지역에서도 출토된 바 있어서 카라숙 형식의 소머리와 동물장식이 부착된 바 있다(그림 5-2). 청동 숟가락은 중원지역에서 전국시대까지도 지속적으로 사용되었을 뿐 아니라(그림 5-3·4), 하가점상층문화를 거쳐 몽골 일대로 확산되었으며(그림 5-6) 흉노시기에 이르기까지 초원지역에서도 널리 사용되었다(그림 5-5). 이와 같이 상시기에 처음 등장한 숟가락은 투구와 함께(강인욱 2006) 초원지역과의 관련을 보여주는 대표적인 청동기이다. 그 외에도 소파태구 청동기의 뚜껑에 새겨진 거치문도 카라숙계 청동기의 병부에 새겨진 문양과 유사한 점도 郭大順(1993)에 의해 지적된 바 있다.

1: 마창구 출토 卣

2: 산만자 출토 卣

3: 산만자 출토 卣의 동물장식

4: 산만자 출토 罍의 동물장식

5: 카라숙계 동검 검수 동물장식
(하북 소하남 유적)

6: 카라숙계 동검 검수 동물장식
(오한기박물관)

〈그림 4〉 대릉하 청동예기에 보이는 초원 동물장식

고조선의 네트워크와 그 주변 사회

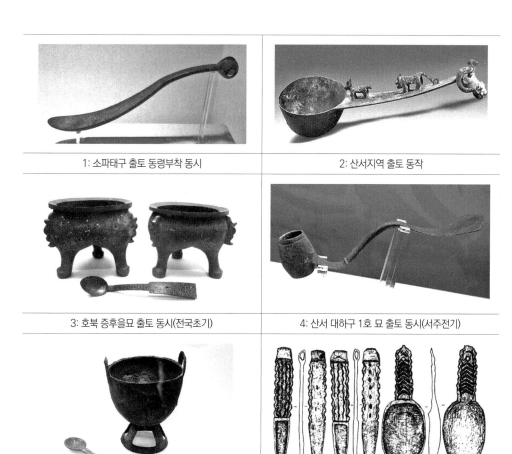

1: 소파태구 출토 동령부착 동시	2: 산서지역 출토 동작
3: 호북 증후을묘 출토 동시(전국초기)	4: 산서 대하구 1호 묘 출토 동시(서주전기)
5: 내몽골 오르도스의 동복과 동숟가락	6: 자바이칼 판석묘의 동숟가락

〈그림 5〉 소파태구 출토 동시와 관련 자료

IV. 대릉하 유역 청동예기 유적의 역할

1. 중원예기 중심의 제사체계 도입 배경

위에서 살펴본 바와 같이, 대릉하지역의 매납유구는 중원의 매납과 제사가
아닌 이 지역의 다양한 다른 문화요소와 결합하여 남겨진 것으로 볼 수 있다. 그
렇다면 왜 대릉하의 상말주초에 형성된 집단은 왜 중원의 청동예기를 수집하고
그를 기반으로 제사체계를 수립했는가를 살펴보자.

먼저 상말주초 시기 중원계의 청동예기는 비단 대릉하 유역뿐 아니라 중국 북방 장성지대 일대에 널리 보편적으로 보인다는 것에 주목할 필요가 있다. 진섭고원(晉陝高原) 일대에서 보덕(保德) 유형과 석루(石樓) 유형은 놀라울 정도로 대릉하 일대와 유사하다. 즉, 중원의 청동예기를 주로 사용하는 집단과 초원의 무기와 마구를 주로 사용하는 집단으로 구분된다. 이러한 청동기의 선택적인 수용은 농-목 복합 지대로 전환된 중국 북방지역의 보편적인 문화 재편과정에서 설명할 수 있다. 농-목의 복합지대가 된다는 것은 서로 상이한 두 문화적 전통이 어떤 식으로든지 융화되어야 한다. 두 집단이 공존할 경우 상당수의 목축민들은 농산물이 필요하기 때문에 그들은 일정정도 농사에 종사해야하며, 또 반대의 경우도 존재한다. 상이한 경제체계를 받아들이며 생기는 거부감은 이념적인 저항(ideological resistance)으로 표출된다(Janz L. 2007). 목축과 농경은 실제로는 모든 생활기반을 바꾸어야 할 정도로 큰 모험이기 때문이다.

상말주초시기 바이칼~중국 장성지대에 이르는 농-목이 교차되는 지점에서 서로 상이한 경제체계가 공존해야 하는 스트레스가 존재했다. 그 과정에서 서로에게 필요한 기술을 가진 집단들은 적극적으로 상대지역으로 진출하였고, 문화교류의 주된 원인이 되기도 했다. 그 결과 내몽골과 진섭고원 일대는 기원전 15세기를 전후하여 본격적으로 목축과 청동기 제련기술을 가진 사람들이 남진했고(전차 관련 유물의 출현), 중국 북방의 정착민들도 바이칼로 진출(화변력의 확산)했다.

이러한 변동기의 상황을 대릉하지역으로 한정시켜 보자. 이 지역은 청동 광산이 풍부하며 몽골초원과의 연결지역인 내몽골 동남부지역과 인접했다. 반면에 대릉하 유역 자체의 지세는 목초지가 발달하지 않았기 때문에 정착에 더 유리하다. 또한, 대릉하 유역은 중원과도 인접하여 전통적으로 교류의 교차점이라는 특징도 있다. 이러한 지리적 상황으로 볼때 농경과 정착이라고 하는 새로운 생계 체계에 대한 저항을 완화시키기 위하여 중원지역의 예기에 기반한 새로운 제사 체계를 도입하기에 유리한 상황이었다. 이에 초원지역의 기본적인 제사풍습과 제련기술은 유지하되 중원에서 도입한 제사 체계의 모방과 도입을 통하여 이러한 새로운 농-목 경제의 공존 체계로 야기되는 스트레스를 줄이고자 했다.

물론, 이러한 선택의 배경에는 상말주초 시기 중국의 혼란으로 중원예기를 사용하기 쉬운 상황이라는 점도 매우 긍정적인 면으로 작용했다. 그런데 흥미로운 점은 대릉하의 동편인 연산산맥 일대는 중원과 인접했음에도 불구하고 대릉하 유역과는 다른 전략을 채택했다는 것이다. 대릉하 일대에서 서쪽으로 인접한 승덕과 흥성 일대에서는 중원계 청동예기 대신에 전기 카라숙 청동기를 표지로 하는 초도구 유형이 분포한다. 그런데 초도구 유형이 주로 분포한 지역도 발해만과 인접하며 초원지역과 거리가 멀기 때문에 단순히 지리적인 요인으로 유목집단이 남하하여 초원계 무기가 주를 이룬 것이라 보기 어렵다. 실제로 초도구 유형의 사람들이 남긴 토기는 장가원 유형과 소백양 토기군이다(洪猛 2017). 즉, 초도구 유형의 사람들은 발해만 유역과 비슷한 정착의 성격이 강한 집단임에도 불구하고 청동예기 대신에 카라숙계 무기를 중심으로 하는 사회로 재편되었다. 이와 같이 연산산맥 지역은 하가점하층문화 이래로 하가점상층문화에 이르는 시기까지 대릉하지역과 병행적인 관계로 발전해왔음에도, 상말주초 시기에는 이렇게 서로 독자적인 방향으로 문화가 전개되었다.

이렇게 연산산맥 일대가 상이한 문화의 전개가 이루어진 것은 연국의 팽창이라는 당시 북경 일대의 사회구도와 연관지어 해석할 수 있다. 대릉하 유역은 하북 일대의 연국과 직접 대립하는 세력이 아니었기 때문에 상말주초라는 혼란기에 그 유이민들이 유입되고 중원예기를 제사의 중심으로 세우는 데에 거부감이 없었을 것이다. 이에 중국에서의 유이민들이 중원 청동예기를 가지고 유입하여 이 제사 체계를 담당하는 사람들의 역할을 했을 가능성이 크다. 아울러 제사용 청동기를 제외하면 중원의 문화가 유입된 영향은 거의 없다는 점 또한 중국계 유이민이 대릉하 유역의 사회에서 대다수를 차지한 것은 아니었고, 제사용기의 공급 및 제사의 일부를 담당하는 집단 이었을 가능성을 더해준다.

2. 유목문화에 미친 영향

대릉하 유역의 여러 유적에서 중원예기는 이미 자체적인 제사 체계로 변용되는 양상을 보이면서 동시에 그 북쪽의 유목성격이 강한 집단에게 그 영향을 확산하는 양상을 보여준다. 그 대표적인 예가 내몽골 옹우특기 천보동의 입석유구에서 발견된 청동언(그림 6-1)이다.

즉, 진섬고원에서 대릉하에 이르는 중국 북방 장성지대의 새롭게 재편된 판도에서 좀 더 정착적 성격이 강한 지역은 '화변력'으로 대표되는 제사 체계를 받아들였다. 이는 중국의 유이민이 개입되어서 제사 체계는 초원지역의 전통에 기반하되 대형 용기를 사용하는 중원의 제사를 일부 모방하여 변용되었음을 의미한다. 이는 이국적인 중원계의 청동기가 주는 위신재적인 성격과 함께 유목과 농경민이 함께 하는 스트레스를 완화하여 새로운 문화 재편에 도움을 주었다.

화변력이 이렇게 새롭게 재편된 사회의 상징으로 등장한 것은 특정한 기형과 문양으로 상징성을 표시하는 현상에서 기인한 것으로 일찍이 한반도 마한 사회의 토기 옹관의 어깨에 시문되는 거치문의 존재로도 증명된 바 있다(김승옥 1997).

한편 대형 자비용 용기가 대릉하 유역에서 선택된 것은 유목민의 제사 풍급과도 잘 어울리기 때문이다. 남부 시베리아 볼쇼이 보야르의 암각화와 같이 초원지역의 제사풍습은 동복을 이용 하여 희생된 고기를 요리하고 제사에 사용했다. 상말주초에 초원지역으로 유입된 거대한 자비용 용기는 이후 초기 스키타이 시대부터 흑해연안에서 남부 시베리아 일대에 널리 확산된 동복의 확산과 관련이 있다고 볼 수 있다. 실제 천보동 출토 동복과 비교하면 이러한 유사성은 더욱 뚜렷하다. 천보동, 두패자, 서수파라 등 대릉하 이북지역에서 출토된 청동예기는 공통적으로 문양이 거칠고 장기간 자비용 용기로 사용되었으며 여러 번 보수한 흔적이 있다. 그리고 기원전 9세기를 전후하여 남부 시베리아와 흑해연안에서는 비슷하게 동체에 줄무늬가 있고 여러 번 수리를 한 흔적이 있는 대형동복이 발견된다(그림 6-2~4). 그리고 이 동복은 보야르 암각화에서 보이는 것처럼 유목민들의 회합에서 주요한 도구로 사용된다(그림 6-5). 그런데 유목민의 생활에서는 이동이 일상화되었기 때문에 거대한 청동용기를 사용하기 쉽지 않다. 즉, 이 대형 동복을 중심으로 하는 전통은 중국 북방에서 유입되어서 유목민의 제사 체계에 편입된 것으로 생각할 수 있다. 동복과 함께 기원전 9~8세기의 유라시아 초원을 따라 유입된 또 다른 유물로는 하가점상층문화를 통해 유입된 청동투구가 있다(강인욱 2006). 즉, 기원전 10세기 전후한 시기에 중국 북방지역과 유라시아 간의 원거리 네트워크는 매우 긴밀하게 작동하고 있었으며, 대릉하 유역을 포함한 중국 북방 장성지대의 중원계 예기의 도입은 나아가서 유라시아

1: 천보동 출토 언

2: 알타이공화국박물관 동복

3: 크라스노야르스크박물관 동복

4: 흑해연안의 동복(에르미타주박물관)

5: 볼쇼이 보야르 암각화

〈그림 6〉 천보동 출토 언과 유라시아 일대의 대형 동복 및 암각화

유라시아 초원과의 교류관점에서 본 대릉하 유역의 상-주시기 청동예기와 고조선의 성립   85

초원의 제사 체계에 영향을 주었다고 볼 수 있다.

3. 농-목 교차지대의 시기별 변화상

대릉하 유역의 청동예기 매납이라는 현상은 토착민과 중원지역-초원지역에서 유입된 사람들이 기원전 13~10세기의 대릉하 일대의 문화를 재편하는 과정에서 등장했으며, 특히 제사를 담당했던 집단들이 남긴 것으로 정리할 수 있다. 대릉하 유역에서는 성터나 기타 유적이 없이 매납유적으로만 존재하는 바, 중원지역 이주민이 주가 아니라 농-목 복합지대에서 초원지역의 제사 풍습과 중원의 유이민이 결합되어서 형성된 새로운 문화의 형성을 의미한다. 그 과정은 다음과 같은 4단계로 재구성할 수 있다.

1) 성립 이전

대릉하에 청동예기가 도입되기 이전 시기는 하가점하층문화가 쇠퇴한 직후인 기원전 15세기~기원전 13세기에 해당한다. 이 때에는 많은 학자가 지적하는 바와 같이 인구밀도가 매우 높았던 하가점하층문화의 사회가 한랭건조화와 그에 따른 생계경제의 변화로 성지 중심사회가 와해되었다. 이에 성지는 폐기되고 인구가 급감하여 문화상을 밝힐 수 있는 자료가 거의 없다.

2) I 단계(기원전 13~11세기)

유이민의 유입과 농-목 점이지대에 새로운 문화가 등장하는 시기이다. 청동 제련기술과 기마전차술로 복합사회가 형성(카라숙 청동기의 남진)되고 상나라가 해체가 되면서 대릉하 일대에는 다양한 집단들이 모여서 새로운 세력이 등장했다. 중국에서 유입되었던 유이민들은 주로 제사의 주관 및 청동예기의 공급을 담당했다. 다양한 족휘가 새겨진 청동기는 그 제작지가 서로 다르며 각 족휘들은 지나치게 다양하다는 점(廣川守 1995)을 고려하면 이런 족휘가 새겨진 청동기들은 실제 그 명문에 새겨진 족휘를 가진 종족(宗族)의 활동을 상징한다고 볼 근거는 없다. 그들의 존재를 증명할 대형무덤이나 성지가 전무하기 때문이다. 대신에 새롭게 재편되는 이 지역 사회에서 제사를 담당하는 집단이 자신들의 정당성 및 상징성을 강화하는 도구로 사용되었다고 생각된다.[11] 대릉하 유역에서는 상나라 세력의 해체와 새로운 세력의 형성이라는 상황에서 그들을 통합하는 새로운 이데올로기가 필요했고, 더욱 적극적으로 이러한 제사를 도입하는 배경이 되었다.

3) Ⅱ단계(기원전 11~10세기) : 매납유구의 토착화

산만자의 북방계 청동기 및 재지화된 제작, 천보동의 유목세력의 중원예기의 도입, 화이루의 도마형 청동기의 등장으로 대표되는 시기로 유목문화 제사 체계와 중원계 청동예기가 본격적으로 결합되는 시점이다. 산만자와 마창구의 경우 북동촌보다는 한 단계 늦은 서주 전기로 편년되는 바, 이 지역에 하가점상층문화 남산근 유형이 발흥하기 바로 직전이다. 그런데 이 시기의 매납유적에서는 무질서하게 제사용기가 매납되었고, 다양한 유물이 섞여 있으며 족휘도 어떠한 법 칙도 없다. 하지만 청동기에는 마연과 수리된 흔적이 있다. 또한, 산만자 유적의 경우 그 주변에 토기들이 발견되는 문화층이 존재한다.[12] 이것은 상말에 도입된 제사의 체계가 많이 흐트러졌지만 여전히 중원예기를 기반으로 제사 체계가 존재했음을 의미한다.

또한 화이루의 도마(俎盤), 산만자의 도마(盤狀器), 천보동은 유목민 계통의 제사유구 등장에서 보듯이 급격히 현지화가 진행되며 변형되는 시기이다.

4) Ⅲ단계(기원전 10~9세기) : 위영자문화로 편입

이 단계는 유이민 계통 제사집단이 해체되고 이 지역의 독자적인 위영자문화가 발달하는 시기이다. 이 시기는 북경 일대에 분봉된 연국이 성립되고 그 세력을 팽창시키는 시기이다. 이에 따라 대량의 청동예기 유입이 불가능해진다. 이

---

11) 중원의 고위 인사의 명문이 새겨진 청동기는 呂不韋, 燕王職, 藺相如의 과 등 동북지역 일대에서 전국 말기~한대에 발견된다는 점을 참고할 만하다. 각 명문의 인사와 그 유물들이 발견된 유적 사이의 관계는 전혀 없다. 따라서 족휘가 새겨진 청동기는 그 명문이 주는 의미보다는 중원에서 이미 '검증'이 된 족휘의 청동기를 적극적으로 수입하고 그들로부터 자신의 정체성을 강화시키는 토착민들의 노력의 일환이라고 할 수 있다.

12) 필자가 2004년 10월에 조양박물관의 관계자와 산만자를 답사했던 당시에 화변력편과 하가점상층문화 또는 위영자문화의 출토품과 유사한 협사갈도편이 지표에 널리 분포되어 있었다.

와 함께 기존의 제사 체계는 사라지고 대릉하 유역의 토착문화는 고대산문화의 영향을 받은 위영자문화로 통합된다. 위영자문화가 발달하면서 매납유적 대신에 1점 정도의 청동예기를 부장하는 무덤(화상구, 고가동 유적)만이 발견된다. 하지만, 정작 위영자문화의 최고위 무덤(위영자 유적)에서는 중원계 청동예기가 없으며, 중소형급의 무덤에서 유·호와 같은 주기(酒器)가 1~2점 부장되는 정도로 축소된다. 이는 중원예기가 위영자문화 사회에서 중심적인 역할을 더이상 수행하지 않았음을 의미한다.

위영자문화로 통합되면서 청동기 매납이 사라지고 대형무덤이 등장하는 것은 기존의 여러 집단이 공존하는 단계를 지나서 하나의 사회로 통합되고 재편되는 과정을 의미한다. 한편, 연국이 발흥하면서 중원계의 청동예기가 이 지역으로 공급이 원활하지 않다는 점도 중원계 제사용기의 사용이 줄어드는 데에 일정정도 역할을 했을 것이다.

이러한 새로운 제사 체계가 도입된 대릉하 이북에서는 발달된 청동제련술 및 전차와 강력한 무기를 가진 하가점상층문화로 재편된다. 또한, 연산산맥 일대에도 백부 유형과 풍가촌-소하남 유형이 등장하여 초원 청동기의 무기와 마구가 사용되어서 강력한 전차와 무기로 연국과 대치하는 양상이다. 반면에 위영자문화에서는 여전히 무기보다는 중원계 청동예기가 그 수와 종류는 대폭 감소되었지만 여전히 사용하고 있어서 이전 시기와의 관련성을 많이 가지고 있다. 이는 위영자문화가 상대적으로 주변의 스트레스에서 자유로운 대릉하 유역에 위치한 것에서 그 원인을 찾을 수 있다. 아울러, 상말주초의 매납유구가 자연스럽게 위영자문화로 계승되었음을 반증하는 근거도 된다.

5) IV단계(기원전 9~8세기) : 중원예기에서 동경 중심으로 제사 체계 변화

대릉하 일대에서 위영자문화는 십이대영자문화로 변환되면서 중원계 청동예기의 사용이 완전히 중단된다. 이러한 중원예기를 중심으로 하는 제사 체계의 붕괴는 뇌문경으로 대표되는 청동 거울과 방울 등으로 대표되는 비파형동검문화의 제사 체계 성립으로 이어진다. 이 시기 제기의 중심은 연산산맥을 거쳐서 유입된 뇌문경으로 대체가 된다(강인욱 2021). 한편 대릉하 북쪽의 하가점상층문화(남산근유형)는 변형된 형태로 중원 예기를 제사의 체계로 도입하였다. 일

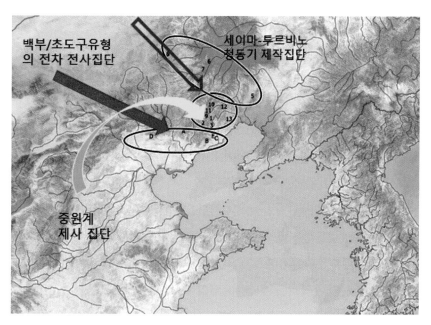

그림 7. 대릉하 유역 기원전 12~10세기 문화 형성의 도식도

부는 중원과의 전쟁을 통해 획득한 전리품과 자신들이 변용하여 만든 청동제기를 혼용하여 사용하여 이 지역의 독특한 중원예기를 사용한 제사 체계를 유지했다.

V. 결론

본 장에서는 역사적 내러티브에 의존한 해석이 주를 이루었던 대릉하 유역의 청동예기에 대한 해석에 문제를 제기하고 제 3의 요소인 북방초원문화의 유입을 감안하여 농-목 복합지대로 재편된 상말주초라는 문화적 현상에서 이 문제에 접근하고자 했다. 그 결과 중원계 청동기의 매납현상은 상말주초의 상황에서 중국계 유이민이 기원전 15세기 이후 농-목 복합지대가 되어 인구가 급감한 대릉하 유역으로 이동하면서 유목문화에 기반을 둔 집단과 공존하며 독특한 제사 체계를 구축하는 과정에서 드러난 흔적임을 밝혔다.

요서지역을 중심으로 복합사회가 발달한 내몽골 동남부/하북/대릉하 일대의 문화 유형은 크게 3가지로 나뉜다. 제사위주의 북동촌-위영자 유형, 청동제련기술에 기반한 기술위주 희작구 유형, 그리고 전차와 무기로 대표되는 백부-소하남 유형 등으로 나뉜다. 이 중에서 북동촌-위영자 유형은 상말주초 유이민과 토착세력의 관련으로 형성되었으며, 희작구 유형은 세이마-투르비노 현상의 확산과 맞물려서 발달한 바 자바이칼-몽골에서 그 연원을 찾을 수 있다. 이러한 제사- 무기-기술의 3가지 체계를 중심으로 하는 사회는 이후 고조선이 성립된 이후에도 지속적으로 유지가 된다(강인욱 2018). 이들은 시기적으로 기원전 13~9세기 사이에 지역을 달리해서 각자의 세력을 형성했다. 물론, 그들은 복합사회를 이루고 살았음은 분명하지만, 국가로서의 체재를 가지지 못했다. 하지만 각자의 특성을 갖추고 병존하면서 이후 고조선 성립의 기반이 된다. 이런 관점에서 본다면 대릉하 유역의 청동예기를 남긴 사람들은 제사 체계를 기반으로 이 지역의 새로운 세력의 형성에 참여했다고 볼 수 있다(그림 6).

이러한 세력들을 통합하기 위하여 제사를 중심으로 하는 통치 체계가 발달하여서 중원지역에서 수입된 자비용 그릇이 대거 활용되었다. 그리고 제사 용기는 '화변력'의 전통, 도마 계통의 청동기, 동물 장식의 도입, 입석 제사유구 등 당시 중국 북방지역의 농-목 복합지대에서 맞게 재창 조되었다. 이렇게 재편되는 사회에서 중원지역의 청동기를 제사 체계에서 적극적으로 사용되는 데에는 상말주초라는 상황으로 은계의 유이민이 발생했고 중원 청동예기의 도입이 용이했던 점이 일정한 그 원인이었다. 하지만, 이후 연국이 공고화되고 이러한 제사용기의 공급이 원활하지 않게 되었다. 이에 위영자문화 단계에서는 소형의 예기 1~2기를 묻는 것으로 한정되었다. 이후 그마저도 공급이 어려워지면서 제사 체계는 유라시아 전차문화와 관련이 있는 다뉴경-비파형동검으로 재편되었다(강인욱 2021).

이러한 농-목 전환기의 문화 재편 과정에서 보이는 '중원예기의 선호'와 '초원계 전차와 무기의 선호'라는 전통은 진섬고원에서는 고고학적 문화로는 이가애문화, 청동기로는 보덕-석루 유형이 성립되었다는 점에서 단순하게 대릉하뿐 아니라 당시 동아시아와 유라시아 초원의 네트워크가 형성된 보편적인 사회 현상의 발로였다. 물론, 이런 공통점은 그 이후 시기에는 사라지고 각자의 사회 발전과정을 거친다. 다른 중국 북방의 장성지대와 달리 중원의 제후국과 일정한 거리를 두었던 대릉하 일대에서는 비파형동검-다뉴경 체계가 성립될 수 있었고, 이는 이후 단계에서 고조선의 청동기문화로 연결된다.

〈한국어〉

강인욱, 2006, 「중국 북방지대와 하가점상층문화의 청동투구에 대하여 -기원전 11~8세기 중국 북방 초원지역의 지역간 상호교류에 대한 접근」, 『先史와 古代』25, 韓國古代學會.

강인욱, 2009, 「기원전 13~9세기 카라숙 청동기의 동진(東進)과 요동·한반도의 초기 청동기문화」, 『湖西考古學』21, 湖西考古學會.

강인욱, 2015, 「스키토-시베리아 문화의 기원과 러시아 투바의 아르잔 1호 고분」, 『중앙아시아연구』20-1, 중앙아시아학회.

강인욱, 2018, 「초기 고조선 네트워크의 형성과 비파형동검문화」, 『한국고고학보』106, 한국고고학회.

강인욱, 2020, 「요서지역의 하가점상층문화」, 『동북아시아 고고학 개론 I : 선·원사시대 편』, 동북아역사재단.

강인욱, 2021, 「청동기시대 고대 북방 유라시아와 동북아시아의 네트워크」, 『先史와 古代』66, 韓國古代學會.

金正烈, 2009, 「요서지역 출토 상·주 청동예기의 성격에 대하여」, 『요하유역의 초기 청동기 문화』, 동북아역사재단.

민후기, 2019, 「연의 형성 전후 접경의 변화: 商 후기, 西周 초기 太行山脈 동쪽 출토 청동기 명문의 분석」, 『동북아역사논총』63, 동북아역사재단.

박대재, 2010, 「箕子 관련 商周青銅器 銘文과 箕子東來說」, 『先史와 古代』32, 韓國古代學會.

배진영, 2006, 「출토자료로 본 孤竹」, 『梨花史學研究』33, 이화사학회.

송호정, 2005, 「大凌河流域 殷周 青銅禮器 사용 집단과 箕子朝鮮」, 『한국고대사연구』38, 한국고대사학회.

심재훈, 2007, 「상쟁하는 고대사 서술과 대안 모색」, 『동방학지』137, 연세대학교 국학연구원.

심재훈, 2008, 「商周 청동기를 통해 본 聂族의 이산과 성쇠」 『歷史學報』200, 역사학회.

오대양, 2019, 「비파형동검 등장 이전 청동기문화의 변동 - 遼西地域 魏營子文化를 中心으로」, 『영남고고학』83, 영남고고학회.

이성규, 2011, 「중국사학계에서 본 고조선」, 『한국사 시민강좌』49, 일조각.

이유표, 2017, 「서주 초기 기자의 조선 책봉 가능성 검토」, 『인문학연구』34, 경희대학교 인문학연구원.

이유표, 2019, 「요서 출토 상말주초 족씨 명문에 대한 일고찰」, 『동북아역사논총』63, 동북아역사재단.

이형구, 1991, 「大凌河流域의 殷末周初 靑銅器文化와 箕子 및 箕子朝鮮」, 『한국상고사학보』5, 한국상고사학회.

이형구, 1996, 「渤海沿岸 大凌河流域 箕子朝鮮의 遺蹟·遺物」, 『한국고대사연구』9, 한국고대사학회.

이형구, 2008, 「요서지방의 고조선: 秦開 동정 이전의 요서지방의 기자조선」, 『단군학연구』18, 고조선단군학회.

이후석, 2019, 「요령지역 비파형동검의 등장과 그 배경」, 『한국고고학보』111, 한국고고학회.

조법종, 2017, 「2000년대 이후 중국학계의 고조선연구 -단군, 기자조선 연구를 중심으로-」, 『先史와 古代』54, 韓國古代學會.

조원진, 2010, 「요서지역 출토 상주 청동기와 기자조선 문제」, 『白山學報』88, 白山學會.

최호현, 2019, 「요서지역 출토 상주(商周) 청동용기 연구: 황하중류유역과의 비교를 중심으로」, 『동북아역사논총』63, 동북아역사재단.

〈중국어〉
喀左縣文化館·遼寧省博物館·朝陽地區博物館, 1974, 「遼寧喀左縣北洞村出土的殷周靑銅器」, 『考古』1974-6.

喀左縣博物館, 1955, 「熱河凌源縣海島營子村發現的古代靑銅器」, 『文物參考資料』1955-8.

喀左縣博物館·朝陽地區博物館·遼寧省博物館, 1977, 「遼寧喀左縣山灣子出土殷周靑銅器」, 『文物』1977-12.

郭大順, 1987,「試論魏營子類型」,『考古學文化論集 一』, 文物出版社.

郭大順, 1993,「遼河流域"北方式青銅器"的發現與研究」,『內蒙古文物考古』1993-
　　　　1·2

霍耀, 2018,『花邊鬲研究』, 吉林大學 碩士論文.

甌燕, 1999,「燕國開拓祖國北疆的歷史功績」,『文物春秋』1999-4.

克什克騰旗文化館, 1977,「遼寧克什克騰旗天寶同發見商代銅甗」,『考古』1977-5.

吉縣文物工作站, 1985,「山西吉縣出土商代青铜器」,『考古』1985-9.

董新林, 2000,「魏营子文化初步研究」,『考古學報』1.

杜金鵬, 1995,「試論夏家店下層文化中的二里頭文化因素」,『華夏考古』1995-3.

北京市文物管理处, 1976,「北京地區的又一重要考古收获—昌平白浮西周木槨墓的
　　　　新启示」,『考古』1976-4.

北京市文物管理处, 1978,「北京市新征集的商周青铜器」,『文物资料叢刊』2, 文物
　　　　出版社.

北京市文物管理处, 1979,「北京市延慶縣西拔子村窖藏铜器」,『考古』1979-3.

山西省考古研究所·靈石縣文化局, 1986,「山西靈石旌介村商墓」,『文物』1986-
　　　　11.

常怀穎, 2014,「山西保德林遮峪铜器墓年代及相關問題」,『考古與文物』2014-9.

徐堅, 2010,「喀左铜器群再分析: 從器物學模式到行爲考古學取向」,『考古與文物』
　　　　2010-4.

蘇赫, 1982,「從昭盟發現的大型銅器試論北方的早期銅文明」,『內蒙古文物考古』2.

绥德县博物馆马润臻, 1984,「绥德發現兩件青銅器」,『考古與文物』1984-2.

晏琬, 1975,「北京遼寧出土铜器與周初的燕」,『考古』1975-5.

王立新·付琳, 2015,「論克什克騰旗喜鵲溝銅鑛遺址及相關問題」,『考古』2015-4.

王雲剛等, 1996,「绥中冯家发现商代窖藏铜器」,『遼海文物学刊』1.

遼寧省文物考古研究所, 1998,「遼寧喀左縣高家洞商周墓」,『考古』1996-4.

遼寧省文物考古研究所·喀左縣博物館, 1989,「喀左和尙溝墓地」,『遼海文物學刊』2.

遼寧省博物館工作隊, 1977,「遼寧朝陽縣魏營子西周墓和古遺址」,『考古』1977-5.

遼寧省博物館·朝陽地區博物館, 1973,「遼寧喀左縣北洞村發現殷代青銅器」,『考
　　　　古』1973-4.

魏凡, 1983,「就出土靑銅器探索遼寧商文化問題」,『遼寧大學學報』(哲學社會科學版) 5期.

李海艳, 2018,「關于義县花爾楼出土青铜器的解读」,『文物鉴定與鉴赏』21.

林永昌, 2007,「遼西地區铜器窖藏性质再分析」,『古代文明研究通讯』30·34.

鄭紹宗, 1994,「兴隆小河南发现北方式青铜器概况」,『文物春秋』1994-4.

赵凌烟, 2016,『箕子朝鲜的考古学探索』, 西北大學 碩士論文.

曹斌, 康予虎, 罗璇, 2016,「匽侯铜器與燕国早期世系」,『江漢考古』2016-5.

韓茂莉, 2005,「中国北方农牧交错带的形成與气候變遷」,『考古』2005-10.

韓嘉谷, 1990,「花邊鬲寻踪—谈我国北方长城文化带的形成」,『内蒙古东部區考古学文化研究文集』, 内蒙古文物考古研究所 编, 海洋出版社.

韓炳華, 2018,「再論晋陝高原商代青铜文化的譜系」,『西部考古』15.

洪猛·王箐, 2017,「燕山一带抄道溝類铜器窖藏的文化歸属及其他」,『華夏考古』2017-1.

〈일본어〉

藤田亮策, 1948,「朝鮮發見の明刀錢と其遺蹟」,『朝鮮考古學研究』, 高桐書院.

小川茂樹, 1940,「殷末周初の東方經略に就いて(下)」,『東方學報』11-2.

白川靜, 2006,「遼寧喀左の藏器と孤竹國」,『白川靜著作集 別卷: 金文通釋』, 平凡社.

劉淑娟, 1991,「山灣子殷周青銅器斷代及銘文簡釋」,『遼海文物學刊』2.

廣川守, 1995,「大凌河流域の殷周靑銅器」,『東北アジアの考告學研究』, 同朋含.

町田章, 1981,「殷周と孤竹國」,『白川静博士古稀記念中国文史論叢』, 立命館大学人文学会.

宮本一夫, 2000,「西周の燕と遼西」,『中國古代北疆史の考古學的研究』, 中國書店.

甲元眞之, 2006,「殷系氏族の 動向-銘銅器弦中心として」,『東北アジアの青銅器文化と社會』, 同成社.

〈러시아어〉

Окладников А.П. 1959, Триподы за Байкалом // Советская археология. № 3.

Новгородова Э.А. 1989, Древняя Монголия (Некоторые проблемы х ронологии и этнок ультурной истории). М.: ГРВЛ. 384 с.

Киселёв С.В. 1960, Неолит и бронзовый век Китая. (По материала м научной командир овки в КНР) // Совесткая Археология. №4. с. 244-266.

〈영어〉

Janz, L., 2007, Pastoralism and Ideological Resistance to Agriculture in Northeast Asia: from Prehistoric to Modern Times.Arizona Anthropologist 18:28-52.

Falkenhausen L.V., 1993, On the historiographical orientation of Chinese archaeology, Antiquity 67 : 839-849, Oxford.

3
———

상말주초 하북-요서지역의
정세와 기자조선

조원진
한양대학교 문화재연구소 연구조교수

———

* 이 글은 『인문학연구』49(경희대학교 인문학연구원 2021)에 게재된 글을 일부 수정·보완한 것이다.

I. 서론

상말주초는 상·주 교체만이 아니라 주변 지역에서도 많은 변화가 확인되는 시기이다. 특히 상말주초 시기에 해당하는 상·주 청동기가 요령성 객좌지역에서 인접한 5곳의 유적에서 집중적으로 발견되어 많은 관심을 받았다. 이들 유적의 주체에 대해 기자조선 유적설(張博泉 1985; 이형구 1991), 연의 군사적 진출설(町田章 1981; 송호정 2005; 박대재 2010), 유이민 이주설(윤내현 1986; 배진영 2009; 조원진 2010), 약탈설(김정열 2009), 복합설(혹은 교류설)(烏恩岳斯圖 2007; 오강원 2011) 등이 나왔다. 또한 발굴보고서는 유적의 성격에 대해 氏族의 귀족들이 진행한 제사와 관련된 것으로 보았으나 이후 정복기념 산천제사(甲元眞之 2006)나 주술적 의미로 묻었다는 견해(白川靜 2006) 등이 제기되었다. 개별 유물에 대한 검토도 이루어져 처음에는 유물의 연대가 모두 상말주초에 해당한다고 알려졌으나 마창구·산만자 유적의 일부 유물은 서주 중기로 연대가 내려간다는 견해가 나왔다(劉淑娟 1991; 廣川守 1995). 또한 광범위한 지역의 기족 관련 청동기에 대한 검토도 이루어졌다(曹定雲 1980; 孫敬明 1988; 何景成 2004; 甲元眞之 2006; 심재훈 2008a).

최근에는 요서지역 상·주 청동기 유적을 중원문화의 적극적인 진출로 해석하는 중국학계의 견해를 비판하는 관점에서 상·주 청동기는 하북지역 주민집단과의 교류를 통해 입수되었다고 보거나(오대양 2019) 요서지역으로 흘러들어온 상유민들이 남긴 것을 토착 주민이 수습하여 매납했다고 보는 연구가 나왔다(이유표 2019). 특히 청동예기에 대한 본격적인 검토를 통해 일부 예기는 중원지역이 아닌 다른 문화에 소속된 장인에 의해 제작되었고 상대 하북지역에 이미 商人과 先周문화가 유입되었다는 사실이 밝혀졌다(최호현 2019a; 2020). 여기에 그동안 간과되던 북방초원문화의 유입을 감안하여 상·주 청동기의 매납은 상말주초 유이민이 대릉하 유역에서 유목문화에 기반을 둔 집단과 공존하여 제사체계를 구축하는 과정에서 남겨진 흔적이라는 연구가 있었다(강인욱 2021). 또한 연 봉건 및 교통로에 대한 검토(민후기 2014; 2019a; 2019b; 2020)와 하가점상층문화 및 진섬고원에서 출토된 청동예기의 사례와의 비교(김정열 2011; 최호현 2019b)도 이루어졌다.

요서지역 상·주 청동기가 주목받는 것은 특히 객좌현 북동에서 문헌에 나오는 기자와 관련된 유물로 볼 수 있는 '기후방정(箕侯方鼎)'이 출토되었기 때문이다. 성리학이 국교였던 조선시대에 기자조선은 역사적 실체로 받아들여졌다. 하지만 근대 이후에 기자조선은 선진문헌에 나오지 않고 한국 청동기문화에 중국적인 요소가 없기 때문에 역사적으로 성립하기 어렵다고 보게 되었다(최남선 1929; 김정배 1973). 이후 기후방정의 발견은 기자 문제가 활성화되고 기자조선의 존재를 다시 인정하는 견해가 나오는 계기가 되었다(조원진 2009).

중국학계에서는 기자조선을 인정하는 경우 이 유적을 근거로 기자조선이 요서지역에서 건국하여 이후 한반도로 이동했다는 이동설과 시종일관 압록강이나 청천강 이남에 위치했다는 평양설로 입장이 나뉜다. 후자의 입장에서는 기족 관련 청동기와 문헌 상의 기자와의 관련성을 부정한다. 중국학계에서는 최근에도 평양설(苗威 2019)과 이동설(趙凌煙 2016)의 입장에서 기자조선에 대한 종합적인 연구가 발표되었다. 또한 箕族과 기자와의 연관성을 부정하는 입장에서 기족·기국에 대한 종합적인 연구(高明英 2016; 高長浩 2021)가 있었다. 그리고 요서지역 상·주 청동기의 명문 해석(俞紹宏 2012), 예기의 용도와 현지문화에 준 영향(楊博 2020), 원산지(侯驍秦 2021), 유물의 성격은 유목민족의 위세품이자 유목문화 남단의 표지일 가능성(徐坚 2010) 등이 검토되었다. 이를 통해 유물을 무리하게 기자와의 연관성을 염두해두고 접근하기보다는 예기와 유적 자체에 대한 연구가 진행되고 있다. 또한 중국학계에서는 箕子 및 箕族과 관련하여 석사학위논문을 통해 다양한 주제에서 신진 연구자가 나오고 있다(조원진, 2021; 2022). 한편 비교적 객관적인 시각에서 갑골문과 금문의 '𦅷'는 '箕子'와 관련이 없으며 조선은 옛날부터 독립된 나라로 기자조선이라는 허상의 개념은 후대에 나왔다고 보는 연구도 나왔다(吳銳 2017; 2019).

요서지역 상·주 청동기 교장유적은 토착세력과는 별도로 매장된 한정된 지역의 문화라는 점에서 이를 근거로 기자조선의 실체를 인정하기는 어렵다. 하지만 상·주 교체로 인한 정세 변화가 고조선에도 영향을 미쳐 상말주초 상유민의 이동이 고조선의 성립(이종욱 1993)이나 도읍 이동 등에 영향을 주었다는 견해(윤내현 1994; 서영수 1999)가 제기된 바 있다. 서한시기 위만조선 멸망 후 기자조선설이 등장하게 된 배경은 아직까지 명확하게 밝혀지지 않았다. 요서지역 상·주 청동기는 기자로 대표되는 상유민의 동북지역 이주와 기자조선설의 등장 배경 가능성을 보여준다는 점에서 여전히 의의를 가지고 있다. 다만 기자로 대표되는 상유민이 동북지역으로 이주했을 가능성이 있다고해도 기자조선설이 등장한 서한시기와는 시기적으로 큰 차이가 있다. 따라서 기자조선설의 출현 배경이 중국계 유이민의 유입과 관련된다고 한다면 상말주초 상유민의 이주보다는 전국 말이나 진말한초, 위만조선 시기 유이민의 이주와 관련시켜 보는게 시기적으로 더 설득력이 있다.

상·주 교체기는 중원국가의 왕조 교체, 연세력의 북경 봉건, 하북지역의 토착문화 교체 등 정세 변화가 많았던 시기이다. 당시 요서지역은 중원지역과 교류하는 주체였다고 보기 어려우며 중간에 하북지역을 거쳐 상·주 청동기가 유입되었다고 볼 수 있다. 따라서 본고에서는 하북의 위방3기-장가원상층문화, 요서의 위영자문화를 중심으로 상·주 청동기 문화와의 네트워크를 염두에 두며, 하북-요서지역의 문화 변동 양상과 대외 정세를 살펴보고자 한다. 본고에서 말하는 상·주 청동기의 네트워크 범위는 상·주 청동기가 발견되어 중원지역과 교류가 이루어졌다고 볼 수 있는 지역을 말한다. 여기에는 하북지역처럼 중원지역과 문화교류가 활발했던 지역만이 아니라 요서 대릉하유역처럼 상호작용이 확인되지 않고 제한적으로 중원의 문화요소가 발견되는 지역도 네트워크 선이 연결된 지역으로 이해하였다.

이를 통해 요서지역으로 상·주 청동기가 이동하게 된 배경과 맥락 및 기자조선 문제를 이해하는데 도움이 될 수 있기를 기대한다.

II. 상 및 하북—요서지역과의 네트워크

1. 상의 북토와 하북지역과의 교류

갑골에는 상의 주변에 많은 정치집단이 존재하여 상에 복속되기도 하고 대립하기도 하는 것으로 나타난다. 갑골에서는 상대 북방의 정치집단으로 土方, 下危, 㠱, 竹, 宋, �, 㲋, 㿝 등이 확인된다(孫業氷·林歡 2010). 이 중 土方은 晉陝 고원지대의 산서 북부에 위치한 것으로 추정되며, 下危도 이와 멀지 않은 지역으로 보인다. 宋은 후에 미자가 봉해진 지역으로 하남 上丘縣이며, �은 하북 定州 北庄子 상대 유적에서 관련 청동기가 발견되어 이 지역으로 보인다. 㲋은 㠱와 멀지 않은 지역이며(庚寅卜, 在箕, 貞王步于㲋, 亡灾. -『合集』36956/5) 㿝은 하북 獲鹿 동남에 위치한 것으로 이해된다(孫業氷·林歡 2010).

㠱族 청동기(이하 㠱器로 약칭)는 요령성 객좌현 북동에서도 출토되어 이를 근거로 상대 말기에 상나라의 북토는 이미 요서 일대에 이르렀다는 견해도 제기된다(劉桓 1998). 그러나 객좌에서 출토된 㠱器의 연대는 상말주초에 해당하기 때문에 상·주 교체라는 정세 변화로 기족 집단이 이동했을 가능성이 높다. 竹의 경우 竹은 고죽국과 관련된다고 보는 것이 일반적인데 전통적으로 고죽국의 위치는 하북 盧龍지역으로 알려졌다. 객좌현 북동에서는 고죽 관련 청동예기도 발견되어 고죽의 범위에 객좌지역이 포함한 것으로 보는 중요한 근거로 제시되었다(孟克托力 2003; 張卉 2017). 혹은 고죽국이 상대 하북 노룡지역에 있다가 상말주초 요서 객좌지역으로 이동했다고 보기도 한다(孫業氷·林歡 2010; 王文軼 2020; 李德山·李路 2019). 그러나 상대에 고죽이 요서지역에 위치했다면 상대에 해당하는 고죽 관련 유물이 나와야 한다. 하지만 출토되는 유물의 연대는 상말주초에 해당하고 그것이 교장이라는 특수한 형태로 매장된 것은 이 지역이 고죽의 오랜 거주지라기보다는 어떤 특수한 정황에 따른 거주지였을 정황을 보여준다(배진영 2006).

한편 문헌에서 나타나는 북경지역 최초의 세력 집단은 祖商시기의 有易氏인데 기록에 의하면 은의 主甲微가 河伯에게 군대를 빌려 有易을 정벌하여 멸망시켰다(『古本竹書紀年』). 有易과 관련된 易水 위치에 대해서 현재 북경 아래 易水 근처로 보기도 한다. 하지만 기록에서는 河伯의 지역이 有易과 거리가 멀지 않음을 시사하며 河伯지역은 하북 남부의 臨漳縣 서남일 가능성이 높다(彭邦炯 1994). 따라서 고대 有易지역은 漳水에서부터 滹沱河 일대 사이에 존재하였다고 추정할 수 있다(배진영 2006).

또한 상 후기의 영역에 대해서 『戰國策』의 기록을 보면 漳水와 滏水의 남쪽, 大河의 북쪽, 太行山의 동쪽, 孟門의 서쪽을 가리킨다고 할 수 있다(『戰國策』 魏策). 이 땅은 오늘날의 하남 북중부와 하북 남부에 해당한다. 실제로 하북 남부와 하남 중북부에서 발견되는 유적과 청동기 출토지점은 가장 많고 조밀하다(민후기 2013). 상대 북방의 대형유적으로 호타하 남안에 위치한 藁城 臺西 유적(鄭紹宗 1973; 河北省博物館文物管理處 1973)은 대형 취락유적으로 군사적인 성격을 겸하고 있는 상의 최북단 거점으로 보인다. 藁城 臺西 유적의 각종 토기에서는 '臣'·'止'·'巳'·'己'·'豊'·'乙'·'魚'·'大'·'刀'·'矢'·'戈'·'肉'·'貫萑' 등의 銘文이 발견되었는데, 이 중 일부는 상 후기의 북방 거점과 연결되어 있는 섬서~하북 일대의 집단을 상징하는 것일 수 있다(오강원 2011). 따라서 상대에 상세력의 북단은 하북 남부 호타하까지로 볼 수 있으며 갑골과 문헌에 나타나는 상대 북방 정치집단은 대체로 산서 북부에서 하북 중남부지역에 위치한 것으로 보인다.

중국 하북지역은 지리적으로 북방문화와 중원문화의 교차지역으로 다양한 문화적 성격을 띠고 있었다. 청동기시대 이 지역에는 대타두문화라는 독립적인 문화가 성립하였다. 이후 상 후기에 새롭게 성립한 문화에 대해서는 학자들 간의 견해가 일치하지 않았다. 크게 위방3기문화와 장가원상층문화라는 개념을 설정하여 3개의 토착문화가 연속적으로 이어졌다는 견해(韓嘉谷·紀烈敏 1993)와 대타두문화 이후 위방3기문화와 장가원상층문화를 구분하지 않고 장가원상층문화만 있었다고 이해하는 견해가 있다(李伯謙 1994). 최근에는 唐山 古冶, 寶坻 歐台 등의 유적에서 양 문화의 층위상 선후관계가 확인되어 위방3기문화와 장가원상층문화는 독립된 문화로 구분하고 있는 추세이다(烏恩岳斯圖 2007).

위방3기문화의 분포 범위는 서쪽으로는 태행산, 동쪽으로는 난하유역에 이른다. 주요 유적으로는 圍坊 유적, 抄道溝銅器교장, 東閘各莊 유적, 劉家河 유적, 古冶 유적, 東蒙各莊 유적, 小山東莊 무덤, 塔照 유적, 鎭江營 유적, 張家園 유적, 陳山頭 무덤, 馬哨村 무덤 등이 있다.

이 중 상·주 청동기가 발견된 유적 중 무덤을 살펴보면 먼저 유가하 유적(北京市文物管理處 北京市文物管理處 1977)은 北京市 平穀縣 劉家河村에 위치하며 상대 중기의 무덤 2기가 발굴되었다. 1호 무덤에서 출토된 유물은 40여 점으로 종류는 청동기, 金器, 玉器, 토기 등으로 나눌 수 있다. 청동예기는 16점이 발견 되었는데 종류는 鼎 5점, 鬲 1점, 甗 1점, 爵 1점, 卣 1점, 三羊罍 1점, 饕餮紋瓿 1 점, 盉 2점, 盤 2점이 있다. 병기로는 鐵刃銅鉞 1점이 있고, 銅飾에는 人面形飾 5 점, 銅泡 3점, 蟾蜍形銅泡 2점, 當盧 1점이 있다. 金器로는 臂釧 2점, 귀고리 1점, 비녀 1점, 금박 파편이 있다. 玉器로는 斧 1점, 柄 1점, 璜 1점, 綠松石珠 9점이 있 다. 1호에서 출토된 小方鼎의 形制와 花紋은 鄭州에서 출토된 大方鼎과 비슷하며 弦紋鼎, 鬲, 瓿, 盤, 盉 등은 湖北 盤龍城의 유물과 비슷하고, 甗, 鐵刃銅鉞 등은 藁 城 臺西에서 출토된 유물과 비슷하다. 청동예기의 연대를 보면 정주 이리강상층 에서 은허문화 제1기 사이에 해당하여 상대 중기에서 상대 후기 이른 시기 사이 로 볼 수 있다. 청동예기는 지역적 특징이 나타나는데 청동예기 중 정은 전체적 으로 크기가 매우 작고 조잡하다. 력과 언의 현문이나 형태를 보면 하가점하층 문화 토기와 공통적인 특징을 가지고 있어 현지에서 제작되었을 가능성이 있다. 즉 상대 청동예기의 전형적인 특징을 분명히 가지고 있으면서도 약간의 지역적 특징이 확인되는 것이다. 반면 그 외의 부장품을 보면 북방지역의 지역적 특색 이 나타나 있다. 鐵刃銅鉞이나 盤 안의 거북과 물고기모양 모티프, 개구리형 장 식 등이 그러한 사례이다(郭大順·張星德·김정열 역, 2008).

동감각장 유적(河北省文物硏究所 1985)은 河北省 盧龍縣의 城 西南의 난하 남 안에 위치하며 회갱 14기, 무덤 3기 등이 발굴되었다. 특히 무덤 1기에서는 饕 餮紋鼎, 乳釘紋簋, 銅弓形器가 각각 1점씩 출토되었고, 또한 함께 출토된 金釧 2 점은 유가하 유적에서 출토된 유물과 같다. 유적의 연대는 상 말기이며 발굴보 고서는 이 유적이 상문화의 요소와 토착세력의 문화가 함께 반영되어 위치상 문 헌상의 고죽국과 상의 교류를 보여준다고 보았다.

소산동장 유적(唐山市文物管理處·遷安縣文物管理所 1997)은 河北省 遷安縣

동남쪽에 위치한다. 1984년 조사할 때 무덤은 이미 파괴었으나 鼎 3점, 簋 2점, 陶罐 8점, 鬲 4점, 戈 2점, 斧 4점, 금팔찌 2점, 금귀걸이 1점 등이 발견되었다. 이 중 鼎 1점의 덮개 안에는 "作障彝"라는 명문이 있으며, 簋 1점에는 "[侯][爵]作宝 障彝"라는 명문이 새겨져 있다. 출토된 유물은 상과 서주 전기의 중원문화 및 북방문화의 특징을 함께 가지고 있다. 난하 서안에 위치한 이 유적에 대해 발굴 보고서는 족속을 고죽국과 관련 있다고 보았다.

장가원 유적(天津市曆史博物館考古部 1993)은 天津市 薊縣 張家園村에 위치 한다. 1987년 상 말기인 위방3기문화에 속하는 4기의 토갱수혈묘가 발견되었 다. 1호에서는 금귀걸이 1점만 출토되었으나 다른 3기의 무덤에서는 모두 상의 청동예기가 발견되었다. 2호에서는 鼎, 綠松石株, 陶纺轮이 각각 1점씩 출토되 었으며, 3호에서는 鼎, 簋, 石鏃, 금귀걸이가 1점씩 나오고, 4호에서는 鼎, 簋, 금 귀걸이가 1점씩 나왔다. 정과 궤의 연대를 보면 3호의 정은 은허3기의 정과 같 아 상대 말기에 해당하며 3호의 정과 궤는 상말주초에, 4호의 정은 상 말에 해당 한다. 따라서 무덤의 연대는 상말주초에 해당한다. 금귀걸이는 중원지역에서는 발견되지 않고 이북지역인 동감각장, 유가하, 화상구, 남산근 등에서 발견되었 다. 따라서 1호는 북방계 유물만, 2호는 중원계 유물만, 3호와 4호는 중원계와 북방계 유물이 함께 출토되어 유물 조합이 각각 다르다. 또한 4호에서 나온 簋 에는 "天"이란 족휘가 새겨져 있다.

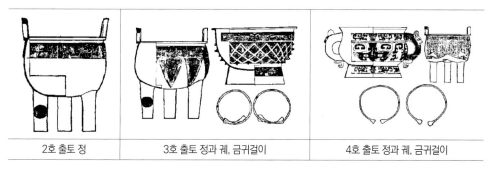

| 2호 출토 정 | 3호 출토 정과 궤, 금귀걸이 | 4호 출토 정과 궤, 금귀걸이 |

<그림 1> 장가원 유적 출토 상·주 청동기(天津市曆史博物館考古部 1993)

진산두 유적(孟昭永·趙立國 1994)은 河北省 灤縣 陳山頭村 북쪽에 위치하며 1988년 1기의 무덤이 발견되어 鼎 1점, 簋 1점, 斧 1점, 弓形器 1점 등이 출토되

었다. 이 유물은 상문화의 요소와 토착문화의 요소를 모두 포함하고 있다. 弓形器는 이른 것은 은허2기부터 보이는 것이며 유적의 연대는 상말주초에 해당한다.

후천의 유적(張文瑞·翟良富 2016)은 灤縣 響堂鎭 法宝村 남쪽에 위치한다. 1999년과 2001년에 발굴되어 신석기시대 말기 후반~서주 초기까지의 무덤, 집터, 회갱 등이 발견되었다. 1999년에 발굴된 무덤은 7기이며 2001년에는 5기가 발굴되었다. 이 중 99M1, 99M4, 99M5에서 鼎과 簋가 발견되었다. 발굴보고서는 모두 3기로 시기를 구분하였는데 1기는 99M6, 99M7, 2기는 99M2, 99M3, 99M5, 3기는 99M5, 01M2가 해당한다. 99M5에서 발견된 簋는 은허 부호묘의 簋와 비슷하며 饕餮纹鼎은 안양 소둔 18호에서 발견된 鼎과 비슷하여 99M5의 연대는 은허 2, 3기 사이에 해당한다. 99M4에서 발견된 乳丁纹簋는 洋西 張家坡 54호에서 발견된 乳丁纹簋와 비슷하여 연대는 상말주초에 해당한다.

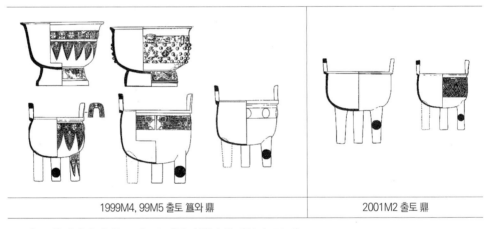

| 1999M4, 99M5 출토 簋와 鼎 | 2001M2 출토 鼎 |

<그림 2> 후천의 유적 출토 상·주 청동기(張文瑞·翟良富 2016)

마초촌 유적(李宗山·尹曉燕 1995; 尹小燕 1996)은 河北省 遷安縣 夏官營鎭 馬哨村 남쪽에 위치한다. 1992년 농부가 鼎과 簋를 각각 1점씩 발견하였고 鬲과 罍도 출토되었다. 소형 무덤 1기의 부장품이었던 것으로 보인다. 鼎의 내벽에는 '卜'자가 있었고 簋 안에는 '箕'자가 있었다. 발굴보고서는 簋의 명문을 '箕' 혹은 '其'로 파악하여 문헌상의 箕子와 관련된 기자국의 족휘로 보았다.

지금까지 살펴본 유적 중 토착 문화에 해당하는 위방3기문화에 속하는지 논란이 되는 유적이 있다. 중원식 문화의 영향을 강하게 받은 유가하 유적이 그것이다. 유가하 유적의 경우 하북 북부지역에서 상대 청동예기가 발견되는 첫 번째 유적이다. 발굴보고서는 상나라의 무덤이라고 보았는데 이후 燕亳으로 보는 견해가 제기되었다(鄒衡 1980). 그러나 유가하 유적은 후대 백부 유적의 사례와 달리 상지역에서 보편적으로 보이는 요갱이나 동물희생의 흔적이 보이지 않았다. 출토 유물을 보면 예기는 전형적인 상문화의 요소를 갖고 있지만 鐵刀銅鏃, 人面形飾, 蟾蜍形銅泡 등은 북방지역 청동기의 특징이며 臂釧, 귀고리도 현지 문화에서 자주 보이는 것이다. 따라서 무덤 주인은 상문화와 밀접한 관계를 유지한 현지 토착 세력으로 이해된다(郭大順·張星德·김정열 역, 2008).

이처럼 상지역과 하북지역의 위방3기문화와는 네트워크가 형성되어 있어 두 지역은 활발히 교류했던 것으로 보인다. 이러한 교류를 통해 위방3기문화 주민들은 중원의 청동예기 문화를 받아들여 무덤에 부장했으며 유가하 유적처럼 상문화와 밀접한 관계에 있던 토착세력도 나타난 것으로 보인다.

2. 내몽골 동남부 및 요서지역 출토 상·주 청동기

상대 청동기는 내몽골지역에서도 발견되는데 천보동 유적, 두패자 유적, 서우파라 유적으로 모두 교장유적이다.

天寶同 유적(克什克騰旗文化館 1977)은 西喇木倫河 남안의 克什克騰旗 天寶同에 위치하며 1973년 교장에서 발견되었다. 출토된 유물은 甗 1점으로 연대는 안양 은허 초기 양식과 비슷한 전형적인 상대의 유물이다. 頭牌子 유적(苏赫 1982)은 昭盟 頭牌子大隊 敖包山 기슭에서 1981년 발견되었다. 교장에서는 鼎 2점과 甗 1점이 출토되었다. 연대는 모두 은허 전기에 해당하며 세 유물은 주조 방법이 서툴러 제작하다 때운 모습이 똑같다. 서우파라 유적(苏赫 1982)은 적봉시 서우파라향에 위치하며 甗 1점이 출토되었다. 甗은 천보동과 두패자에서 출토된 甗과 유사하여 비슷한 연대로 보인다.

내몽골 동남부에서 발견된 청동예기는 상대 이른 시기에 해당하며 현지에서 수리하고 제작했을 가능성을 보여준다는 점에서 주목된다. 내몽골 극십극등기 희작구에서는 동광 유적이 발견되었는데(吉林大學邊疆考古研究中心·內蒙古自

治區文物考古硏究所 2014) 이것은 내몽골에서 상 후기 청동예기가 등장한 배경을 알려준다. 즉 청동 원료를 구하기 위해 이 지역으로 상의 진출과 교류가 지속되었음을 의미한다(김정열 2019).

요서지역의 경우 위영자와 화상구, 고가동 유적에서 청동예기가 출토되었고 도호구 유적에서도 중원계 동경이 출토되었다.

魏營子 유적(遼寧省博物館工作隊 1977)은 遼寧省 朝陽市 六家子鄕 魏營子村에 위치하며 무덤은 모두 9기가 발굴되었다. 모두 평면장방형의 木棺墓 계열로 분류할 수 있으며 土壙과 木棺 사이로 약 10~30㎝ 두께의 회반죽(灰膏泥)이 채워져 있다(오대양 2019). 銅卣, 銅壺, 수레부속, 양머리장식 등의 중원계 청동기가 발견되었다.

和尙溝 유적(遼寧省文物考古硏究所·喀左縣博物館 1989)은 喀左城에서 남쪽으로 15㎞ 떨어진 和尙溝村의 서쪽 대지 위에 위치한다. 1979년에 22기의 묘가 발굴되었는데 그중 위영자문화에 속하는 A지점에 4기의 무덤이 있다. 이 중 1호 무덤에서 壺形卣 1점과 卣 1점이 출토되었다. 壺形卣은 은허 후기부터 서주 초기로 추정된다. 또 다른 卣는 지금까지 알려진 은허 후기의 형식을 상당히 벗어난 것이다

고가동 유적(遼寧省文物考古硏究所 1998)은 喀左縣 平房子鄕 高家洞에 위치한다. 장방형 토광묘에서 양 두개골 2개와 토기 2점과 함께 瓿가 발견되었는데 연대는 상대로 추정된다. 道虎溝 유적(郭大順 1987)은 喀左縣 小東溝村 山嘴子公社 道虎溝大隊에서 발견되었는데 2기의 무덤에서 인골과 함께 安陽 婦好墓 출토 동경과 유사한 형태의 동경 1점과 청동귀걸이 5점, 玉块 1점, 夾沙紅陶 1점 등이 출토되었다.

이외에 朝陽지역에서는 모두 3점의 유물이 발견되었다. 朝陽市 내에서 鼎 1점과 罍 2점이 채집되었다. 鼎은 전형적인 이리강 시기와 비슷하며 2점의 罍은 은허 후기의 것이다(文物編纂委員會 1979).

요서지역의 현지 무덤에서 출토되는 상·주 청동기를 통해 요서지역의 현지 주민도 중원 청동기 문화를 수용했음을 알 수 있다. 이들 청동기는 내몽골지역에서 발견된 청동기에 비해 연대는 늦은 시기에 해당한다. 또한 요서지역 무덤 중 위영자 유적의 연대에 대해서는 서주 중기나 혹은 더 늦은 시기에 해당된다

 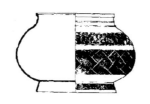 

| 위영자 출토 卣와 壺 | 고가동 출토 瓿 | 도호구 출토 銅鏡 |

<그림 3> 요서지역 무덤 유적 출토 상·주 청동기

고 보는 견해도 있다(趙賓福 2009). 따라서 상대에 중원 청동기가 이 지역에 들어왔는지는 확실하게 단정하기는 어렵다. 하지만 화상구 1호의 銅卣 1점은 은허 1기와 2기에 해당하는 武官 M1과 大司空村 동남 M663 출토품과 매우 흡사하며 화상구 1호의 銅壺 1점은 은허 4기에 해당하는 안양 대사공촌 동남 M303 출토품(04ASM303:58)과 거의 비슷하다. 고가동 유적의 瓿는 형태적 특징과 문양 구조는 은허 2기와 같다. 결국 이 3점은 모두 하한이 은허 4기를 넘지 않는다(최호현 2020). 이것은 이미 상대에 제한적으로 중원 청동기가 유입되었을 가능성을 보여준다.

따라서 요서지역은 하북지역과는 달리 중원지역과의 상호작용이 확인되지는 않지만 소량이나마 상대 청동기가 확인되어 상·주 청동기 네트워크 선이 연결된 변방이자 최동단으로 볼 수 있다. 즉 상 후기 상의 직접 영역은 호타하 이남이며 그 이북에서는 하북지역을 중간거점으로 상의 청동기 네트워크는 북으로는 내몽골지역과 동쪽으로는 객좌지역까지 이르렀다고 할 수 있다. 상의 이북에서 청동기 네트워크의 주체는 하북지역이었으며 요서지역과 상지역과의 교류는 중간에 하북지역을 통하여 객좌·조양 일대를 중심으로 상당히 제한된 범위에서 교류가 이루어진 것으로 이해된다.

III. 서주 초기 문화 변동과 기자조선 문제

1. 연의 봉건 및 하북지역의 문화 변동

周 무왕이 제후들을 거느리고 상 정벌에 나서자 商 紂王도 이에 대응하여 군사를 일으켰다. 상나라 교외 목야에서 양국의 군대가 격돌하고 이 전투에서 패한 주왕은 성으로 달아나 불을 질러 스스로 타죽고 결국 상·주 교체가 일어난다. 주 무왕은 상을 멸망시키고 소공을 北燕지역의 제후로 봉한다(『史記』 卷4 周本紀 第4; 『史記』 卷34 燕召公世家 第4). 이로써 중원세력이 북경지역으로 처음 진출한다.

이러한 상황은 北京 琉璃河 燕都 遺址 발굴을 통해 증명되었다. 유리하 유적의 전체 묘역은 京廣철도를 경계로 북서쪽의 구역과 남동쪽의 구역으로 나뉜다. I구역 墓葬들에서는 商文化의 특징인 殉人腰坑殉狗가 발견되어 상유민의 묘장이며, II구역에서는 殉人과 腰坑이 보이지 않고 출토된 청동기 명문 가운데 燕侯와 관련된 내용이 많아 이 구역은 周人의 墓葬으로 이해된다(北京市文物研究所 1995). 특히 23개의 琉璃河에서 출토된 청동기에 보이는 족휘는 商 말기의 도읍이었던 安陽에서 출토된 청동기에 보이는 족휘들과 동일하다. 이에 비해 서주 양식 청동기는 4개에 지나지 않고 나타나는 인물도 叔, 伯矩, 庶, 伯觴 등 단 4인에 지나지 않는다. 따라서 琉璃河 출토 청동기의 비율로 봤을때 琉璃河 출토 청동기의 주인공들은 대부분 상족으로 이해할 수 있다(민후기 2020). 당시 燕의 범위는 영정하 이남과 保定 이북지역 특히 유리하 유적을 중심으로 영정하 이남과 역수 일대가 주된 세력 범위로 이해할 수 있다(배진영 2009).

영정하 이북에서 상유민 관련 청동기가 발견된 유적으로는 우란산 유적(程長新 1983)이 있다. 北京市 順義縣 牛欄山에서 발견된 무덤에서 출토된 8점의 유물에는 모두 異자가 새겨져 있었다. 예기의 종류는 鼎, 卣, 尊, 觶이 각각 1점씩 있었고 觚와 爵이 각각 2점씩 있다. 이 유물들은 조형, 장식무늬, 명문 등으로 볼 때 모두 유리하에서 출토된 연 유물과 비슷한 서주 초기에 해당한다. 우란산 유적은 기족 집단이 연의 통치 집단의 주요 구성 요소로 편입되는 상황을 보여준다고 볼 수 있는데(심재훈 2008a) 혹은 기족 집단이 북진 과정에서 남겨진 유물

일 가능성도 배제할 수 없다.

토착세력이 주도하던 하북지역의 문화는 기원전 11세기 서주가 연나라를 이 지역에 봉하면서 중원세력과 토착세력이 양립하는 형세를 띠게 된다. 서주시기에 이 지역의 토착세력은 張家園上層文化가 존재했다. 관련 유적으로 주거지는 장가원, 방균, 진강영 유적이 있으며, 회갱은 탄산, 고태, 우도구, 진강영 유적이 있고, 무덤에는 진강영, 백부, 동남구, 유수구, 우권자양, 동구도하 등이 있다. 분포 범위를 보면 장가원상층문화의 범위는 위방3기보다 작다. 이것은 서주 연문화가 점점 북쪽으로 확산된 결과이다. 초기 유적은 경진 북부지역과 연산 기슭에 분포하며 말기 유적은 연산 일대에 분포하는데 대체로 후속하는 옥황묘문화의 분포 범위와 비슷하다(烏恩岳斯圖 2007). 장가원상층문화와 옥황묘문화 사이에는 직접적인 계승 관계는 확인되지 않는다(이후석 2019).

상·주 청동기가 발견된 장가원상층문화 유적은 다음과 같다. 먼저 무덤을 살펴보면 방균(유가분) 유적(韓嘉穀 等 1988; 纪烈敏 1994)은 천진시 薊縣 邦均鎭 동남에 위치하며 주거지 2기, 회갱 20기, 무덤 26기를 발굴했다. 무덤은 모두 토갱수혈묘이며 4기는 춘추에서 전국시기에 해당한다. 2기는 서주 전기에 해당하는데 각각 鼎과 簋가 1점씩 출토되었고 綠松石株도 함께 나왔다. 鼎 1점 안에는 "口作乐鼎"이란 글자가 새겨져 있고 簋 1점에는 안쪽 바닥에 "戈 父丁"이라고 새겨져 있다.

백부 무덤(北京市文物管理處 1976)은 北京市 昌平區 동남쪽으로 8km 떨어진 白浮村 부근에 있으며 3기의 서주 목곽묘를 발굴했다. 수백 점의 청동기, 토기, 옥기, 석기와 甲骨殘片이 출토되었다. 3기 무덤의 形制, 葬俗, 부장품의 종류와 기형은 중원지역의 河南 浚县 辛村, 陝西 洋西 西周墓와 차마갱에서 출토된 유물과 매우 닮았고 북경 유리하 무덤과 비슷하다. 3기의 무덤은 모두 장방형토갱수혈목곽묘이다. 3기의 무덤에서 출토된 유물은 청동기, 토기, 石, 玉, 骨, 牙器와 卜甲, 卜骨, 貝飾 등 600여 점에 이른다. 예기는 壺 1점, 簋는 3점, 鼎 3점이 있다. 그외에 청동기는 병기, 공구, 예기와 車馬飾件 등이 있다.

회갱유적을 보면 진강영 유적(北京市文物研究所 1999)은 북경시 房山區 鎭江 營村 동북쪽에 있는데 1986~1987년 천진시역사박물관고고부 등이 발굴했다. 진강영 유적의 商周 제3기 유적에는 주거지, 무덤, 회갱이 발견되었다. 이 중 회갱에서 발견된 簋 3점이 상·주 유적에서 발견되는 중원계 유물이다. 각각 은허 3기, 유리하 26호, 유리하 6호·60호에서 출토된 簋와 비슷한 유물로 시기는 상 후기에서 서주 초기에 해당한다.

교장유적을 살펴보면 초도구 유적(河北省文化局文物工作隊 1962)은 河北省 青龍縣 王廠鄕 抄道溝村에 위치하며 短劍, 管鑾斧, 啄戈, 鹿首刀, 環首刀 등의 청 동기가 발견되었다. 무기류를 비롯하여 주로 북방계 유물이 출토된 이 유적은 요서지역의 興城 楊河와 綏中 馮家村(王云綱·王國英·李飛龍 1996)에서도 비슷 한 유물이 매장된 교장이 발견되어 초도구 유적군과 관련된 유적으로 이해된다. 이후 연산산지에는 서주 중기가 되면서 초도구 유적군에 이어 소하남 유적군이 등장한다.

소하남 유적(興隆縣文物管理所·王峰 1990)은 하북성 興隆縣 小河南村 서남으 로 2㎞ 되는 곳에 있다. 1984년 현지 농민이 채석을 하다가 청동기 10점을 발견 했다. 발견된 유물은 단검 1점, 刀 2점, 予 1점, 戈 4점, 鉞 1점, 청동뚜껑 1점이 있다. 소하남 교장에서 발견된 유물은 중원식 특징을 지닌 유물과 북방식 특징 을 지닌 유물이 함께 발견되었다. 이 중 중원식에 속하는 것은 동과 1점과 청동 뚜껑이 있다. 중원식 동과는 상·주 유적에서 자주 발견되는 것이며 서주 초보다 늦게 내려가지 않는다. "且乙"의 명문이 새겨진 청동뚜껑은 무늬장식과 명문이 객좌 산만자에서 발견된 父乙簋와 같아 서주 초기에 해당한다. 이외에도 鉞의 조형은 백부 무덤에서 발견된 銅斧와 외형이 비슷하다. 따라서 백부 유적의 연 대와 비슷한 시기에 해당하는 것으로 이해된다.

서발자 유적(北京市文物管理處 1979)은 北京市 延慶縣 西撥子村에 위치하며 발견된 유물은 50여 점으로 전형적인 북방청동기문화의 특징을 가지고 있다. 출토된 유물은 鼎 11점, 斧 1점, 匙 1점, 귀걸이 1점, 刀 7점, 錐 1점, 斧 1점, 鑿 4 점, 戈 1점, 銅泡 8점, 銅鼎殘片 등이다. 鼎은 11점의 형식이 모두 동일한데 중원 계통과는 차이를 보여 현지에서 주조한 것으로 보인다. 출토된 匙, 刀, 斧, 銅泡 는 남산근 유적에서도 출토되었다. 또한 귀걸이는 당산 소관장, 북경 창평 설산, 방산 유이점 등에서 발견되는 유물이다. 발굴보고서는 서주 말에서 춘추 초에 해당한다고 보았으나 실제로 이른 시기의 유물도 포함되어 대략적인 연대는 서 주 중말기로 보인다(烏恩岳斯圖 2007).

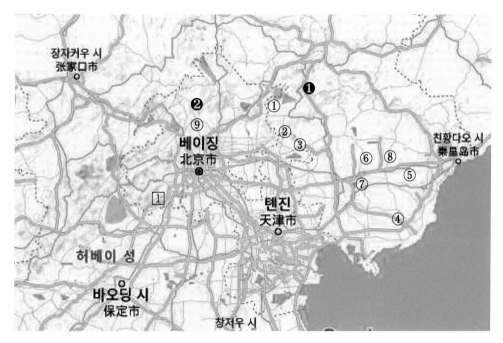

무덤(① 유가하, ② 장가원, ③ 방균, ④ 후천의, ⑤ 동감각장, ⑥ 소산동장, ⑦ 진산두, ⑧ 마초촌, ⑨ 백부, ⑩ 진강영),
회갱(① 진강영), 교장(❶소하남 ❷서발자)

〈그림 4〉 하북지역 상·주 청동기 출토 유적(바탕사진은 구글지도)

지금까지 살펴본 유적 중 백부 유적은 장가원상층문화에 속하는지 논란이 되고 있다. 발굴보고서가 지적하고 있는 것처럼 백부 유적은 무덤 형식, 출토유물을 봤을 때 전형적인 서주 무덤에 해당한다. 특히 주목할 점은 풍부한 중원식 유물이 출토된 무덤이 유리하 유적보다 더 북쪽에 위치한 영정하 이북에서 발견되었다는 사실과 하북지역에서 출토 사례가 드물었던 갑골도 발견되었다는 사실이다. 또한 전형적인 북방식 무기류도 함께 출토되어 완전한 중원계 유적이라 보기도 어렵다. 백부 유적의 주체에 대해서는 위방3기문화-장가원상층문화설, 연국귀족 혹은 연에 속한 상유민설, 북방민족설 등이 있다(張禮豔·胡保華 2017). 특히 2호 무덤의 묘주는 중년의 부인인데 풍부한 무기류와 갑골이 함께 부장되어 "여장군"이었다고 보기도 한다(韓建業 2011). 백부 유적에는 상·주·북방문화의 다양한 문화 요소가 있다. 서주문화 요소에는 청동예기, 토기와 병기 중에 戈, 矛, 阳燧, 공구 중에 斧锛凿이 있고 상문화 요소에는 腰坑과 갑골문이 해당한다(韓金秋 2008). 이처럼 다양한 문화가 공존하는 묘주의 실체를 밝히기 위해서는 주변 지역의 사례와 비교해볼 필요가 있다.

〈표 1〉 백부 유적의 특징과 주변 유적의 사례

백부 유적 특징	비슷한 사례를 보이는 주변 유적
요갱과 동물 순장	탑조, 유리하, 후천의
갑골	유리하, 후천의
묘광과 목곽 사이 및 바닥 백색 진흙	위영자
북방식 청동기	소하남, 서발자
기족 족휘	우란산, 마초촌, 객좌

　백부 유적이 서주 연의 유적인 유리하 무덤과 무덤 형식, 매장 풍습, 부장품
이 유사하다는 점에 주목한다면 무덤 성격은 장가원상층문화보다는 중원식 문
화에 가까운 것을 알 수 있다. 〈표 1〉에서 보는 것처럼 요갱과 동물 순장은 상문
화에서 비롯된 것으로 주변 유리하 유적에서 발견되듯이 중원문화의 영향이다.
다만 허리에 구덩이를 파고 개를 희생으로 부장하는 풍습은 상문화의 전형적인
매장 풍습이지만 상문화만의 전유물이었다고 말하기는 어렵다는 지적도 있다.
이러한 부장풍습은 호북 방현 칠리하 용산문화 유적, 감석 영등 장가평 마창류
형 무덤과 같이 신석기시대 무덤에서도 이미 출현하였고, 이리두문화와 서주시
기에 해당하는 많은 무덤군에서도 발견되었기 때문이다(박상빈 2014). 2호와 3
호는 모두 요갱이 발견되지만 동물 순장의 흔적은 2호에서만 확인된다. 서주시
기 이전에도 토착문화가 이러한 풍습을 수용한 흔적은 발견되는데 진강영-탑조
유적에서 상주 1기에서 이미 동물 희생이 확인되고 있다. 탑조 무덤군(상대 전
기 후반)의 경우 동성(남성) 합장, 2차장 유행, 붉은 흙을 뿌리는 풍습, 동물 희생
등 특수한 매장풍습이 확인되고 있다. 탑조 유적의 경우 특수한 사례로 이후 다
른 토착 무덤에 영향을 주지는 못한 것으로 보인다. 후천의 유적에서는 양의 견
갑골과 소와 양의 머리를 매장한 풍습이 확인된다(박상빈 2014). 또한 백부 유
적에서 묘광과 목곽 사이 및 바닥에 백색 진흙(白膏泥)을 바른 흔적이 있는데 위
영자 유적에서도 묘광과 목곽 사이에 회색 진흙(灰膏泥)을 바른 사례가 확인되
고 있다.
　한편 백부 유적에서 발견되는 북방식 무기류는 유리하나 우란산 같은 주변

서주 관련 무덤에서는 보이지 않는 것이다. 이것은 무덤 주인이 중원지역에서 이주하여 토착화하는 과정을 보여주는 사례가 될 수 있다. 따라서 유물을 볼 때 백부 유적은 장가원상층문화에 속하는 토착세력의 무덤으로 보기에는 무리가 있다. 연대에 있어서도 최근 서주 중기로 내려보는 견해가 꾸준히 나오고 있다(林澐 1994; 烏恩岳斯圖 2007; 韓金秋 2008; 박상빈 2014). 하지만 백부 유적과 비슷한 유물이 확인되는 유리하, 우란산 유적의 경우 대부분 서주 전기에 해당한다. 유리하 유적은 서주 중기에는 폐기된 것으로 보이며 이 시기는 문헌에도 연나라와 관련된 기록을 찾아볼 수 없다. 즉 주변의 서주 세력에 속하는 유적이 모두 쇠퇴하는 상황에서 풍부한 중원식 유물을 매장한 백부 유적만 서주 중기에 출현했다는 점이 쉽게 이해되지 않는 면이 있다.

특히 중원지역은 갑골문이 서주 전기까지는 사용되지만 이미 서주 중기에는 대부분 사라지는데 변방에서 100여 편에 이르는 복갑을 매장한 무덤이 있다는 사실은 특수한 사례에 해당한다. 유리하 유적에서 갑골 자료가 확인된 바 있으나(北京大學考古學系·北京市文物研究所 1996; 琉璃河考古隊 1997) 주변 토착세력의 유적에서 갑골이 확인되는 경우는 후천의 유적 정도이다. 변방이라 중심지와 다르게 오히려 갑골문화가 오래 남아있을 수도 있겠으나 갑골문화가 이 지역에 지속적으로 남아있음을 증명할 수 있는 다른 사례가 확인되지 않는다.

따라서 유적의 연대에 대해서는 신중히 접근할 필요가 있다. 한편 백부 유적을 상유민과 관련된 유적으로 본다면 기족과 관련될 가능성이 있다는 점에서 기족의 이동 경로를 보여주는 또다른 사례가 될 수도 있다.

북방식 청동기가 매장된 소하남, 서발자 유적의 경우 중원계나 토착계로 볼 수 있는 다른 유적과는 성격이 다르다(楊建華 2002). 북방계 청동기 위주의 교장유적이라는 점에서 다른 유적과 비교되며 토착문화의 분포권 안에 위치하지만 이질적인 성격을 가지고 있다. 다만 두 유적의 차이도 있는데 소하남 유적은 북방식이 절대다수를 차지하는 이전 시기의 초도구 유적과 다른 양상이 확인된다. 양 유적에서 모두 獸首刀, 鈴首刀, 管銎斧가 출토되었지만, 소하남은 영수도만이 북방식으로 분류되고, 수수도와 관공부는 혼합식(북방식+중원식)에 속한다. 중원식 동과와 청동뚜껑이 포함된 것도 다르다. 이것은 소하남 주민집단이 서주문화 유적과 접촉하는 과정에서 유입되었을 것으로 추정된다(박상빈

2014). 이러한 유적은 력 등의 현지 고유한 유물이 나오지 않으며 무덤이 아닌 교장에서 발견되고 북방식이 주류를 이루는 이질적인 유물 조합을 보인다는 점에서 하북지역의 토착문화와는 구분해야 할 것으로 보인다.

위방3기-장가원상층문화에서 발견되는 청동예기는 대부분 무덤에서 발견되고 있다. 유물의 수량은 유가하 1호, 백부 1호을 제외하면 2점인 경우가 많다. 특히 유물 조합에 있어 식기인 鼎과 簋가 1점씩만 부장된 유적은 동감각장, 장가원 3호, 4호, 진산두, 후천의 99M4, 마초촌이 해당하여 가장 많은 사례를 보여주고 있다. 특히 난하 하류지역에서 이러한 양상이 많이 보이고 있다. 중원지역에서는 이리두 유적에서부터 청동기 중 爵이 주종을 이루며 상 후기에는 爵과 觚가 핵심적인 주기 조합을 이룬다(심재훈 2008b). 이러한 조합은 하북 중북부 지역에서는 사례를 찾기 어렵다. 爵은 유리하와 우란산 무덤에서 출토되었고, 觚는 우란산 무덤에서 1점이 확인되었을 뿐이다(박상빈 2014). 즉 爵과 觚는 중원계 무덤에서만 출토되었을 뿐 토착계 무덤에서는 출토되지 않는 것이다. 청동예기가 출토된 무덤은 토착유물과 함께 나오는 경우가 많지만 방균, 장가원 2호, 마초촌 무덤의 경우 중원식 예기만 출토된 점이 특이하다. 특히 장가원 무덤의 경우 1호는 북방식만, 2호는 중원식만, 3호와 4호는 중원식 청동예기와 토착유물이 공반되었다.

상·주 청동기가 출토된 유적의 연대를 본다면 가장 이른시기는 상대 중후기에 해당하는 유가하 유적이며 다른 유적은 상말주초에 해당하는 사례가 많다. 따라서 상말주초에 적지 않은 상·주 청동기가 이 지역으로 유입되었다고 할 수 있다. 후천의 유적은 상 말에 '정+궤'의 중원식 청동예기 조합이 현지 무덤에서 유행하기 시작된 정황을 보여주는 사례이다(박상빈 2014). 따라서 위방3기문화 시기에 이미 상지역과 네트워크가 형성되어 무덤에 청동예기를 매장하는 풍습이 유행하게 되었다고 볼 수 있다.

또한 하북지역에서 발견되는 상·주 청동기 출토 유적은 현지 무덤에서 출토되는 경우가 많으며 상·주 청동기 외에 현지 토기 문화와 장식품과 같이 나오는 경우가 많다. 그리고 청동예기 조합은 대부분 '정+궤'인데 이러한 조합은 周人이 선호하는 것이다. 따라서 상말주초 상계 청동기가 출토되는 유적은 상대 상인에 의한 것이라기보다 先周문화의 북상일 가능성이 높다는 지적을 참고할 수 있다

(최호현 2019a).

　한편 북방식 청동기가 주류를 이루며 상·주 청동기가 일부 포함된 소하남, 서발자 유적은 다른 유적과는 성격이 다른 것으로 보인다. 유적도 무덤이 아닌 교장이란 점에서 정착된 세력이 남긴 것이라기보다는 현지 토착문화와 구분되는 북방 민족이 활동한 흔적일 가능성이 있다.

2. 요서지역 상·주 청동기 유적과 교류

　앞에서 살펴본 것처럼 상 말에 이르러 중원문화의 요소가 하북지역을 거쳐 요서지역까지 들어온다. 하지만 소량의 중원계 유물만 확인되는 만큼 두 지역의 교류는 상당히 제한되었던 것으로 보인다. 서주 초기 이후에는 상·주 청동예기가 집중적으로 매장된 교장유적이 등장한다. 청동예기의 연대는 대부분 상말주초에 해당하는데 매장된 연대는 모든 교장유적이 동일하지는 않지만 상·주 교체 이후 들어온 것으로 이해된다.

　북동 유적(遼寧省博物館·朝陽地區博物館 1973; 喀左縣文化館·遼寧省博物館·朝陽地區博物館 1974)은 1973~1974년 2개의 교장유적에서 청동예기가 발견되었다. 1호에서 발견된 청동기는 모두 6점의 청동예기로 瓿 1점, 罍 5점이다. 제작시기는 모두 상 말기이며 고죽과 관련된 것으로 보이는 고죽명 罍이 있어 특히 주목받았다. 북동 2호는 1호에서 동북방향으로 3.5m 떨어진 곳에서 발견되었다. 발견된 청동기는 6점으로 鼎 3점, 罍 1점, 簋 1점, 大嘴鉢刑器 1점이며

| 북동 1호 출토 2, 3호 罍와 고죽 명문 | 북동 2호 출토 罍와 簋 및 명문 |

<그림 5> 북동촌 유적 출토 상·주 청동기와 명문

이 중 기자와 관련된 것으로 추정되는 匽侯方鼎이 특히 주목 받았다. 유물의 제작시기는 상말주초에 해당한다.

馬廠溝 유적(喀左縣博物館 1995)은 1955년 5월 喀左 凌源縣 海島營子村에서 발견되었다. 출토된 예기는 尊 1점, 卣 2점, 罍 2점, 甗 2점, 鼎 1점, 簋 4점, 盤 1점, 盂 1점이다. 명문이 있는 것은 6점이며 이 중 연나라와 관련된 匽侯盂가 포함된다.

산만자 유적(喀左縣博物館·朝陽地區博物館·遼寧省博物館 1977)은 1974년 12월 발견되었으며 출토된 22점의 청동기는 鼎 1점, 鬲 1점, 甗 3점, 盂 1점, 尊 1점, 卣 1점, 簋 10점, 그리고 盤狀器 1점이다. 명문이 새겨진 예기만 15점에 이른다. 劉淑娟의 연구에 의하면 유물의 제작연대는 상 말에서 서주 중기까지인데 상 말기가 1점, 서주 초기가 18점, 서주 중기가 3점이다(劉淑娟 1991).

소파태구 유적(廣川守 1995)은 객좌현 현성 서남 곤도영자 소파태구에서 발견되었다. 찾아진 유물은 罍 4점, 鼎 2점, 簋 1점, 盂 1점이며 유물의 연대는 상대에서 서주 초기에 해당한다.

초호영자 유적(遼寧義縣文物保管所 1982)은 요령성 현 북쪽 초호영자 花爾樓 醫巫閭山 가까이 있는 西麓 논밭에서 발견되었다. 발견된 청동기는 鼎 1점, 簋 1점, 俎型器 1점과 甗 2점으로 모두 5점이다. 유물의 제작 연대는 상말주초이다. 이 유적은 상·주 청동기 교장유적이 객좌 일대에 국한되지 않음을 보여주었다.

요서지역에서 출토된 청동기를 표로 정리하면 다음과 같다.

〈표 2〉 요서지역 상·주 청동기 출토 유적

유적지	구분	酒器	食器	水器	기타
마창구	교장	尊1, 罍2, 卣2, 壺1, 盂2, 盂1	鼎1, 簋3, 甗2	盤1	
북동 1호	교장	甗1, 罍5			
북동 2호	교장	罍1	鼎3, 簋1		鉢刑器1
산만자	교장	尊1, 卣2, 罍3, 甗3, 鬲1, 盂1	鼎1, 簋10		盤刑器1
소파태구	교장	罍4	鼎2, 簋1	盤1	
초호영자	교장	甗2,	鼎1, 簋1		俎型器
화상구	무덤	卣1, 壺1			
도호구	무덤				銅鏡1
고가동	무덤	甗1			

〈표 2〉에서 보는 것처럼 요서지역에서 출토된 상·주 청동예기는 대부분 교장에서 나왔는데 簋, 鼎, 甗가 차지하는 비중이 80%에 가까울 정도로 특정 유물이 집중적으로 발견되었다. 또한 찾아진 유물은 대부분 예기에 해당한다. 요서지역에서 출토된 청동예기의 연대를 보면 조양지역에서 수습된 鼎이 이리강 시기에 해당하는 등 일부는 상대 중기의 것이지만 대부분 상말주초에 해당한다. 마창구와 산만자 유적은 다른 유적보다 다양한 종류와 족기호가 새겨져 있을 뿐만 아니라 일부 유물은 서주 중기까지 내려오는 등 연대와 조합이 다른 유적과 차이가 있다(조원진 2010).

이들 유적이 분포한 지역은 위영자문화에 해당한다. 위영자문화에 대해서 최근 새롭게 개념 정립이 이루어졌다(오대양 2019). 이에 따르면 상·주 청동기 교장유적이나 카라숙계 청동기류 관련 유적은 위영자문화 일부 지역의 요소이며 위영자문화만의 보편적 특징으로 거론될 수 있는 것은 기면조정된 승문발과 무문발이 조합 정도라고 한다. 따라서 요서지역의 상·주 청동기 교장유적은 위영자문화라는 특정 집단의 소산으로 결론지을 수만은 없으며 해당 지역에서 활동한 다수의 불특정 집단들이 각자의 매장 목적에 따라 남겼다고 보았다.

하북지역과 비교해 본다면 하북 중동부의 위방3기-장가원문화에서 발견된 상·주 청동기의 경우 대부분 무덤에서 출토되는 반면 요서지역은 교장에서 출토되고 있다. 특히 하북지역은 무덤에 중원계 정+궤 조합을 매장하는 풍습이 유행한 것으로 보인다. 요서지역에서 청동예기가 출토된 무덤은 화상구, 고가동, 도호구만 해당하는데 1~2점의 청동예기가 주로 나온다는 점은 하북지역과 비슷한 면이 있다. 하지만 청동예기 조합에 있어 주기만 발견되어 식기 위주인 하북지역과는 차이가 있다. 반면 요서지역에 출토되는 교장유적의 경우 대부분 鼎과 簋를 포함하고 있다. 하북 북부지역에도 교장유적인 서발자와 소하남 유적이 있지만 북방계 유물 위주라는 점에서 요서지역과는 유물 양상이 다르다. 이것은 하북지역과 요서지역의 집단이 상·주 청동기의 제사체제 등 문화를 받아들이는 양상이 지역별로 달랐기 때문이다.

하북지역과 요서지역 토착집단의 무덤에서 일부 청동예기가 나온 사례는 교류를 통한 유입이라고 이해할 수 있다. 반면 교장유적의 경우 중원지역에서 제작된 것은 분명하지만 직접적인 이주가 있었는지 유물만 온 것인지가 문제가 된다. 화상구의 甪와 소파태구의 鼎의 경우 그릇 형태는 서주 전기의 유형이지만 문양은 은허시기로 시기적인 차이가 있어 오래된 문양을 모방하여 제작된 것으로 보이지만 문양 전체가 세부에 이르기까지 완벽하게 중심지의 풍으로 그려져 중심지에서 이주한 자가 제작한 것으로 파악하기도 한다(廣川守 1995). 또한 요서지역에서 황하 중류 유역 중원계 청동예기의 주문양뿐만 아니라 이를 모방·변형한 것이 발견되는데 일부는 서주 전기 중원계 청동예기의 문양을 모방 혹은 변형하여 제작된 것으로 추정된다(최호현 2019a).

이미 상대에 객좌까지 이르는 네트워크가 형성되어 있을 가능성이 있으나 주민 이주까지 이루어졌는지는 확실하지 않다. 하지만 상·주 교체 후 객좌지역으로 이전 시기와 달리 많은 청동예기가 유입되는 정황을 보면 장인을 포함한 상 유민이 이미 형성된 네트워크를 따라 최동단인 객좌지역으로 이동했을 가능성도 전혀 배제할 수는 없다.

연의 봉건 전후 중원지역과 동북지역의 교류를 보면 상대에 상의 세력은 하북 남부까지 이르렀으며 그 이북의 하북 동남부에 위치한 위방3기문화와도 교류가 이루어지고 있었다. 상 말기가 되면서 상·주 청동기가 위방3기 분포 지역으로 확산되며 난하 하류까지 유입되는 양상을 보인다. 장가원, 동감각장, 소산 동장, 방균, 진산두, 후천의 등의 유적에서 이러한 정황을 확인할 수 있다. 후천의 유적의 사례를 보면 기존의 토착식 토기와 장식품 조합에 중원식 정과 궤의 조합에 북방계 청동무기, 공구류가 추가된 조합은 상 말에 등장한다(박상빈 2014). 상 말 토착계 무덤에서는 중원식 청동예기인 정+궤의 조합이 유행했다. 다른 중원식 풍습의 영향이 크게 나타나지는 않지만 후천의 유적에서는 갑골이 발견되어 일부 중원계 주민의 이주도 있었을 가능성이 있다. 이것은 상말주초 중원지역과 하북지역의 네트워크가 더욱 강화된 정황을 말해준다.

서주 초가 되어 연이 북경지역에 봉해지면서 중원세력이 본격적으로 이 지역에 진출하게 된다. 이에 하북 중동부의 위방3문화는 동쪽으로 축소되어 장가원 상층문화로 변천되었다. 지금까지 보정 이남은 상대에 상문화권에 해당하여 장하 일대부터 보정지역까지는 상문화와 장가원상층문화가 공동으로 나타나며 상의 방국들이 존재하였다. 서주 시기 이 지역에는 邢臺지역의 邢國 등 서주의 각 제후국들이 세워진다(배진영 2009). 고성 대서 유적에서 발견되는 족휘가 유리하 유적에서도 발견되는 것을 보면 중원계 세력이 연세력과 함께 북경지역으로 이주했음을 알려준다. 특히 유리하 유적 같은 서주 세력이 분명한 무덤이 조성되고 백부 유적 같은 상유민과 관련된 무덤이 등장한 것은 상·주 교체로 인한 중원세력의 확산과 상유민의 북진 및 네트워크의 확대를 짐작하게 한다. 그리고 상·주 교체 이후 청동예기가 객좌지역을 중심으로 교장유적에서 다수 발견된다.

최근에는 요서 상·주 청동예기 유적의 주체를 상유민이나 연 혹은 위영자문화 주민에 주목하는 견해에서 벗어나 주변 지역과의 교류를 염두해 두어야 한다는 점이 지적되고 있다. 이미 내몽골 중남부지역은 상 후기 은허 유적 출토품과 고도로 유사한 기물뿐만 아니라 중원계를 모방하거나 기물의 하부에 銅鈴을 부가하는 등 북방계 전통이 투영된 기물과 지금까지 중원지역에서 출토되지 않은 새로운 기형과 문양이 출현할 정도로 새로운 기물 제작도 가능했다는 점을 주목하기도 한다(최호현 2019b). 또한 상말주초를 전후한 시기는 상·주문화의 확산만이 아니라 카라숙 청동기가 동아시아 각 지역에 동시적으로 내려오며 확산된 시기였다(강인욱 2009). 하북지역의 초도구와 진산두에서 발견된 관공부, 공내과 세트는 요서 풍가촌, 양하는 물론 고태산문화 단계의 신민 대홍기 등지의 유물과 유사하다. 특히 초도구 유적군은 북방 청동기군의 여러 중심지 중에서 동부의 중심지로 보이기 때문에 연산 남북지역으로부터 상말주초의 북방계 청동기가 요하유역으로 유입되었을 가능성이 높다(이청규 2009; 박상빈 2014).

상말주초를 전후한 시기는 상·주 교체와 유이민의 이동 및 연의 봉건, 북방계 청동기의 유입 등 새롭게 세력 재편이 이루어지고 문화 유입이 활발히 이루어진 시기였다. 하지만 서주 중기가 되면서 또 한번의 큰 변화가 일어난다. 유리하에서 발견된 71건의 명문이 있는 청동기 가운데 1점을 제외하면 모두 서주초기에 해당되며 서주 중기의 흔적은 거의 발견되지 않는다. 또한 대릉하유역에서 출토되는 청동기도 서주 중기에 해당하는 것은 극히 드물게 나타난다. 이것은 서주 중기가 되면서 연지역과 요서 객좌지역이 더 이상 교류를 할 수 없게 된 것을 의미한다(민후기 2016). 서주는 어린 성왕이 즉위하여 주공이 섭정하자 관숙과 채숙, 무경이 반란을 일으키는데 주공이 평정한다(『史記』 卷4 周本紀 第4). 三監의 난에 대해 『史記』 周本紀의 기록과는 달리 淸華簡 『繫年』에서는 상읍이 반란을 일으켜 三監을 죽이고 彔子耿을 세웠다가 성왕이 정벌했다고 한다(路懿菡 2013). 이것은 당시 무왕의 상유민 정책이 실패했음을 보여준다. 이에 성왕은 상유민을 주의 도읍인 宗周 혹은 成周로 이주시키거나 서쪽으로 이동시키는 분산 정책을 실시한다(이유표 2019).

연지역으로 이주했던 상유민도 많은 변화를 겪었던 것으로 보인다. 연은 봉건 이후 2~8대 연후의 世系가 누락되었으며 유물을 통해서도 2~3대 연후를 추정할 수 있을 뿐이다. 연의 존재가 서주 중후기에서 춘추시기의 상당기간 사료에서 확인되지 않는 것은 연이 서주 중기의 어느 시기 유리하에서 후퇴하여 생존에 급급했기 때문으로 보인다(민후기 2019b).

서주 중기 이후 더 이상 상·주 청동기의 요서지역 유입이 확인되지 않는 것도 이러한 맥락에서 이해할 수 있다. 즉 유리하 연이 붕괴되고 하가점상층문화가 대릉하상류는 물론 연산 일대까지 확산되는 변동이 있게 되면서 기존의 네트워크는 중단될 수밖에 없었던 것으로 보인다. 이에 연의 봉건에 따라 연지역에 정착했던 상유민도 새로운 근거지를 찾아 이동할 수 밖에 없었을 것이다. 백부 유적의 경우 삼감의 난 이후 흘러들어온 상 세력과 문화를 받아들인 토착세력이 남긴 것이라고 보기도 한다(민후기 2020).

한편 이 시기 요서지역은 십이대영자 유적으로 대표되는 십이대영자문화가 성립된다. 십이대영자문화는 북방계통의 무기나 청동예기가 공반되지 않는 대신 다뉴기하학문 동경이 공반된다. 이것은 만주와 한반도 출토 동경 중에서 가장 오래된 형식으로 십이대영자문화는 요동-한반도와 관련된 고조선이라고 부를 수 있는 집단에 대응되는 것으로 추정된다(이청규 2005).

3. 기족의 이동과 기자조선 문제

『史記集解』와 『史記索隱』에 의하면 箕子의 箕는 國名이고 子는 爵位를 일컬으며(『史記』卷38 宋微子世家 第8 所引 『史記集解』) 箕子의 이름은 胥餘이다(『史記』卷38 宋微子世家 第8 所引 『史記索隱』). 갑골과 금문에는 문헌의 箕子와 관련된 것으로 보이는 '異'와 '異侯'의 존재가 나타난다. 상대에 異器는 안양지역에서 출토되어 기족 집단이 당시 도읍인 은허에서 주요한 역할을 수행한 것으로 나타난다(심재훈 2008a). 이에 상대 箕지역을 상의 王畿인 하남성으로 보는 견해도 있다(윤내현 1986; 박대재 2020; 葛英會·이유표 역, 2012). 그러나 문헌에는 쯥이 箕에서 狄에게 패한 기록이 있어(『左傳』 第7 僖公) 箕지역은 산서성지역으로 보는 것이 일반적이다. 한편 북경·하북과 산동지역에서 다수의 기기가 발견되어 이를 근거로 문헌의 箕子와 관련된 箕지역은 북경지역에 위치했다고 보거나 산동지역으로 보기도 한다(李白鳳 1981; 王獻唐 1983). 하지만 북경지역과 산동지역에서는 상대의 기기가 발견되지 않았다.

북동 유적에서 출토된 '髳侯方鼎'에 '髳侯亞矣'라고 새겨진 것처럼 髳器의 명문에서는 '髳'자가 亞形으로 둘러 싸여 있고 '矣'와 함께 새겨져 있는 경우가 많다. '髳'는 갑골1기(武丁시기)에 존재하지만 髳侯는 나중에 등장하는데 이것은 武丁이 淇水 부근을 정벌하고 이 땅을 髳侯에게 봉지로 주었기 때문이라는 견해가 있다(曹定雲 1980; 정일 1996).

서주 초기에 제작된 髳器는 섬서성과 하남성, 하북성, 북경지역에서 발견되었다. 이처럼 이 시기에 다양한 지역에서 髳器가 발견되는 것은 상·주 교체의 여파로 髳族이 이동을 시작한 것으로 추정된다. 특히 북경에서 다수의 髳器가 발견되어 서주 초기 기자일족은 연지역으로 이동한 것으로 보인다. 연지역과 기자와의 인연은 주왕에게 갇힌 기자를 무왕이 소공을 시켜 풀어주도록 명한 기록(『史記』 卷4 周本紀 第4)을 통해 추정해 볼 수 있다.

유리하 54호, 253호에서는 髳器 3점이 출토되어 기족이 서주 초 연 인근에 정착하는 모습을 알 수 있다(심재훈 2008a). 또한 청나라 말기 盧溝橋에서 출토된 髳侯亞矣盉의 뚜껑의 명문에는 "髳侯亞矣가 燕侯가 하사한 貝를 받아 아버지 乙을 위해 본 제기를 주조하였다."고 새겨져 있다. 또한 觚 2점도 출토되었는데 동일한 명문이 새겨져 있다. 내용이 族의 亞가 燕侯에게 신하의 예를 취하고 있어 亞는 燕侯의 지배 하에 있었을 것이며 시기는 成王 무렵으로 추정된다(甲元眞之 2006). 기족의 흔적은 유리하 이북에서도 확인된다. 우란산 유적에서는 모두 8점의 髳器가 무덤에서 출토되었다. 이를 통해 기족이 연지역 북쪽으로 이주하여 하북지역에 정착한 정황을 알 수 있다.

또한 마초촌 무덤에서 출토된 簋의 명문을 발굴보고서는 '箕' 혹은 '其'로 파악하여 문헌상의 箕子와 관련된 기자국의 족휘로 보고 이 지역이 고죽국의 위치와

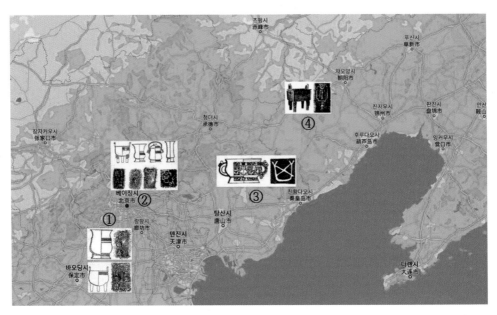

① 유리하 253호(其史觶), ② 우란산(鼎, 尊, 卣, 觶), ③ 마초촌(铜簋), ④ 북동촌(𡊦侯方鼎)

<그림 6> 동북지역 출토 기족 관련 청동기(바탕사진은 구글지도)

부합되기 때문에 고죽국에 시집간 箕女의 무덤이라고 보고 있다. 고죽국과 관련된 지역에서 기자 관련 청동기가 발견된 것은 기국과 고죽국의 왕래를 보여준다는 것이다(李宗山·尹曉燕 1995; 尹小燕 1996; 蔡胜和 1993).

　기자와 고죽의 관계는 『隋書』 기록에 확인되는데(『隋書』 卷67 列傳 第32) 배구는 고죽-기자조선-한군현-고구려로 이어지는 역사인식을 나타내며 고구려 정벌의 명분을 내세우기도 했다. 이에 대해 일연은 『三國遺事』 古朝鮮條 말미에 「裵矩傳」의 기사를 소개하고 이어서 『通典』과 『漢書』에 나오는 군현 기록과 다름을 들어 「裵矩傳」의 신빙성을 의심하였다. 즉 『漢書』의 군현 기록과 차이가 있기에 「裵矩傳」의 ‘군현’ 내용과 나아가 기자조선도 믿을 수 없다고 본 것이다. 일연은 『三國遺事』에서 고조선은 단군왕검이 세운 왕검조선만을 가리킨다고 보았다(차광호. 2009; 조원진, 2015).

　고죽국의 위치에 대해서는 하북 盧龍설, 하북 廷安설, 요령 객좌설이 있다(崔向東 2019). 하지만 객좌 북동 유적에서 출토된 고죽 관련 예기만을 근거로 객좌지역을 고죽의 영역으로 보기는 어렵다. 『史記集解』는 “孤竹城이 平州 盧龍縣

남쪽 12리에 있다."고 기록하였다(『史記』 卷4 周本紀 第4 所引 『史記集解』). 고죽국의 위치는 河北省 盧龍 일대로 난하 하류지역으로 보는 것이 일반적이다(何景成 2009). 기족은 상말주초 하북 노룡지역의 고죽국과 교류했으며 객좌 북동에서 1호 교장과 2호 교장에서는 각각 고죽과 기자와 관련된 예기가 출토되었다는 점에서 양국의 관련성을 보여준다. 특히 마초촌과 북동촌에서 발견된 유적은 연지역 북쪽에 정착했던 기족 일부가 고죽지역을 거쳐 객좌지역까지 이동했을 가능성으로 보여주는 자료이다.

쟁점이 되는 것은 요서지역의 상·주 청동기가 주민 이주를 통해 유입된 것인지 아니면 유물만 유입되었는지의 여부이다. 이들 유적의 성격은 모두 동일하지는 않은 것으로 보인다. 고가동 유적과 화상구 유적처럼 현지 토착 무덤에서 1~2점의 상·주청동기가 발견되는 경우는 하북지역을 통해 교류의 형태로 들어온 것으로 이해된다. 교장유적의 경우 성격에 따라 크게 두 가지로 나누어 살펴볼 수 있다. 첫 번째는 산만자 유적과 마창구 유적처럼 유물의 특별한 조합이 없이 여러 족휘가 모여 있고 급하게 매장한 것으로 추정되는 사례이다. 유물의 제작연대 역시 대체로 상말주초에 해당하는 다른 사례와 달리 서주 중기에 제작된 청동기도 포함하고 있다. 따라서 단순한 교류의 흔적이나 상·주 유이민이 직접 남긴 흔적이라 보기는 어렵다. 두 번째는 어떤 특별한 필요를 위해 매장한 경우로 예기가 질서있게 배치되어 있는 경우이다. 북동 유적과 초호영자 유적이 여기에 해당한다. 특히 기후방정이 발견된 북동 2호는 구덩이 입구는 지표 아래에 눌려져 있고 구덩이 입구에 석판을 덮었으며 청동기와 구덩이 벽 사이에는 대량의 돌을 채워 청동기를 보호하며 개별 청동기 아래에는 돌도 받쳐 놓았다. 이것은 북동 유적이 제사를 위한 특정한 장소에 세심하게 매장을 한 것을 보여준다(조원진 2010).

요서지역 상·주 청동기 교장유적의 매장연대는 유물의 연대로 보아 서주 초~서주 전기(북동, 초호영자)와 서주 중기(마창구, 산만자)의 두 시기로 분류할 수 있다. 이러한 차이는 시기를 달리하여 두 차례 상·주 청동기의 유입이 있었던 것인지 아니면 서주 중기 일괄적으로 매장되었으나 매장주체가 다른 것인지가 문제가 된다. 마창구, 산만자의 경우 매장주체는 상·주 유이민이라기보다 현지 주민일 가능성이 높다. 반면 기후방정 등이 발견된 북동 유적의 경우 정성을 들여 매장한 흔적이 발견되며 제사를 지내고 매장한 유적일 가능성이 있다. 만일 제사를 지낸 흔적이라고 한다면 제사 주체가 상유민인지, 중원의 제사문화를 수용한 현지인들인지는 확실하지 않다.

기족 관련 청동기가 무덤에서 출토된 우란산 유적이나 마초촌 유적의 사례를 통해 기족 일부가 북경지역과 당산지역까지 이주했다고 추정해볼 수 있다. 반면 객좌 북동 유적의 경우 기족과 관련된 상유민이 제사를 드린 흔적일 가능성도 있으나 주변에 상유민이 정착했다고 볼 만한 유적은 발견되지 않고 있어 객좌지역까지 기족의 직접적인 이주를 증명하기에는 어려움이 있다.

서주 후기~춘추시기가 되면 異器는 산동성에서만 발견되어 異國의 마지막 소재지는 산동성지역으로 보는 것이 일반적이다. 이것은 서주 중기 유리하 연이 붕괴되어 연지역에 정착했던 기족 등의 상유민이 새로운 거주지를 찾아 다시 이동한 것으로 볼 수 있다. 객좌에서 발견된 기후방정 등의 상·주 청동기가 연이 유리하에 봉건되고 얼마되지 않은 시기에 옮겨진 것인지, 아니면 유리하 연의 붕괴 후에 상유민이 다시 이동하는 과정에서 옮겨진 것인지는 좀 더 검토가 필요하다.

Ⅳ. 결론

상·주 청동기 네트워크는 하북지역을 거쳐 요서지역까지 이르렀다. 객좌 일대를 중심으로 한 요서지역은 중원지역과 직접 교류가 아닌 중간의 하북지역을 거쳐 제한적으로 상·주 청동기가 들어온 것으로 보인다. 하북 중동부의 위방3기-장가원상층문화는 정과 궤의 청동예기 조합이 유행할 만큼 중원문화를 받아들이며 두 지역은 활발히 교류하였다. 또한 하북 토착문화와는 성격을 달리하며 중원계 유물과 북방계 청동기가 함께 매장된 소하남, 서발자 교장유적도 확인된다.

반면 요서지역은 토착 무덤에서 1~2점의 상·주 청동기가 확인되며 상·주 청동예기가 집중적으로 매장된 교장유적이 등장한다. 요서지역에서 발견되는 상·주 청동기의 양상은 하북지역과는 차이가 있다. 이것은 상·주 청동기의 제사체

제 등 문화를 받아들이는 양상이 지역별로 달랐기 때문이다.

기족은 상·주교체의 여파로 다양한 지역으로 이동한 것으로 보인다. 특히 유리하 유적과 그 이북의 북경 우란산 및 당산 마초촌에서 기기가 발견되어 기족 일부는 연지역과 고죽지역으로 이동했을 가능성을 보여준다. 요서지역에서 기후방정이 출토된 북동 유적은 다른 유적의 사례와는 달리 무덤에서 출토되지 않아 상유민의 직접적인 이주를 설명하기에는 어려움이 있다. 상유민이 연지역을 거쳐 객좌지역으로 이동했다면 그 시기는 상·주 교체 이후인 서주 초~서주 전기이거나 유리하 연이 붕괴된 서주 중기 무렵일 것이다.

요서지역 상·주 청동기 교장유적은 토착세력과는 별도로 매장된 한정된 지역의 문화라는 점, 기자와 조선을 연관시킨 기록은 기자 이후 1천년이 지나서야 나온다는 점 등에서 기자조선의 실체를 증명하기는 어렵다. 중국학계에서는 기자조선을 주장할 경우 평양설 혹은 이동설 입장에서 연구가 되고 있다. 그러나 평양설처럼 요서지역의 기후방정을 기자와 무관하다고 볼 경우 동북지역과 한반도지역을 기자와 연관시킬 근거가 없다는데 문제가 있다. 이동설의 경우에도 기후방정을 근거로 기자가 요서지역으로 이동하여 나중에 한반도로 이동했다고 주장하지만 기족 관련 유물은 최종적으로 산동지역에서 발견된다는 점에서 역시 기자가 요동이나 한반도로 이동했다는 근거를 제시할 수 없는 문제가 있다. 따라서 기자·기족은 고조선과 무관하기 때문에 기자조선이라는 용어는 성립될 수 없다. 기족의 활동은 고조선과는 별개로 연구되어야 할 것이다.

참고문헌

1. 자료
『古本竹書紀年』
『史記』
『史記集解』
『隋書』
『戰國策』
『左傳』

2. 보고서 및 논저(박사학위 논문 포함)〉

〈한국어〉
葛英會(이유표 역), 2012, 「箕子朝鮮과 周代燕貴」, 『고고학탐구』11.
강인욱, 2009, 「기원전 13~9세기 카라숙 청동기의 東進과 요동, 한반도의 초기
        청동기문화」, 『호서고고학』21.
강인욱, 2021, 「고조선의 성립과 대릉하 유역 중원 청동예기의 재해석」, 『백산
        학보』120.
郭大順·張星德(김정열 역), 2008, 『동북문화와 유연문명』하, 동북아역사재단.
김정배, 1973, 『韓國民族文化의 起源』, 高麗大學校出版部.
김정열, 2009, 「요서지역 출토 상·주 청동예기의 성격에 대하여」, 『요하유역의
        초기 청동기문화』, 동북아역사재단.
김정열, 2011, 「하가점상층문화에 보이는 중원식 청동예기의 연대와 유입 경
        위」, 『한국상고사학보』72.
김정열, 2019, 「遼西 지역 청동문화의 전개 -기원전 15세기부터 기원전 5세기
        까지-」, 『숭실사학』42.
민후기, 2013, 「商王朝의 세력 범위 추론 -攷古遺지와 靑銅器銘文 출토지의 분
        석을 중심으로-」, 『中國學報』68.
민후기, 2014, 「西周·春秋·戰國시기 거주지와 교통로 추론」, 『중국고중세사연

구』31.

민후기, 2016, 「西周王朝의 晉, 豫, 燕 지역의 封建」, 『東洋史學研究』134.

민후기, 2019a, 「燕의 형성 전후 접경의 변화 - 商 후기, 西周 초기 太行山脈 동쪽 출토 청동기 銘文의 분석」, 『東北亞歷史論叢』63.

민후기, 2019b, 「西周 중, 후기 太行산맥 동쪽의 접경의 변화」, 『중국고중세사연구』51.

민후기, 2020, 「燕 封建의 재구성 -琉璃河 출토 有銘 청동기의 분석을 중심으로-」, 『東洋史學研究』151.

박대재, 2010, 「箕子 관련 商周青銅器 銘文과 箕子東來說」, 『先史와 古代』32.

박상빈, 2014, 「北京 永定河流域의 청동기문화 연구 : 상호작용권역과 문화변동을 중심으로」, 단국대학교 박사학위논문.

배진영, 2006, 「출토 자료로 본 孤竹」, 『梨花史學研究』33.

배진영, 2007, 「甲骨-金文으로 본 商代 北京地域 政治體」, 『中國史研究』47.

배진영, 2009, 『고대 북경과 연문화 - 연문화의 형성과 전개를 중심으로』, 한국학술정보.

서영수, 1999, 「古朝鮮의 對外關係와 疆域의 變動」, 『東洋學』29.

송호정, 2005, 「大凌河流域 殷周 青銅禮器 사용 집단과 箕子朝鮮」, 『韓國古代史研究』38.

심재훈, 2008a, 「商周 청동기를 통해 본 異族의 이산과 성쇠」, 『歷史學報』200.

심재훈, 2008b, 「商周시대 移民과 국가」, 『東洋史學研究』103.

오강원, 2011, 「商末周初 大凌河 流域과 그 周邊 地域의 文化 動向과 大凌河 流域의 青銅禮器 埋納遺構」, 『한국상고사학보』74.

오대양, 2019, 「기원전 14~11세기 요서지역 토착문화와 중원문화의 상관성 검토 - 묘제 양상의 비교를 중심으로」, 『東北亞歷史論叢』63.

吳銳, 2017, 「漢武帝侵略朝鮮與箕子王朝之說的發生」, 『민족정체성·문화·소통』, 박이정.

吳銳(강길중 역), 2019, 『동북아 민족문화의 재발견』, 경상국립대학교출판부.

윤내현, 1986, 『한국고대사신론』, 일지사.

윤내현, 1994, 『고조선 연구』, 일지사.

이유표, 2019, 「요서 출토 상말주초 族氏 銘文에 대한 일고찰」, 『東北亞歷史論叢』63.

이종욱, 1993, 『고조선사연구』, 일조각.

이청규, 2005, 「靑銅器를 통해 본 古朝鮮과 주변사회」, 『북방사논총』6.

이청규, 2009, 「요하유역 북방계 청동기의 출현」, 『요하유역의 초기 청동기문화』, 동북아역사재단.

이형구, 1991, 「大凌河流域의 殷末周初 靑銅器文化와 箕子 및 箕子朝鮮」, 『韓國上古史學報』5.

이후석, 2019, 「하북~요서지역 북방계통 청동단검문화의 전개와 성격 : 하가점 상층문화와 옥황묘문화를 중심으로」, 『東北亞歷史論叢』63.

정일, 1996, 「甲骨文과 靑銅器銘文을 통해 본 竹國·眞侯·亞其·孤竹·基方·長方에 대하여」, 『中國學研究』10.

조원진, 2009, 「기자조선 연구의 성과와 과제」, 『단군학연구』20.

조원진, 2010, 「요서지역 출토 상주 청동기와 기자조선 문제」, 『백산학보』88.

조원진, 2015, 「고려시대의 기자 인식」, 『한국사학사학보』32.

조원진, 2021, 「최근 중국학계의 기자조선 연구 동향 검토」, 『韓國史學報』85.

조원진, 2022, 「중국의 최근 고조선·부여사 연구 현황과 평가」, 『동북아역사논총』77.

차광호, 2009, 「≪三國遺事≫'紀異편'의 저술의도와 고구려인식」, 『사학지』41.

최남선, 1929, 「朝鮮史의 箕子는 支那의 箕子가 아니다」, 『怪奇』2.

최호현, 2019a, 「요서지역 출토 商周 청동용기 연구 – 황하중류유역과의 비교를 중심으로」, 『東北亞歷史論叢』63.

최호현, 2019b, 「진섬고원 출토 商代 청동기의 특징과 변화양상에 관한 고찰」, 『숭실사학』43.

최호현, 2020, 「기원전 13~11세기 중원계 청동기의 북상과 연산산맥 남북지역의 청동문화」, 『한국청동기학보』27.

〈중국어〉

喀左縣文化館·遼寧省博物館·朝陽地區博物館, 1974, 「遼寧喀左縣北洞村出土的殷

周青銅器」,『考古』6.

喀左縣博物館·朝陽地區博物館·遼寧省博物館, 1977, 「遼寧喀左縣山灣子出土殷周 青銅器」,『文物』12.

郭大順, 1987, 「試論魏營子類型」,『考古學文化論集』1, 文物出版社.

高長浩, 2021, 「甲骨金文所見吳族及吳國考論」, 東北師範大學 碩士學位論文.

克什克騰旗文化館, 1977, 「遼寧克什克騰旗天寶同現商代銅」,『考古』5.

纪烈敏, 「蓟县出土的商周青銅礼器」, 1994,『天津市歷史博物館館刊』4.

吉林大學邊疆考古研究中心.內蒙古自治區文物考古研究所, 2014, 「內蒙古克什克騰 旗喜鵲溝遺址發掘簡報」,『考古』9.

唐山市文物管理處·遷安縣文物管理所, 1997, 「河北遷安縣小山東莊西周時期墓葬」, 『考古』4.

孟克托力, 2003, 「孤竹國釋論」,『中國東北邊疆研究』, 中國社會科學出版社.

孟昭永·趙立國, 1994, 「河北灤縣出土晚商青銅器」,『考古』4.

文物編纂委員會, 1979,『文物考古工作三十年 : 1949~1979』, 文物出版社.

苗威, 2019,『箕氏朝鮮史』, 中國社會科學出版社.

北京市文物管理處, 1976, 「北京地區的又一重要考古收獲——昌平白浮西周木槨墓 的新啟示」,『考古』4.

北京市文物管理處, 1979, 「北京市延慶縣西撥子村窖藏銅器」,『考古』3.

北京市文物管理處·北京市文物管理處, 1977, 「北京市平穀縣發現商代墓葬」,『文 物』11.

北京市文物研究所, 1995,『琉璃河西周燕國墓地 1973-1977』, 文物出版社.

北京市文物研究所, 1999,『鎮江营与塔照』, 中國大百科全书出版社.

徐義華, 2011,『殷遺與殷鑒』, 中國社會科學出版社.

徐坚, 2010, 「喀左铜器群再分析:从器物学模式到行为考古学取向」,『考古与文物』4.

蘇赫, 1982, 「從昭盟發現的大型青銅器試論北方的早期青銅文明」,『內蒙古文物考 古』2.

孫敬明, 1988, 「考古發現與吳史尋踪」,『東夷古國史研究』, 三奉出版社.

孫業氷·林歡, 2010,『商代地理輿方國』, 中國社會科學出版社.

楊建華, 2002, 「燕山南北商周之際青銅器遺存的分群研究」,『考古學報』2.

楊軍, 1999, 「箕子與古朝鮮」, 『吉林大學社會科學學報』3.

楊博, 2020, 「喀左器群與殷周興替時期東北邊域族群的銅禮器器用」, 『地域文化研究』4.

閤海, 2001, 「箕子東走朝鮮探因」, 『北方文物』2.

烏恩岳斯圖, 2007, 『北坊草原考古學文化研究』, 科學出版社.

王文軼, 2020, 「商周時期東北孤竹國地望考」, 『黑龍江民族叢刊』1.

王云綱·王國英·李飛龍, 1996, 「綏中馮家發現商代窖藏銅器」, 『遼海文物學刊』1.

遼寧省文物考古研究所, 1998, 「遼寧喀左縣高家洞商周墓」, 『考古』4.

遼寧省文物考古研究所·喀左縣博物館, 1989, 「喀左和尙溝墓地」, 『遼海文物學刊』2.

遼寧省博物館·朝陽地區博物館, 1973, 「遼寧喀左縣北洞村發現殷代青銅器」, 『考古』4.

遼寧省博物館工作隊, 1977, 「遼寧朝陽縣魏營子西周墓和古遺址」, 『考古』5.

遼寧義縣文物保管所, 1982, 「遼寧義縣發現商周銅器窖藏」, 『文物』2.

俞紹宏, 2012, 「遼寧所出商周銅器銘文輯、解」, 『大連大學學報』33-4.

劉淑娟, 1991, 「山灣子殷周青銅器斷代及銘文簡釋」, 『遼海文物學刊』2.

劉桓, 1998, 「殷周時期的北土與北方」, 『殷都學刊』2.

尹小燕, 1996, 「遷安縣發現商代器物」, 『文物春秋』1.

李德山·李路, 2019, 『孤竹·东胡·令支·屠何史』, 中國社會科學出版社.

李伯謙, 1994, 「張家園上層類型若干問題研究」, 『考古學研究』2.

李宗山·尹曉燕, 1995, 「河北省遷安縣出土兩件商代銅器」, 『文物』6.

張文瑞·翟良富, 2016, 『後遷義遺址考古發掘報告及冀東地區考古學文化研究』, 文物出版社.

張博泉, 1985, 『東北地方史稿』, 吉林大學出版社.

張卉, 2017, 『先秦文獻殷商史料研究』, 人民出版社.

張禮豔·胡保華, 2017, 「北京昌平白浮西周墓族屬及相關問題辨析」, 『邊疆考古研究』22.

鄭紹宗, 1973, 「河北藁城縣商代遺址和墓葬的調查」, 『考古』1.

程長新, 1983, 「北京市順義縣牛欄山出土一組周初帶銘青銅器」, 『文物』11.

趙淩煙, 2016, 「箕子朝鮮的考古學探索」, 西北大 碩士學位論文.

趙賓福, 2009, 『中國東北地區夏至戰國時期的考古學文化研究』, 科學出版社.

曹定雲, 1980, 「"亞其"考」, 『文物集刊』2, 文物出版社.

陳旭·李錦琦·王文魁, 2009, 「山西太穀縣的古箕城」, 『滄桑』4.

天津市曆史博物館考古部, 1993, 「天津薊縣張家園遺址第三次發掘」, 『考古』4.

蔡胜和, 1993, 「箕子嫁女孤竹國」, 『中國文物報』21(孫進己 主編, 1995, 『中國考古
　　集成(華北卷)』8(商周2).

崔向東, 2019, 「論商周時期的孤竹國」, 『甘肅社會科學』3.

鄒衡, 1980, 「關于夏商時期北方地區諸邻境文化的初步探討」, 『夏商周考古學論文
　　集』, 文物出版社

何景成, 2004, 「亞矣族銅器研究」, 『古文字研究』25.

何景成, 2009, 『商周靑銅器族氏銘文研究』, 齊魯書社.

河北省博物館文物管理處, 1973, 「河北槁城台西村的商代遺址」, 『考古』3.

河北省文物研究所, 1985, 「河北盧龍縣東闞各莊遺址」, 『考古』11.

河北省文化局文物工作隊, 1962, 「河北青龍縣抄道溝發現一批青銅器」, 『考古』12.

韓嘉穀 等, 1988, 「薊縣邦均西周時期遺址和墓葬」, 『中國考古學年鑒(1987)』, 文物
　　出版社.

韓嘉谷·紀烈敏, 1993, 「薊縣張家園遺址青銅文化遺存綜述」, 『考古』4.

韓建業, 2011, 「略论北京昌平白浮M2墓主人身份」, 『中原文物』4.

韓金秋, 2008, 「白浮墓葬的微觀分析與寵觀比校」, 『邊疆考古研究』7.

侯驍秦, 2021, 「遼西地區商末周初青銅器綜合研究」, 遼寧師範大 碩士學位論文.

興隆縣文物管理所·王峰, 1990, 「河北興隆縣發現商周青銅器窖藏」, 『文物』11.

〈일본어〉

甲元眞之, 2006, 「殷系氏族の動向一員銘銅器を中心として」, 『東北アジアの靑
　　銅器文化と社會』, 同成社.

廣川守, 1995, 「大凌河流域の殷周靑銅器」, 『東北アジアの考古學研究』.

小川茂樹, 1940, 「殷末周初の東方經略に就いて(下)」, 『東方學報』11-2, 東方文
　　化研究所.

白川静, 2006, 「遼寧喀左の窖藏器と孤竹國」, 『白川静著作集』別巻 金文通釈 続
　　編, 平凡社.

町田章, 1981, 「殷周と孤竹國」, 『立命館文學』, 立命館大學 人文學會.

4
—

비파형동검 등장 이전
요서지역의 문화 변동

-위영자문화를 중심으로-

오대양

단국대학교 동양학연구원 연구전담조교수

———

* 이 글은 2018년 11월 3일 개최된 제42회 한국고고학전국대회 자유패널 제3분과에서 발표된 내용을 수정·보완한 것이며, 『영남고고학』83(영남고고학회 2019)에 게재된 것이다.

I. 머리말

일반적으로 遼河流域의 비파형동검문화는 고조선의 물질문화와 상관된 것으로 이해되고 있다. 다만 遼河 서쪽 지역에서는 초원계 물질문화와 함께 중원계 요소가 상당수 복합된 양상을 보여 遼河 동쪽 지역의 것과 비교가 된다. 이에 따라 그 담당자에 대한 다양한 이견이 있어 왔는데, 예를 들면 중국이나 일본의 경우 산융이나 동호와 같은 북방계통 주민집단으로 파악하거나, 최근 국내 학계를 중심으로 제기된 고조선 관련 토착집단으로서 예맥을 주목하는 입장 등이 대표적이다. 그러므로 遼西地域의 청동기문화를 어떤 성격으로 규정하는지에 따라 고조선의 물질문화와 주변 집단(또는 종족)과의 관련성은 달라질 수밖에 없다 (이후석 2017: 7).

이러한 상황에서 최근 국내의 고조선 관련 연구는 遼西地域 청동기·철기문화의 전개와 변동양상을 파악하는데 집중된 경향을 보인다. 특히 大·小凌河流域의 十二臺營子文化를 고조선의 초기문화 혹은 예맥집단의 물질문화로 파악하는 인식이 강하며, 이와 관련된 연구성과는 매년 증가하는 추세이다.[1] 하지만 遼西地域의 물질문화를 고조선이라는 정치체와 연결시켜서 설명하는 데에는 많은

---

1) 이와 관련된 연구성과는 일일이 거론할 수 없을 정도로 많다. 지면관계 상 그간 가장 많이 인용되어 왔거나 최근의 글 위주로 제시함을 양해드린다(임병태, 1991, 94~95; 이청규, 1993, 18~31; 오강원, 2013, 173~222; 박준형, 2014, 67~88; 조진선, 2014, 103~131; 이후석, 2017b, 6~41).

한계가 있었다. 여전히 고고학 자료의 해석에 있어서 고조선의 중심지·영역·문화권의 범위와 주체 등과 관련하여 문헌 연구자의 성과와 많은 차이를 드러내게 되었다. 여기에 문헌 연구를 바탕으로 고고학적 연구성과를 섭렵하여 진행한 연구도 지속적으로 발표되고 있는데, 다만 그 한계는 고고학자료에 대한 자신만의 치밀한 분석이 결여된 상태에서 일부 고고학자들의 견해를 수용하는 수준에서 문헌 연구의 성과와 접목시키다 보니 논리가 약할 수밖에 없었다(박준형 2018: 50~51).

본 연구팀[2]은 바로 이러한 문제의식에서 출발하여, 역사학과 고고학 두 분야에서 접점을 찾기 위한 다양한 논의를 진행해 왔다. 그 결과 고조선계 물질문화의 형성과정을 규명하기 위해서는 비파형동검문화 형성 전·후 청동기문화의 변동과 그 성격에 대한 이해가 선행되어야 할 필요성을 인지하였다. 수차례의 논의를 거쳐 필자에게 부여된 과제는 비파형동검 등장 이전 청동기문화의 변동과 이해로서, 그중에서도 다양한 계통의 물질문화가 확인되는 遼西地域의 청동기문화 중 魏營子文化에 집중하여 그 특징과 문화성격 등에 관한 논제를 다루는 것이다.

그간의 연구성과에 의하면 魏營子文化는 遼河 서쪽의 大·小凌河流域을 중심으로 전개된 초기 청동기시대 문화로 볼 수 있다. 연대범위는 대략 기원전 13~10세기 사이로 인식되고 있는데, 분포권 내에서 확인되는 商周 교체기의 靑銅禮器와 당지 선·후행 문화들 간의 상대연대가 주요 근거로 활용된다. 문화의 주요 특징은 曲柄形의 카라숙계 銅刀로 대표되는 초원계 청동유물이 이 지역 일대에 처음으로 등장하는 것과 각종 다양한 형태의 중원계 청동예기가 출토되는 窖藏 유적, 그리고 목관묘 계열의 묘제로 요약된다. 전형토기로는 삼족기 계열의 취사용기로서 花邊口沿鬲과 무문의 筒腹鬲, 평저의 繩文鉢과 무문鉢의 조합 등이 대표적이다.

이러한 전형토기의 특징들은 夏家店下層文化의 후기 단계 유적에서도 간헐적으로 확인되는 관계로 그동안 두 문화의 계승성 문제를 논의하는데 주요 근거

---

2) 본 연구팀은 고조선부여사연구회에서 활동 중인 관련 전공자들로 구성되었으며, 2018년 10월까지 10차례 이상의 연구발표회를 진행하였다. 관련 연구성과는 제42회 전국고고학대회에서 자유패널 제3분과로 구성되어 소개되었다.

로 활용되어 왔다(郭大順 1987: 91; 董新林 2000: 16~19; 郭大順·張星德 2005: 423). 하지만 夏家店下層文化의 三足器는 주로 회색의 승문 계열 혹은 彩陶문양이 보편적으로 채용되는데 반하여, 魏營子文化 단계에서는 무문양의 홍색 계열 토기가 보다 높은 비율을 보이는 점, 평저토기 계열의 壺와 罐, 鉢類의 비중이 대폭 증가하는 등 전형토기의 기종과 문양, 양식적 측면에서 많은 차이를 보인다. 이러한 변화는 동시기 동쪽에서 발전된 高臺山文化의 영향이 크게 작용된 것으로 보는 견해가 많다(朱永剛 1998: 138; 吳恩岳斯圖 2007: 107; 董新林 2000: 21~22). 이와 함께 鬲의 구연부에 附加堆文을 장식하는 요소는 초원계 청동기문화와 함께 북서쪽 장성지대의 요소가(韓嘉谷 1990: 46~49), 청동예기가 출토되는 교장유적은 중원지역과의 관계 속에서 이해되기도 한다(張博泉 1985: 35~42; 宮本一夫 2000: 119~148; 박대재 2010: 111~148).

이처럼 魏營子文化의 성격과 그 형성과정을 이해하기 위해서는 단순히 특정 토기의 형태론적 유사성에만 주목할 것이 아니라 동시기 주변 지역 물질문화들과의 관계 및 당시의 시대적 상황 등이 종합적으로 아울러져야 한다는 것이 최근의 주된 논점이다. 본고는 바로 이러한 문제의식에서 출발하여, 遼西地域 비파형동검문화의 형성과정에 주요한 역할을 한 것으로 거론되는 魏營子文化의 특징 및 전개양상에 한 문제를 중점적으로 검토하고자 한다.

이를 위해서는 먼저 두 가지 문제가 선결되어야 할 것이다. 첫째, 해당 문화의 성격에 대한 명확한 규정이다. 현재 대다수의 연구자들은 이 문화의 관련 유적이 大·小凌河流域에 집중된다는 사실에 대략적인 합의를 보인다. 공통적으로 거론되는 전형유적으로는 朝陽 魏營子, 喀左 和尙溝와 道虎溝, 高家洞, 阜新 平頂山 등 무덤유적과 義縣 向陽嶺, 喀左 后墳, 南溝門 등의 생활(취락)유적 및 대략 10여 곳 가량의 청동기 매납(窖藏)유적이 있다. 이 중 그 문화성격에 대한 규정이 여전히 불명확한 청동기 매납유적을 제외하면 무덤과 생활유적을 합쳐 도합 10곳이 못된다. 게다가 정주생활의 흔적을 엿볼 수 있는 취락유적의 사례로서 向陽嶺 단 1곳을 제외하면 대부분 단순 灰坑이나 파괴된 무덤 및 지표 수습유물에 불과하며 그마저도 보고된 내용이 매우 소략하다. 이처럼 실질 조사례가 매우 한정적이며 분석대상 자료 역시 부족한 상황에서 이 문화를 특정시기와 지역을 대표하는 고고학적 문화유형으로 설정 가능한 것인지에 대한 논의가 필요하다. 이러한 논의를 구체화시키기 위하여 해당 문화의 발견에서부터 문화·유형으로 설정되는 일련의 과정들을 보다 세밀하게 분석할 필요가 있다.

둘째, 해당 문화의 분포 범위에 대한 재설정이다. 그간 선행연구에서 다루어진 魏營子文化의 전체적인 분포상은 연구자별로 조금씩 상이하다. 예를 들면 努魯兒虎山 이동의 大·小凌河流域을 중심으로 살피거나(郭大順 1987: 79~87; 복기대 2002: 189; 오강원 2007 : 105~111; 천선행 2010: 204), 서쪽의 西拉木倫河까지 포함시키는 경우(吳恩岳斯圖 2007: 110), 혹은 河北지역과의 접경지대까지 확장시키거나(董新林 2000: 2) 아예 張家園上層文化에 귀속시키는 입장(李伯謙 1994: 135) 등이 있다. 이에 따라 각 연구자들이 주요 분석 대상으로 삼았던 관련 유적·유물의 내용이 조금씩 상이할 수밖에 없었고, 결국 문화의 주요특징과 성격을 고찰하는 부분에서도 다소간의 차이가 발생되었다. 바로 이러한 점이 문화 전반에 걸친 이해와 계통성 문제를 파악하는데 난관으로 작용하고 있다.

특히 현재 대부분의 연구자들이 이 문화의 전형유물로 평가하는 카라숙계 청동 도구류나 花邊口沿鬲 등은 당지의 토착문화요소로 볼 수 없으며, 분포 범위가 매우 넓은 특징을 보인다. 게다가 해당 문화의 주요 분포권인 大·小凌河 일대의 관련 유적 중 카라숙계의 청동도구류가 정식 발굴을 통해 출토된 사례는 단 1건도 없다. 나머지는 대부분 채집품이거나 중심분포권 외곽에서 발굴된 사례인 阜新 平頂山의 銅刀 단 1건에 불과하여 문화의 대표성을 부여하기에 곤란하다. 그렇다면 그러한 인식과 오류들이 어떠한 과정을 거쳐 현재에 이르게 되었는지를 면밀하게 따져보아야 한다. 기존 연구에서 제시된 다양한 논점과 논거들을 세밀하게 비교하여 공통적으로 제시되는 주요특징(정형성)을 분별해 냄과 동시에 연구자들 간에 인식 차이와 오해가 발생된 요인을 규명하고, 이러한 요소들을 하나씩 제거해 나가는 과정을 거쳐 전형특징이 집중적으로 확인되는 지역과 영향관계만 인정되는 주변 지역으로의 구분이 가능하다. 이를 통해 문화의 분포 범위에 대한 재확인과 분석 대상 유적·유물의 재설정을 시도할 수 있다.

이상의 과정을 거쳐 중심분포권에서 확인되는 해당 문화만의 고유한 특징과 주변 지역과의 관계 속에서 형성된 특수성을 구분해 낸다면, 이는 곧 당지의 토착요소(고유성: 기준점)와 외래요소(특수성)로서 당대의 시대적 보편성 등을 판별하는 기준이 될 수 있다. 이러한 토착과 외래 두 요소의 성분분석을 통해 魏營

子文化 내에서 차지하는 비중관계를 살피고 이것이 향후 十二臺營子文化로의 전환에 어떻게 작용되는지를 분석해낼 수 있다면 본고의 최종 목적인 遼河流域 비파형동검문화의 출현과 형성 과정에 대한 시론적 대안으로 제시할 수 있을 것이다. 하지만 이러한 내용을 한 편의 글에서 모두 다루는 것은 현실적으로 불가능하였다. 따라서 본 연구는 전체 3단계로 나누어 진행할 계획이다.

첫째는 앞서 제기한 문제들의 기초정리로서, 본 발표에 해당된다. 글의 전개는 먼저 그간의 조사와 연구성과 정리를 통해 문화 특징과 성격에 대한 전반적인 논의를 되짚어 보고, 이러한 과정에서 재설정된 분포 범위와 주요 유적·유물의 현황 정리를 통해 중심 지역과 주변 지역으로 구분된 각 지역별 문화 내용의 특징을 고찰한다. 그 다음 魏營子文化의 성격과 그 형성 과정에 대한 시론적 추론을 제시하겠다.

둘째는, 주변문화와의 관계를 중점적으로 살펴 해당 문화의 전개양상 및 그 계통성 문제를 고찰한다. 비교대상으로는 현재 그 상관문화로 거론되고 있는 상·주 교체기의 중원지역 물질문화(묘제와 청동예기 중심), 陝西-河北-內蒙古東南部-遼西地域으로 연결되는 동시기 초원계 문화(초원계 청동기와 화변력), 下遼河流域 일대를 중심으로 전개된 高臺山과 新樂上層文化(토기와 생계 방식), 그리고 당지의 夏家店上·下層文化(선후 연속성 문제)와의 관계 분석을 들 수 있다.

셋째, 전 단계의 연구성과를 종합하여, 당지에서 연속되는 十二臺營子文化와의 관계를 고찰하고, 그러한 양상이 향후 遼河流域 비파형동검문화의 형성과 발전에 끼친 영향, 즉 고조선의 선계문화로서의 지위와 그 계통성문제를 분석하는 데 중점할 것이다. 아래에서는 첫 단계의 논제를 중심으로 관련 논의를 순차적으로 검토해 보겠다.

II. 그간의 조사 및 연구성과

본 장의 논의는 크게 세 부분으로 구성된다. 첫째는 魏營子 유적이 처음 발견되었던 초창기의 조사부터 魏營子類型으로 설정되는 과정에 대하여 대략적인 흐름을 검토하였다. 두 번째는 魏營子文化로의 성립 과정과 그러한 과정에서 제기된 다양한 논의들을 쟁점별로 정리하였다. 세 번째는 현재 거론되는 魏營子文化의 성격에 대한 몇 가지 오해들에 관하여 그러한 인식과 오류가 발생·정착되는 과정을 되짚어 보았다.

1. 초창기 조사와 위영자유형의 설정

魏營子文化가 처음으로 알려진 것은 1970년 朝陽 魏營子 유적의 발굴을 통해서이다(遼寧省博物館工作隊 1977). 1971·72년과 1976년 등 후속 조사를 통해 서주 초기로 판별되는 무덤 9기와 遺址 1곳이 추가로 조사되었다. 그런데 보통 중국의 보고서에서 '遺址'로 표현되는 대상물들은 주로 주거지와 관련된 시설물에 해당된다. 하지만 魏營子 유적에서는 명확한 형태의 주거지나 회갱 등이 발굴된 것은 아니며, 단지 무덤 구역 서북쪽에 인접하여 관련 유물이 다수 산포된 정황만 포착되어 관련 시설의 구체적인 정보는 알 수 없다. 다만 1976년 발굴된 무덤 중 7101호와 7603호 등 2기의 목관묘[3]에서 각종 다양한 형태의 북방계 청동기가 출토되면서 학계의 주목을 받기 시작한다.

그러한 배경에는 1975년 발굴된 北京 인근의 昌平 白浮村 유적과의 연관성이 크게 작용하였다(北京市文物管理處 1976). 유적에서 발굴된 목곽묘 3기의 구조와 부장 양상이 魏營子 무덤과 일부 유사하였기 때문인데, 당시 白浮 유적이 西周 초기 北京지역 燕文化의 대표적인 사례로 인식되던 시점에서 중국학계로서는 중원문화가 遼西地域까지 확장되었다는 주요한 증거가 확보된 셈이었다. 게다가 이 시기는 喀左縣 일대를 중심으로 상주교체기의 청동기 매납유적이 지속적으로 발견되면서 그러한 행위의 주체자들과 그 문화성격에 대한 의문이 한창 증폭되던 때이다.

---

3) 보고서에서는 목곽묘로 설명되었으나 그 내부에 별도의 관 시설이 존재하지 않는 것으로 판단되어 단순 목관묘로 볼 수 있겠다. 그런데 보고서의 내용을 꼼꼼하게 살펴보면 7101호의 목제 바닥판(목관 바닥면) 상부에는 絹布類의 絲織品 20여 겹이 넓은 범위에 걸쳐 잔존하였다는 설명이 부가되어 있다. 아마도 시신을 매장할 당시 감싸 놓았던 絹織物로서 이 역시 일련의 棺 시설과는 차이가 있어 보인다. 이외에 나머지 무덤들 역시 7101호와 유사한 구조라는 점에서 魏營子 유적의 무덤들은 일괄적으로 목관묘로 분류하고자 한다. 보고서에서 魏營子 유적의 무덤을 목곽묘로 보고한 배경에는 뒤에서 언급할 昌平 白浮村 유적과의 관계를 부각시킴으로써 중원식 목곽묘제의 출현을 강조하기 위한 것으로 여겨진다.

연구 초창기에는 이 지역 일대가 夏家店下層文化의 분포 구역에 해당되기에 당연히 해당 문화 후기의 관련 유적일 것으로 추정되었다. 그러나 유구 간의 중복 관계, 예를 들면 청동기 매납유적이 夏家店下層文化層을 파괴하고 조성된 사례를 제외하면 양자 간의 관계를 설명해 줄 뚜렷한 근거가 없었다(郭大順 1987: 89). 아울러 매납유적 주변에서는 상주시기와 관련된 주거지나 회갱, 생활용기 등의 그 어떠한 문화내용도 확인되지 않았기 때문에 당시 중원세력이 이 지역까지 진출하였을 가능성 역시 낮아 보였다. 그러던 중 서주 초기의 燕系文化로 인정받던 白浮 유적과 유사한 양상을 보이는 魏營子 유적의 발견은 遼西地域 상주 청동예기의 성격과 그 주체자들에 대한 단서를 제공하였다는 점에서 후속 조사에 대한 관심과 필요성이 한층 부각된 것이다.

魏營子 유적의 연차발굴이 진행 중이던 1972년 喀左 後墳 유적에서는 鬲, 罐, 壺, 盆, 鉢, 碗, 杯 등의 완형 토기 19점이 출토되었다. 이 유적은 마을의 우물을 파던 중 발견되었는데 토기가 일괄 출토된 지점에서는 별도의 시설물이 확인되지 않아 회갱과 같은 일종의 저장시설로 판단된다. 대부분 모래가 섞인(夾沙) 무문의 회색과 홍갈색 계통이며, 동체 일부분에 繩文과 壓印三角文을 장식하거나 구연부에 附加堆文이 확인된다. 이러한 특징들이 앞서 발굴된 魏營子遺址 출토품과 유사하였고, 당지의 선·후행 문화인 夏家店下層 및 上層文化와도 차이를 보여 두 문화 사이에 위치하는 새로운 문화유형으로서 "魏營子類型"이라는 용어가 제안되었다(喀左縣文化館 1982: 109).

이후 1979년 발굴된 喀左 南溝門遺蹟에서는 모두 4시기로 구분되는 청동기시대의 연속적인 문화 층위가 확인되었다(郭大順 1987: 82).[4] 이 중 제일 하부의 1기층은 夏家店下層文化에 속하며, 제2기층에서는 구연에 부가퇴문이 장식된 袋足(圓錐形實足이 부가됨)鬲과 壓印三角文이 장식된 罐의 구연부, 승문의 甕과 이중구연의 盆(혹은 鉢) 등이 확인되어 魏營子 및 后墳 유적과 동시기의 문화층으로 판별되었다. 그리고 제3기층은 春秋時期의 砌石墓群으로서 비파형동검 문화 단계의 석관묘유적군으로 판단된다. 이러한 南溝門 유적의 발굴은 夏家店

---

4) 해당 글의 각주 5에서는 『遼寧喀左縣南溝門遺址與墓葬發掘報告』(未刊)라고 인용되었으나 관련 자료는 아직까지 발표되지 못한 것으로 파악된다.

下層文化에 후속하면서 夏家店上層文化(凌河類型[5])에 선행되는 魏營子文化의 시간적 위치를 다시 한 번 확인시켜 주는 계기가 되었다.

南溝門 유적의 발굴을 전후하여 大凌河 동안의 喀左縣 일대에서는 和尙溝와 道虎溝, 高家洞 유적 등 상말주초 시기에 해당되는 무덤군이 다수 발굴된다. 먼저 和尙溝 유적은 1978년 마을사람의 신고를 통해 무덤 1기(A지점 1호 묘)가 긴급 조사되면서 알려졌다. 1979년에는 魏營子 단계(A지점)부터 十二臺營子 단계(B~D지점)에 속하는 총 4개지점의 무덤군이 조사되었는데 이 중 魏營子 단계의 무덤군에 속하는 A지점에서는 모두 4기의 무덤이 발굴되었다. 보고서에서는 모두 토광 내부에 목곽이 존재하는 것으로 설명되었으나, 그 내부에 棺이 설치된 뚜렷한 흔적이 없는 점, 묘실의 폭이 1m 미만[6]이여서 棺과 槨을 모두 설치하기에는 협소한 규모라는 점 등 미루어 魏營子 유적의 7101호 묘와 같이 단순 목관묘일 가능성이 높아 보인다. 각 무덤 내에서 출토된 부장품은 다양한데, 대표적으로 1호에서는 銅卣와 銅壺 등의 상주시기의 청동용기와 금팔찌 1쌍, 海貝 70여 점(銅壺 내부) 등이 魏營子 단계의 전형토기인 승문발(夾沙紅褐陶) 및 무문발(泥質褐陶) 등과 공반되었다.

다음으로 道虎溝 유적은 1979년 마을 사람이 땅을 파던 중에 발견한 인골과 토기, 소형 동기 등을 통해 알려졌으며, 바로 인근에서는 토광묘 1기가 추가로 확인되었다. 2기의 무덤 중 정확하게 어느 무덤의 출토품인지는 알 수 없지만 당시의 조사를 통해 확보된 유물로서 상대 후기 安陽 婦好墓 출토 銅鏡과 유사한 형태의 동경 1점과 청동귀걸이 5점, 옥결 1점 등이 魏營子 단계의 전형토기인 승문발(협사홍도)과 함께 공반되었다. 마지막으로 高家洞 유적 역시 1979년 마을사람이 상대 청동용기(靑銅瓿) 1점을 신고하면서 알려졌으며, 1991년에는 魏營子 단계의 파괴된 무덤 1기(1호 묘)가 추가로 발굴되었다(遼寧省文物考古硏究

---

5) 당시까지는 大·小凌河流域의 비파형동검문화에 대하여 夏家店上層文化의 한 지방유형이라는 인식이 강하여 夏家店上層文化의 凌河類型으로 명명되곤 하였다.

6) 보고서에서는 A지점 무덤들의 평균 길이가 2.5~3m, 너비는 1~1.5m, 깊이 0.6~1.5m 정도라고 기술되었으나, 개별 무덤의 소개 부분에서는 2호 무덤의 목곽 길이가 2.1m, 너비 0.72~0.92m 정도이며 3·4호 무덤의 규모 역시 2호 무덤과 유사하다는 간략한 설명을 덧붙이고 있다. 이외에 1호 무덤은 1978년 조사 당시 이미 파괴된 상태여서 구체적인 상황을 알 수 없는 듯하다. 아마도 서두에서 밝힌 A지점 무덤들의 평균 규모는 토광의 규모를 제시한 듯하며, 목곽으로 표현된 실제 묘실의 규모는 2호 무덤과 같이 협소한 구조인 것으로 판단된다.

所, 1998). 1979년 발견된 靑銅瓿는 바로 이 무덤(1호 묘) 내부에서 수습된 것이며, 1991년도 발굴을 통해 양의 머리뼈와 녹송석 및 魏營子 단계의 승문발과 무문발 등이 추가로 확인되었다.

당시까지의 조사 성과는 1987년 郭大順에 의해 기본적인 정리가 이루어진다(郭大順, 1987).[7] 논문에서는 상말주초 시기 大·小凌河流域을 중심으로 전개된 '魏營子類型'의 특징을 규정하는 문제에 집중하였고, 후속되는 夏家店上層文化(凌河類型)의 형성 과정에 지대한 영향을 끼친 과도적 문화로서의 성격을 강조하였다. 아울러 和尙溝와 道虎溝 등 喀左縣 일대 무덤유적에서 출토된 중원계 청동용기가 인근에 위치한 청동교장유적 출토품과 유사성을 보이는 점에 착안하여 당시 중원문화가 燕山 이북지역에까지 진출하였다는 결론에 도달하였다. 즉, 현재 대부분의 연구자들에게 인정받고 있는 喀左縣 일대 청동기 매납유적이 魏營子文化의 소산이라는 인식이 형성되는데 결정적인 역할을 하게 된다.[8]

당시까지 진행된 遼西地域 청동기 매납유적의 성격에 관한 논의는 크게 세 가지로 나누어진다. 첫 번째는 서주 초기 연세력이 大·小凌河流域까지 진출한 흔적으로서, 馬廠溝 小轉子山에서 출토된 燕諸侯 관련 銘文(匽) 禮器가 北京 인근의 琉璃河유역에서 출토된 연계무덤 출토품과 유사하다는 점에 근거를 둔다(喀左縣文化館等 1977: 26~27; 白川靜 1977; 2005: 29~33; 町田章 1981: 285). 두 번째는 商代 移民이 이주하여 남긴 유적으로 보는 견해이다. 北洞村 1호에서 출토된 '孤竹' 명문과 2호에서 출토된 '箕侯' 명문 및 "亞" 형식의 휘호 등에 미루어 상대의 세력 범위가 이 지역까지 확장되었으며, 이는 기자조선과 연관된 것으로 파악한다(張博泉 1985: 35~42). 세 번째는 두 번째와 유사한 맥락에서 遼西地域이 상왕조의 제후국 혹은 방국에 해당된다는 입장이다(張長壽 1979: 293~298; 唐蘭 1973: 10~13; 晏琬 1975: 278~279).

郭大順은 이상의 견해들에 대하여 세밀한 분석과 평가를 제공하진 않았지만

---

7) 하지만 이에 앞선 글로서 1983년 발표된 「西遼河流域靑銅文化硏究的新進展」(『中國考古學會第4次年回文集』, 文物出版社, 185~195쪽)에서 魏營子類型에 관한 대략적인 소개와 당시까지의 인식을 소개한 바 있다. 1987년의 글은 해당 발표문을 확장한 것으로 볼 수 있다.

8) 喀左縣 일대 청동기매납유적이 魏營子類型에 속할 수 있다는 견해가 처음 확인되는 글은 1977년 발표된 喀左 山灣子 유적 보고서로 볼 수 있다(喀左縣文化館 等, 1977, 27). 하지만 그러한 인식이 보다 확산되는 계기가 된 것은 郭大順의 1987년 글부터로 볼 수 있겠다.

주로 첫 번째 입장에 동조하는 듯한 어조를 보인다. 이를테면, 遼西地域 청동기 매납유적의 성격을 탐구함에 있어 단순히 중원문화로의 귀속문제에만 집중할 것이 아니라 당지의 청동기문화(魏營子類型)에 대한 이해와 연속성 속에서 살필 것을 강조함으로써 선행연구와 차별점을 제시하는 듯하다. 하지만 글의 말미에서 다량의 상주청동기가 확인되는 중에서도 연계유물이 포함되어있는 정황을 볼 때 해당(청동기매납) 유적은 연문화와 보다 밀접한 연관성을 보이며 이는 곧 당시 연문화가 大·小凌河流域까지 진출한 증거가 된다는 논평을 덧붙임으로써 결국 첫 번째 주장에 동조하고 있다(郭大順 1987: 96~97).

이러한 郭大順의 논지에는 중원계 청동예기가 매납된 시점 문제나 해당 유적의 성격 문제가 구체적으로 논의되지 못한 아쉬움이 있다. 주지하다시피 청동예기는 그 용도와 재질상의 특성상 비교적 긴 시간 동안 보유·사용될 수 있다. 따라서 제작연대와 매납된 시기가 동시기성을 가지는 가에 대한 문제를 살피기 위해서는 공반유물의 검토는 물론 유사한 성격을 보이는 주변유적과의 비교가 매우 중요하다. 그도 논문에서 지적한 바와 같이 大·小凌河流域이 당시 연문화의 영향 범위에 속하였다면 그에 상응하는 관련 유적·유물이 더불어 확인되어야 함에도 불구하고 관련 자료의 보고는 극히 제한적이다.

이를 좀 더 구체적으로 살펴보면 1955년 喀左 馬廠溝 小轉子山 유적에서 서주 초기로 판단되는 청동 盂와 鼎, 鬲, 甗, 壺, 盤, 鴨形尊 등 16점의 예기가 출토되었고, 이 가운데 盂에 새겨진 燕(匽)諸侯 관련 명문이 유명하다. 이후 1973년에는 喀左縣의 北洞 1호 교장에서 瓿 1점과 罍 5점이 공반되었고, 이 중 罍 1점에서 孤竹 관련 명문이 확인된다. 그리고 바로 인접한 北洞 2호에서 출토된 方形鼎에는 貝侯 명문이 주목된다. 이듬해 1974년 역시 喀左縣의 山灣子 유적에서는 모두 22점의 청동용기가 매납된 사실이 확인되었고, 이 중 16점에 각종 부호와 명문 등이 관찰된다. 마지막으로 1979년 喀左 小波汰溝 유적에서는 각종의 중원계 禮器 8점과 함께 북방 계열로 볼 수 있는 鉢形蓋, 縣鈴簋, 鈴首匕 등 3점이 공반되었다.

표에서 보듯이 遼西地域 전체에서 서주 초기 연문화와 관련된 자료의 명확한 출토사례는 馬廠溝 小轉子山 유적에서 확인된 '燕(匽)侯' 명문 단 한 사례에 불과하다. 그럼에도 불구하고 당시 연계의 물질문화가 크게 주목받을 수 있었던 배

<표 1> 요서지역 교장유적 출토 청동예기 현황

遺蹟名	조사연도	靑銅禮器	備考
喀左 咕嚕溝[9]	1941	鼎1	
喀左 馬廠溝 小轉子山 (熱河省博物館, 1955)	1955	鼎1·甗2·簋3·壺1·卣2·尊1·盤1·罍2·盂1· 기타 2등 총 16점	燕諸侯 및 기타 銘文 5점
克什克騰旗 天寶洞 (克什克騰旗文化館, 1977)	1973	甗1	
朝陽 大廟 (郭大順, 1999)	1973	罍1	
朝陽 木頭城子 (郭大順, 1999,)	1973	簋1	
喀左 北洞1호 (遼寧省博物館等,1973)	1973	瓿1·罍5 등 총 6점	孤竹 관련 銘文 1점
北洞2호 (喀左縣博物館, 1974)	1973	鼎3·簋1·罍1·鉢1 등 총 6점	箕侯 및 관련 銘文 4점
喀左 山灣子 (喀左縣博物館, 1977)	1974	鼎1·甗3·鬲1·罍3·卣1·簋10·盂1·盤1·尊1 등 총 22점	각종 銘文 16점
喀左 小波汰溝 (郭大順·張星德, 2005)	1979	鼎2·罍4·甗1, 盤1, 기타3(북방계 鉢形蓋, 縣鈴簋, 鈴首匙) 등 총 11점	내용 불명 銘文 5점
翁牛特旗 頭牌子 (郭大順·張星德, 2005)	1981	甗1·鼎2 등 총 3점	
義縣 花兒樓 (高美璇, 1985)	–	鼎1·甗2·簋1·기타1 등 총 5점	

경에는 小轉子山 유적의 발견이 청동기 매납유적의 조사가 막 시작되었던 초창기의 사례라는 점, 그리고 향후 유사한 사례가 발견될 경우 이를 모두 해당 유적과 비교하여 서주 초기 연세력의 진출과 연관시킴으로써 특별한 논증 없이 중원계 물질문화의 확산 증거로 활용함은 물론 향후 보다 구체적인 증거자료가 조사될 것이라는 막연한 기대감 등이 반영되었던 탓이 크다.

이처럼 연구 초창기에 거론되었던 몇 가지 오해와 선입견들을 걷어낼 경우 해당 청동기가 매납된 시점과 그 행위의 주체자들을 연계로 볼 수 있는 적극적인 증거가 확인되지 않고 있다. 따라서 당시 연세력이 大·小凌河流域까지 진출했다고 추정할 가능성은 희박해 보인다. 아울러 또다른 가능성으로서 商周교체기의 유이민이 이 지역 일대로 유입되었거나 혹은 상 후기의 제후국으로 판정하

---

9) 陳夢家 1955: 101, 유물사진(김정렬 2009: 77, 주6 재인용).

기 위해서는 마찬가지로 그들이 남겼을 어떠한 형태로든지의 생활흔적이 확인되어야 하겠지만 아직까지 그러한 자료들은 확인되지 않고 있다. 결국 상주교체기 중원계 특정 세력이 大·小凌河流域에까지 진출하였다고 볼 적극적인 증거는 여전히 제시되지 못하고 있다.

2. 위영자문화의 성립과 주요 쟁점

1987년 郭大順의 글을 통해 魏營子類型이라는 용어가 상용화되면서, 1990년대에 진입하면 그 성격을 규정하는 문제로 논의가 확장된다. 1993년과 1998년, 2000년에 연이어 발표된 董新林의 글에서는 郭大順의 연구를 기초로 하지만 "魏營子文化"라는 보다 확장된 개념으로서, 夏家店上·下層文化 사이에 위치하면서 大·小凌河流域을 중심으로 十二臺營子文化에 계승되는 상말주초시기 遼西地域의 토착문화로 규정되기에 이른다(董新林 1993; 1998; 2000).

그런데 사실상 魏營子文化라는 용어는 韓嘉谷이 보다 먼저 사용한 것으로 파악된다. 그는 1991년 『北京文物考古』2期에 「燕史原流的考古學考察」이라는 글을 발표하였는데, 이와 동일한 논고가 1995년 『燕文化硏究論集』에 재차 수록되었고, 바로 이 글이 2002년 복기대에 의해 인용되면서 국내에도 널리 알려지게 되었다(복기대 2002: 184). 하지만 『北京文物考古』2期의 서문에 의하면 해당 서에 발표된 글들은 1986년 北京市文物考古硏究所가 편찬한 『北京歷史考古叢書』3輯에 이미 발표되었던 것을 재수록하였다고 밝히고 있어 韓嘉谷의 글이 처음 발표된 것은 1986년도의 일로 볼 수 있다. 그렇다면 그가 魏營子文化라는 용어를 사용한 것은 1993년 董新林의 글보다 앞선 것임을 알 수 있다. 다만 韓嘉谷의 1986년 글에서 사용한 '魏營子文化'라는 용어는 1977년 발표된 喀左 山灣子 유적의 보고서에 기초한 것으로서, 그 문화내용과 성격에 대하여 상세하게 고찰되지 못하였다(喀左縣文化館等 1977: 27).[10] 따라서 魏營子文化에 대한 초기 인식

---

10) 해당 보고서에는 山灣子에서 출토된 중원계 청동기의 성격을 '魏營子文化'에 귀속시킬 수 있다고 보았다. 당시 중국 고고학에서는 고고학적 '문화'와 '유형'이라는 개념이 상호 유사한 의미로서 혼용하는 사례가 빈번하였다. 따라서 山灣子 유적의 보고서나 韓嘉谷의 글에서 사용된 '魏營子文化'라는 용어안에는 '문화' 자체에 대한 고고학적 정의나 개념 정리가 수반되어 있지는 못하며, 중원문화의 아류이거나 혹은 당시 河北지역 물질문화의 지방유형이라는 인식이 강하게 내포되어 있었다. 하지

과 개념이 성립되는 과정에는 董新林의 글들이 결정적인 역할을 한 것으로 볼 수 있다.

이후의 연구는 朱永剛(1987; 1998)과 복기대(1998a·b; 2002), 楊建華(2002), 王立新(2004), 趙賓福(2005) 등을 중심으로 문화 성격과 기원 및 주변문화와의 관계를 고찰하는 데 집중된다. 그러한 성과 중 일부는 복기대에 의해 종합적으로 정리되면서 1998(b)년과 2002년 국내에서도 발표된 바 있는데 2007년 뭇恩이 중국 내 연구성과를 모아 개설서 성격의 연구서(2007: 94~116)를 발표하기 전까지 국내에서는 관련 연구분야에 있어 거의 독보적인 위치를 점하게 된다.

뭇恩의 연구서 발표를 기준으로 해당 문화의 성격에 대한 국내와 중국학계의 인식 차이가 발생되기 시작한 것으로 파악된다. 복기대 이후 국내에서는 최근까지 오강원(2006; 2011)과 김정열(2009; 2012), 배진영(2009), 박대재(2010), 천선행(2010) 등이 관련 논의를 지속해나간 반면에, 중국 내에서는 더 이상의 진전된 논의를 찾아 볼 수 없었던 점에 주요 원인이 있다. 한 가지 흥미로운 사실은 뭇恩이, 당시로서는 신진연구자에 속했던 복기대나 王立新, 趙賓福 등 바로 직전 단계의 연구를 거의 참고하지 않은 점이다. 당시 그의 나이가 이미 70세를 넘어선 상황이었고, 병세가 악화되었던 상황에서 집필을 완성하였다는 후문에 미루어 가장 최근의 자료(2007년 기준)까지 섭렵하기란 쉽지 않았을 것이다. 그러한 일면을 잘 드러내 주는 것이 바로 建平 水泉 유적의 해석 문제이다.

해당 유적은 1977년과 78년에 발굴되어 夏家店下層과 上層文化 그리고 전국연문화 등으로 이어지는 3개의 문화 층위가 보고되었다(遼寧省博物館等 1986). 보고서에서는 이들을 水泉 下·中·上層遺存으로 명명하였고, 이 중 중층에서 주거지 13기와 무덤 18기가 발굴되어 일괄적으로 夏家店上層文化에 귀속되었다.

만 1980년대 중반 '區系類型論'이 구체화되는 과정 중, 兪偉超나 林澐 등으로 대표되는 원로학자들의 문제제기를 시작으로 고고학적 문화, 유형의 구분과 사용례에 대한 다양한 논의가 전개되었고(오대양 2018: 55 참고), 현재에 이르러 문화 - 유형 - 유존으로 등급화된 일종의 구분법이 체계화되었다. 여기서 문화란 특정 시기와 지역을 대표하는 고고학적 물질문화(유물·유적의 복합체)로서 특히 시대성이 강조되며, 유형은 문화의 하위 단위로서 지역성이 강조, 유존은 새로운 유적의 발굴 이후 유사성을 보이는 기타 유적이 발견되지 않은 상태에서 유형으로 설정되기 전 단계에 임시적으로 사용, 주로 발굴보고서를 통해 제안되는 사례가 많다.

그런데 보고된 내용을 세밀하게 살펴보면, 중층 8호 무덤의 경우 鎏柄式銅劍과 齒柄銅刀, 銅斧 등 夏家店上層文化의 전형유물이 출토된 반면 주거지 관련 시설물에서는 花邊口沿鬲 2점이 출토되어 魏營子文化와 연관되었음을 알 수 있다.[11] 보고서에서도 이러한 특징에 주목하여 기존 老哈河유역의 전형적인 夏家店上層文化 유적들과 내용상의 차이가 있음을 지적하였다.

바로 이러한 점이 향후 관련 연구자들로 하여금 이 유적의 성격을 夏家店上層文化(遼寧省博物館等 1986: 28; 國家文物局主編 2009: 472)나 魏營子文化(董新林 2000: 2; 복기대 2002: 188; 趙賓福 2005: 61; 오강원 2011: 21) 혹은 十二臺營子文化(吳恩岳斯圖 2007: 225) 등 각각 상이한 문화유형으로 파악하게 하는 직접적인 원인이 된다. 따라서 이 유적의 발견 경위와 발굴과정 및 조사자료가 발표된 이후 관련 연구자들에게 활용되는 일련의 과정들을 보다 구체적으로 살펴볼 필요가 있다.

建平 水泉 유적은 1976년 처음 발견되어 이듬해인 1977년과 78년 두 차례에 걸쳐 발굴되었고 관련 자료는 1981년에야 정리 작업이 시작되어 1986년 약보고 형태로 발표되었다. 약보고가 이루어지기 전인 1983년에는 1976년 水泉 유적이 처음 발견되었을 당시 그 주변 지역을 대상으로 실시된 建平縣 일대 문물조사자료가 일괄보고된 사례가 있는데(建平縣文化館 等 1983: 682~683), 이때의 보고문에 建平 水泉村 南城子址에서 발굴된 2기의 무덤이 포함되어 있다.

2기의 무덤은 水泉城子 7701호와 7801호로 명명되었고 이는 1977년 긴급 발굴된 1호 무덤(M7701)과 1978년 추가 발굴된 무덤(M7801)을 뜻한다. 1986년 발표된 建平 水泉 유적의 발굴보고서와 1983년 발표된 문물조사자료를 비교해보면 水泉 유적의 중층 8호 무덤이 水泉城子 7701호와 동일한 무덤임을 알 수 있다. 2009년에 간행된 『遼寧省文物地圖集』에는 이 무덤이 각각 水泉村遺址와 城子地墓로 표기(上券: 201)·설명(下券: 472·527)되면서 서로 인접한 별개의 유적인 것처럼 오인되게 하였다. 이러한 오기는 후술하겠지만 2007년 발표된 吳

---

11) 중층에서 발굴된 13기의 주거지는 모두 파괴되어 구체적인 양상을 알 수 없었다. 보고서에서는 대략적인 잔존 현황에 대한 설명만 소개하였을 뿐 출토유물을 비롯하여 동일문화층에서 조사된 18기 무덤들과의 관계 등은 구체적으로 언급하지 않았다. 출토된 2점의 화변력은 각각 T27②:3과 T9H6:1로 편호된 정황으로 보아 주거지 출토품으로 볼 수는 없고 같은 층위 내 관련 시설물에서 찾아진 것으로 판단된다.

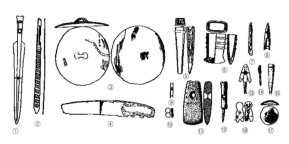
중층 8호(水泉城子 7701호) 묘 출토유물

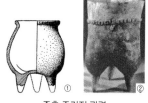
중층 주거지 관련
시설 출토 화변력
① T27②:3, ② T9H6:1

<그림 1> 건평 수천 유적 중층 출토유물

恩의 연구서에서도 확인된다.

郭大順이 1987년 글을 발표할 때에는 1986년 발표된 水泉 유적의 보고서에서 해당 유적을 夏家店上層文化로 규정한 관계로 이를 魏營子類型에 포함시키지 않은 것으로 파악된다. 하지만 董新林의 글부터는 建平 水泉 유적의 중층 遺存을 魏營子 단계(주거지)와 夏家店上層 단계(무덤)로 구분하기 시작한다. 이는 1992년 발굴된 義縣 向陽嶺 유적의 층위 관계에 기초하여 水泉 중층에서 출토된 화변력 2점이 向陽嶺 유적의 魏營子文化 층 초기 단계 출토품과 유사한 점에 근거하였다. 또한 水泉 중층 8호 무덤 출토 동검이 夏家店上層文化의 전형기물로서 翁牛特旗 大泡子墓 출토품과 유사한 점에 연대범위는 서주 중기 전후로 편년하였다. 이에 따라 建平 水泉 유적은 魏營子文化 후기에 夏家店上層文化인들이 이 지역 일대로 진출하였다는 근거로 활용되기 시작한다(董新林 2000: 11). 바로 이러한 점이 魏營子文化의 성격 및 그 후속문화들과의 관계를 파악하는데 있어 水泉 유적이 중요한 이유이다.

그동안 魏營子文化의 주요 분포권인 大·小凌河流域에서는 魏營子-十二臺營子文化로 연결되는 층위 관계가 다수 확인된 바 있다. 반면 魏營子文化層이 夏家店上層文化와 중복 관계를 이루는 사례는 거의 찾아볼 수 없다. 1990년대 초반까지 十二臺營子文化를 夏家店上層文化의 하위유형으로 보는 인식이 강하였던 탓에 당시의 보고서에서는 夏家店上層(실제로는 十二臺營子文化層)과 魏營子文化層이 중첩되었다는 내용을 확인할 순 있지만, 사실상 이들의 대부분은 十二臺營子文化에 해당되어 실제 夏家店上層과 魏營子 단계 문화층이 중복 관계를 이

루는 사례는 建平 水泉 유적이 거의 유일한 사례로 볼 수 있다.[12]

　建平 일대는 夏家店上層文化와 十二臺營子文化의 교착지대로서 주로 努魯兒虎山 동록에 해당되는 朝陽市와의 접경 지역에 관련 유적이 다수 분포해 있다. 그간의 조사 성과에 의하면 努魯兒虎山 서쪽 지역에서는 주로 夏家店上層文化가 동쪽 지역에서는 十二臺營子文化가 상호 병립하여 발전되는데, 朝陽과 접경되는 建平縣 동부지역에서는 두 문화의 요소가 공반된 사례가 많아 연구자들 간의 주관적 기준에 따라 별개의 문화·유형으로 설정되는 사례가 종종 있어 왔다. 그 대표적인 사례가 바로 建平 水泉 유적이며, 이와 동일한 유적명을 사용하는 敖漢旗 水泉墓地에서는 夏家店上層文化와 十二臺營子文化가 일련의 시간차를 두고 연속 혹은 공존하는 양상을 보이는 점이 주목된다.

　敖漢旗 일대는 十二臺營子文化 분포권의 최북단지역으로 볼 수 있는데 대부분 문화의 후기유형이 확인되는 점에서 기원전 7세기 전후 夏家店上層文化의 쇠락을 계기로 十二臺營子 관련 주민집단이 일부 진출하는 계기가 된 것으로 여겨진다. 여기서 한 가지 짚고 넘어가야 할 것이 바로 建平과 敖漢旗에서 각각 발굴된 두 개의 水泉 유적이 동일한 유적명을 사용하였던 이유로 관련 연구를 진행함에 있어 상당한 혼선을 초래하게 된 점이다. 이러한 혼선은 魏營子文化에 관심을 가졌던 연구자들이라면 누구나 한번쯤은 경험해 봤을 것으로 예상된다.

　吳恩의 연구서에서는 建平 水泉 유적을 十二臺營子文化의 전형유적에 포함시켜 분석하였다. 아울러 동서에는 1986년 발표된 建平 水泉 유적(단행본: 水泉遺址)과 1983년 발표된 水泉城子 7701호·7801호 무덤(단행본: 水泉城子墓地)을 별개의 유적으로 소개(吳恩岳斯圖, 2007, 225)하였는데 이러한 오류는 동일 유적에 대한 보고가 선후로 연이어 발표되었음에도 불구하고, 후속되는 보고문에서 이와 관련된 정보를 구체적으로 제공하지 못한 점에 근본적인 원인이 있어 보인다.

　이와는 별개로써 吳恩은 魏營子文化의 분포권을 努魯兒虎山 이서의 老哈河유

---

12) 中國 人民日報의 2018년 6월 19일자 보도에 따르면 敖漢旗 林家地鄉 熱水湯村에서 魏營子文化와 夏家店上層文化시기에 해당되는 무덤 3기가 발굴되었다고 전한다. 아직까지 구체적인 조사 내용이 공개되지 않아 유구 간의 중복 관계인지 혹은 동시기 병존 관계인지는 명확하게 알 수 없다 (http://www.kaogu.cn/cn/xccz/20180619/62283.html//2018년6월21일자검색).

역까지 확장시켜야 한다는 입장을 보인다. 그에 대한 근거로서 努魯兒虎山 이서 지역에서 확인되는 초원계 유물을 大·小凌河流域의 魏營子 단계 출토품과 동일한 성격으로 파악, 상대 후기 老哈河유역에 정착하였던 魏營子집단이 夏家店上層文化의 발전 추세에 따라 점차 努魯兒虎山 이동지역으로 밀려난 것으로 파악하는 것이다. 이러한 논지를 전개하는 과정에서 敖漢旗 王家營子鄉 水泉村의 파괴된 무덤에서 출토된 鈴首曲柄短劍 1점을 근거로 제시하고 있다. 이러한 종류의 청동단검은 상대 후기에 자주 확인되는 양식이기에 魏營子文化에 귀속될 수 있다는 것이다(吳恩岳斯圖 2007: 96).

그런데 해당 서에서는 유적의 명칭을 단순히 敖漢旗 水泉村이라고만 표기하였기에 앞서 언급한 十二臺營子文化의 후기유형인 敖漢旗 四家子鎮의 水泉墓地와 혼동을 주게 된다. 특히 董新林(2000년)이 建平 水泉 유적을 魏營子 단계에 포함시킨 이후 복기대(2002년) 역시 이를 받아들여 확장된 연구성과를 발표하면서 해당 유적이 魏營子文化에 포함된다는 견해가 국내 학계에서도 보편화된다. 그러나 2007년 발간된 吳恩의 연구서가 국내 학계에서도 주목을 받기 시작하면서, 해당 유적의 성격 문제에 혼동이 야기된 것이다. 그 이유는 吳恩이 선행 연구와는 다르게 建平 水泉의 중층유적을 일괄적으로 十二臺營子文化에 포함시켜 분석하였으면서도 그에 대한 상세한 설명을 생략하였기 때문이다.

아마도 水泉 8호와 水泉城子 7701·7801호에서 출토된 비파형동검에 착안하였을 것으로 여겨지는데, 이 중 水泉 8호와 水泉城子 7701호 무덤이 사실은 동일한 무덤이라는 점을 간파하지 못한 점에 미루어 볼 때 해당 무덤의 동일 문화층에서 출토된 화변력에 대한 정보를 미처 습득하지 못하였을 가능성이 있다. 혹은 사소한 실수로 볼 수 도 있겠는데 그가 해당 글에서 董新林의 글을 수차례 언급하였던 관계로 과연 그러한 정보를 인지하지 못하였을까 하는 의구심이 들기 때문이다. 심지어 建平 水泉 8호 무덤에서 출토된 동검은 검신이 직인에 가까워 비파형으로 보기 어렵고 손잡이는 공병식이라는 夏家店上層文化의 전형 특징을 보인다.

7801호 출토 비파형동검 역시 손잡이가 공병식이라는 점, 이러한 동검류가 夏家店上層文化의 관련 유적에서 전형적인 공병식동검과 자주 공반된다는 점 등에서 建平 水泉의 중층무덤들은 夏家店上層文化로 판별하는 것이 적합해 보인다. 여러 가지 정황을 놓고 볼 때 그가 해당 서에서 魏營子 단계로 파악한 敖漢旗 王家營子鄕 水泉村 유적을 建平 水泉 유적의 화변력 출토지점과 혼동하였거나 혹은 十二臺營子文化 후기유형에 속하는 敖漢旗 四家子鎭의 水泉墓地를 建平 水泉 유적 중층묘, 水泉城子 7701호·7801호 묘 등과 혼동하였을 가능성도 엿보인다.

또 한편으로는 遼西地域 비파형동검문화의 주체를 十二臺營子文化로 파악하는 시각에서 魏營子와 十二臺營子文化의 연속성을 당연시하였던 탓에 보다 친절한 설명을 생략한 체 建平 水泉의 중층문화층 전체를 일괄적으로 十二臺營子文化로 규정하였을 가능성도 있다. 즉, 화변력이 출토된 水泉 중층의 주거지 관련 시설을 魏營子文化와의 계승 관계라는 전제하에 十二臺營子文化의 초기 단계로 파악하였고, 공병식의 비파형계 동검이 출토된 水泉城子 7801호 묘와 水泉 중층의 8호 묘(水泉城子 7701호 묘)를 十二臺營子文化의 전형유적에 포함시킨 것이 아닐까 한다.

물론 이러한 가정들은 모두 정황론적 추론에 불과할 뿐이다. 그럼에도 불구하고 이처럼 장황한 설명을 부가한 이유는 魏營子文化의 성격에 대하여 최근까지도 오해되고 있는 일련의 인식들이 바로 旲恩의 연구서에서 관찰되는 몇 가지 오류에서 비롯된 정황이 포착되기 때문이다. 본 논의를 구체화하기 위해서는 1989년 발굴된 阜新 平頂山遺蹟과 1992년에 발굴된 義縣 向陽嶺 유적의 자료가 더불어 비교되어야 하는데, 분위기를 환기할 겸 다음 절로 옮겨 지속하겠다.

3. 魏營子文化의 성격에 대한 몇 가지 오해

阜新 平頂山 유적은 魏營子文化의 분포권 중 가장 동단에 해당된다. 1988~1989년 2차례의 조사를 통해 夏家店下層-高臺山-魏營子文化로 연속되는 3개의 문화층위가 확인되었다(遼寧省文物考古硏究所等 1992: 399). 이 중 제Ⅲ기층이 魏營子 단계로서 6기의 무덤과 회갱 26개가 조사되었다. 출토유물은 1기의 무덤(303호)에서만 明器로 파악되는 소형토기 2점이 확인될 뿐이다. 아울러 무덤과 동일 층위상에서 조사된 회갱 등에서는 상당수의 토기가 수습되었는데 魏營子 및 后墳 등지의 출토품과 일정부분 유사성이 인정된다.

하지만 303호 묘에서 출토된 鬲과 동일 문화층의 회갱(H112)에서 출토된 雙耳壺 등은 西拉木倫河 상류 夏家店上層文化의 초기 단계인 龍頭山 유적 출토품과 닮아 있으며, 이 중 회갱(H112) 출토 雙耳壺는 손잡이의 부착방식이 高臺山文化 후기의 灣柳 유적과 新樂上層文化 順山屯 유적의 주요 기종을 이루고 있어 해당 층위의 문화적 복합도를 반영해 준다. 발굴보고서에서 Ⅲ기층의 부가퇴문 요소를 부각시켜 문화층 전체를 魏營子文化에 귀속시킨 이후 현재 대부분의 연구에서 이를 무비판적으로 수용하는 듯하다.

그러나 鬲의 구연부에 부가퇴문을 장식하는 수법은 龍頭山과 順山屯 유적에서도 확인된 바 있으며, 특히 회갱(H112) 출토 쌍이호는 高臺山과 新樂上層文化의 주요 구성 성분으로서 夏家店上層文化에서도 자주 보고된 바 있기 때문에 平頂山 유적 Ⅲ기층의 성격을 단순히 魏營子文化라는 단일체로 파악하는 것에 문제가 있어 보인다. 이외에 Ⅲ기층의 또 다른 회갱(H113)에서 출토된 곡병형의 치병동도 1점이 주목되는데 현재까지 알려진 魏營子文化의 관련 유적 중 정식 발굴을 통해 보고된 유일한 사례로 볼 수 있다.

吳恩은 平頂山 H113 출토품과 유사한 이른 시기의 동도로서 義縣 向陽嶺 출

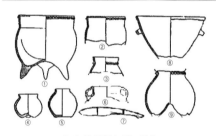

1. 阜新 平頂山 제Ⅲ기층
①~③·⑦~⑨: 제Ⅲ기층, ④·⑤: 303호 묘, ⑥: H112

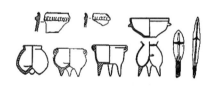

2. 克什克騰旗 龍頭山 유적

3. 康平 順山屯 유적

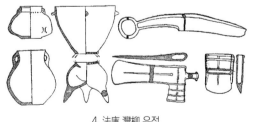

4. 法庫 灣柳 유적

〈그림 2〉 부신 평정산 제Ⅲ기층 및 관련 유적 출토유물 비교(축척불명)

토품을 언급하고 있다(吳恩岳斯圖 2007: 103~104).[13] 그런데 向陽嶺 유적의 보고서에서는 동도가 출토되었다는 내용이 전혀 없기 때문에 앞서 다룬 水泉 유적과 마찬가지로 이름이 유사한 또 다른 지역의 출토품일 가능성도 있겠으나 이와 관련된 문헌의 정보나 도면을 제시하고 있지 않아서 역시 사실관계를 확인할 방법이 없다. 그런데 向陽嶺 유적은 董新林의 글을 통해 魏營子文化의 편년 지표로 활용된 이후 魏營子 유적과 함께 해당 문화의 전형성을 부여받게 된다.

吳恩은 이처럼 魏營子文化의 대표성을 가지는 向陽嶺 유적에서 平頂山과 유사한 형태의 이른 시기 동도가 출토된 것처럼-이와 관련된 어떠한 근거자료도 제시하지 않은 체, 마치 그러한 사실이 매우 보편적인 인식인 것처럼 기술하였기에 魏營子文化의 관련 유적에서 곡병형의 치병동도가 종종 출토되었다는 인식을 촉발시킨다. 이는 곧 綏中 馮家村의 상대 청동기 매장유적과 興城 楊河 유적 출토 환수동도 등이 魏營子文化에 포함될 수 있다는 연구 초창기 견해들과 연결되면서 이러한 카라숙 계통의 곡병형 동도가 魏營子文化의 전형유물이 된다는 인식을 확산시키는 계기가 된다. 이를테면 해당 서(吳恩岳斯圖 2007) 104~105쪽에 제시된 이러한 청동기들의 도면(도 48·49)과 설명은 추후 그러한 인식이 확산되는 결정적 역할을 한 것으로 파악된다.

1992년 발굴된 義縣 向陽嶺 유적에서는 모두 5개의 문화층위가 확인되어 총

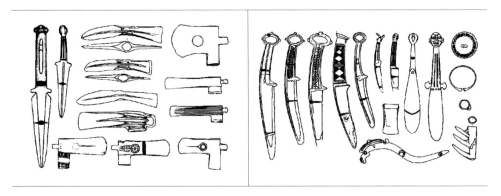

<그림 3> 위영자문화의 청동기류 일괄(吳恩岳斯圖 2007, 104~105쪽 도48·49)

---

13) 吳恩은 여기에서 阜新 平頂山 출토 동도가 형태적 특징상 함께 거론된 綏中 馮家나 興城 楊河 유적 출토 동도보다 이른 시기의 것이라는 의견을 별다른 비교 자료나 분석 없이 제시하고 있다.

4시기로 구분되었는데 이 중 1·2기는 夏家店下層文化의 전기와 후기로, 3기는 魏營子文化, 4기는 춘추전국시대(十二臺營子 단계) 문화층으로 편년되었다(遼寧省文物考古研究所 2000). 이 중 魏營子文化層에서는 모두 5기의 주거지와 129개의 회갱, 각종의 토기와 석기, 골기 등이 출토되었으며, 청동기류는 단 1점도 확인되지 않았다. 다만 十二臺營子文化 단계로 편년된 4기층에서 龍頭山 유적 출토품과 유사한 형태의 청동촉 2점이 출토되었을 뿐이다.

董新林은 이 중 회갱유적 간의 중복과 층위관계를 바탕으로 向陽嶺 유적의 魏營子文化層을 크게 2시기(2기4단)로 나누었는데, 이 중 제1기가 보고서에서 말하는 魏營子文化層이며, 2기는 보고서의 十二臺營子文化 단계 문화층에 해당된다. 董新林은 1992년 向陽嶺 유적의 발굴과정에 참여한 것으로 보인다. 해당 유적의 보고서가 발표된 시점이 2000년인데 그는 1993년도에 이미 2000년의 글과 동일한 주제로 北京大學 석사학위논문을 제출한 상태였으며, 보고서 결론의 말미에서도 董新林이 집필에 참여하였음을 밝히고 있다. 다만 보고서에서는 向陽嶺 4期의 성격과 편년에 대하여 王成生의 견해를 따른 것으로 표기함으로써 董新林의 견해와 다름을 간접적으로 시사하고 있다. 따라서 董新林이 2000년에 발표한 글은 그의 석사학위 논문에 기초한 것인데, 보고서 역시 2000년에 동시에 발표된 정황을 놓고 볼 때 관례상 보고서가 발표될 때까지 기다려 본인의 석사논문을 수정한 편집본을 같은 해에 동시 발표한 것으로 볼 수 있다.

그렇다면 보고서의 두 집필진이 왜 서로 다른 입장을 보였는지에 대해 고민이 필요하다. 기본적으로 董新林은 喀左 和尙溝 유적 무덤군 간의 배치와 청동유물의 공반관계에 주목하여 비파형동검 및 치병동도[14]가 공반된 和尙溝 B~D지점 역시 魏營子文化의 후기 단계로 설정하고 있다. 현재 대다수의 연구자들은 和尙溝 B~D지점이 魏營子文化(和尙溝 A지점)의 소멸 후 연속되는 十二臺營子文化의 무덤임을 인정하고 있는데 다만 두 문화의 계통성 문제에 이견이 존재할 뿐이다.[15] 董新林은 向陽嶺 4기층에서 魏營子 단계의 특징인 화변구연의 변형적 형태가 보이는 점에 착안하여 해당 문화의 가장 늦은 단계로 설정하고 있지만

---

14) 董新林 역시 곡병형의 손잡이에 톱날문양이 장식된 이러한 형태의 카라숙계 동도가 魏營子文化의 전형유물이 된다는 인식을 가지고 있었기에, 당시까지의 제한된 자료를 바탕으로 치병동도와 공반된 비파형동검 출토 무덤 즉 和尙溝 B~D지점을 魏營子文化 단계로 파악한 정황이 포착된다.

해당 층의 유물 중 다수가 서주 후기에서 춘추전국 사이의 특징을 보이는 점, 그 중에서도 2점의 청동촉이 克什克騰旗 龍頭山 유적 출토품(도2-2, 도4-⑫ 참조)과 닮아 있으면서도, 아직까지 보다 이른 시기의 청동촉이 遼西地域 일대에서 발견된 사례가 없는 점, 董新林 역시 그러한 편년 안에는 동의하였다는 점 등에 미루어 向陽嶺 4기층은 十二臺營子 단계로 보는 것이 적합해 보인다.

요컨대 董新林은 魏營子文化와 遼西地域 비파형동검(十二臺營子)문화의 계승 관계를 강조하고, 老哈河 일대 夏家店上層文化와의 계통적 차이를 부각(郭大順 논지와의 차별점) 시키기 위하여 비파형동검이 출토된 和尙溝 B~D지점을 魏營子 후기 단계로 설정하였으며, 그에 대한 근거로써 동시기성을 보이는 向陽嶺 4기층을 활용한 측면이 강하다.

또한 그가 1998년 발표한 글에서 白浮墓의 하한년대를 서주 중기나 혹은 보다 늦은 시기로 볼 수 있다는 林澐의 견해(1994: 292~293)를 받아들여, 동시기성을 보이는 魏營子墓 역시 서주 중기 전후로 조정하였다(董新林 1998: 190) 이는 곧바로 向陽嶺 4기층 및 和尙溝 B~D지점의 편년안과도 부합하였기에 2000년의 글에서는 보다 확정적인 어투로서 동년에 발표된 向陽嶺의 보고서와 차별적인 결론을 고수한 것이다.

아마도 吳恩은 向陽嶺 유적의 보고서가 발표되기 전 董新林의 2000년 이전 글들을 먼저 접하였을 수도 있다. 글에서 언급된 向陽嶺 4기층이 魏營子文化에 속한다는 해석과 여기서 출토된 청동촉의 뿌리부분이 휘어져 있는 정황(도4-⑫ 참조)에 근거하여 平頂山 유적의 곡병동

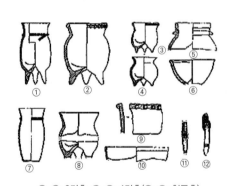

①~⑥: 3기층, ⑦~⑫: 4기층(⑪·⑫: 청동촉)

<그림 4> 의현 향양령유적 출토유물

---

15) 필자가 파악한 바로는 현재 魏營子文化 관련 연구자 대다수가 두 문화 간의 계승 관계를 인정하는 듯하다. 다만 오강원은 갈색계 토기의 유사성이라는 극히 제한된 요소만을 가지고 두 문화의 상관성을 논하는 방식에 의문을 표함으로써, 두 문화의 계승관계를 직접적으로 부정하였고(2007: 110~111), 이청규 역시 기원전 1천년기에 遼河流域에서 널리 유행한 북방계 청동기는 기원전 2천 년기의 그것을 계승 발전하였다고 보기 어렵다는 측면에서 두 문화의 계승 관계(특히 청동기 제작 전통)를 간접적으로나마 부정한 바 있다(2009: 172).

도와 유사성을 언급하였을 가능성이 농후해 보인다.

이러한 추론 이외에는 그가 向陽嶺 유적에서 곡병형의 동도가 출토되었다고 오해한 이유를 달리 설명할 방법이 없다. 따라서 그동안 魏營子文化 청동기의 주요특징으로 거론되었던 곡병형의 카라숙계 동도가 정식 발굴을 통해 출토된 사례는 平頂山의 단 1사례에 불과하며, 平頂山 유적이 문화의 변경 지역인 동쪽 경계에 위치하였다는 점에서 해당 유물은 魏營子文化의 전형성을 반영한다고 볼 수 없다. 아울러 곡병동도가 출토된 平頂山 유적의 魏營子文化층은 高臺山文化와 중첩된 채로 확인된 점에서 해당 문화와의 관계 속에서 살피는 것이 보다 합리적일 듯하다.

1977년 발표된 山灣子 유적의 보고서에서는 阜新과 新民, 撫順 등지에서 출토된 일련의 북방계 청동기류를 소개하고 있다(喀左縣文化館等 1977: 27~31). 대표적으로 1975년 출토된 新民 大紅旗 출토 銎柄斧 3점과 1976년 撫順 望花에서 출토된 環首銅刀가 있다. 이들은 克什克騰旗 天寶洞, 喀左 山灣子 출토 상주청동예기와 함께 언급되면서 향후 이들이 魏營子文化와 동류의 유적이라는 인식이 발생되는 계기가 된다. 하지만 1980년대 초반, 상주교체기로 특정되는 시기, 해당 지역에는 高臺山文化와 新樂上層文化가 병존하였음이 밝혀지면서 해당 논의는 전환점을 맞이하게 된다.

당시 해당 문화들의 분포권인 新民과 法庫 일대에서는 소량의 북방계 청동기가 연이어 보고되었는데 특히 法庫 灣柳家 유적에서 출토된 3점의 곡병형 동도와 공병부1, 동부2점 등이 주목된다(曹圭林·許志國 1988; 遼寧大學歷史系考古教研室等 1989; 鐵嶺市博物館 1990). 이 중 2점의 동도와 공병부 등은 당지 촌민이 땅을 파던 중 발견된 채집품이기는 하지만 유적 내 동일문화층에서 관련 토기들과 함께 공반된 동도 1점이 채집품과 유사형식인 점에 미루어 모두 高臺山文化에 귀속되었다. 또한 이들은 新樂上層文化의 撫順 望花, 高臺山文化의 新民 大紅旗 및 阜新 平頂山 출토품과 형태적 유사성을 보이는 점에서 상호 간의 깊은 연관성을 알 수 있다.

灣柳家의 보고서에서는 이들이 建平 二十家子 朝陽山 채집품, 河北 抄道溝, 綏中 馮家村, 興城 楊河 출토품과 유사함을 언급하였고, 1993년 郭大順은 이러한 북방계 청동유물이 출토되는 유적들의 상관성과 성격 문제를 고찰, 2002년에는 그에 대한 확장연구로서 楊建華가 華北大平原-內蒙古東南部-遼西-遼北으로 연결되는 이상 일련의 유물군을 카라숙계 청동기문화의 영향을 받아 형성된 長城 이북지역의 북방 초원계 청동기문화로 설정하기에 이른다(楊建華 2002: 160).

이상의 연구성과들이 2007년 吳恩에 의해 『北方草原考古學文化研究』라는 제목의 연구서로 종합·정리되었고 그러한 과정에서 생성된 몇가지 오류들로 인해 공병부와 곡병 동도, 공내과, 령수검 등이 개별적인 조합을 보이는 카라숙계의 청동도구와 무기들이 魏營子文化의 전형유적들에서 다수 확보된 것처럼 오해되기에 이른다.[16]

魏營子文化 단계의 유적 중 카라숙계의 공병동도가 유일하게 출토된 平頂山 유적에서는 해당 문화의 전형토기들이 다수 확보된 것이 사실이다. 하지만 董新林에 의해 魏營子文化 자체의 고유한 특성으로 제시된 花邊口沿鬲[17] 역시 카라숙계 동도와 마찬가지로 매우 광범위한 분포 범위를 보인다. 韓嘉谷의 분석(韓嘉谷 1990: 42~43)에 의하면 이러한 유형의 토기들은 기원전 20~15세기 무렵 朱開溝文化에서부터 확인되며, 기원전 14~12세기 사이에는 陝西와 山西北部-河北-遼西-遼北地域까지 연결되는 광역적인 분포상을 보이며, 심지어 松嫩平原地域에서도 확인되기 때문에 이를 단순히 魏營子文化 자체의 고유한 특성으로만 보기 어렵다.

이처럼 곡병형 동도와 화변력을 제외할 경우 魏營子文化만의 자체적 특성으

---

16) 물론 建平 二十家子 朝陽山과 朝陽 波羅赤 및 그 주변(朝陽地區) 지역에서 소량의 채집품이 보고된 바 있기에 해당 유물들이 魏營子文化와 연관되었음을 완전하게 부정할 수는 없다. 다만 해당 유물들의 출토지점과 정황이 명확하지 않은 점과 그간 일련의 보고서와 연구에서 빈번하게 발생되었던 오류들을 종합적으로 고려할 때 이들을 일괄적으로 魏營子文化 단계에 귀속시키는 어렵다. 예를 들면 吳恩의 연구서 104쪽 도49에서 朝陽地區 출토품이라고 보고된 匕首 2점은 郭大順의 보고(1993, 도3)를 따른 것으로 보이는데 해당 글의 도3에서 赤峰採集으로 표기된 銅刀(2번)는 建平 二十家子 朝陽山 출토품(建平縣文化館 1983: 도13의 1번유물)에 해당된다. 또한 郭大順의 1993년 글 도3의 6번 유물(鈴首劍)은 建平 燒鍋營子 大荒 1호 묘 출토품(建平縣文化館 1983: 도2)으로서 夏家店上層文化 단계의 유물로 이해된다. 이처럼 1980~90년대 사이에 발표된 자료들의 대부분은 명확한 출토지점과 공반유물 관계를 알 수 없거나, 혼동되는 사례가 많기에 주의할 필요가 있다. 보다 확실한 자료가 확보되기 전까지 위 유적의 채집품들은 다만 참고자료로서만 활용될 수 있을 뿐이다.

17) 董新林(2000: 15~18)은 魏營子文化의 요소를 4개조로 나누어 분석하였다. 그중 첫째는 夏家店下層文化 藥王廟類型의 요소, 둘째는 高臺山文化의 요소로, 셋째는 張家園上層文化와 中原 商周文化의 요소, 넷째는 당지의 자체적인 고유문화로서 花邊口沿鬲을 제시하고 있다. 이후 대부분의 조사와 연구에서는 이러한 花邊口沿鬲을 魏營子文化의 표지로 파악하게 되었고, 阜新 平頂山 역시 관련 유물이 다수 출토되었다는 점에서 해당 문화에 포함되어 왔다.

로 볼 수 있는 것이 승문발[18]과 무문발의 조합 정도로 볼 수 있는데 平頂山에서는 이러한 요소가 보이지 않는 점과 夏家店上層과 高臺山·新樂上層文化의 요소가 더불어 확인되는 점 등이 주목된다. 하지만 高臺山文化에서는 후기유형으로 여겨지는 順山屯 유적, 그리고 夏家店上層文化의 초기유적인 龍頭山 유적에서 화변력이 발견된 사례를 제외하면 문화 전반을 거쳐 그러한 요소가 크게 부각되지 않는다.

이렇게 볼 때 平頂山과 順山屯, 龍頭山 유적의 화변력은 魏營子文化를 매개로 그러한 요소를 받아들였을 가능성이 보다 농후하다. 하지만 이 역시 기원전 13~11세기로 특정되는 시기 화변력이 채용되는 광역적 분포상을 고려할 때 단순히 魏營子文化의 요소로만 파악하기도 참 애매한 상황이다. 여기에 그간 꾸준히 제기되어 왔던 夏家店上層文化의 형성 과정에 高臺山과 新樂上層文化의 요소가 상당 부분 작용되었다는 분석(齊曉光 1991: 68; 郭大順·張星德 2005: 481; 천선행 2010: 248)까지 고려하면 平頂山 유적의 제3기층과 順山屯, 龍頭山 유적은 해당 시기 遼河 동서쪽의 제문화요소가 형성·분화되는 과정 및 그 성격 문제를 파악하는데 매우 중요한 위치를 점할 수 있다.

2018년 新民지역에서 발굴된 新樂上層文化 단계의 비파형동검[19]이 적어도 기원전 10세기 무렵으로 편년되는 정황에서 볼 때 우리학계에서 그간 다소 소홀하게 다루어졌던 이 지역 청동기문화의 성격과 정체성을 밝히는 문제가 시급한 이유이다.

마지막으로 당시 河北-內蒙古東南部-遼西-遼北 등지의 물질문화가 초원계 청동기문화에 영향을 받은 것은 분명해 보인다. 해당 지역은 정도상의 차이를 보일 뿐 夏家店下層文化의 영향권 내에 속해 있었는데, 그 소멸 시점인 기원전

---

18) 魏營子文化의 승문발은 회색과 홍색 두가지 계열로 나누어진다. 이러한 종류의 토기는 夏家店下層文化 단계 후기 유적에서도 자주 확인되기에 지역적 특징으로 볼 수도 있겠으나, 또 한편으로는 회색의 것이 河北의 圍坊3期와 張家園上層 단계에서도 종종 관찰되기에 그 연관성을 무시할 수만은 없다. 그런데 魏營子文化의 승문발에는 한 가지 주목되는 특징이 있다. 바로 토기 전면에 승문을 타날 한 후 편평한 도구를 사용하여 부분적으로 기면 조정한 흔적이 다수 보인다는 점이다. 단순히 식기 정도로 사용할 도구에 왜 이처럼 번거로운 공정을 추가하였는지에 관해서는 좀 더 고민해 볼 문제이겠지만, 해당 지역에서 이러한 기면조정의 특징이 크게 유행되는 단계를 거쳐 완전한 무문화로 전환된다는 점만은 특정 시·공간역의 토기문화를 대표하는 하나의 특성이 될 수 있을 것이다.

19) 高爽, 2018-1-19, 「2017年度遼寧省重要考古成果發布」, 『遼寧日報』; 陳鳳軍, 2018-1-19, 「瀋陽北崴遺址出土靑銅短劍」, 『瀋陽日報』; 국립문화재연구소 2018: 24.

15~14세기를 기점으로 초원계 문화요소가 점진적인 증가세를 보인다는 점, 동시기 중원과 오르도스 고원지역에서도 유사한 정황이 포착되는 점 등에서 이 시기를 기점으로 모종의 광역적인 사회변화가 발생됨을 알 수 있다.

그렇다면 이러한 초원계 청동기문화가 해당 시기 魏營子文化로 대표되는 遼西地域 물질문화의 형성 과정에 어떠한 작용을 하였고 과연 어느 정도 수준의 영향력이 인정될 수 있는지의 문제를 살펴볼 필요가 있다. 다음 장에서는 바로 이러한 부분에 중점하여 魏營子文化의 성격과 형성 과정에 대한 문제를 시론적으로 나마 검토해 보겠다.

III. 위영자문화의 성격과 형성 과정 검토

본 장의 논의를 구체화하기 위해서는 우선적으로 해당 지역의 토착문화 요소를 선별하여 그러한 요소가 중점적으로 확인되는 중심 지역과 주변 지역으로의 구분을 시도한 다음, 중심 지역 내 그 선행문화와의 비교를 통해 양자 간의 상관계를 검토할 필요가 있다. 이를 위해 그간 관련 연구자들이 제시하였던 魏營子文化의 분포 범위와 주요 유적들을 정리하면 표 2와 같다.

표 2에서 보듯이 대부분의 연구자들은 魏營子文化의 중심지를 大·小凌河流域으로 설정하는데 대략적인 합의를 보고 있다. 다만 董新林은 당시까지 魏營子類型을 張家園上層文化의 한 지방유형으로 파악하던 인식(李伯謙 1994: 135)에 반대하면서도 河北지역의 宣化 小白陽과 抄道溝 유적 등을 魏營子類型에 귀속시키는 모순을 보인다. 아마도 張家園上層文化의 분포지인 河北지역 일대에 魏營子집단이 진출한 역 증거로써 해당 문화의 독자성과 주변문화에 대한 영향력을 강조하기 위함으로 파악된다. 하지만 위 두 유적이 魏營子집단에 귀속될 수 있다는 구체적인 논거를 제시하고 있지 못한 점에서 한계를 보인다.

이처럼 魏營子文化를 張家園上層과 분리하여 독립된 문화로 보는 인식은 韓嘉谷(1981; 1993)에서부터 찾을 수 있다. 그는 기존에 張家園下層 관련 유물을 夏家店下層文化의 늦은 단계로 파악하던 시각에서 벗어나 大坨頭文化라는 독립적인 문화로 규정하였고, 그에 연속하여 당지에서 圍坊3期와 張家園上層文化가

〈표 2〉 위영자문화에 대한 연구자별 주요 유적 현황

연구자	분포범위	河北	內蒙古 東南部 - 遼西								遼北	青銅窖藏
			綏中	興城	敖漢旗	建平	朝陽	喀左	錦州	阜新	新民	
郭大順 1987	大·小凌河流域中心	–	綏中	興城	–	–	魏營子	南溝門, 后墳, 和尙溝 道虎溝	義縣 錦西	–	–	喀左縣 일대
董新林 2000	北方長城地帶東端	小白陽 抄道溝	馮家村	楊河 仙靈寺	–	水泉	魏營子	南溝門, 后墳, 和尙溝 道虎溝	向陽嶺 山河營子	平頂山	–	河北 - 內蒙古東南部 - 喀左縣 일대
복기대 1998b 2002	大·小凌河流域	–	–	–	–	水泉	魏營子	南溝門, 后墳, 和尙溝, 道虎溝, 高家洞	向陽嶺	平頂山	–	–
오강원 2006 2011	大·小凌河流域	–	–	–	–	水泉	魏營子	南溝門, 后墳, 和尙溝, 道虎溝, 高家洞	向陽嶺	平頂山	–	喀左縣 일대
吳恩 2007	內蒙古東南部, 大·小凌河流域	–	馮家村	楊河 仙靈寺	水泉村	大荒 1호	魏營子 波羅赤	南溝門, 后墳, 和尙溝, 道虎溝, 高家洞	向陽嶺 山河營子	平頂山	大紅旗	內蒙古東南部 - 喀左縣 일대
박대재 2010	大·小凌河流域	–	–	–	–	–	魏營子	南溝門, 后墳, 和尙溝 道虎溝	–	–	–	喀左縣 일대
천선행 2010	大·小凌河流域	–	–	–	–	–	魏營子	南溝門, 后墳, 和尙溝 高家洞	向陽嶺 山河營子	平頂山	–	–

연속된다는 견해를 제기하였다(韓嘉谷 1981: 223; 韓嘉谷·紀烈敏 1993: 361). 圍坊3期와 張家園上層의 연대 범위는 대략 기원전 15~12세기와 기원전 11~9세기 사이로서 청동기 매납유적에서 북방계와 중원계청동기가 공존하는 양상 및 화변력 등의 공존 등 魏營子文化와 상당히 유사한 특징을 보인다. 이러한 이유로 그간 두 지역의 물질문화를 동일한 계통으로 보는 시각이 존재해 왔다.

하지만 화변력의 문양 구성에 있어 河北지역에서는 회도의 승문적 요소가 강세인 반면, 遼西地域에서는 회도와 홍도의 공존, 그리고 기면조정과 마연의 과정을 거쳐 점진적인 무문화의 과정을 거친다는 점, 그리고 시·공간적 배치와 공반유물 상에서 두 문화는 분명한 차이가 존재하기에 상호 친연성이 강한 별개의 문화유형으로 보는 것이 합리적일 듯하다. 또한 河北과 遼西의 접경 지역에 배치된 抄道溝와 馮家村, 楊河 유적의 청동기 매납유적에서는 모두 카라숙계의 청동기 조합만 보이는 점에서 喀左縣 일대의 그것과 차이가 분명하다(오강원 2011: 23).

喀左縣 일대 매납유적의 성격을 전리품이나 의례 행위 혹은 교역의 산물 중 어느 시각으로 보던지 간에 河北과의 접경지에 배치된 위의 세 유적과는 명확히 구분되는 특징을 보인다. 이러한 사실은 努魯兒虎山 서쪽의 內蒙古 東南部지역에서 간헐적으로 확인되는 청동기유적과 비교할 때 보다 극명하게 드러난다. 관련 연구자 중 吳恩만이 해당 지역(內蒙古東南部)까지를 魏營子文化의 분포 범위에 포함시키기고 있는데 그러한 내용을 보다 구체적으로 살펴보기 위하여 그간 魏營子文化의 관련 유적으로 거론되었던 주요 유적들의 특징을 지역별로 정리하면 아래와 같다.

〈표 3〉 위영자문화 관련 유적의 성격과 출토유물 현황

구분		성격	청동기류						토기류		기타
			초원계				중원계				
			道具	武具	裝具	容器	車馬器	禮器	三足器	平底	
河北遼西接境地	靑龍 抄道溝	교장	刀	劍, 鉞							
	綏中 馮家村	교장	刀	鉞, 斧, 戈							
	興城 楊河	교장	刀	戈, 鉞							
努魯兒虎山서쪽	克什克騰旗 天寶洞	교장						1[20]	花邊鬲 승문력, 甗		
	赤峰 西牛波羅 (蘇赫 1982)	?						甗			
	翁牛特旗 頭牌子	교장						3			
	哲里木盟 小庫倫 (濱田耕作 1929)	?							화변력2		

20) 중원계의 예기류와 북방계의 용기류는 표1)에서 구체적인 기명을 제시하였음으로, 본 표에서는 출토기물의 수량만 표기하였다.

구분		성격	청동기류 초원계 道具	武具	裝具	容器	중원계 車馬器	禮器	토기류 三足器	平底	기타
巴林左旗 塔子溝 (王夫想, 1994)		?	刀		銅泡						
奈曼旗 東犁(李殿福 1983)		?	刀								
敖漢旗 水泉村		묘									
建平 水泉중층		생활							화변력2	盆	
建平 大荒1호		묘									
朝陽 魏營子	문화층(遺址)								화변력	승문발, 盆, 옹편, 鼎足, 豆柄, 豆座	
	7603	묘		투구			當盧				
	7101	묘			羊頭飾, 金環		鑾鈴, 鈴狀器, 車軸, 銅甲, 泡飾				
朝陽 波羅赤		묘	刀								
朝陽 大廟		교장						1			
朝陽 木頭城子		교장						1			
義縣 向陽嶺		생활							화변력, 언	盆, 罐, 盆, 豆, 승문발, 무문발	
義縣 山河營子		생활							정족	승문분, 승문발, 관	
義縣 花兒樓		교장						5			
阜新 平頂山	III층		刀						화변력	관, 격, 언, 옹, 분, 豆, 勺, 발	석촉
	303	묘								무문력, 관	
喀左 后墳		생활							화변력 鼓腹鬲	관, 호, 분, 승문발, 무문발, 杯	
喀左 南溝門		생활							화변력	승문옹(기면조정), 관(승문, 삼각문), 이중구연분	
喀左 和尙溝	A1	묘			金環			卣, 壺		무문발, 승문발	해패
	A2				耳環					관	
	A3									발편	猪骨
	A4								정	승문관(기면조정)	석부
喀左	高家洞	묘						銅瓿		무문발 승문발	녹송석 羊頭骨
	道虎溝	묘			耳環			銅鏡		승문발	옥결

(좌측 세로 구분: 努魯兒虎山 동쪽)

구분		성격	청동기류						토기류		기타
			초원계				중원계				
			道具	武具	裝具	容器	車馬器	禮器	三足器	平底	
	咕嚕溝	교장						1			
	馬廠溝	교장						16			
	北洞村	교장						12			
	山灣子	교장						22			
	小波汰溝	교장	匕			2		10			

표 3을 토대로 할 때 현재까지 조사된 魏營子文化 관련 유적의 성격은 크게 무덤, 생활유적(주거지와 회갱), 교장유적 등으로 분류가 가능하며, 여기서 출토된 유물은 청동기류와 토기류, 기타류로 구분할 수 있다. 먼저 토기류 중 삼족기는 력, 정, 언 등의 종류를 보이며 이 중 무문의 화변력이 강세를 보인다. 평저토기는 관, 옹, 발, 완, 분, 두 등이며 이 중 승문발과 무문완의 조합이 특징적이다.

두 기종 모두 회도와 홍도가 유사한 비율로 공존하지만 후기로 갈수록 홍도의 비중이 강화되며, 문양은 무문과 승문, 압인삼각문, 구연부의 부가퇴문 등이 대표적이다. 승문토기의 경우 전면에 타날한 후 편평한 도구를 활용하여 기면조정을 하는 과정에서 부분적으로 문양이 지워지는 현상을 볼 수 있는데, 이는 동시기 주변 지역에서 거의 찾아볼 수 없는 魏營子文化만의 고유한 특징으로 볼 수 있다.

다음으로 청동기는 초원계와 중원계로 나눌 수 있다. 먼저 중원계는 상주교체기의 특징을 보이는 예기류가 주로 교장유적에서 확인되며, 和尙溝와 高家洞 등의 무덤에서도 소량 보인다. 또한 道虎溝 무덤에서는 중원식의 동경 1점이, 魏營子 무덤에서는 白浮村類의 車馬具類가 확인되어 그 영향 관계를 알 수 있다. 북방계 청동기로는 금팔지와 귀걸이, 양두식 등이 대표적이며 阜新 平頂山에서 출토된 동도 1점이 있다.

앞서 언급한 바와 같이 아직까지 魏營子文化의 중심 분포권인 大·小凌河流域 일대에서는 刀, 斧, 戈, 鏃, 劍과 같은 북방계 도구나 무기류가 공반된 사례가 없기 때문에 阜新 平頂山을 비롯하여 河北과의 접경 지역에 배치된 抄道溝, 馮家村,

楊河 등 유적은 잠정적으로 魏營子文化의 전형유적에서 제외하고자 한다. 平頂山 유적은 동쪽의 高臺山 및 新樂上層文化와의 관계 속에서, 河北과 접경하는 세 곳의 유적들은 張家園上層文化와의 관계 속에서 해당 유물이 편입된 것으로 추정된다.

무엇보다 현재까지 해당 문화에서 가장 많은 수의 청동기류가 확보된 魏營子 무덤에서 조차 단 1점의 초원계 동도나 부, 검 등이 출토되지 않은 점은 의미하는 바가 크다. 아울러 동일한 성격을 보이는 和尙溝와 道虎溝, 高家洞 등에서도 중원계 예기와 동경 등 매우 비중 있는 동기류가 부장되었음에도 무기나 도구류는 전혀 공반되지 않았다.

이외에 朝陽과 建平縣 일대에서 일련의 채집품이 보고된 바 있으나 대부분 출토지점이 불명확하거나 夏家店上層 단계의 유물과 공반 혹은 유사함을 알 수 있었다. 따라서 현재까지의 정황만으로는 해당 채집품들을 魏營子 단계의 유물로 판정할 근거가 없기 때문에 魏營子文化의 관련 유적에서 출토된 초원계 청동기는 팔찌와 귀걸이, 양두식 등에 국한됨을 알 수 있다.[21]

현재 魏營子文化의 주거나 생계방식을 추론할 수 있는 구체적인 자료가 확보되지 못한 상황이다. 義縣 向陽嶺 유적이 유일한 사례인데 파괴된 주거지 5기와 회갱 129기 및 여기에서 출토된 각종 다양한 형태의 생활용 도구 등에 미루어 해당 집단은 정주생활을 하였음이 분명해 보인다. 하지만 출토된 석기류 중에서 경작용 도구는 거의 찾아 볼 수 없는 반면 石斧, 石刀, 石鎌 등의 벌채용 이나 사냥 도구들이 다수인 점, 관련 무덤에서 출토된 초원계의 팔찌와 귀걸이, 양머리 장식과 동물순생(양머리와 돼지굽) 등의 특징을 종합해 볼 때, 당시 초원지역의 주민집단과 마찬가지로 수렵이나 목축 등이 주요 생계수단이 되었을 것으로 판단된다.[22]

---

21) 물론 喀左 小波汰溝의 교장에서 중원계 예기와 함께 초원계로 볼 수 있는 청동기(匕, 器蓋 등)가 공반된 바 있다. 하지만 이러한 교장유적에 매납된 중원계 청동기의 성격을 약탈에 의한 전리품이나 河北지역 집단과의 교역 혹은 증여 등의 성격으로 파악할 때, 공반된 초원계 청동기 역시 동일한 맥락에서 보아야 할 것이다. 즉 해당 집단이 자신들의 정체성을 반영하여 자체 제작한 것이 아닌 역시 전리품이거나 교역, 증여 등의 성격을 가질 것으로 추정된다.

22) 물론 단순히 경장용 도구가 확인되지 않았다고 하여 초기 형태의 밭농사 역시 부정될 필요는 없을 것이다. 다만 현재로선 출토사례가 극히 제한적인 만큼 관련 논의를 확장하기에 어려움이 있다.

이처럼 당시 大·小凌河流域의 물질문화에는 초원계 요소가 강하게 내재되었음에도 불구하고 그 상징성이 되는 청동 도구나 무기류가 빈약하다는 모순을 보이고 있다. 따라서 魏營子文化의 주민집단에는 발달된 무기류나 기마술이 전재되는 약탈적 생계방식이 고려될 수 없다. 이러한 양상은 아직까지 이 지역 일대에서 해당 시기에 속하는 동광채련유적이 발견되지 못한 점을 통해서 이해하고자 한다.

반면 努魯兒虎山 이서의 西拉木倫河 상류 지역에서는 林西 大井과 克什克騰旗 喜鵲溝 유적 등의 銅鑛 유적이 보고된 바 있다. 이 중 大井 유적은 명확하게 夏家店上層 단계의 것으로 밝혀진 바 있지만, 喜鵲溝 유적은 그보다 이전 단계이면서 화변력이 공반된 점에 주목된다.

喜鵲溝 유적이 위치한 곳은 大興安嶺 남단의 서변에 해당되며, 그 서쪽으로 贡格尔 초원이 넓게 펼쳐진다. 유적은 1980년대 초반에 처음 발견되어 2011년 조사를 통해 모두 7곳의 古礦坑과 石墙 2곳, 석조건축지 1곳, 주거지 2곳 확인되었고, 이 중 고광갱 1호와 5호, 주거지 2곳이 발굴되었다(吉林大學邊疆考古研究中心 2014). 출토유물은 대부분 석기류로서 채광도구에 해당되는데 기본적으로 夏家店上層 단계의 大井遺蹟과 유사하였다. 하지만 주거지 등에서 출토된 토기류 중에는 鼓腹의 花邊鬲이 다수 포함되어 夏家店上層文化 이전 단계임을 명확히 알 수 있다.[23]

그런데 해당 유적에서 출토된 화변력 및 그 공반유물의 구성은 魏營子文化와 분명한 차이가 있다. 魏營子文化의 화변력은 주로 무문이 많고, 승문의 요소가 상당히 제한적인데 비해, 喜鵲溝 출토품은 魏營子文化에 비해 몸체가 비대하며, 다리(袋

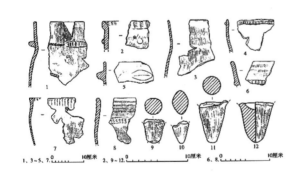

〈그림 5〉 극십극등기 희작구 유적 출토 화변력

---

23) 또한 喜鵲沟 유적의 방사성탄소연대값 역시 기원전 1260년~기원전 930년(신뢰도 68.2%), 기원전 1290년~기원전 910년(신뢰도 95.4%)로 측정되어 夏家店上層文化 이전 단계임을 알 수 있다.

足) 부분이 발달되거나 보다 다양한 형태를 보이는 점, 목 부분에 작고 편평한 손잡이가 대칭으로 달린 점, 또한 꼭지형(珍珠文) 장식이 있으며, 토기 전체에 승문이 관찰되는 점 등이 그러하다.

이외에 공반되는 다른 기종의 토기들 역시 魏營子文化와 분명한 차이점이 발견된다(王立新 2015: 80). 따라서 보고서에서는 해당 유적을 夏家店下層과 上層 사이에 위치하며, 大·小凌河流域의 魏營子文化와는 분명히 구분되는 喜鵲溝遺存 으로 명명하였다. 또한 王立新은 喜鵲溝 유적의 발굴이 夏家店上層文化의 기원 문제를 해결하는 결정적 자료가 될 것으로 기대하면서 이러한 喜鵲溝遺存類의 유적들이 그간 赤峰 일대에서 다수 보고된 바 있음을 재차 확인하였다(王立新 2015: 80). 대표적으로 天寶洞과 小庫倫 유적의 사례를 들 수 있겠는데, 吳恩 (2007)이 화변력의 출토나 채집 등을 근거로 魏營子文化에 포함시켰던 努魯兒虎 山 이서지역의 관련 유적들은 대부분 喜鵲溝遺存類로 볼 수 있으며, 이들은 夏家 店上層文化에 보다 친연성이 강한 집단으로 여겨진다.

이상의 내용을 종합하여, 그간 魏營子文化와 관련된 것으로 여겨지던 유적들 중 주변문화의 색채가 농후한 것들을 제외하면 다음과 같이 정리된다. 첫째, 努 魯兒虎山 이서지역의 상대 후기 청동기와 화변력 출토유적은 夏家店上層文化와 보다 친영성이 강해 보이며, 둘째, 河北과의 접경 지역에 위치한 초원계 청동기 출토유적은 張家園上層文化의 영향이, 셋째, 阜新을 포함한 그 이동지역은 高臺山 및 新樂上層文化에 기반함을 알 수 있다. 大·小凌河流域은 해당 지역들의 동·북·서 세 방면에 걸친 지역으로서 초원계 문화 요소가 동진하는 길목에 해당된다.

이 지역에서는 비록 금팔찌와 귀걸이, 유목형 동물형상의

<그림 6> 위영자문화 분포지도

※ 유적명
1. 魏營子
2. 水泉
3. 和尙溝
4. 南溝門
5. 后墳
6. 高家洞
7. 道虎溝
8. 向陽嶺
9. 山河營子
10. 咕嚕溝
11. 小波汰溝
12. 馬廠溝
13. 北洞
14. 山灣子
15. 仙靈寺

장식품, 목축과 수렵 위주의 생활방식, 그리고 화변력이라는 초원계의 보편적인 특징이 관찰되지만, 그 핵심이 되는 청동 도구와 무기류의 부재라는 점에서 동시기 주변 지역의 문화와는 분명한 차이를 보인다. 아울러 취사용기에서 확인되는 형태와 문양 장식의 차별성 등에서 볼 때 주변 지역의 집단들과 자신들의 정체성을 구분하고자 하였던 의도적인 목적 혹은 생활방식의 차이에서 발생된 필연적 결과 등을 예상할 수 있겠다. 요컨대, 우리가 소위 상주교체기 '魏營子文化'라고 특정하는 물질문화의 분포 지역은 大·小凌河流域으로 한정될 수 있다.

그렇다면 해당 지역에서 확인되는 魏營子文化의 특징을 다시 한번 정리해 보자. 먼저 토기는 삼족기와 평저토기의 복합, 회도와 홍도의 공존, 삼족기는 력이 주종을 이루며, 평저토기는 승문과 무문발의 조합이 특징적이다. 또한 무덤 내에는 좀처럼 삼족기를 부장하지 않는 점이 부각되는데 이는 高臺山文化와도 닮아 있다. 이러한 특징들은 夏家店下層文化 후기 단계에서도 확인되었던 관계로 그간 두 문화의 계승성을 논하는데 주요 근거로 활용된 측면이 강하다. 그중에서도 회도와 홍도가 공존하는 양상이 특히 강조되고 있는바 본고는 바로 이러한 방식의 문제점을 지적하고 싶다.

선사시대 특정 지역 내에서 토기 제작에 활용된 바탕흙은 그대로이지만 문화와 시기 변동에 따라 토기의 재질과 기색에서 차이가 발생되는 사례를 흔히 발견할 수 있다. 이러한 차이는 당시 사람들이 토기를 제작하는 방식의 변화에서 발생된 것으로 볼 수 있겠는데 여기에는 당대 기술적 수준의 변동 혹은 생태환경이나 생계방식의 변화가 반영된 것으로 여겨진다. 이를 기원전 20~10세기 사이 遼河流域의 토기문화에 대입해보면, 회색 계열의 토기는 주로 높은 온도에서 고운 점토흙을 사용하여 회전판으로 제작되는 사례가 많고, 주로 遼河 서쪽과 遼東半島 남단에서 유행되었다.

반면 홍색 계열의 토기는 낮은 온도에서 소성되며, 모래나 활석 등의 잡물 포함도가 높고 손으로 빚어 만드는 사례가 다수이며 주로 阜新을 포함하는 遼北地域에서 유행되었다. 따라서 적어도 초기 청동기시대 遼河流域의 경우 토기의 색조와 재질은 그 제작집단의 기술적 수준을 반영해 준다고 볼 수 있다. 토기 제작에 보다 정성을 기울이지 못했던 이유는 그만큼 생활수준에 여력이 없었거나, 집단공정의 생산시스템 속에서 분배나 혹은 거래되는 것이 아니라 필요한 만큼 자체적으로 제작하여 사용하였을 가능성이 보다 크다.

즉, 夏家店下層文化 후기 단계에 이처럼 홍색 계열의 토기 비중이 높아지는 것은 당시의 시대적·환경변화에 기인한 것이지, 주변 지역과의 관계 속에서 그러한 제작기술이나 전통, 관습 등이 계승·차용된 것이 아님을 알 수 있다. 이러한 맥락에서 魏營子文化 단계에 회도와 홍도가 공존하는 양상 역시 夏家店下層文化의 잔재가 남아 있는 것이 아니라, 당시 사람들이 처하였던 시대적 상황과 환경변화 속에서 이해되어야 할 듯하다. 그렇게 볼 때 魏營子文化의 관련 유적에서 출토되는 일련의 토기조합들이 주변문화에 비해 그 정형성이 현격히 떨어지는 이유를 설명해 낼 수 있는 것이다.

다음으로 청동기류는 매납(교장)유적을 제외하면 매우 빈약한 수준인데, 그중에서도 초원계 요소로 볼 수 있는 유물들이 극히 제한적이며 이들은 반드시 중원계와 공존하는 양상을 보인다. 따라서 해당 지역의 초원계 문화는 화변력을 대표로 하는 토기문화를 중심으로 중원지역과의 접촉을 통해 유입되는 과정을 살필 수 있다. 특히 지리적 접근성과 문화적 유사성을 종합적으로 고려할 때, 동시기 河北지역을 매개로한 교류상을 어렵지 않게 추론할 수 있다.[24]

아울러 검과 과, 월 등 청동제 무기류가 부재한 점에서 해당 집단의 군사적 요소가 주변집단에 비해 상대적으로 빈약함을 알 수 있으며, 생계 형태는 미약하게나마 정주생활의 흔적이 관찰되지만, 뚜렷한 농경의 흔적은 없고, 목축과 수렵이 병행되었을 것으로 판단된다. 이러한 양상 역시 선행 단계의 문화와 상당한 이질성이 포착된다는 점에서 주목할 만하다.

이상의 내용들을 魏營子文化만의 고유한 특징이라고 정의할 때, 그중에서도 당지의 토착적 요소를 분별해 보자. 그런데 주지하다시피 魏營子文化는 선행한 夏家店下層文化와 상당한 이질성 즉, 비연속적 측면이 강하기 때문에 당지의 토착요소를 선별해내는 작업이 쉽지가 않다(김정렬 2012: 84~85). 夏家店下層文化가 소멸된 이후 한동안의 공백기를 거쳐 魏營子 단계로 진입하는 현상과 양자

---

24) 이와 관련해서는 당시 遼河流域에서 발견되는 초원계 동도의 여러 형식이 河北의 抄道溝 유적에서 일괄 출토된 점 등에 미루어 이러한 청동기류의 유입 루트를 추정한 이청규의 견해(2009: 162~168)와 魏營子文化 단계 청동기 출토 유적의 성격을 華北大平原지역과의 다양한 상호작용망을 통해 접근한 오강원(2011: 30~38)의 견해를 참고할 수 있다.

간의 비연속적 측면을 주목한다면 당지 토착문화의 성격은 보다 다양한 측면에서의 검토가 필요하다.

첫째 당지의 토기 전통인 승문의 회색 계열 토기가 존속되지만, 遼北地域의 전통인 홍색토기가 공존한다. 그런데 승문의 회색토기는 당시 광범위한 분포 범위를 가지는 화변력의 주요특징 중 하나로서, 반드시 夏家店下層文化의 잔재로만 생각하기도 어렵다. 夏家店下層文化의 전통이 단절된 이후, 화변력의 유입과 함께 그러한 토기 제작기법이 재등장 하면서 지역적 색체를 가미하게 되었을 수도 있다. 또한 홍색 계열의 토기는 어느 한 특정문화와 관계되었기보다는 당시의 제작환경과 시대적 상황에 보다 큰 영향을 받았을 것으로 여겨진다.

둘째 분과 발, 관 등 평저토기의 유사성과 무덤 내 삼족기를 부장하지 않는 전통이다. 이는 사실상 夏家店下層文化의 잔재라기보다는 高臺山文化의 영향이 강해 보인다. 물론 이러한 평저토기들은 주로 물동이나 밥그릇 등의 단순 취사용기에 해당되어 유사한 식생활을 가졌던 집단들이라면 형태나 기능적으로 크게 차이가 나지 않을 것이다. 하지만 당시 사람들의 신앙적 관념이 투영되었을 무덤 내 장속특징이 유사성을 보인다는 점에서 두 집단 간에 공유되었을 정신문화의 흔적을 엿볼 수 있다. 따라서 夏家店下層文化의 쇠퇴기 해당 지역에 잔존하였을 것으로 추정되는 일부의 토착계 주민 역시 高臺山文化와 혈연·문화적으로 연관된 사람들의 후예들로 예상된다.[25]

결론적으로 夏家店下層文化의 소멸 후 등장하는 새로운 물질문화는 매우 다양한 문화가 복합된 양상을 보이는데, 이러한 현상은 그 영향범위로 볼 수 있는 河北, 內蒙古 東南部, 遼西 大·小凌河流域, 下遼河流域의 阜新과 新民 일대까지 공통되는 현상으로서, 이들은 각 지역별로 일련의 독자성을 가지면서도 접경 지역의 문화와 정도상의 차이를 가지는 수준에서 특수성과 시대적 보편성을 공유하고 있다.

이를 다시 한번 정리하면 夏家店下層文化가 완전하게 소멸된 기원전 13세기

---

25) 夏家店下層文化의 후기 단계에 이르면 그 접경 지역인 敖漢旗와 朝陽, 阜新 등지에서 高臺山文化와의 활발한 교류상이 포착된다. 특히 敖漢旗 大甸子와 阜新 代海, 界力花 유적에서 확인되는 양상들을 종합해 볼 때, 당시 두 문화 간에는 혈연적·문화적 유대 관계가 상당히 진전된 양상을 보여준다. 이와 관련해서는 오대양의 글(2017)을 참조할 수 있다.

무렵 遼西의 喀左, 建平, 朝陽, 義縣 등지의 大·小凌河流域에서는 河北지역을 매개로 하여 초원계 요소를 선별적으로 받아들인 소위 魏營子文化로 특정되는 주민집단이 정착된다. 이 문화에는 高臺山文化 계열의 토착요소가 일부 잔존한 점이 주목된다. 高臺山文化 역시 정착 농경사회였던 夏家店下層文化와는 다르게 초원계적 성격(생계형태 및 청동기류)이 다분하였던 관계로 해당 지역의 잔존민들은 보다 수월하게 새로운 물질문화를 받아들일 수 있었을 것이다.

아울러 이들과 영향관계에 있었던 주변 지역으로서 河北과의 접경 지역인 青龍縣과 綏中 및 興城지역에는 張家園上層文化의 색채가 보다 농후한 지역집단이, 內蒙古東南部와 遼西의 접경 지역인 努魯兒虎山 이서의 赤峰과 翁牛特旗, 克什克騰旗, 敖漢旗 등에는 夏家店上層文化에 보다 친연성이 강한 喜鵲溝遺存類의 집단이, 遼西와 遼東의 접경 지역인 下遼河 일대의 阜新지역에는 高臺山文化의 지역집단이 진출해 있었다.

이들 모두 근 500여 년간 해당 지역 일대에 지대한 영향력을 행사하였던 夏家店下層文化가 소멸됨과 동시에 서쪽으로부터 유입되기 시작한 초원계 물질문화를 큰 무리 없이 받아들이고 있다는 점에서 비록 그 배경문화는 다를지라도 상당한 수준의 친연성과 교류관계가 형성되었을 가능성이 크다.

현 수준의 자료만으로서는 이상 주변집단의 정체성과 문화성격을 명확하게 특정 짓기가 어렵다. 이들은 비록 魏營子文化와 상당히 닮아 있기는 하지만, 그 내용을 철저하게 관찰해보면 실제 그 유사성이라는 것이 해당 시기의 광역적 보편성 속에서 이해될 수 있기 때문이다.[26] 魏營子文化에서 확인되는 당대의 이러한 광역적 보편성을 걷어낸 것이 바로 당지의 토착요소로 볼 수 있는데, 결론적으로 당지의 토착요소는 선행문화와도 매우 이질적이라는 모순이 발생되었다.

따라서 魏營子文化의 출현과 형성 배경에는 夏家店下層文化와의 연관성을 생각하기 어려워 보인다. 夏家店下層文化의 소멸 후 당지에 잔류하였던 일부의 토착민들은 동쪽의 高臺山文化와 혈연적·문화적 연관성이 포착되며, 바로 이들이 중원과 河北지역을 거쳐 유입된 초원계 물질문화를 선별적으로 받아들여 魏營

---

26) 해당 논의와 관련하여 특히 魏營子文化와 동시기에 병존하였던 주변집단들의 정체성 및 그 문화성격과 상관성 문제에 관해서는 후속 연구에서 보다 구체적으로 검토할 예정이다.

子집단의 형성에 기여한 것으로 판단된다.

마지막으로 이들이 초원계 문화를 선별적으로 받아들일 수밖에 없었던 원인에 대하여 다음과 같은 추론이 가능하다. 먼저 초원계 물질문화의 정수로 볼 수 있는 청동 도구나 동검류가 확인되지 않는 다는 측면에서, 당시 이 지역 일대로 그러한 청동제작기술을 보유한 장인집단이 유입되지 못하였을 가능성이다. 이는 大·小凌河유역 일대에 청동기제작에 필수적인 동광유적이 부재한 상황과 맞물려 고려될 수 있는 부분이다.

아울러 주변 지역 세력집단의 입장에서 볼 때, 당시로선 상당히 선진기술에 해당될 도구제작술의 유출이 달갑지 않았을 것이다. 일반적인 청동기류와 다르게 도구나 무기류의 보급 혹은 그 제작기술(장인집단)은 해당 집단의 경쟁력과 직결되는 문제일 것이기에 쉽게 노출되진 못하였을 것이다. 따라서 위영자집단이 초원계 문화를 선별적으로 받아들일 수밖에 없었던 배경은 자신들의 의도와는 크게 상관없었던 피동적결과라는 점을 강조하고 싶다.

Ⅳ. 맺음말

기원전 13세기 무렵 魏營子文化가 형성되는 배경 중 하나로서 초원계 물질문화의 유입을 들 수 있다. 유사한 문화내용을 보이는 주변 지역, 즉 河北과 內蒙古東南部, 阜新 및 그 이동지역에서 찾아지는 초원계 물질문화가 山西·陝西 북부지역에서도 폭넓게 확인되는 점, 중원계 청동예기가 매납된 청동교장유적의 분포상과 성격 등을 종합적으로 고려할 때, 이들의 이동경로는 오르도스 고원지역을 경유하여 중원문화와 접촉한 세력들이 河北 동북부의 遼西回廊지역을 거쳐 유입된 것으로 추정된다.

기원전 15세기 전후 夏家店下層文化가 소멸됨과 동시에 이 지역은 정착농경이 불가능한 환경으로 전환되었다. 하지만 보다 열악한 환경에서도 적응한 초원계 세력들이 이 지역 일대에 지속적으로 유입되면서 당지에 잔존할 수밖에 없었던 일군의 재지계 주민들(高臺山文化와 복합)은 이들의 새로운 문화와 생계방식을 받아들여 공생할 수밖에 없었을 것이다.

다만 西拉木倫河 상류의 內蒙古東南部지역에서 간헐적으로 확인되는 소위 喜鵲溝遺存 계열의 유물·유적군은 河北-遼西回廊으로 연결되는 계통과 구분되는 또다른 계열의 초원계 세력들이 남긴 흔적으로 추정된다. 즉, 夏家店下層文化의 서부권역에 해당되는 內蒙古東南部지역에서는 夏家店上層文化가 등장하기 전까지 일정한 규모를 이루어 정주생활을 하였던 세력집단이 형성되지는 못하였으나 청동광석의 채굴을 목적으로 하였던 소규모 장인집단이 임시성 거주생활을 한 것으로 판단된다.

이러한 사실은 대략 3~4백년 가량의 시간 동안 이 지역 일대에 사람들이 정착하여 안정적인 생활을 영위할 수 있는 환경이 제공되지 못하였음을 의미한다. 유사한 양상이 建平·朝陽 일대의 大·小凌河流域에서도 전개되는데, 夏家店下層文化의 소멸 이후 대략 2백년 가량이 지나서야 비로소 새로운 형태의 지역집단(魏營子)이 등장하였다는 사실은 두 문화의 비연속성을 단적으로 표현해 준다.

그러한 배경으로서 기원전 2000년대 전반기 遼西地域의 기후·환경변화에 관한 연구를 참고할 수 있다.[27] 夏家店下層文化의 소멸 이후, 기원전 14~11세기 전후의 努魯兒虎山을 경계로 한 동·서 두 지역은 각기 다른 정도의 환경변화와 그로 인한 차별적 영향을 받게 된다. 당시 努魯兒虎山 이서지역은 기원전 19세기를 전후로 점진적인 한랭건조화가 진행되면서 기원전 15세기 무렵에는 더 이상 정착농경이 불가능한 반사막화 단계로 전환된다.

반면 努魯兒虎山 이동지역은 대륙성기후와 해양성기후가 교차되는 지역으로서 인접한 渤海灣의 영향으로 인해 상대적으로 온난하고 습윤한 환경을 제공받을 수 있었다. 그럼에도 불구하고 당시의 환경변화는 근 5백년 이상을 유지해온 정착농경문화의 쇠퇴를 초래하게 되었고, 대략 2백년 가량의 적응기를 거친 이후에야 비로소 새로운 지역집단이 정착할 수 있는 여건을 갖추게 된 것이다.

內蒙古東南部지역에서 기원전 11세기 전후에야 비로소 夏家店上層文化의 龍頭山類型이라는 정주 취락집단이 출현할 수 있었던 배경 역시 당시의 기후변화와 밀접한 연관성이 있어 보인다. 이 시기 努魯兒虎山 이서지역은 환경이 점차

---

27) 內蒙古 東北~遼西地域에 이르는 기원전 2000년기 전반의 환경·기후변화와 이에 영향을 받은 선·후 고고학문화들의 전개양상에 대한 분석은 宋豫秦(1995)과 王立新의 분석(2004: 255~263)을 상당 부분 참고하였다.

회복되기 시작하여 기원전 6세기 무렵까지 상대적으로 온난·습윤한 기후를 유지하였다고 한다. 이러한 조건은 그 이동지역의 물질문화에도 영향을 미쳐 당시의 문화변동이 전개되는 주요 원인으로 작용되었을 것이다.

비록 大·小凌河流域에서는 그보다는 조금 빠른 시기에 정주집단이 출현할 수 있었지만, 이들의 생계방식은 주로 목축과 수렵 등에 의존한 것으로 여겨진다. 따라서 그 집단의 규모는 당시 주변 지역에 비해 상대적으로 협소할 수밖에 없었을 것이다. 그리고 초원계 세력들의 상징성이 부여되는 청동도구와 무기류가 부재한 점에서 주변의 농경집단에 대한 약탈적 생계방식은 고려되기 어렵다.

아울러 당시 大·小凌河流域과 발해만 일대의 풍부한 수산물 역시 주요한 생계수단이 되었을 것이지만, 관련 유적에서 그러한 사실을 증명해주는 결정적 자료들이 확보되지 못 한 점 등이 한계로 작용된다. 후행되는 十二臺營子文化에서 가오리와 개구리형 장식품 등이 보이는 점은 초원계 세력의 경우 그들의 주요한 생계수단인 유목이나 목축 동물을 장신구로 착용한다는 점과 비교될 수 있다. 즉 十二臺營子文化의 사람들이 수자원을 활용하는 방식과 그에 대한 높은 의존도를 수계생물 장식품을 통해 엿볼 수 있을 것이다.

동일한 생활권을 보이는 魏營子집단 역시 유사한 가능성을 완전히 배재할 수는 없겠지만, 당시 쉽게 접할 수 없었던 청동자원과 기술력의 부재로 인해 그러한 흔적들은 다음 세대의 유물로만 잔재되었을 것으로 이해된다.

마지막으로 본문에서는 구체적으로 다루지 못하였지만 과연 遼河流域 비파형동검문화의 주체로 파악되는 十二臺營子文化의 사람들이 魏營子집단과 어떠한 상관관계에 있었을까라는 의문이 남는다. 이에 대한 논의를 구체화하기 위해서는 기원전 10~9세기 무렵 遼河流域 일대 청동기문화가 재편되는 과정을 되짚어 볼 필요가 있겠는데, 그중에서도 十二臺營子文化를 구성하는 핵심요소를 토기문화(주거·생계방식 포함)에 둘 것인지 아니면 청동기(묘제·신앙·사회구조 포함)에 초점할 것인지를 가려보아야 할 것이다. 이상 본고에서 미처 다루지 못한 논점들은 후속 연구에서 다시 한번 검토할 것을 기약하며 졸고 마치도록 하겠다.

참고문헌

〈한국어〉

강인욱, 2009, 「기원전 13~9세기 카라숙 청동기의 동진과 요동·한반도의 초기 청동기문화」, 『호서고고학』21.

국립문화재연구소, 2018, 「요녕성 북외 유적」, 『중국 고고학 동향』1월호.

김정열, 2009, 「요서지역 출토 상·주 청동예기의 성격에 대하여」, 『요하유역의 초기 청동기문화』, 동북아역사재단.

김정열, 2012, 「요서지역의 청동기문화와 복합사회의 전개」, 『동양학』52.

박대재, 2010, 「기자관련 상주청동기명문과 기자동래설」, 『선사와 고대』32.

박준형, 2014, 『고조선사의 전개』, 서경문화사.

박준형, 2018, 「한국 학계의 고조선사 연구」, 『2000년 이후 국가별 쟁점과 전망 : 고조선사연구동향』, 동북아역사재단

복기대, 2002, 『요서지역의 청동기시대문화 연구』, 백산.

복기대, 1998b, 「魏營子文化의 최근 성과와 해석」, 『선사와 고대』11.

배진영, 2009, 『고대 북경과 연문화』, 한국학술정보.

조진선, 2014, 「중국 동북지역의 청동기문화와 고조선의 위치 변동」, 『동양학』56.

조원진, 2010, 「요서지역 출토 상주 청동기와 기자조선문제」, 『백산학보』88.

오강원, 1997, 「고조선 위치비정에 관한 연구사적 검토」, 『백산학보』48

오강원, 2007, 「비파형동검문화 십이대영자 단계 유물 복합의 기원과 형성 과정」, 『고조선단군학』16.

오강원, 2011, 「상말주초 대릉하 유역과 그 주변지역의 문화 동향과 대릉하 유역의 청동예기 매납유구」, 『한국상고사학보』74.

오대양, 2017, 「고대산문화의 묘제와 장속특징-하가점하층문화와 비교를 중심으로」, 『동양학』66

오대양, 2018, 「산동 악석문화의 최근 연구동향과 쟁점」, 『한국상고사학보』101.

이후석, 2017, 「고고학을 통해 본 초기고조선의 성장 과정 – 십이대영자문화의 변천 과정을 중심으로」, 『숭실사학』38.

이청규, 1993, 「청동기를 통해 본 고조선」, 『국사관논총』42.

이청규, 2009, 「요하유역 북방계 청동기의 출현」, 『요하유역의 초기 청동기문화』, 동북아역사재단.

임병태, 1991, 「고고학상으로 본 예맥」, 『한국고대사논총』1.

천선행, 2010, 「비파형동검 성립전후 요서지역 토착문화의 전개」, 『요하문명의 확산과 중국 동북지역의 청동기문화』, 동북아역사재단.

〈중국어〉

建平縣文化館 等, 1983, 「遼寧建平縣的青銅時代墓葬及相關遺物」, 『考古』8期.

甌燕, 1999, 「燕國開拓祖國北疆的歷史功績」, 『文物春秋』4期.

國家文物局 主編, 2009, 『中國文物地圖集: 遼寧分冊(下)』, 西安地圖出版社.

高美璿, 1985, 「興城縣仙靈寺夏家店下層文化遺址」, 『中國考古學年監1984』, 文物出版社.

高爽, 2018-1-19, 「2017年度遼寧省重要考古成果發布」, 『遼寧日報』.

郭大順, 1987, 「試論魏營子類型」, 『考古學文化論集1』, 文物出版社.

郭大順, 1999, 「遼西窖藏商周青銅器發見和研究的新進展」, 『青銅文化研究』1輯, 黃山書社.

郭大順·張星德, 2005, 『東北文化與幽燕文明』, 江蘇教育出版社.

喀左縣博物館, 1974, 「遼寧省喀左縣北洞村出土的殷周青銅器」, 『考古』6期.

喀左縣文化館 等, 1977, 「遼寧省喀左縣山灣子出土殷周青銅器」, 『文物』12期.

喀左縣文化館, 1982, 「記遼寧喀左縣后墳村發現的一組陶器」, 『考古』1期.

吉林大學邊疆考古研究中心, 2014, 「內蒙古克什克騰旗喜鵲溝銅鑛遺址發掘簡報」, 『考古』9期.

唐蘭, 1973, 「從河南鄭州出土的商代前期青銅器談記」, 『文物』7期.

董新林, 1993, 「魏營子文化初步研究」, 北京大學 碩士學位論文.

董新林, 1998, 「魏營子文化的界定及相關問題略論」, 『青果集』, 知識出版社.

董新林, 2000, 「魏營子文化初步研究」, 『考古學報』1期.

北京市文物管理處, 1976, 「北京地區的又一重要考古收藏-昌平白浮西周木槨墓的啓示」, 『考古』4期.

卜箕大, 1998a,「遼西地區靑銅時代文化」, 吉林大學 博士學位論文.

蘇赫, 1982,「從昭盟發現的大形靑銅器試論北方的早期靑銅文明」,『內蒙古文物考古』2期.

宋豫秦, 1995,『遼西下流域全新世沙質荒漠化過程的人地關係』, 北京大學博士後研究工作報告.

張博泉, 1985,『東北地方史稿』, 吉林大學出版社.

張長壽, 1979,「殷商時代的靑銅容器」,『考古學報』3期.

鄭紹宗, 1977,「夏商時期河北古代文化的初步分析」,『考古學文化論集』4, 文物出版社.

朱永剛, 1987,「夏家店上層文化的初步研究」,『考古學文化論集』1輯, 文物出版社.

朱永剛, 1998,「東北靑銅文化的發展階段與文化區系」,『考古學報』2期.

趙賓福, 2005,「中國東北地域夏至戰國時期的考古學文化研究」, 吉林大學 博士學位論文.

曹圭林·許志國, 1988,「遼寧法庫縣彎柳街遺址調査報告」,『北方文物』2期.

齊曉光, 1991,「內蒙古克什克騰旗龍頭山遺址發掘的主要收穫」,『內蒙古東部區考古學文化研究文集』, 海洋出版社.

陳夢家, 1955,「西周銅器斷代(二)」,『考古學報』第10冊.

陳鳳軍, 2018-1-19,「瀋陽北崴遺址出土靑銅短劍」,『瀋陽日報』.

晏琬, 1975,「北京, 遼寧出土銅器與周初的燕」,『考古』5期.

吳恩岳斯圖, 2007,『北坊草原考古學文化研究』.

楊建華, 2002,「燕山南北商周之際靑銅器遺存的分群研究」,『考古學報』2期.

熱河省博物館, 1955,「熱河凌源縣海島營子村發見的古代靑銅器」,『文物參考資料』8.

遼寧大學歷史系考古敎硏室·鐵嶺市博物館, 1989,「遼寧法庫縣灣柳遺址發掘」,『考古』12期.

遼寧省博物館·朝陽地區博物館, 1973,「遼寧喀左縣北洞村發見殷代靑銅器」,『考古』4期.

遼寧省博物館·朝陽市博物館, 1986,「建平水泉遺址發掘簡報」,『遼海文物學刊』2期.

遼寧省博物館工作隊, 1977,「遼寧朝陽縣魏營子西周墓和古遺址」,『考古』5期.

遼寧省文物考古研究所·吉林大學考古學系, 1992,「遼寧阜新平頂山石城址發掘報告」,『考古』5期.

遼寧省文物考古研究所, 2000,「遼寧義縣向陽嶺靑銅時代遺址發掘報告」,『考古學集刊』13集.

王立新, 2004,「遼西區夏至戰國時期文化格局與經濟形態的演進」,『考古學報』3期.

王立新, 2015,「論克什克騰旗喜鵲溝銅礦遺址及相關問題」,『考古』4期.

王夫想, 1994,「內蒙古林東塔子溝出土的羊首銅刀」,『北方文物』4期.

李伯謙, 1994,「張家園上層類型若干問題研究」,『考古學研究』2.

李殿福, 1983,「庫倫·奈曼兩旗夏家店下層文化遺址分布與內涵」,『文物資料總刊』7輯, 文物出版社.

林澐, 1994,「早期北坊系靑銅器的幾個年代問題」,『內蒙古文物考古文集』1輯, 中國大百科全書出版社.

鐵嶺市博物館, 1990,「法庫縣彎柳街遺址試掘報告」,『遼海文物學刊』1期.

韓嘉谷, 1981,「京津地區商周時期古文化發展的一点線索」,『中國考古學會第三次年會論文集』, 文物出版社.

韓嘉谷, 1990,「花邊鬲尋踪」,『內蒙古東部區考古學文化研究文集』.

韓嘉谷, 1995,「燕史原流的考古學考察」,『燕文化研究論文集』, 中國社會科學出版社.

韓嘉谷·紀烈敏, 1993,「蘇縣張家園遺址靑銅文化遺存綜述」,『考古』4期.

〈일본어〉

甲元眞之, 1990,「燕の成立と東北アジア」,『東北アジアの考古學-天地』, 六興出版.

宮本一夫, 2000,「西周の燕と遼西」『中國古代北疆史の考古學的研究』, 中國書店.

町田章, 1981,「殷周と孤竹國」,『立命館文學』.

白川靜, 1977,「金文通譯46-西周史略」,『白鶴美術館誌』46(2005,『白川靜著作集』別卷, 金文通譯6, 平凡社).

濱田耕作, 1929,『貔子窩』, 東方考古學總刊 第1冊.

2부

고조선시대(=비파형동검문화)의
전개와 주변 지역

5
——

고조선문화권 청동기의 전개와 사회, 시대 구분

이후석

경희대학교 한국고대사고고학연구소 학술연구교수

——

* 이 글은 『韓國靑銅器學報』第30號(韓國靑銅器學會 2022) 게재 논문을 일부 첨삭하여 작성하였음을 밝혀둔다.

I. 머리말

한국 청동기문화권의 범주화는 한국 고고학의 청동기~초기철기시대에 대한 시공간적 범위 설정과도 밀접하게 관련되어 있다. 이와 같은 물질 자료의 범주화는 기준 자료를 무엇으로 하느냐에 따라 달라지기 마련인데, 청동기나 무문토기 같은 유물에서 다른 문화권과 구분되는 정체성이 가장 잘 드러나는 것 같다. 물론 유물군이 시공간적으로 균일하게 확인되는 것이 아니어서 여러 문화 요소를 포괄하는 핵심 요소가 무엇인지 여러 이견들이 있을 수도 있다.

고대 한국의 북방에서 청동기~초기철기시대의 물질문화를 가장 잘 포괄하는 말은 무엇일까? 고고학에서는 다른 문화권과 구별되는 금속기의 본격적인 사용이란 측면에서, 문헌사에서는 고조선(古朝鮮)과 같은 원사 단계 정치체의 출현이란 측면에서 양측면을 관통하는 것이 바로 청동단검문화라고 생각된다. 일반적으로는 비파형동검문화와 세형동검문화로 구분하여 부르지만(한국고고학회 편 2010), 포괄적인 의미에서 단경식동검문화[1]로 부르기도 한다(이후석 2020a).

그렇다면 단경식동검문화의 전개 과정 속에 한국 청동기문화권의 실질적인

---

1) 현재 학계에는 '비파형동검'과 '세형동검'을 포괄하는 말이 별로 없다. '조립식동검'도 가능하겠지만, '공병식동검'과 같은 다른 동검 양식과도 구별하기 위해서는 '단경식동검'도 쓸 수 있는 용어라고 생각된다. 물론 '단경식동검'은 중국학계 일각(成璟瑭 2009)에서 제안했던 말이지만, 굳이 따지자면 비파형동검과 세형동검 역시 각각 북한학계와 일본학계의 용어이다. 여기서는 '비파형동검(문화)'와 '세형동검(문화)'를 포괄하는 경우 '단경식동검(문화)'라는 말을 사용한다.

범주화가 가능하고, 여러 청동 유물군의 조합이나 전이 관계 등을 통해 고조선 문화권의 형성이나 변천 과정을 추정하는 것도 가능하리라고 생각된다. 한국 청동단검문화의 시공간성은 표면적으로는 단경식동검문화와 관련되는 청동기의 분포권을 나타내는 것이지만, 그 이면에는 기술-이념-권력 등과 관련되는 여러 지역 집단 또는 거점 간의 권역화된 상호작용들이 내재되어 있기 때문이다.

　최근 한국 고고학에서는 '초기철기시대'와 '원삼국시대'를 중심으로 현행 시대 구분안의 문제점을 극복하기 위해 여러 대안들이 논의되고 있다. 특히 고조선사를 시대 구분 체계 안에 포괄하기 위한 방안까지 제시되고 있어 이를 '고조선시대론'으로 부를 수도 있다. 그렇지만 관련 논의들은 매우 다양하여 구체적인 합의안을 도출하기 쉽지 않은 상황이다. 여기서는 이와 같은 점을 고려하여 고조선문화권 청동기의 전개 과정을 수장묘의 발달이나 정치체의 발전 양상으로 연결시켜 보고 고조선사 관련 문헌사료의 특수성을 비판적인 시각으로 이해하여 '고조선시대론'을 구체화하고자 한다.

II. 한국 청동기문화권의 시공간적 범위와 시기 구분

　한국 청동기문화권의 시공간성에 대한 최근 논의들은 대개 중국 동북지역이나 러시아의 연해주지역을 상당부분 포함시켜 보고 있고, 이에 대해서는 이미 많은 공감대가 형성되어 있다. 다만 금속기에 한정하면, 중국 동북지역은 기원전 2천년기 전반부터, 남한지역은 기원전 2천년기 후반부터 각각 등장하는 것이어서 시간적인 차이가 작지 않다. 또한 광범위한 지역에서 일부 도구만이 확인되는 것이어서 독자적이거나 한정적인 문화권을 상정하기 쉽지 않다.

　그렇지만 청동단검문화가 유행되는 기원전 1천년기에는 요령지역에서 연해주의 남부지역까지 또는 길림 중부지역에서 남한지역까지 단경식동검문화의 청동 유물군이 한정적인 분포권을 형성하고 있어 이때부터 독자적인 문화권을 형성하였다고 할 수 있다. 물론 철기문화가 본격화된 기원전 1세기경 이후에도 일부 지역에서 단경식동검문화가 지속되나 이때에는 이미 삼국시대(원삼국기 포함)로 진입하는 단계여서 다른 차원에서 추가적인 논의가 필요하다.

〈표 1〉 단경식동검의 주요 상위 형식과 동반유물(이후석 2019b 수정)

분기		비파형동검문화 단계		초기	세형동검문화 단계		
형식		십이대영자식	정가와자식	동대장자식	상보촌식	윤가촌식	괴정동식
속성	융기부	●	●	×	×	×	×
	돌기부	●	●	△	×	×	△
	엽요부	●	●	●	×	△ / ×	△
	검상부	곡선	곡선	직선	평직	평직	평직
	검하부	곡선	곡선	곡직	유견	평직	곡직/평직
	기부	곡선	사직	사직-직절	사직-직절	직절	직절
	봉길이	단봉형	중봉형	장봉형 초장봉형	장봉형 초장봉형	중봉형 초장봉형	단봉형 장봉형
표지유적		십이대M2 목두구M1	정가M6512 탑만촌(석범)	동대M32· 패방M1	우도구90M1, 상보촌M1	자형산, 윤가촌M12	괴정동 동서리
토착무기		동모	동과, 동표	동과, 동모	동과, 동모	·	동과, 동모
다뉴동경		뇌문(Z자문)	뇌문(Z자문)	(요동 ; 구획문)	구획문 성광문	·	구획문 성광문
동부		선형동부	선형동부	장방형동부	선형동부/ 장방형동부	장방형동부	선형동부/ 장방형동부
연대(기원전)		8c전~6c전	6c후~5c후	5c후~4c후	4c중~2c전	4c후~3c후	4c후~2c후

단경식동검문화권은 석범(石范) 주조 동검 및 이에 동반되는 청동 유물군이 한정적인 분포권을 나타내고 있어 주변 문화권과 구분된다. 단경식동검(문화)는 '비파형동검-세형동검(문화)' 또는 '요령식동검-한국식동검(문화)'로 양분하는 것이 일반적이지만, 양자 간의 단절적인 인식으로 인한 문제점을 해소하기 위해서는 동대장자식(이후석 2016)과 같은 '초기세형동검' 단계(이청규 2014a)를 설정하는 것이 필요하다(그림 1, 표 1). 이와 같은 분류안은 동검 외에 동모·동과 및 다뉴동경에도 적용되며, 이를 통해 정치체와 관련되는 무기 및 의례 체계의 전이 과정을 더욱 상세하게 볼 수 있다.

한편 중국 동북지역의 청동기시대는 청동단검문화로의 진입 여부를 기준으로 전기(早期)와 후기(晚期)로 구분되며, 하가점하층문화와 하가점상층문화의 과도기에 외래 계통 청동기가 유행하는 때(북동촌-풍가촌 단계)는 따로 구분하는 것도 가능하다. 청동단검문화는 청동기시대의 후기부터 초기철기시대까지 지속된다. 단경식동검문화권만을 고려하면 비파형동검문화는 대개 4단계로 구분하며(이청규 2014a), 세형동검문화는 보통 3단계로 구분한다(이건무 1992).

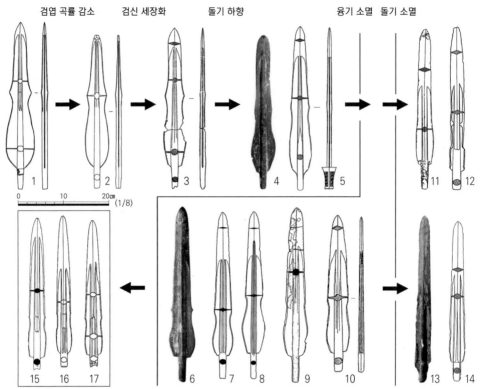

검엽 곡률 감소　　　검신 세장화　　　돌기 하향　　　　　융기 소멸　돌기 소멸

1: 조양 십이대영자 M2, 2: 조양 목두구(M1), 3: 심양 정가와자 M6512, 4: 요양 탑만촌, 5: 객좌 남동구, 6: 건창 동대장자 M20, 7~8·9: 건창 동대장자 M32·M11, 10: 법고 상둔, 11: 건창 우도구 M1, 12: 본계 상보촌 M1, 13: 금주 자형산, 14: 대련 윤가촌 M12, 15: 대전 괴정동, 16~17: 예산 동서리 (단, 6~10: 동대장자식, 11~12: 상보촌식, 13~14: 윤가촌식, 15~17: 괴정동식)

〈그림 1〉 단경식동검의 변천 과정에서 세형동검(요령식/한국식)의 계보

　　최근에는 비파형동검문화를 비파형동검이 등장하는 초기(대산취자-칠도천자 단계), 하가점상층문화의 요소들이 확인되는 전기(십이대영자-이도하자 단계), 옥황묘문화나 그 주변 요소들이 확인되는 후기(주가촌-정가와자 단계), 연하도문화의 요소들이 다수 복합되는 말기(동대장자 단계) 등과 같이 구분한다거나, 동대장자 단계 같은 과도기는 세형동검문화 초기 단계로 설정하고, 그 이후에는 철기 공반 여부를 기준으로 전기와 후기로 세분하는 안도 제시되고 있다.

　　남한지역(북한지역 일부 포함)의 청동기시대는 청동기를 기준으로 3시기로 구분한다거나(朴淳發 1993; 李淸圭 1988), 무문토기를 기준으로 4시기로 구분하는 안이 통용되고 있다(이건무 2020; 武末純一 2020). 다만 '조기-전기-중기-후기'의 구분안은 과거 '무문토기시대'의 규정 틀을 벗어나지 못한 감이 있다. 요령지역과의 병행 관계 및 유행 기간, 용어 적절성의 문제 등을 고려하면, '초기-전기-후기-말기'로 명명하는 것이 당시대의 문화변동을 더욱 잘 반영하는 것이라고 생각된다(이건무 2020; 이후석 2019b). 그렇다면 후기부터 비파형동검문화가 본격 확산되고, 말기에는 세형동검문화가 개시되어 초기철기시대까지 지속되는 것이 된다.

III. 고조선문화권 청동기의 전개와 사회

1. 청동단검문화 이전 단계(=선동검기)
: 초원 계통 청동이기 및 청동제련 기술 확산

중국 북방에서 청동단검문화가 처음 형성되는 것은 시베리아에서 중국 북방지역까지 널리 확인되는 북방 계통 청동이기(靑銅利器)들과 밀접하게 관련된다(姜仁旭 2009). 상대 후기에는 북방계와 중원계로 대표되는 외래 청동기가 토착문화에서 복합되어 청동단검문화를 형성하였는데, 다만 황하 상류에는 이가애문화와 같은 청동단검문화가 발달하였지만, 요하 유역에는 토착문화와의 복합 흔적으로 볼 수 있는 것이 부족하고 청동단검문화의 형성 여부 역시 분명하지 않다.

요하유역에는 하가점하층문화와 하가점상층문화의 과도기에 해당되며, 대단위의 토착문화가 후퇴하고 여러 소단위의 지역문화로 재편되는 과정에서 이질적인 외래 계통 유적군도 함께 형성되는 매우 역동적인 시기이다(이후석 2019a). 중원 계통 유적군은 요하 이서지역에만 한정되는 상주(商周) 청동예기(용기) 매납유적으로 대표되며, 북방 계통 유적군은 발해만권에서 북한 일부 지역까지 확산되는 카라숙계 청동이기 출토 유적으로 대표된다(그림 2).

카라숙계 청동이기 유적들은 대개 매납유구 또는 지표채집 형태로만 확인되고, 구체적인 출토 맥락 역시 불분명한 것이 많다. 이는 한랭건조화된 환경 변화와도 관련되는 북방 계통 장인집단의 이주 활동 때문으로 생각된다(姜仁旭 2009). 다만 요하 평원 일대에서 확인되는 카라숙계 청동이기 유적군은 유적 밀

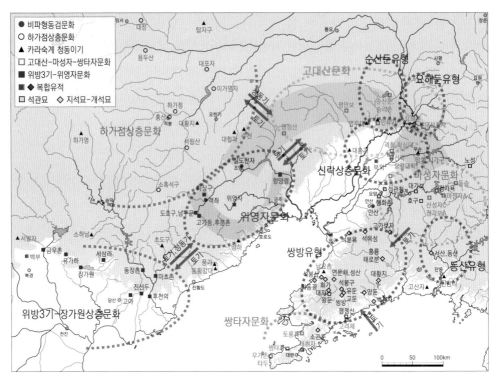

<그림 2> 청동단검문화 형성 전후 물질문화와 주요 유적(기원전 13~10세기경)

집도가 높고 유물 수량 역시 많다. 또한 동월, 동부 등의 일부 재지화된 기종 등을 포함하여 종류까지 다양하여 토착문화와의 결합 가능성도 확인된다(그림 3). 그러므로 이때에는 요하 평원 일대에서 제련 기술 등의 청동 제작기술이 이전보다 제고되는 분위기를 엿볼 수가 있다(이후석 2020a).

한편 이때 북한~남한지역에는 환수동도, 도자형청동기, 청동장식 등의 소형 청동기가 보이는데, 모두 기원전 13~12세기경의 북방 계통(초원 계통) 유물이다. 소형 장식품은 기술력이 높지 않더라도 단타 공정으로 쉽게 만들 수가 있어 현지에서 제작되었다고 생각되나, 환수동도 같은 것은 단합범의 합금 주조품이어서 기술력이 확보되지 않았다면 전입품일 가능성이 매우 높다. 연해주나 요하 평원지역으로 연결되는 기종이다. 정치체는 아직 형성되지 않았다고 생각된다.

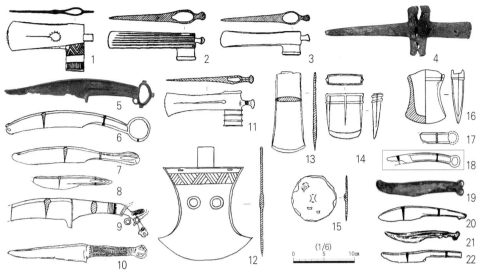

1~3: 신민 대홍기, 4: 개주 남요촌, 5: 무순 망화, 6~15: 법고 만류가, 16~17: 심양 신락, 18: 영성 소흑석구(85A Ⅰ M2), 19: 법고 엽무대, 20: 부신 평정산 3기(H113), 21: 창무 평안보 3기(H3028), 22: 무순 시가구

〈그림 3〉 요하 평원지역 출토 북방 계통 청동유물

2. 비파형동검문화의 전기 단계
: 무기(동검) · 공구(동부) · 의기(동경) 조합 체계 정착, 수장묘의 등장

청동단검문화는 기원전 10세기경 요하 상류 및 하류에서 개시된다. 이는 요하유역에서 청동제련 기술이나 장인들이 정착되고, '검'의 이념 체계 등이 수용됐기 때문으로 이해된다(이후석 2019a). 요하 상류에서 공병식동검이 등장하고, 요하 하류 동서 구간에서 단경식동검이 등장하는 것은 이와 관련되는 기술 혁신 결과이다. 공병식동검이 요하 상류에만 한정되는 것에 비해 단경식동검은 요하 유역 및 그 주변지역까지 널리 확산되는 것이 특징이다(그림 4).

공병식동검문화권에는 공병식동검과 단경식동검이 모두 확인되는 것에 비해 단경식동검문화권에는 단경식동검(비파형동검)만 확인된다. 이는 비파형동검문화의 독자적인 '검'의 기능이나 이념 때문으로 생각된다. 별주식의 비파형동검은 빗겨 찌르거나 내려 찍는 기능으로 주로 사용되었는데(이후석 2020b; 조진선 2017b), 특히 초기 단계 청동검파두식은 석제검파두식과는 달리 대형 고리 형태여서 가중기(加重器)보다는 상징적인 의미 역시 있었다고 생각된다.

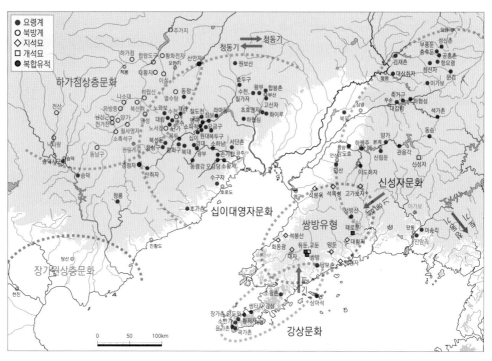

〈그림 4〉 비파형동검문화의 전기 단계 물질문화와 주요 유적(기원전 9~7세기경)

비파형동검과 가장 널리 조합되는 것은 선형동부 등의 공구이며, 높은 등급 무덤에는 다뉴동경·경형동기 등의 의기 및 재갈 등의 차마구가 주로 추가된다. 앞서 언급하였듯이 이는 각각 소유자의 생산력과 종교적인 권능 및 사회적인 지위 등을 표현하는 수단으로 이해된다(강인욱 2018; 이희준 2011; 이청규 2015). 그러므로 요령지역 수장묘는 '무기(동검)+공구+의기' 조합 속에 지역별로 차마구가 복합된다거나 일부 다른 기종들이 추가되는 양상으로 볼 수 있다.

내몽고지역의 하가점상층문화는 북방계와 중원계를 아우르는 청동기를 다량 부장하는 수장묘와 이를 포함하는 대형(20기 이상) 군집묘가 영성 일대에서 확인된다. 청동기는 '복합무기(동검·투구·투부·동모·동촉)+의기(경형동기)+차마구(전차부속)' 중심 체계이며, 외래 위신재와 공구류가 적지 않게 추가된다. 무력-이념-재력-교류 등에 기반하는 수장권을 지닌 지배자가 출현하였으며, 이를 통해 전사와 제장의 상징성을 겸비하면서도 군사적인 면이 강조되는 사회임을 알 수 있다. 수장묘와 그가 속한 분묘군이 8세기경을 전후하여 연속적인 조영 양상을 나타내고 있어 규모있는 정치체가 형성되었음을 추정하여 볼 수 있다.

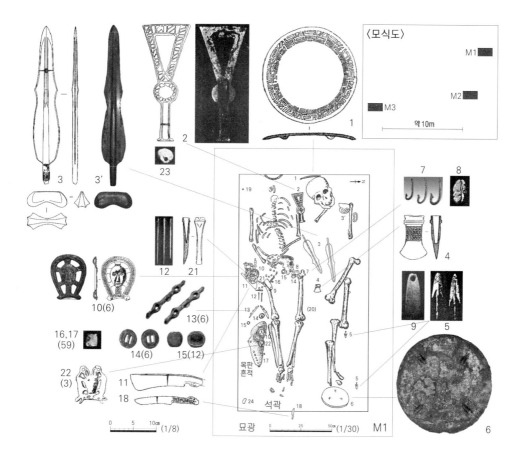

<그림 5> 십이대영자문화의 수장묘와 출토유물(조양 십이대영자 M1)

요서지역의 십이대영자문화는 토착계를 중심으로 외래계의 청동기를 부장하는 수장묘가 포함되는 소형(5기 내외) 군집묘가 조양, 금서 등지에서 확인된다. 청동기는 '단순무기(동검·동촉)+동경(다뉴동경/경형동기)+차마구(일부)' 중심 체계이며, 공구류가 추가된다. 무력-이념-재력 등에 기반하는 수장권을 지닌 지배자가 출현하였으며, 이를 통해 전사와 제장의 상징성이 중시되는 사회임을 알 수 있다. 다만 기원전 8세기경에는 조양·금서 일대, 기원전 7세기경에는 건평 일대에만 수장묘가 찾아지며, 그 연속 조영이나 군집묘의 규모 역시 미미하여 대외적인 상호작용에 기반하는 규모있는 정치체는 상정하기 쉽지 않다(그림 5).

요동 산간지역의 신성자문화(미송리문화)와 요동 남단지역의 강상문화는 토착 계통 청동기를 주로 부장하는 수장묘가 포함되는 소형(5기 내외) 군집묘가 철

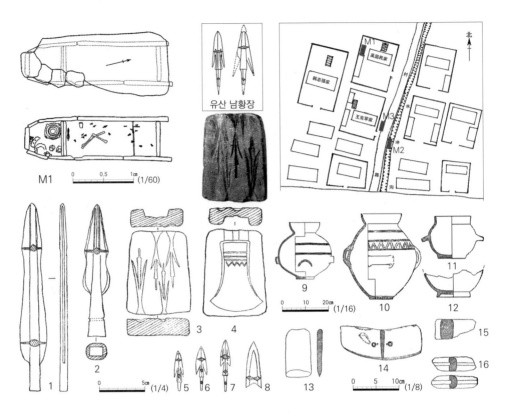

<그림 6> 신성자문화의 수장묘와 출토유물(서풍 성신촌 M1)

령(서풍)이나 대련 일대에서 확인된다. 청동기는 보통 '단순무기(동검·동촉)' 중심 체계이며, 공구류(석범 포함)나 장식류가 일부 추가된다. 개인묘(석관묘·개석묘)와 집단묘(적석묘)를 단순 비교하기 어렵지만, 무력이나 재력 등에 기반하는 수장권을 지닌 지배자가 등장했을 가능성이 높다. 다만 신성자문화는 기원전 9~8세기경 확인되는 '복합무기(동검·동모·동촉)' 조합 양상으로 보아 전사의 상징성이 더욱 강조되며, 강상문화는 기원전 8~7세기경 확인되는 요서 계통 유물들로 보아 교류의 상징성이 더욱 중시됐을 가능성이 높다. 수장묘의 연속 조영이나 군집묘가 부각되지 않아 정치체의 규모 역시 작았다고 생각된다(그림 6).

북한 서부지역의 신흥동문화는 일부 지역의 주거지나 분묘에서 청동기가 확인되나, 그 종류와 수량이 매우 제한된다. 청동기는 '단순무기(동검·동촉 또는 동모)' 체계인데, 석제무기와의 조합 관계가 주로 확인된다. 대개 요동 계통이며, 재지화된 특징 역시 확인된다. '검'과 '모'는 상징성을 수용하는 것에 머물렀을 가

능성이 높다. 청동기를 부장하는 무덤들의 연속적인 조영이나 무덤 간의 차별성
이 크지 않아 정치체가 형성되었다고 단정하기 힘든 상황이다.

3. 비파형동검문화의 후기 단계
 : 무기(동검) · 의기(동경) 체계의 요동~북한 확산 · 강화, 수장묘의
 대형화와 차별 심화

청동단검문화는 기원전 6세기경 내몽고를 대신하여 요서 서부지역과 요동
중부지역을 중심으로 재편되며, 요동~북한지역은 같은 청동무기(동검)-청동의
기(동경) 체계 속에 포괄된다. 즉, 내몽고 동남부지역은 공병식동검문화(하가점
상층문화)가 소멸하는 대신 하북 북부지역에서 유병식동검문화(옥황묘문화)가

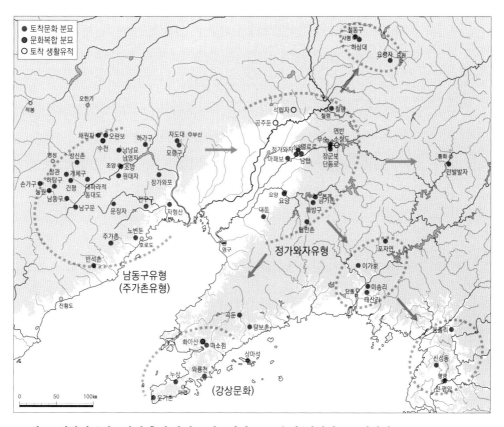

<그림 7> 비파형동검문화의 후기 단계 물질문화와 주요 유적(기원전 6~5세기경)

부상한다. 이때 요서지역의 십이대영자문화는 내몽고 동남부와 요동 일부 지역으로 더욱 확산되며, 요동지역의 토착문화를 점차 구축하게 된다(그림 7).

요서 계통 물질문화가 요동 및 주변 지역까지 광역으로 확산되어 가장 발달했던 시기라고 할 수 있다. 십이대영자문화는 남동구유형(주가촌유형)과 정가와자유형으로 분화되며(오강원 2006), 각각 청동기를 다량 부장하는 수장묘가 포함되는 중형(10기 남짓) 군집묘가 확인된다. 다만 이전과는 달리 수장묘의 입지와 규모는 물론 부장유물에서 더욱 차별화된 것이 특징인데(그림 9), 대형 수장묘를 포함하는 중형 군집묘는 심양 일대와 능원 일대에서 각각 확인된다.

청동기는 '단순무기(동검·동촉)+차마구(다수)' 중심 체계인데, 전개 과정에서 무기류와 공구류가 일부 추가된다. 무력-이념-재력 등에 기반하는 수장권을 지닌 지배자가 등장하였지만, 남동구유형이 외래 계통 위신재를 선호하는 것에 비해 정가와자유형은 의기 또는 의기화된 마구류나 장식품에 더욱 집중되는 양상이다. 남동구유형의 거점 유적(흥성[前]→객좌-능원[後])은 대외 교역 능력을 중시하는 수장권을 지닌 정치체와 관련되며, 정가와자유형의 거점 유적(심양[前]→요양-본계[後])은 종교적인 권능이나 경제력을 더욱 중시하는 수장권을 지

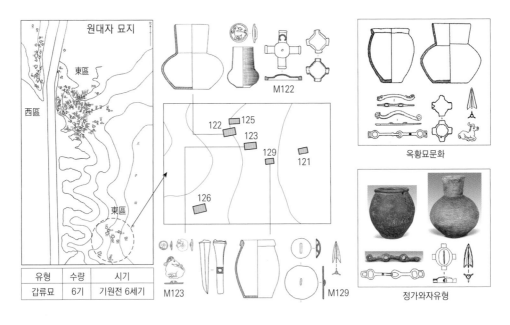

<그림 8> 십이대영자문화의 변동과 정가와자유형의 형성(기원전 6세기경)

고조선의 네트워크와 그 주변 사회

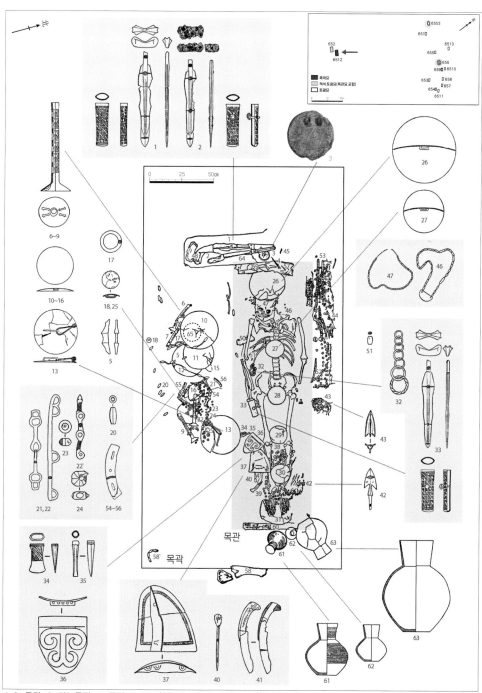

1·2: 동검, 3: 다뉴동경, 4: 동잠, 5·19: 청동교구, 6~9: 청동정식(나팔형동기), 11~12·14~16·65: 경형동기(마구), 10·13: 원개형동기, 17: 동환, 18·25: 동포, 20: 동관, 21·22·22': 동함·동표, 23: 동주, 24: 청동절약, 26~31: 경형동기(의기), 32·33·51: 동초장식(동환·석관)·동검, 34·35: 동부·동착, 36: 청동부낭(방패형동기), 37: 청동도낭(견갑형동기), 38·39: 가죽신발장식(동포), 40·41: 동추·동도, 42: 양익유경동촉, 43: 삼익유공 동촉, 44: 청동궁낭포식, 45: 청동부스러기, 46·47: 석제경식, 48~50: 목병, 52·53: 골제궁미·궁낭, 54~56: 골표(8점), 58·58': 소뼈, 59·60: 탄화관재, 61~63: 도호, 64: 골침

〈그림 9〉 정가와자유형의 수장묘와 출토유물(심양 정가와자 M6512)

닌 정치체와 관련됐을 가능성이 높다.

정가와자유형은 목질 장구를 사용하는 묘제, 청동기와 토기문화 등의 요서 계통 요소들이 대거 확인되는 양상으로 보아 장인집단을 포함하는 인적 교류까지 있었다고 생각된다(그림 8·9). 요중지역에서 형성되어 주변 지역으로 확산되었는데, 천산산맥을 넘어 북한지역까지 파급되는 것이 주목된다. 특히 기원전 5세기경에는 심양 일대에서 요양-본계 일대를 거쳐 단동-의주 일대와 평양 일대에서 각각 유적군이 형성되는 것이 보이는데, 청동기의 '무기(동검)+의기(다뉴동경)' 조합 체계와 함께 점토대토기문화가 수용되는 것은 전사와 제장의 상징성을 겸비하는 수장권의 이념이나 그가 속한 집단 구성원의 정체성이 점차 같아지는 양상으로 볼 수 있다. 또한 제나라와 교류하였음을 보여주는 간접 자료로서 상대방의 청동무기(동검)가 각각 요동반도(보란점)와 산동반도(서하)에서 확인되는 것도 주목된다(이후석 2020c).

4. 세형동검문화 초기 단계
: 무기 체계의 강화 및 의기 체계의 확산, 수장묘의 발달(네트워크의 전환)

청동단검문화는 기원전 400년경 전후 북방 계통 물질문화가 후퇴하고, 중원 계통 물질문화가 동진하는 것과 맞물려서 가장 크게 변동된다. 비수식동검문화는 거의 사라지고, 단경식동검문화도 동주식동검문화와 복합되는 한편, 세형동검문화로의 전환 양상 역시 확인된다. 내몽고 동남부지역은 유목문화(정구자문화)가 유입되나, 골제이기가 발달하는 것이 특징이다. 요서지역에는 십이대영자문화와 연하도문화가 복합되어 동대장자유형이 부상하고, 요동지역에는 정가와자유형이 주변 지역으로 더욱 확산되어 남한지역까지 파급된다(그림 10).

동대장자유형은 건창 일대를 거점으로 크게 발전하였는데, 주변 지역(객좌, 금서)에도 지역 거점이 마련된다. 이때에는 전국연계 무덤들도 일부(객좌, 조양, 심양) 확인되고 있어 연나라를 통한 인적 교류까지 있었음을 알 수 있다. 중원 계통 청동기를 다량 부장하는 수장묘가 포함되는 대형(40기 이상) 군집묘가 확인되며, 수장묘의 규모와 구조는 물론 부장유물까지 더욱 차별화된 양상들이 확인된다. 청동기는 '복합무기(동검·동과·동모·동촉)+예기(청동예기)+차마구(중

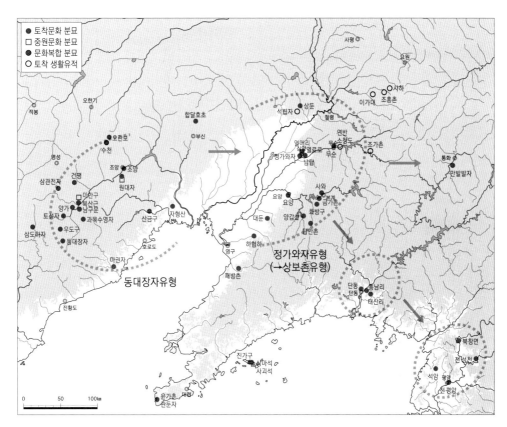

지도 내 표기:
- 토착문화 분묘
- 중원문화 분묘
- 문화복합 분묘
- 토착 생활유적

사평 / 요원 / 오한기 / 적봉 / 합달호초 / 석립자 / 상둔 / 철령 / 이가대 / 조흥촌 / 사하 / 부신 / 오환보 / 수천 / 명성 / 삼관전자 / 건평 / 조양 / 조양 / 원대자 / 미가구 / 신립자 / 남구문 / 양가 / 토성자 / 과목수영자 / 산금구 / 삼도하자 / 우도구 / 자형산 / 동대장자 / 마권자 / 호로도 / 영구 / 대둔 / 하협하 / 패방촌 / 연반 / 무순소청도 / 정가와자 / 무순 / 남탑 / 엽에진 삼양영군로 / 요양 / 요양 / 사와 / 본계 / 금가촌 / 양갑장 / 화방구 / 탑만촌 / 단동 단동 / 동남리 / 태산리 / 통화 / 만발발자 / 북창면 / 전성천 / 석암 평양 / 천평양 / 진황도 / 진가구 / 삼송마석 / 사과석 / 윤가촌 / 패련 / 관둔자

정가와자유형
(→상보촌유형)

동대장자유형

<그림 10> 세형동검문화 초기 단계 물질문화와 주요 유적(기원전 4세기경)

원 계통)' 중심 체계이며, 공구류나 장식류가 다수 추가된다.

정가와자유형이 다뉴동경·이형동기 등과 관련되는 제의권을 중요하게 인식하였다면, 동대장자유형은 청동무기·예기 등의 중원 계통 위신재로 대표되는 대외 교류권을 수장층의 권력 기반으로 삼았다고 할 수 있다(그림 11). 건창 일대를 중심으로 거점 유적 내부 및 주변 유적 간의 차별화된 양상으로 보아 이전보다 계층화가 훨씬 진척되었음을 알 수 있다. 일부 수장묘에서는 순장 인골 및 마차 1대분을 초과하는 차마구와 페르시아 계통 유리구슬까지 확인되고 있어 계층화된 정치체의 권력 정점에 선 지배자의 수장권을 추정하게 한다(이후석 2020b).

한편 이때 이후부터 청동무기와 청동공구의 조합 체계가 일변하는 것이 확인된다. '검-과-모'와 '부-착-사'로 구성되는 세형동검문화의 무기 체계와 공구 체계는 그 기원지가 각각 다르지만, 크게 보면 중원문화와의 접촉 결과라고 할 수

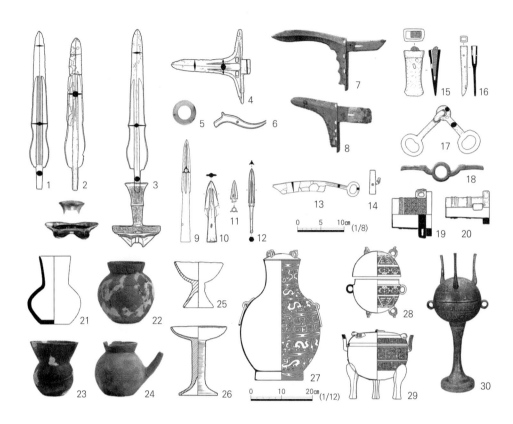

<그림 11> 동대장자유형 수장묘의 주요 부장유물(건창 동대장자)

있다. 특히 전형세형동검(한국식)과도 관련되는 초기세형동검(동대장자식), 한 국식동과와 한국식동모로 이어지는 요령식동과와 세신형동모가 동대장자유형 에서 확인되는 것이 주목된다. 이와 같은 '검-과-모'의 청동무기 조합 체계는 '요 서→요동→북한·남한' 방면으로 연쇄 전이되었는데(그림 13), 이는 수장권의 발 달이나 정치체의 대외적인 상호작용 증대 과정과도 밀접하게 관련된다.

5. 세형동검문화 전기 단계
: 상보촌유형-괴정동유형 분화 · 발전, 무기 · 의기 체계의 정착 및
수장묘의 분화

세형동검문화로의 전환 과정은 이미 기원전 4세기대 전반 요서지역에서 비 롯되었으며, 기원전 4세기대 후반에는 요동~남한지역에도 그와 같은 모습들이

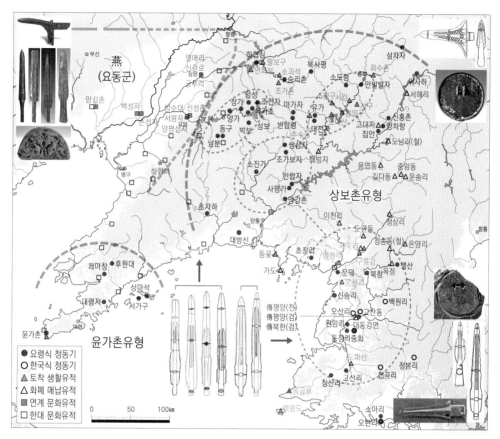

<그림 12> 세형동검문화 전기 단계 물질문화와 주요 유적(기원전 3세기경)

확인되기 시작한다. 또한 연하도문화가 요동지역으로 확산되는 기원전 3세기대
에는 점차 '이형동기'가 탈락하고, '동검-동과-동모' 등의 무기 체계와 '다뉴동경
(태양문식)' 등의 의기 체계가 확산되며 더욱 정형화된 모습으로 정착된다. 특히
이런 과정에서 '요동-북한-남한'으로 연결되는 교류 관계가 주목된다.

　요동지역의 세형동검문화는 요동 동부지역과 북한 서부지역에서 유행했던
상보촌유형과 요동 남단지역에서 유행했던 윤가촌유형의 두 유형으로 구분된
다. 이는 그동안에 '세죽리-연화보유형'으로 불려왔던 요동지역의 초기철기시대
문화권을 중원문화권에 속한 요동 서부지역을 제외하고 재설정한 개념이다. 상
보촌유형과 윤가촌유형은 동대장자유형의 무기류가 일정하게 복합되는 것이
특징인데, 동검이나 토기 구성 등이 서로 달라 같은 정체성을 지닌 정치체로 보
기 힘든 면이 있다. 상보촌유형은 윤가촌유형과 달리 연계 철기문화와도 다양하

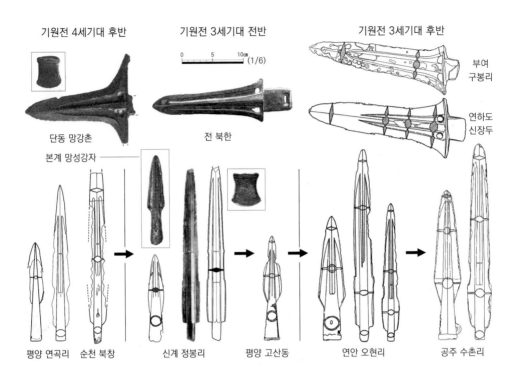

<그림 13> 세형동검문화(상보촌유형/괴정동유형)의 접변과 변천(동과·동모)

게 복합되며 더 오랫동안 유행하는 것이 특징이다(그림 12).

북한지역은 요동 동부지역에서 남하하는 상보촌유형과 남한 서부지역에서 북상하는 괴정동유형의 세형동검문화가 중첩되는 점이지대이다(이후석 2014). 특히 상보촌유형은 정가와자유형에 이어 일찍부터 '본계-단동-평양' 방면으로 긴밀하게 연결되는 유적군을 형성하는 것이 주목된다. 청동기는 무기체계가 전이되어(그림 13) '복합무기(동검·동과·동모)+의기(동경)' 중심 체계이며, 공구류가 추가된다. 역시 무력-이념 등을 겸비하는 수장권에 기반하는 정치체가 발달하였음을 알 수 있다.

북한지역의 세형동검문화는 기원전 3세기대 전반에는 상보촌유형의 유물 위주(전 평양, 재령 고산리), 기원전 3세기대 후반에는 상보촌유형과 괴정동유형의 유물 복합(연안 오현리), 기원전 2세기대 전반에는 괴정동유형의 유물 위주(평양 반천리)라는 것을 통해 괴정동유형이 상보촌유형을 점차 대체하였음도 확인된다. 다만 상보촌유형의 동검이나 다뉴동경 등의 일부 유물들은 남한 서부지역(익산, 전주, 전 전북)으로 전이되는 것도 확인된다.

6. 세형동검문화 후기 단계

: 세형동검문화와 철기문화의 이원적인 네트워크 발달,
무기 · 의기 · 공구 체계의 변화

중원 계통 철기문화가 널리 보급되는 상황에서 기원전 2세기대 요동지역의
세형동검문화는 점차 혼강-압록강권으로 축소되는 한편 길림-연해주의 초기철
기문화 요소들과 복합되며 정체성이 변화된다. 북한지역에는 상보촌유형을 대

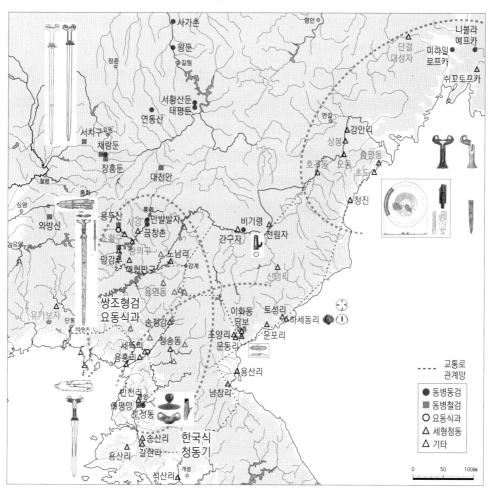

〈그림 14〉 세형동검문화 후기 단계 물질문화와 주요 유적(기원전 2세기경)

신하여 괴정동유형의 세형동검문화가 연계 철기문화를 수용하여 더욱 발전하였는데, 이는 낙랑군의 설치 이후에도 지속되는 흐름이다. 다만 북한 서부지역에는 출토 맥락을 알 수 있는 자료들이 매우 적은 점이 문제이다.

압록강~청천강 중상류의 산간지대를 중심으로 연·제·조와 관련되는 청동무기(또는 철기)-화폐 매납유구 역시 다수 확인되는 것이 특징인데, 기원전 3세기대 후반부터 기원전 2세기대 전반으로 편년되는 것이 많고(이청규 2014b; 이후석 2022), 토착적인 주거지나 적석유구에서 출토되는 것을 고려하면, 그 담당자는 유이민은 물론 토착민도 많았다고 생각된다. 요동지역에는 이미 전국 말~서한 초 단계부터 연나라와 관련되는 철제무기가 압록강권까지 유출되는 점을 고려하면, 북한 서부지역에도 일부 유입되었다고 보는 것이 타당하다(그림 14).

북한지역의 괴정동유형은 동북방면에는 두만강권(온성)을 넘어 연해주권까지 널리 확산되며, 서북방면에는 평북지역의 청천강권(박천, 영변, 희천)까지 확산되는 것이 확인된다. 특히 평북 일부 지역은 위만조선 영역으로 볼 수 있다. 또한 쌍조형검, 요동식과(철과), 비한식계 차마구류 등이 압록강권(장백, 통화, 신빈)에서 청천강권(영변)이나 대동강권(평양)까지 확인되고 있어 수장층의 권력 기반 역시 확대되었다고 생각된다(이후석 2022). 아직 불충분한 자료지만, 북한지역에는 세형동검문화와 철기문화와의 이원적인 네트워크 또는 압록강권과 두만강권을 연결하는 중첩적인 네트워크 전략을 추진했던 정치체가 있었다고 생각된다.

IV. 단경식동검문화의 획기와 '고조선시대론'

1. 단경식동검문화의 변동과 고조선계 물질문화

이와 같이 고조선문화권의 청동단검문화는 청동기시대의 전환기에 해당되는 상대 후기 무렵 카라숙계 청동이기 확산 단계를 지나서야 개시되는 것을 알 수 있다. 이때에는 청동제련 기술력이 제고되기 시작하였으며, 처음으로 '동검'이나 그 이념 체계가 알려진다. 기원전 10세기경 청동단검문화 개시 단계부터 요하

〈표 2〉 고조선계 청동단검문화의 하위유형1 : 십이대영자유형과 정가와자유형

문화유형	십이대영자유형	정가와자유형
시기/지역	기원전 8~6세기경, 요서지역(조양-건평 일대 중심)	기원전 6~4세기경, 요중지역(심양-요양 일대 중심)
지형/수계	노로아호산~의무려산 / 대릉하	요하평원~천산산맥 / 혼하-태자하
표지 유적	조양 십이대영자·원대자 건평 대랍한구·포수영자	심양 정가와자, 요양 탑만촌, 본계 금가촌
주요 묘제	석곽묘, 토광묘(다수), 목곽묘(소수), 주축 동서 방향 위주	토광묘(일부 적석, 다수), 석관묘 목곽묘(소수), 주축 동서 방향 위주
청동 무기	십이대영자-목두구식 동검, 청동검병, (동모)	정가와자-탑만촌식 동검, 청동검병, 동표, (동과)
청동 의기	다뉴뇌문동경, 경형동기	다뉴뇌문동경, 경형동기, 이형동기
청동 공구	선형동부(유문 위주), 동착, 동도	선형동부(유문+무문), 동착, (동도)
주요 토기	이중구연점토대발, 평저(장경)호	점토대발, 평저장경호, 두형토기

유역 주변부로 청동 제련 기술이나 단경식동검이 급속도로 확산되는 것은 이와 같은 기술적·이념적 배경 때문이다.

단경식동검문화는 요하 하류 주변부는 물론 북한지역을 넘어 남한지역까지 확산된다. 기원전 9세기경에는 신성자문화의 거점(서풍)에서 '무기(동검·동모)' 중심 수장권이, 기원전 8세기경에는 십이대영자문화의 거점(조양)에서 '무기(동검)+의기(동경)' 중심 수장권을 배경으로 하는 지배자가 각각 등장하는 것이 주목된다. 다만 수장묘의 연속적인 조영이나 군집묘가 미약하여 정치체의 발전과도 관련되는 수장권의 발달이나 사회 계층화는 공병식동검문화(하가점상층문화)에 훨씬 못미치며, 원거리의 대외 교류 흔적으로 볼 수 있는 것도 거의 없다. 고조선이 이때 성립되었다면 소읍(小邑) 또는 소국(小國) 수준으로 중원국가에는 알려졌을 가능성이 낮다.

단경식동검문화가 발전하는 기원전 6~5세기경에는 십이대영자문화가 요서 지역에서 요동지역으로 확산되는 것이 주목된다. 요서 서부지역(前: 흥성 → 後: 객좌-능원)과 요동 중부지역(前: 심양 → 後: 요양-본계)의 두 권역에서 권력 기반이나 이념 체계가 다른 정치체가 성장하는 것이 확인된다. 이때에는 이전과는 달리 수장묘가 포함되는 군집묘가 발달하기 시작하고, 그 내부에서 수장묘의 입지와 규모는 물론 출토유물에서 차별성이 심화되는 것이 특징이다. 특히 정가와 자유형은 남동구유형에 비해 십이대영자유형과 밀접하게 연결되고(오강원

2006; 이청규 2008), '무기(동검)+의기(동경)+차마구(마구 중심)' 조합 체계를
기반으로 하는 수장권이 확인되어 주목된다.

또한 정가와자유형은 전국시대에는 동대장자유형과도 교류하여 토착 계통
청동무기(동과·동표)가 추가되는 한편 천산산맥 주변에서 북한지역(평양)까지
확산되고 있어 고조선과 관련됐을 가능성이 가장 높은 물질문화이다. 이때에는
요서 계통 동검과 다뉴동경 조합으로 대표되는 수장권의 이념이나 토기문화까
지 전이되어 같은 정치체나 관계망에 포괄되었음을 알 수 있다. 또한 대국(大國)
수준의 연맹체적 국가 형태가 형성되어 고대 중원국가에도 알려졌을 가능성이
높다. 단편적인 사례지만 춘추 말~전국 초 단계 요동반도에서 확인되는 중원식
동검(보란점 화아산)과 산동반도에서 출토되는 비파형동검(서하 행가장)은 고조
선의 대외적인 상호작용을 보여주는 것일 수가 있다.

한편 기원전 4세기대 후반 이후에는 세형동검문화가 지역별로 분화되어 발
전한다(표 3). 처음에는 요동~북한지역에서 상보촌유형이 확산되고, 남한지역
에서 괴정동유형이 발전하고 있어 고조선계 물질문화는 상보촌유형의 세형동
검문화라고 판단된다. 그렇지만 나중에는 북한 서부지역에서 상보촌유형과 괴

〈표 3〉 고조선계 청동단검문화의 하위유형2 : 상보촌유형과 괴정동유형

문화유형	상보촌유형	괴정동유형
시기/지역	기원전 4~2세기경, 요동 동부~북한지역(요동→북한)	기원전 4~2세기경, 북한·남한(남한→북한)
	북한지역 : 문화 점이지대(전 3세기 말 이후; 상보촌유형→괴정동유형)	
지형/수계	천산산맥~낭림산맥, 혼하-태자하 중상류~예성강	낭림산맥~연해주 남부, 청천강~두만강~수분하
표지 유적	본계 유가초·상보촌, 단동 망강촌· 재령 고산리, 평양	대전 괴정동, 부여 구봉리, 봉산 송산리, 평양 반천리
	복합유적(철기 공반 이전) : 연안 오현리, 익산 마동, 전주 원장동	
주요 묘제	토광묘, 석관묘(다수), 일부 적석시설, 주축 다양	토광묘(다수), 석관묘(소수), 일부 적석시설, 주축 등고선에 직교
청동 무기	상보촌식(류) 동검, 청동검병, 세신형동모·요령식동과	괴정동식(류) 동검, 한국식동모, 한국식동과
청동 의기	다뉴조문경(구획문·엽맥문·격자문·성광문), 경형동기, (이형동기)	다뉴조문경(구획문·성형문·성광문) 다뉴세문경(태양문·동심원문), (경형동기), 이형동기, 동령(쌍두령·팔주령·간두령)
청동 공구	동부(선형+장방형), 동착, 동추	동부(선형→장방형), 동착, 동사
주요 토기	이중구연점토대발, 발, 두형토기, 평저호	점토대발, 평저장경호, 두형토기, (발)

정동유형이 복합되고 있어 고조선계 물질문화 역시 일부 변화되었음을 알 수 있다. 이때에는 괴정동유형의 한국식동과와 한국식동모가 각각 하북지역(연하도)과 산동반도(용구)에서 출토되어 대외적인 상호작용과 관련하여 주목된다. 다만 두 유물 모두 기원전 3세기대 후말엽경으로 편년되는 것이어서 고조선의 교섭 대상은 전국시대의 연나라나 제나라보다는 통일기의 진나라나 진말한초 혼란기와 관련되는 것일 가능성이 높다(이후석 2022).

또한 기원전 3세기대 말엽 이후 괴정동유형의 세형동검문화가 연계 철기문화와도 복합되어 발전하였는데, 이는 위만조선의 기층문화임이 틀림없다. 낙랑군의 초기 무덤에서 한국식의 청동기가 다량 출토되는 점은 이를 반증하는 양상이다. 이때에는 혼강-압록강권이나 두만강-연해주권과도 활발하게 교류하고 있어 중첩적인 상호작용의 네트워크에 따라 위만조선의 물질문화 역시 다양하게 복합됐을 가능성이 높다. 다만 위만조선의 거점(왕검성)이나 최고 수장묘에 대해서는 아직 검증해야 할 요소들이 많다.

이와 같이 한국 청동기문화권에는 단경식동검문화가 발달하였으며, 청동기를 중심으로 토기까지 일부 반영하여 설정되는 단경식동검문화의 시공간적 범주에는 십이대영자문화가 가장 주도적인 흐름으로 확인된다. 특히 요동~북한지역에서 정가와자유형 단계부터 세형동검문화 단계까지 문화적인 연속성과 계승성이 강한 것은 시사하는 바가 크다. 그러므로 고조선의 기본적인 시공간성 등은 관련 문헌 기록으로 파악해야 하겠지만, 그 전개 과정을 온전하게 복원하기 위해서는 고고학적 측면에서 십이대영자문화의 변천 과정에도 충분하게 주목해야 할 필요성이 있다.

2. 고조선사와 한국 고고학의 '고조선시대론'

단경식동검문화의 획기 및 그 전개 과정에서 확인되는 단위 정치체가 온전하게 고조선사 흐름 속에 연결되기 위해서는 역사적인 맥락들에 대한 이해 역시 중요하다. 특히 고조선이 어떤 시공간성을 지니면서 변천하였는지 파악하는 것이 관건이다. 역사학계에서 이와 관련되는 많은 논의들이 있었지만(고조선사연구회·동북아역사재단 편 2009; 동북아역사재단 한중관계연구소 편 2018) 거시적인 흐름에서 확인되는 논점들은 비슷하다. 즉, 초기 단계 시간성에 대해서는 기원전 8~7세기설과 기원전 5~4세기설로 대별되며, 그 공간성에 대해서는 요서중심설과 요동중심설은 물론 북한중심설이 최근까지 이어지고 있다.

기원전 8~7세기설은 『관자(管子)』 경중제편(輕重諸篇)에서 제나라와 교류했을 가능성이 높은 집단으로 나온 '발조선(發朝鮮)'에 근거한다.[2] '발조선'은 보통 '발'과 '조선' 또는 '발의 조선'으로 해석되며, 친연성이 강한 집단으로 추정되고 있다. 다른 편목에서 '산융(山戎)'이나 '예맥(穢貊)'이란 명칭 역시 나오지만, '예맥' 명칭만은 신뢰성이 떨어지는 편목에서 유일하게 한번 나오므로 당시대의 인식으로 보기 힘든 면이 지적되고 있다(노태돈 1998; 박대재 2014).[3]

사실 『관자』라는 책은 편목별로 작성 시기가 다른 후세대의 축차적인 기록이며, 그 내용에는 전국시대 이후 인식까지 적지 않게 포함되어 있다. 특히 '발조선'이 포함되는 '경중제편'에는 전국 말기 이후 또는 서한시기 인식으로 보여지는 재정론이 담겨 있다(김정열 2018; 박대재 2014). 이에 전국시대 이후 인식으로 평가하는 견해(노태돈 2000; 박대재 2014; 吳江原 2015; 이성규 2002)들이 적지 않게 제기되었는데, 춘추시대의 사실로서 인정하는 견해(김정배 2010; 박준형 2014; 서영수 2005; 송호정 2003)들도 많다. 어찌됐든 '경중제편'의 '발조선'을 포함하는 많은 전승들이 환공과 관중의 대화 방식으로 가탁하여 재구성한 것이라는 점은 인정된다(노태돈 2014). 그렇다면 '발조선'의 대화 내용 역시 춘추시대까지 소급시켜 보더라도 기원전 7세기경 특정 시점으로 고정하기 어렵다고 생각된다.[4]

---

2) 『管子』 卷23 輕重甲 第80, "桓公曰 四夷不服 … 一豹之皮 容金而金也 然後八千里之發朝鮮可得而朝也". 『管子』 卷23 揆度 第78, "管子對曰 ..... 發朝鮮文皮".

3) '穢貊'이란 족속명이 춘추시대에는 없는 말이라고 하더라도 물질문화 연속성의 관점으로 보면, 결국 전국시대의 '穢貊'으로 연결되는 실체라고 생각된다(박준형 2018; 이후석 2017).

4) 『삼국사기』 초기기록을 완전히 신뢰하는 것이 아니라면, 『관자』 경중제편 역시 이에 버금가는 수준으로 바라보는 것이 합당하다. 『관자』 경중제편 기록으로 보는 초기 고조선은 그 시간성은 물론 공간성을 특정하기 힘든 것도 문제이다. '산융'이나 '조선' 모두 기원전 700년경 전후 제나라와 상호작용하는 정치체였다면, 또한 하가점상층문화(남산근유형)의 집단들이 '산융'으로 불렸으며, 십이대영자문화(십이대영자유형)의 집단들이 '조선'으로 불렸다면, 서로 인접하는 두 정치체는 『관자』 등의 선진문헌에서 함께 기록되었어야 한다. 기원전 700년경 이후 십이대영자문화의 거점 유적군이 요서지역의 건평 일대임을 감안하면 더욱 그러하다. 또한 이때 요동지역의 본계 일대에도 십이대영자문화와 관련되는 지역 거점이 마련되는 것도 주목해야 한다. '발조선'과 관련되는 내용만을 보면 요서지역보다 요동지역에서 고조선을 찾는 것이 더 가능성이 높기 때문이다.

기원전 5~4세기설은 『전국책(戰國策)』과 『위략(魏略)』에서 기원전 4세기경 연나라의 동쪽에서 활동하였다는 '조선(朝鮮)' 관련 기록으로 설명된다.[5] 전국시대 사료에는 '맥국(貊國)' 등이 관련 명칭으로 나오는데,[6] '조선'과의 친연성이 부각된다(박대재 2014; 박준형 2014; 이성규 2003). 다만 '맥국'은 대개 '조선' 서방(西方)에서 활동했던 집단(林澐 1994; 吉本道雅 2008)으로 이해되고 있다.

'조선'이란 명칭만을 보더라도 '예맥(穢貊)', '흉노(匈奴)' 등과 같은 비하적인 멸칭보다 우호적인 미칭으로 볼 수 있다(이성규 2003). 이를 감안하면 고조선의 국명 '조선'은 연나라와 대립 관계 하에 있던 기원전 4세기경보다 훨씬 일찍 부여되었거나(이후석 2021), 제나라와 서로 연결되는 상황에서 조금 일찍 부여되었다고 생각된다(이성규 2003). 물론 기원전 4세기경 이전부터 '조선후(朝鮮侯)'로 불린 수장층이 있었다면, '조선'이란 국명 역시 그 이전부터 존재했던 것이 틀림없다. 또한 고조선이 중원사회와의 상호작용 하에 스스로를 '조선'으로 인식하였다면, 동대장자유형 집단들을 통하였을 가능성도 있다. 다만 이에 대한 검증 자료가 아직 부족하다.

또한 『위략』에서 연국과의 실질적인 물적·인적 교류 대상이자 규모 있는 경쟁 대상으로 서술[7]되고 있는 점을 고려하면, 고조선은 요서지역이나 요동지역에서 찾는 것이 타당하다. 이에 동대장자유형이나 정가와자유형의 거점 유적군이 더욱 주목된다. 다만 『염철론(鹽鐵論)』과 같은 한대 문헌에는 고조선이 요동 방면에서 연나라와 충돌했던 것이 언급되고 있어[8] 전국시대에는 요동지역에서 중심지를 찾는 것이 합리적이라고 생각된다(노태돈 2000; 서영수 2005). 그러므로 기원전 5~4세기경에는 정가와자유형 거점 유적군(심양, 요양-본계)이 위치하는 요동지역에서 고조선의 중심지가 위치했을 가능성이 가장 높다.

다만 『위략』에서 확인되는 '조선' 관련 기사들은 『사기』와는 같은 계통으로 보기 어려우며, '기자조선설'을 긍정하는 한대 인식 속에 고조선을 달리 묘사하

---

5) 『戰國策』 卷29 燕策1, "蘇秦將爲從北說燕文侯曰 燕東有朝鮮遼東 北有林胡樓煩 西有雲中九原 南有 嘑沱易水 地方二千餘里".
6) 『山海經』 卷11 海內西經, "東胡在大澤東 夷人在東胡東 貊國在漢水東北 地近于燕 滅之".
7) 『三國志』 卷30 烏丸鮮卑東夷傳 第30 裴松之注 『魏略』, "昔箕子之後朝鮮侯 見周衰 燕自尊爲王 欲東略 地 朝鮮侯亦自稱爲王 欲興兵逆擊燕以尊周室. 其大夫禮諫之 乃止 使禮西說燕 燕止之不攻".
8) 『鹽鐵論』 卷8 伐功 第45, "燕襲走東胡 辟地千里 度遼東而攻朝鮮".

고 있어 신중하게 접근해야 한다(이성규 2003). 이에 고조선의 역사상도 사료 계통별로 약간 달리 인식했을 가능성이 높다.[9] 다만 그럼에도 고조선이 연나라의 동쪽에서 규모있는 정치체로 인식되는 것은 인정된다. 또한 기원전 4세기경은 정가와자유형이 남한지역까지 확산되고, 동대장자유형과도 교류하여 비파형동검문화가 세형동검문화로 전환되는 획기라는 점이 주목된다. 이와 같은 맥락에서 기원전 4세기경은 고조선사와 고고학의 획기라는 측면에서 충분하게 주목해야 한다.

한편 기원전 3세기대 초엽 고조선은 연나라에 패해 천산산맥 이동지역으로 후퇴하는 것이 확인된다. 이때 천산산맥 이서지역에는 요동군이 설치되고, 그 이동지역에는 세형동검문화가 더욱 분화되는 것이 주목된다. 특히 상보촌유형은 요동 동부지역에서 북한 서부지역까지 확산되었는데, 이는 고조선의 재편 과정과도 밀접하게 관련되는 양상으로 생각된다. 이때 요동군의 압박이나 강제력은 고조선계 집단 간의 결속력을 높여주는 배경으로 작용하였다고 생각된다(이후석 2017: 150).[10] 기원전 200년경을 전후하여 북한지역에는 상보촌유형이 쇠퇴하고 괴정동유형이 연계 철기문화와 복합되며 발전하였으며, 이는 위만조선 건국 과정에서 연계 유이민과 토착민이 결합하는 양상들을 반영하는 것일 수도 있다.

이와 같이 청동단검문화와 고조선사의 전개 과정을 비교하면, 먼저 기원전 9~8세기경을 제외하면 기원전 6~5세기경과 기원전 4세기경이 획기라는 것을 알 수 있다. 선진문헌 기록대로 기원전 7세기경을 획기라고 하기에는 문헌 사료 및 고고자료 모두 시간성과 공간성을 특정하기 힘들다는 것이 문제이다. 고조선은 늦더라도 대형 수장묘가 차별화된 양상으로 확인되는 정가와자유형 범주에서 등장하였으며, 이후 동대장자유형과의 교류 관계가 활발해지면서 복합무기체계가 전이되어 수장권이 강화되고, 세형동검문화로의 전환 과정에서 더욱 성장하여 연맹체적 관계 하에 연나라와 경쟁했을 가능성이 높다. 그러므로 고조선

---

9) '箕子朝鮮' 외에 '稱王' 시기 등이 문제이다. 『위략』에는 기원전 4세기 말 '朝鮮侯'가(각주7 참조), 『삼국지』에서는 기원전 3세기 말 '(箕)侯準'이 왕을 자칭하였다고 한다(『三國志』 卷30, 烏丸鮮卑東夷傳 第30 裵松之注 및 韓, "侯準旣僭號稱王 爲燕亡人衛滿所攻奪").

10) 유럽 철기시대에도 팽창적인 문명국가와의 접촉 과정에서 주변 토착사회(tribal zone)의 정치적·종족적 정체성과 통합력이 제고되는 양상들이 확인된다(Peter S. Wells 2001: 31-32).

〈표 4〉 고조선계 청동단검문화와 고조선사의 분기 대비

청동단검문화 (주요 문화유형)	시기 및 거점	고조선사	비고
비파형동검문화 전기 (십이대영자유형)	기원전 8c~7c경, 조양→건평·본계	초기 고조선 (또는 先고조선)	『관자』 기록 신뢰성의 문제 (전 700년 전후 건평 및 본계 부상)
비파형동검문화 후기 (정가와자유형)	기원전 6c~5c경, 심양	전기 고조선	『사기』, 『염철론』의 기록 충족 (중심지가 요하 이동지역)
세형동검문화 초기 (동대장자유형/ 정가와자유형)	기원전 4c경, 건창 / 요양–본계	후기 고조선[11] (후국 단계)	『위략』 기록 충족 (연맹체에 포괄, 전 4c후반 정가와자유형→상보촌–괴정동유형)
세형동검문화 전기 (상보촌유형 위주)	기원전 3c경, 본계~단동 또는 평양 / 호서	후기 고조선 (왕국 단계)	『사기』 등의 기록 충족 (연맹체의 재편, 전 3c말 상보촌유형→괴정동유형)
세형동검문화 후기 (괴정동유형 위주)	기원전 2c경, 평양 일대	위만조선	『사기』 등의 기록 충족 (위만조선 후기에는 철검문화 단계로서 별개 유형 설정 가능)

사는 고조선이 문헌 기록에서 본격 등장하는 세형동검문화 개시 무렵을 기준으로 정가와자유형 단계부터 구분하는 것이 합리적이라고 생각된다.

최근 한국 고고학은 고조선의 역사성을 반영하는 시대 구분안을 마련하기 위해 노력하고 있다. 특히 그동안에 모호하게 취급하여 왔던 고조선사를 반영하는 한편 '초기철기시대'의 문제점을 극복하기 위해 여러 대안들이 제시되고 있다 (이청규 2007; 정인성 2019; 조진선 2020). 다만 개설서의 시대 구분 체계에서 '초기철기시대'를 '고조선시대'로 바꿀 경우, 청동기시대의 고조선은 어떤 위치에서 규정해야 하는 지가 문제이다. 즉, '고조선시대'를 고조선사를 기준으로 확장하게 되면, 초기 고조선의 시공간성이 분명하지 않아 청동기시대의 어느 단계부터 어떤 지역을 대상으로 '고조선시대'로 부여하는 것이 타당한지 확정하기 힘들다는 것이 문제이다.[12]

일단 '고조선사'와 '고조선시대'는 일치하지 않을 수도 있는 점을 인식해야 한다. 이를테면 고조선은 비파형동검문화의 전기 단계부터 있었다고 생각되나, 비

---

11) 문헌기록만을 고려하면, 이때에는 '전기 고조선'이라고 하는 것이 맞을 수도 있다.

12) '삼국시대'의 개시기는 『삼국사기』에서 확인되는 소위 건국연대에 근거하여 확정하는 것이 가능하다. 그렇지만 '고조선시대'의 개시기는 문헌 사료에서 고조선의 건국연대를 알 수 없어 결국 청동단검문화의 전개 과정에서 확인되는 고고학적 획기로서 파악되는 것이 현실이다.

파형동검문화의 후기 단계부터 시공간성이나 물질문화의 범주화가 가능하며, 세형동검 단계 역시 그 범주화에 대한 많은 견해 차이에도 불구하고 시공간성이 어느 정도 특정된다. 즉, 개설서의 '고조선시대'는 고조선의 물질문화가 서술 대상임을 고려하면, 고조선의 시공간성과 문화내용이 어느 정도 특정되는 단계부터 설정하는 것이 타당하다.

앞서 언급하였듯이 단경식동검문화의 전개과정에서 정치체가 형성 전제 조

〈표 5〉 고조선문화권 청동단검문화의 전개와 시대(시기) 구분

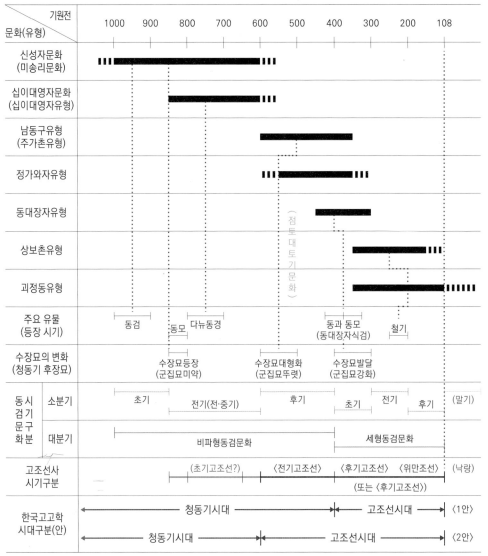

건으로 수장묘가 등장하는 것은 기원전 9세기경의 요동지역(신성자문화)과 기원전 8세기경의 요서지역(십이대영자문화)이다.[13] 그렇지만 대형 수장묘가 조영되어 차별화가 심화되고 정치체가 일정하게 지속되며 대외적인 상호작용이 확인되는 것은 기원전 6~5세기경의 요중지역(정가와자유형)이다. 요중지역의 정가와자유형은 점차 요동~북한지역으로 발전하고, 요서지역과도 교류하며, 세형동검문화와의 시공간성 및 문화 계승 관계 측면에서 볼 때 중첩되는 면이 많아 합리적이라고 생각된다. 그러므로 개설서의 '청동기시대'는 선동검기와 비파형동검문화의 전기 단계 물질문화를 대상으로 하고, 이에 이은 '고조선시대'는 비파형동검문화의 후기 단계부터 설정하는 안과 세형동검문화 초기 단계부터 설정하는 안이 있을 수가 있다(표 5 참조).

한국 고고학의 시대 구분안은 세계사적 보편성과 한국사적 특수성을 함께 고려하여 마련하는 것이 전제이며, 관련 연구와 교육의 효율성을 제고하기 위한 측면 역시 충족해야 한다. 그러므로 개설서에 '고조선시대'를 반영하게 되면 집필과 교육의 편의성도 고려해야 한다. 현행 개설서(한국고고학회 2010)를 기준으로 생각하면, '고조선시대'는 세형동검문화 개시 단계부터 편성하는 안이 보편성과 편의성을 가장 잘 반영하는 안이라고 생각되나, 비파형동검문화의 후기 단계(또는 점토대토기문화로 대표되는 단계)부터 편성하여 고조선사의 실체성을 부각하는 안도 충분하게 고려해야 할 필요성이 있다.

V. 맺음말

한국 청동기문화권의 범주화는 청동기-초기철기시대의 시공간성 및 문화 정체성의 문제와도 밀접하게 관련된다. 기원전 2천년기 후반 이래 남한지역 역시 만주지역 등의 한국 북방지역과 분리되지 않는 청동기문화권을 형성하였기에 한국 고고학의 체계 속에 포함시켜 이해해야 하며, 이에 대한 필요성은 이미 많

---

13) 비파형동검문화의 개시 단계(기원전 11·10세기경)와 고조선사의 여명기를 일치시켜 보는 안도 있겠지만, 고조선이 '천년왕국'이 아닌 이상, 이는 역사 왜곡 논란마저 불러오게 된다.

은 공감대가 형성되어 있다. 이는 곧 한국 고고학이 동북아시아적 견지에서 학문 체계를 재정비할 필요성을 보여준다.

그렇지만 현재 한국 고고학의 연구·교육 체계의 근간이라 할 수 있는 개설서와 교과서는 아직 그와 같은 방향성이 충분하게 반영되지 못한 상황이다. 많은 분야에서 식민주의 고고학을 탈피하였지만, 민족주의·국가주의 역사학과 고고학의 대내외적 도전 속에 혼란스러움도 없지 않다. 이와 관련하여 한국 고고학은 한국사의 출발이라 할 수 있는 고조선사를 반영하는 시대 구분 체계를 마련하여 한국 고고학의 연구·교육 체계를 정비하는 것이 당면과제라고 생각된다.

다만 초기 단계 고조선의 시공간성은 확정하기 힘든 면이 있다. 무엇보다 '조선' 관련 내용들이 전해지는 선진문헌은 서로 다른 입장이나 후대 관점까지 반영되어 있어 신뢰성이 높지 않고 어떤 것을 취신하느냐에 따라 고조선사 역시 극명하게 달라진다. 고고학적 측면 역시 어떤 자료들로 고조선의 물질문화를 설명하느냐에 따라 그 시공간성이 달라진다. 그러므로 한국 고고학계에서 '고조선시대론'이 설득력을 얻기 위해서는 현재까지 연구성과에서 보편성을 담보하는 최대공약수를 찾는 것이 중요하다.

고조선문화권에 해당되는 요령~북한지역의 단경식동검문화는 십이대영자문화를 중심으로 전개되는 점이 널리 인정된다. 특히 비파형동검문화의 후기 또는 정가와자유형 형성 단계부터 세형동검문화 단계까지 '요서 계통 무기(동검/동모·동과)+의기(다뉴동경)' 등의 조합 관계가 확산·강화되는 점을 감안하면, 전사와 제장의 상징성을 겸비하는 수장권이 발달했던 정치체가 고조선을 말해주는 것일 가능성이 높다. 토기문화 역시 점토대토기문화권이 가장 주목된다.

단경식동검문화는 청동기의 전개와 수장묘의 변천 양상으로 보아 이전 단계보다 차별화가 뚜렷해진 기원전 6~5세기경과 기원전 4세기경이 가장 주목된다. 고조선은 기원전 4세기경 규모있는 정치체로 중국에서 뚜렷하게 인지하였기에 늦더라도 기원전 6~5세기경에는 존재하였다고 생각된다. 그러므로 이에 근거하여 한국 고고학의 시대 구분에도 '청동기시대'에 이어 '고조선시대'를 설정하는 안을 제안하고 싶다. '고조선시대'는 비파형동검문화의 후기 또는 세형동검문화의 개시 단계부터 채택하는 것이 세계사적 견지에서 고조선사의 보편성과 특수성은 물론 개설서의 편의성을 모두 고려하는 합리적인 방안으로 생각된다.

참고문헌

〈한국어〉

姜仁旭, 2009, 「기원전 13~9세기 카라숙계 청동기의 동진과 요동·한반도의 초기 청동기문화」, 『호서고고학』21, 호서고고학회.

姜仁旭, 2018, 「초기 고조선 네트워크의 형성과 비파형동검문화」, 『한국고고학보』106, 한국고고학회.

고조선사연구회·동북아역사재단 편, 2009, 『고조선사 연구 100년 -고조선사 연구의 현황과 쟁점-』, 학연문화사.

金玟燦, 2014, 「遼寧地域 粘土帶土器文化의 변천과 파급」, 『韓國靑銅器學報』15, 韓國靑銅器學會.

김정배, 2010, 『고조선에 대한 새로운 해석』, 고려대학교 민족문화연구원.

김정열, 2018, 「중국 고대 문헌자료의 고조선 기사에 대한 이해」, 『인문학연구』47, 숭실대학교 인문과학연구소.

노태돈, 1998, 「고구려의 기원과 국내성 천도」, 『한반도와 중국 동북3성의 역사와 문화』, 서울대학교 출판부.

노태돈, 2000, 「고조선 중심지의 변천에 대한 연구」, 『단군과 고조선사』, 사계절.

노태돈, 2014, 『한국고대사』, 경세원.

동북아역사재단 한중관계연구소 편, 2018, 『고조선사 연구동향 : 2000년 이후 국가별 쟁점과 전망』, 동북아역사재단.

박대재, 2014, 『중국 고문헌에 나타난 고대 조선과 예맥』, 景仁文化社(재판).

박선미, 2021, 「고조선의 강역과 물질문화 연구를 위한 제언」, 『고조선단군학』45, 고조선단군학회.

朴淳發, 1993, 「漢江流域의 靑銅器·初期鐵器文化」, 『한강유역사』, 민음사.

박준형, 2014, 『고조선사의 전개』, 서경문화사.

박준형, 2018, 「濊·貊 관련 최근 논의의 비판적 검토」, 『白山學報』112, 白山學會.

서영수, 2005, 「고조선의 국가형성 계기와 과정」, 『北方史論叢』6, 高句麗硏究財團.

成璟瑭, 2009, 「韓半島 靑銅武器 硏究 -中國 東北地域과의 比較-」, 전남대학교 대학원 박사학위논문.

宋滿榮, 2019, 「중부지역 점토대토기 사회에 대한 다른 인식」, 『人文論叢』76, 서울대학교 인문학연구원.

송호정, 2003, 『한국 고대사 속의 고조선사』, 푸른역사.

송호정, 2007, 「기원전 시기의 사회 성격과 시대구분」, 『한국고대사연구』46, 한국고대사학회.

吳江原, 2006, 『비파형동검문화와 요령지역의 청동기문화』, 청계.

吳江原, 2013, 「청동기~철기시대 요령·서북한 지역 물질문화의 전개와 고조선」, 『東洋學』53, 檀國大學校 東洋學研究院.

吳江原, 2015, 「『管子』「輕重」篇과 「輕重」篇의 古朝鮮 記事」, 『한국고대사탐구』20, 한국고대사탐구학회.

이건무, 1992, 「한국의 청동기문화」, 『韓國의 靑銅器文化』, 國立中央博物館·國立光州博物館.

이건무, 2020, 「한반도 청동기시대 설정의 발자취와 연구과제」, 『청동기시대의 설정과 분기』, 특별전 한국의 청동기문화 2020 연계 학술대회, 국립청주박물관·한국청동기학회.

李成珪, 2002, 「문헌에 보이는 한민족문화의 원류」, 『한국사』1, 국사편찬위원회.

이성규, 2003, 「고대 중국인이 본 한민족의 원류」, 『한국사시민강좌』32, 일조각.

이양수, 2020, 「한반도의 이형동기」, 『2020 한국의 청동기문화』, 국립청주박물관.

李淸圭, 1988, 「南韓地域 無文土器文化의 展開와 孔列土器文化의 位置」, 『韓國上古史學報』創刊號, 韓國上古史學會.

이청규, 2005, 「고고학을 통해 본 古朝鮮과 주변 사회」, 『北方史論叢』6, 高句麗研究財團.

이청규, 2007, 「先史에서 歷史로의 전환 - 原三國時代 개념의 문제」, 『韓國古代史研究』46, 韓國古代史學會.

이청규, 2008, 「중국 동북지역과 한반도 청동기문화 연구의 성과」, 『중국 동북지역 고고학 연구현황과 문제점』, 동북아역사재단.

李淸圭, 2013, 「中國東北地域과 韓半島의 合鑄式 銅柄 銅劍·鐵劍에 對하여」, 『白山學報』97, 白山學會.

이청규, 2014a, 「청동기와 사회」, 『청동기시대의 고고학5: 道具論』, 서경문화사.

이청규, 2014b, 「遼東·西北韓의 初期鐵器文化와 衛滿朝鮮」, 『東北亞歷史論叢』 44, 東北亞歷史財團.

이청규, 2015, 『다뉴경과 고조선』, 단국대학교 출판부.

이후석, 2014, 「요동~서북한지역의 세형동검문화와 고조선」, 『東北亞歷史論叢』 44, 東北亞歷史財團.

이후석, 2017, 「고고자료를 통해 본 만번한」, 『東北亞歷史論叢』 57, 東北亞歷史財團.

이후석, 2019a, 「요령지역 비파형동검의 등장과 그 배경」, 『한국고고학보』 111, 한국고고학회.

이후석, 2019b, 「비파형동검문화의 청동네트워크와 상호작용」, 『교류와 교통의 고고학』, 제43회 한국고고학전국대회 주제발표, 한국고고학회.

이후석, 2020a, 「한국 청동기문화권의 청동무기, 그 기원과 전개」, 『2020 한국의 청동기문화』, 국립청주박물관.

이후석, 2020b, 「요서지역 비파형동검문화의 전개와 교류 – 십이대영자문화를 중심으로」, 『한국청동기학보』 27, 한국청동기학회.

이후석, 2020c, 「정가와자유형 네트워크의 확산과 상호작용」, 『白山學報』 118, 白山學會.

이후석, 2021, 「요동지역 비파형동검문화의 청동 네트워크와 교류」, 『先史와 古代』 66, 韓國古代學會.

이후석, 2022, 「위만조선 물질문화의 형성과정 – 세형동검문화 네트워크에서 흉노와의 교류까지」, 『고고학』 21-1, 중부고고학회.

이희준, 2011, 「한반도 남부 청동기~원삼국시대 수장의 권력 기반과 그 변천」, 『영남고고학』 58, 영남고고학회.

鄭仁盛, 2019, 「韓國考古學에서 '初期鐵器時代' 그리고 '古朝鮮時代'」, 『한국상고사학보』 106, 한국상고사학회.

趙鎭先, 2017a, 「遼西地域의 琵琶形銅劍文化와 種族」, 『韓國上古史學報』 96, 한국상고사학회.

趙鎭先, 2017b, 「細形銅劍의 機能과 그 意味」, 『韓國考古學報』 105, 한국고고학회.

조진선, 2020, 「한국 청동기-초기철기시대의 시기구분 – 금속기의 출현과 정치체의 등장을 기준으로 -」, 『한국청동기학보』 27, 한국청동기학회.

천선행, 2014, 「한반도 무문토기문화 형성기의 중국동북지역과의 관계」, 『호남고고학보』48, 호남고고학회.

한국고고학회 편, 2010, 『개정 신판 한국 고고학 강의』, 사회평론.

〈중국어〉

烏恩岳斯圖, 2007, 『北方草原考古學文化研究』, 科學出版社.

林澐, 1994, 「"燕亳"和"燕亳邦"小議」, 『史學集刊』1994-2.

〈일본어〉

宮本一夫, 2000, 「戰國燕の擴大」, 『中國古代北疆史の考古學的研究』, 中國書店.

吉本道雅, 2008, 「中國先秦時代の貊」, 『京都大學文學部硏究紀要』47.

武末純一, 2020, 「彌生時代日韓交涉を巡ゐいくつかの問題」, 『新·日韓交涉の考古學-彌生時代(最終報告書 論告編)』, 「新·日韓交涉の考古學」研究會.

〈영어〉

Peter S. Wells, 2001, *Beyond Celts, Germans and Scythians*, London: Duckworth.

6
—

청동기시대 중국 동북지역과 기북지역의 교류사

-비파형동검문화를 중심으로-

김동일

목포대학교 도서문화연구원 학술연구교수

———

* 이 글은 경희대학교 한국고대사·고고학연구소 제3회 국제학술회의 『고조선의 네트워크』에서 발표한 「비파형동검문화와 기북지역의 청동기 네트워크」의 전반부를 수정·보완한 후, 『호남고고학보』69(호남고고학회 2022)에 게재된 「비파형동검문화와 기북지역의 교류사 검토 및 의의」를 수정·보완한 글이다(「저작권이양동의서」의 Ⅰ-(4)항 및 Ⅱ-(1)항에 준하여 이 글의 저작권이 호남고고학회에 있다).

I. 머리말

이 글은 국내학계의 연구 영역 확장을 목표로 하고, 국내학계와 중국학계의 연구성과 및 연구관점의 비교·검토를 통해 교류에 대한 인식 과정을 밝히는데 그 목적이 있다. 연구방식은 국내학계에서 일반적으로 다루어 온 방식과 달리, 연구사에 대한 비교·분석을 중점적으로 진행하고자 한다.

이 글은 청동기시대 중국 동북지역[1](비파형동검문화)과 기북지역[2]의 교류사를 검토하고, 그 의의가 무엇인지 파악하는데 목적이 있다. 중국 동북지역(비파형동검문화 등)과 기북지역의 교류는 본격적인 연구에 앞서 기존의 교류사부터 검토할 필요가 있지만, 국내학계에서는 양 지역의 교류사에 대한 소개나 인용이 매우 부족하다. 재차 강조하자면, 이를 해결하기 위해 우선 양 지역 교류사를 정리 및 검토하고자 한다. 다음으로 교류사에 대한 인식 과정을 정리하고, 마지막으로 그 의의를 파악하여 본 연구를 마무리하고자 한다.

교류사에 대한 연구시점은 비파형동검문화 시기의 연구를 중심으로 검토하지만, 비파형동검문화 등장 이전 시기의 하가점상층문화에 대한 연구도 함께 검

---

1) 중국 동북지역은 내몽고자치구 동남부 일부와 遼寧省, 吉林省, 黑龍江省을 지칭하지만, 연구 방향에 따라 요령성과 길림성으로 한정하여 인식하는 연구자도 있다.

2) 기북지역은 河北省 북부를 지칭한다. 국내학계가 遼寧省을 구분하여 요서지역과 요동지역으로 지칭하거나, 보다 포괄적인 개념을 사용하여 중국 동북지역으로 지칭하듯이, 河北省 역시 지역을 구분하여 기북지역과 기동지역 등으로 지칭한다.

토하였다. 마지막 검토 시점은 비파형동검문화로 燕文化가 본격적으로 유입되는 시기 이전까지이다. 또한, 교류사 검토에 앞서 관련 주요 유적을 소개하여 배경 정보를 제공한다.

덧붙여, 연구사적으로 내용이 중복되는 경우에는 먼저 발표된 연구자의 연구 성과만을 기재하고 늦게 발표된 내용은 언급하지 않았다.

II. 관련 유적 소개

본격적인 교류사 검토에 앞서, 교류사에서 근거로 사용되는 주요 유적을 설명하고자 한다. 유적의 위치는 변경된 행정소속을 추적하여 現 행정구역과 지리

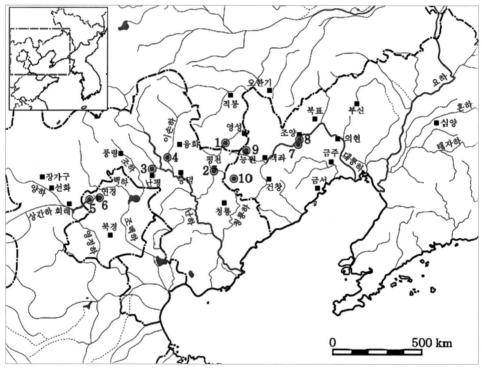

1. 小黑石溝遺蹟, 2. 東南溝遺蹟, 3. 欒子溝遺蹟, 4. 駱駝梁遺蹟, 5. 玉皇廟遺蹟, 6. 葫蘆溝遺蹟, 7. 十二臺營子遺蹟, 8. 袁臺子遺蹟, 9. 三官甸遺蹟, 10. 五道河子遺蹟

〈그림 1〉 관련 유적의 위치

적 위치를 표기하였다. 이와 같이 표기한 이유는 原 보고문의 설명만으로 유적의 현재 위치를 찾을 수 없기 때문이다. 동시에 무덤의 종류 역시 原 보고문의 내용을 검토한 후, 현재의 관점으로 수정하여 표기하였다. 각 유적의 도면은 지면의 한계로 인해 모든 사례를 제시할 수 없으므로 대표적인 사례를 제시하였다.

小黑石溝遺蹟(內蒙古自治區文物考古硏究所·寧城縣遼中京博物館 2009)은 하가점상층문화 남산근유형에 속하고, 內蒙古自治區 赤峰市 寧城縣 甸子鎭 小黑石溝村에 위치한다〈그림 1-1〉.

1975년에 유적이 처음으로 발견된 후 1980년에 추가로 무덤을 발견하였고,

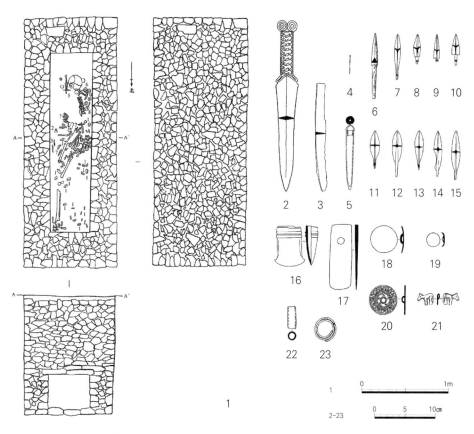

1. 석관묘, 2. 直刃劍, 3. 齒柄銅刀, 4. 골침 ,5. 청동 침통, 6. 삼릉형 골촉, 7~10. 유엽형 동촉, 11~15. 삼익형 동촉, 16. 銅斧, 17. 石鏟, 18~19. 청동 단추, 20·21. 牌飾, 22. 銅管, 23. 청동 귀걸이

〈그림 2〉 小黑石溝85NDXAⅠM3의 사례

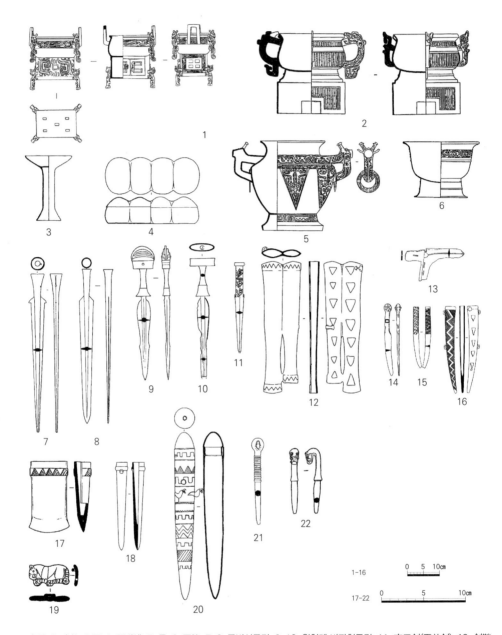

1. 方鼎, 2. 方簋, 3.豆, 4. 四聯罐, 5. 罍, 6. 圓簋, 7·8. 공병식동검, 9·10. 월형계 비파형동검, 11. 直刃劍(平首劍), 12. 劍鞘, 13. 銅戈, 14. 鈴首刀, 15. 平首刀, 16. 刀鞘, 17. 銅斧, 18. 銅鑿, 19. 牌飾, 20. 침통, 21. 鈴首銅錐, 22. 비녀

〈그림 3〉小黑石溝M8501의 청동기 사례(이외 다수의 유물이 보고됨)

1985년과 1992-1993년, 1996년, 1998년에 조사가 이루어졌다. 1996년에 조사한 무덤을 M9601로 명명하였고, 이때 85년에 조사한 대형의 무덤 1기는 M8501로 명칭이 변경된다. 이외, 정식보고서에서의 표기 방식은 조사 연도를 표기하여 '92-93NDXA…' 처럼 표기된다.

유적에서는 무덤과 주거지, 수혈 등 다양한 유구가 확인된다. 그중 무덤은 총 77기가 보고되었고, 무덤의 종류는 석곽묘·석관묘·토광묘로 보고되었지만, 석곽묘는 도면이 제시되지 않았으며, 석관묘로 보고된 무덤 중에는 구조적으로 석곽묘에 해당되는 무덤이 섞여 있으므로 개념 이해시 주의가 필요하다.[3]

출토 유물은 銅劍(鑾柄式銅劍·平首劍·琵琶形銅劍 등)과 銅戈, 銅鉾, 銅鏃, 銅刀(齒柄刀·鈴首刀·平首刀 등), 銅斧, 銅鑿, 청동 비녀, 靑銅容器, 복식 단추, 牌飾, 馬形 裝飾 및 각종 鎔范 등을 비롯하여 다양한 유물이 대량으로 확인된다〈그림 2~3〉. 유적의 연대는 보고서상에서 서주 후기부터 전국 중후기까지로 제시되어 있다.

東南溝 유적(河北省博物館·文物管理處 1977)은 하가점상층문화 동남구유형에 속하고, 河北省 平泉市 東南溝村 동북쪽에 위치한다〈그림 1-2〉.유적은 1964년에 발견된 후, 1965년 3월 河北省文物局 文物工作隊가 정식조사를 진행하였다. 총 11기의 무덤이 조사되었으며 그중 10기는 黃窩子山에 위치하고 1기는 北大面山에 위치한다.

북대면산의 무덤은 석관묘이고, 황와자산의 무덤 5기도 석관묘 혹은 봉석석관묘이다. 이외 황와자산의 무덤 3기의 석개목관묘와 2기의 봉석목관묘도 있다.[4] 출토 유물은 동검(평수검 등)과 동도(평수도)[5], 동과, 복식 단추, 새형 장식,

---

3) 이 글은 석곽묘와 석관묘의 분류에 대한 글이 아니므로, 이처럼 석곽묘와 석관묘가 명확한 구분 없이 혼용된 문제는 추후 별도의 논고에서 다루고자 한다.

4) 봉석목관묘는 封石墓로 표기하기도 한다. 동남구묘지의 봉석묘는 모두 封土 후, 봉토 외면에 돌을 막 처럼 쌓은 구조이다.

5) 平首劍과 平首刀의 특징은 자루 끝이 평평하게 마무리된 형태를 지칭한다〈그림 14 참조〉. 다른 사례로 環頭刀가 있다. 환두도는 자루 끝의 刀首가 環形이기 때문에 환두도이다. 이와 같은 용어는 동아시아에서 오랫동안 사용되어 왔고, 환두도가 한반도와 일본에서도 출토되었기 때문에 국내학계와 일본학계의 입장에서 익숙한 용어이다. 반면, 평수검과 평수도는 한반도와 일본에서 출토된 사례가 없기 때문에 생소한 용어이지만, 이 역시 환두도와 같은 방식으로 명명된 용어이다.
또한, 평수검의 상위 개념으로 직인검이 있다. 필자는 직인검에 대해 이전 논고에서 낙타량계 직인검

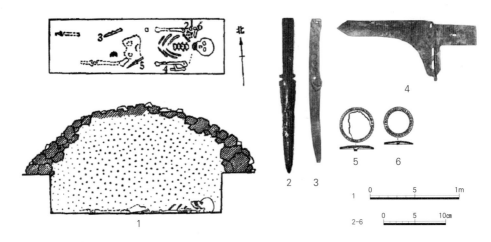

1. 봉석목관묘, 2. 直刃劍(平首劍), 3. 平首刀, 4. 銅戈, 5~6. 복식 단추

〈그림 4〉 東南溝 黃窩子山M6의 사례

귀걸이 등이 있다〈그림 4〉.

黐子溝 유적(鄭紹宗 1984; 沈軍山 2018)은 낙타량유형에 속하고(金東一 2018; 김동일 2019) 河北省 灤平縣 小城子村 북쪽에 위치한다〈그림 1-3〉. 자세한 정황은 알 수 없지만 유적에서는 1976년 10월부터 1977년 10월까지 67기의 무덤이 발굴 조사되었다. 鄭紹宗의 보고에 의하면 1978년에 조사된 자료도 존재한다(鄭紹宗 1984). 각 무덤에서는 일반적으로 말과 개의 순생이 확인된다.

보고된 유물에는 동검(駱駝梁系 直刃劍 등)과 동도(雙環首銅刀·環首銅刀 등), 동부, 동착, 패식, 동촉, 복식 단추 및 각

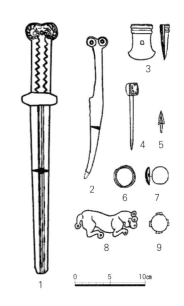

1. 駱駝梁系 直刃劍, 2. 雙環首銅刀, 3. 銅斧, 4. 銅錐, 5. 동촉, 6. 귀걸이, 7. 청동 단추, 8. 牌飾, 9.節約

〈그림 5〉 黐子溝78M18의 사례

과 옥황묘계 직인검 등의 개념을 정립한 바 있다(金東一 2018; 김동일 2019).

종 골·석제품 등이 있다〈그림 5〉. 유적 내 무덤의 연대는 대부분 춘추 전기부터 춘추 중기 사이에 속하지만, 일부 춘추 후기 전반까지 잔존하는 사례도 있다(金東一 2018).

駱駝梁 유적(姜振利 2007)는 낙타량유형에 속하고 (金東一 2018; 김동일 2019) 河北省 隆化縣 三道營村에 위치한다〈그림 1-4〉. 유적은 1978년에 발견된 후 같은 해 隆化縣文物管理所에서 무덤 및 유물을 정리하였다. 자세한 정황은 알 수 없지만 8기의 무덤이 보고되었다. 그중 3기의 무덤에서 소와 말의 순생이 확인된다.

보고된 유물에는 동검(낙타량계 직인검·비파형검신 융합 동검 등)과 동도(치병도 등), 동부, 동촉, 복식 단추, 패식, 청동 구슬 및 각종 골·석제품 등이 있다〈그림 6〉. 묘지 내 무덤의 연대는 대부분 춘추 전기부터 춘추 중기 사이에 속한다(金東一 2018).

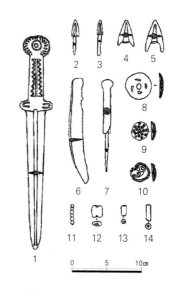

1. 駱駝梁系 直刃劍, 2~5. 동촉, 6. 齒柄銅刀, 7. 銅錐, 8~10. 복식 단추, 11. 聯珠銅飾, 12·13. 綠松石, 14.玉管

〈그림 6〉 駱駝梁M8의 사례

玉皇廟 유적(北京市文物研究所 2007)은 옥황묘문화에 속하고, 北京直轄市 延慶區 玉皇廟村의 동쪽 軍都山 일대에 위치한다〈그림 1-5〉. 유적은 1981년에 발견된 후 1986년에서 1991년까지 발굴조사가 실시된다. 무덤은 약 400기이고, 대부분 목관묘와 토광묘이다. 다수의 무덤에서 순생이 확인되고 주로 말·면양·염소·개 등이 순생되지만(김동일 2021), 일부 소와 돼지가 순생되기도 한다.

출토 유물에는 동검(玉皇廟系 直刃劍·玉皇廟系 花格劍·玉皇廟系 扁莖劍 등)과 동과, 동도(雙環首刀·환수도·치병도 등), 동부, 銅錐, 동촉, 청동용기, 복식 단추, 覆面 단추[6], 馬具 단추, 고리형 帶鉤[7], 腰帶裝飾[8], 각종 패식 및 다양한 금·석·

---

6) 覆面 단추는 무덤 피장자가 관 속에 안치된 후, 천과 함께 피장자의 얼굴 위를 덮는데 사용한다. 얼굴 위에서도 주로 눈과 입 위에 위치한다. 즉, 覆面 단추는 장송 의례에 사용되는 단추이다.

7) '帶鉤'와 '帶扣'는 허리띠 중앙을 고정하는 역할이다. 한글로 표기할 때 모두 '대구'가 되기 때문에 양자 간의 구분이 쉽지 않다. 이 문제는 강인욱 역시 지적한 바 있는데, 강인욱은 동물의 시문 위치에 따라 '동물형 帶鉤'와 '동물장식 帶扣'로 구분하였다(강인욱 2004: 115). 필자는 강인욱의 문제의식에는 공

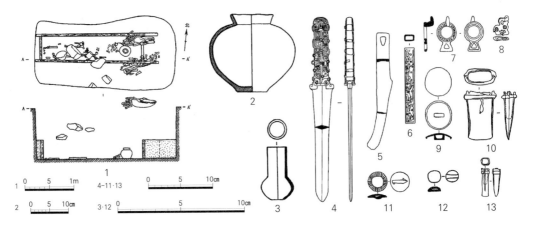

1. 목관묘, 2. 호형토기, 3. 銅壺, 4. 玉皇廟系 花格劍, 5. 동도, 6. 침통, 7. 바클형 帶扣, 8. 腰帶裝飾, 9. 馬具 단추, 10. 동부, 11. 복식 단추, 12. 覆面 단추, 13. 동착

〈그림 7〉 玉皇廟YYM13의 사례

골제품 등이 있다. 이외에도 중국학계에서는 罐으로 보고되었지만, 호형토기로 분류할 수 있는 토기가 대량으로 출토되고,[9] 청동제 壺形 容器(銅壺)도 출토된다 〈그림 7〉.[10] 옥황묘문화에 속하는 무덤의 연대는 춘추 중기부터 전국 전기 사이 에 속한다(金東一 2018).

葫蘆溝 유적(北京市文物研究所 2010)은 옥황묘문화에 속하고, 北京直轄市 延慶區 古城村에 위치한다〈그림 1-6〉. 유적은 1983년에 발견된 후 1985년부터 1986년까지 발굴 조사가 실시된다. 무덤은 약 188기이고, 옥황묘 유적처럼 대부분 목관묘와 토광묘이다. 다수의 무덤에서 순생이 확인되고 소와 개, 양 등이 순생된다. 순생된 동물의 비율에서 소의 비율이 매우 높다는 점을 고려할 때, 반

감하면서도 구분에는 보다 직관적인 용어가 필요하다고 판단하였기 때문에 이를 외형적 특징에 따라 '고리형 대구(帶鉤)'와 '버클형 대구(帶扣)'로 구분하고자 한다. 또한, '곡봉형 대구(帶鉤)'와 '동물형 대구(帶鉤)' 등을 '고리형 대구(帶鉤)'의 하위 형식으로 분류한다.

8) 腰帶裝飾은 옥황묘문화에서 허리띠를 장식하는 용도이고, 사람의 허리 앞쪽과 뒤쪽, 대퇴부 상단에 위치한다. 허리 앞쪽과 뒤쪽에 위치하는 경우 허리띠에 직접적으로 연결하여 장식하고, 대퇴부 상단에 위치하는 경우 허리띠에서 아래로 연장되는 끈 위를 장식하는 방식이다.

9) 옥황묘YYM13에서 출토된 호형토기는 夾砂紅褐陶罐으로 보고되었다. 중국학계에서의 陶器는 국내 학계에서 土器로 번역할 수 있다.

10) 옥황묘YYM13에서 출토된 호형토기는 夾砂紅褐陶罐으로 보고되었다. 중국학계에서의 陶器는 국 내학계에서 土器로 번역할 수 있다.

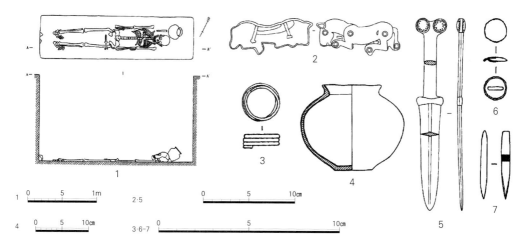

1. 토광묘, 2. 패식, 3. 귀걸이, 4. 호형토기, 5. 玉皇廟系 直刃劍, 6. 복면 단추, 7. 동추

〈그림 8〉 葫蘆溝YHM185의 사례

유목의 생업경제 중 농경을 담당한 집단의 무덤일 가능성이 높다.[11]

출토 유물에는 동검(옥황묘계 직인검·옥황묘계 화격검 등)과 동도(환수도), 동부, 동침, 동촉, 복식 단추, 고리형 대구, 각종 패식 및 다양한 금·석·골제품 등이 있다〈그림 8〉. 묘지 내 옥황묘문화에 속하는 무덤의 연대는 춘추 후기 중반부터 전국 전기 사이에 속한다(金東一 2018).

十二臺營子 유적(朱貴 1960)은 비파형동검문화에 속하고, 遼寧省 朝陽縣 柳城鎭 十二臺村에 위치한다〈그림 1-7〉.[12] 유적은 1958년 봄에 처음으로 발견되고

---

11) 옥황묘문화는 반유목문화이고 목축을 위해 이동생활을 영위하지만, 집단 내 일부가 농경을 담당한다(김동일 2021). 호로구 유적에서는 소가 다수 부장되는데 소는 이동생활에 적합하지 않기 때문에 정주생활의 간접적 근거가 된다(김동일 2021). 다만, 필자의 판단으로는 옥황묘문화 전체가 정주생활을 영위하지 않고, 앞서 설명하였듯이 집단 내 일부만 농경 및 정주생활을 하였다고 판단한다(김동일 2021).

12) 십이대영자 유적에서는 첫 보고문부터 정확한 주소를 표기하지 않았고, 이후 국내와 중국학계의 사전류나 논문에서도 정확한 주소가 제공되지 않았다. 자료 소개 사례에 따라, 잘못된 주소로 표기되거나 예전의 불분명한 주소로 표기된 경우가 다수이다. 그러나 現 행정구역상 朝陽縣 柳城鎭 十二臺村에 위치한다. 이러한 문제점이 발생한 원인은 반세기 동안 朝陽縣에서 여러 차례 행정구역의 개편이 있었고 개편 이후에도 그 내역을 파악하기 어려웠기 때문이며, 지금까지도 국내외 고학계에서 유적의 現 주소가 제대로 표기된 사례를 찾을 수 없기 때문이다.

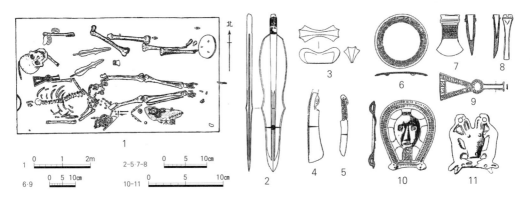

1. 석곽묘, 2. 침형계 비파형동검, 3. 침형 검파두식, 4. 동도, 5. 獸首銅刀, 6. 다뉴경, 7. 동부, 8. 동착, 9. Y형 銅飾, 10·11. 패식

〈그림 9〉 十二臺營子M1의 사례(이외 도면이 보고되지 않은 다수의 유물이 존재)

같은 해 3기의 무덤이 조사되었다. 1호 석곽묘는 묘광 내 동·남·북벽에 할석을 채웠으며 서벽은 1매의 판석이 있고, 관 상부에는 11매의 판석이 덮인 구조이다. 관 내에서는 두 구의 시신이 발견되었다. 출토 유물은 동검(비파형동검 등)과 다뉴경, 동부, 동도(치병도 등), 동착, 人面과 뱀 형상 복합 패식, 낚시 바늘 등이 있다〈그림 9〉.

2호는 훼손이 심하지만 기본적으로 석곽묘이고, 묘광 내 바닥과 외벽에 판석이 있으며 관 상부에는 2매의 판석이 남아 있다. 출토 유물은 동검(비파형동검 등)과 다뉴경, 동부, 동촉, 꼬인 뱀 형상의 장식 등이 있다. 3호 역시 훼손이 심하여 자세한 정황을 알 수 없지만, 다뉴경과 검파두식 등을 회수하였다.

십이대영자 유적에서는 치병동도와 뱀 형상 및 각종 동물 형상 등 하가점상층문화 남산근유형의 문화요소가 다수 출토된다. 유적의 연대는 서주 말~춘추 전중기에 속한다.

袁臺子 유적(遼寧省文物考古研究所·朝陽市博物館 2010)은 비파형동검문화에 속하고, 遼寧省 朝陽縣 柳城鎭 袁臺子村에 위치하며〈그림 1-8〉 인근에 십이대영자 유적이 있다. 1979년에 조사되었으며, 무덤과 수혈 등 여러 유구가 확인되었다. 무덤은 165기가 보고되었고, 고고자료의 유형에 따라 甲類墓와 乙類墓 등으로 구분된다. 갑류묘에서는 옥황묘문화의 유물이 출토되고, 을류묘에서는 비파

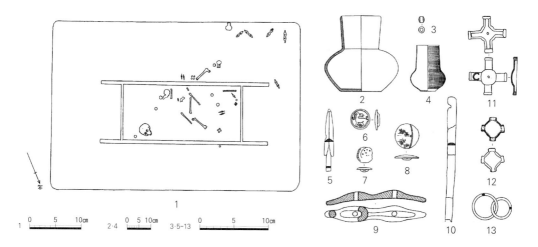

1. 목관묘, 2·4. 호형토기, 3. 銅管, 5. 동촉, 6·7. 복식 단추, 8. 복면 단추, 9. 骨鑣, 10. 骨弓弭, 11·12. 節約, 13. 銅環

〈그림 10〉 袁臺子 甲類M122의 사례

형동검문화의 유물이 출토된다.

갑류묘 출토 유물에는 복식 단추, 동착, 호형토기 등이 있고, 을류묘 출토 유물에는 동검(비파형동검 등)과 동도(치병도), 동촉 등이 있다〈그림 10〉. 갑류묘의 연대는 서주 전·중기로 보고되었고 을류묘는 서주 후기에서 춘추 전기로 보고되었지만, 이 연대는 잘못 설정된 연대라는 인식이 명확하므로 재조정이 필요하다. 필자는 갑류묘를 춘추 후기로 추정한다.

三官甸 유적[13](遼寧省博物館 1985)은 비파형동검문화에 속하고, 遼寧省 凌源市 凌北鎭 三官甸子村에 위치한다〈그림 1-9〉.[14] 1976년에 무덤이 발견된 후 유출된 유물은 회수하였지만, 현장 조사 자체는 1978년에 이루어졌다. 현장 조사 결과, 무덤의 복원은 불가능한 상태였다. 잔존한 자료를 토대로 다수의 무덤을

___

13) 三官甸은 국내에서 三官甸子로 불리기도 하지만, 原 보고문에서는 삼관전으로 표기되므로 본고에서도 삼관전으로 표기해야 한다. 또한, 삼관전으로 표기하지 않는 경우, 인접한 凌源 三官甸子 城子山 유적과 구분이 어렵다. 근본적으로 삼관전자는 原 유적명을 국내에서 임의로 변경하였다

14) 이전에는 凌源縣 凌北鄕 三官甸村으로 알려졌지만, 현재 凌源市 凌北鎭 三官甸子村으로 행정구역이 개편되었다. 1991년에 凌源縣은 凌源市로 완전히 편입되었고, 凌源縣이라는 행정구역명은 더 이상 사용되지 않는다.

상정할 수 있다. 무덤 내에서는 돌을 메운 흔적이 있다.

유물의 출토 정황을 추정할 수 있는 무덤이 2기가 있지만, 보고문에서는 유물의 출토 정황이 상세하게 보고되지 않았다. 확보된 유물은 동검(비파형동검 등)과 동과, 동촉, 동도(환수도 등), 고리형 대구, 청동용기, 개구리형 장식, 뱀과 개구리의 복합 장식, 호형 장식, 패식, 용범, 송풍관 등이 있다〈그림 13 중앙 참조〉.[15] 묘지의 연대는 보고서상에서 전국 중기로 제시되어 있다.

五道河子 유적(遼寧省文物考古硏究所 1989)은 비파형동검문화에 속하고, 遼寧省 凌源市 三道河子鎭 五道河子村 북쪽에 위치한다〈그림 1-10〉.[16] 原 명칭은 五道河子 戰國墓이고, 1979년 5~6월에 조사가 진행되었으며 11기의 무덤이 발견되었다. 그중 1기는 석곽묘이고, 다른 1기는 목관묘이며, 나머지는 토광묘로 보고되었다.

출토유물은 동검(옥황묘계 편경검·유경식 검신 등)과 동과, 동촉, 동도(환수도 등), 복식 단추, 고리형 대구, 패식 등이 있다〈그림 13 우측 참조〉. 무덤의 연대는 보고서상에서 전국 중후기로 제시되어 있다.

이상으로 살펴본 바와 같이, 지금까지 알려진 유적들은 지리적으로 매우 떨어져 있지만 유사한 유물이 다수 확인되고 있다. 이 자료를 바탕으로 다음 장에서 교류사를 검토하고자 한다.

III. 시기별 교류사 검토

고고학 연구에 있어서 기존 연구에 대한 검토와 이해가 매우 중요하지만, 청동기시대 중국 동북지역(비파형동검문화)과 기북지역의 교류사는 제대로 소개된 적이 없다. 그러므로 본 장에서는 양 지역 교류 연구의 발전 과정을 시기별로

---

15) 삼관전 유적과 오도하자 유적의 도면은 楊建華가 제시한 도면과 중복되므로 생략하였다. 두 유적의 도면은 〈그림 13〉을 참고하길 바란다.

16) 이전에는 凌源縣 三道河子鄕 五道河子村으로 알려졌지만, 현재 凌源市 三道河子鎭 五道河子村으로 행정구역이 개편되었다.

검토하고자 한다.

1. 1990년대 연구 성과 및 의의

양 지역 교류에 대한 연구는 鄭紹宗의 연구에서부터 시작된다. 1991년 鄭紹宗은 주로 기북지역 출토 동물문양과 기하학문양을 정리하였고, 그 과정에서 다른 지역 출토 유물과의 유사성을 지적하였다(鄭紹宗 1991). 또한, 신장위구르자치구의 동물문 청동기가 동쪽으로 전파되었고 여기에는 기북지역의 軍都山墓地[17] 및 西撥子 유적, 北辛堡墓地 등이 포함되며, 카라수크문화 및 스키타이문화의 영향이 크다고도 주장하였다(鄭紹宗 1991: 1-2).

그가 직접적으로 제시한 사례로는 張家口市 康保縣 출토 굽은 동물문 청동기가 하가점상층문화와 밀접하다고 지적하였다(鄭紹宗 1991: 3). 또한, 張家口市 龍關(C1819·1820)과 宣化(C1821)에서 개구리형 청동기가 출토되었는데〈그림 11〉, 개구리형 청동기는 하가점상층문화 黻子溝 무덤 출토품에서 찾을 수 있다고 지적하였다(鄭紹宗 1991: 3-4). 이어, 張家口市 출토 連珠狀弧形 雙尾銅飾은 바이칼 일대와 몽골뿐만 아니라, 朝陽과 宣化 小白陽, 寧城 南山根 등에서도 대량으로 발견된다고 주장하였다(鄭紹宗 1991: 18).[18] 鄭紹宗의 연구는 특별한 논의가 없었지만, 중국 동북지역과 기북지역의 관련성을 직접적으로 지적한 첫 연구라는 점에서 의의가 있다.

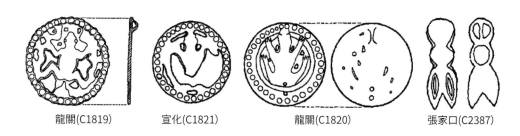

龍關(C1819)　　　宣化(C1821)　　　龍關(C1820)　　　張家口(C2387)

〈그림 11〉 鄭紹宗이 제시한 개구리형 청동기(鄭紹宗 1991)

---

17) 옥황묘 유적과 호로구 유적, 서량광 유적 전체를 지칭한다.

18) 이외에도 다량의 사례를 제시하였지만, 대부분 수집품을 소개하는 정도이고 그 기원이나 유사성에 대한 언급도 없었으므로 본고에서는 생략하였다.

1999년 王繼紅은 軍都山 일대의 유적에 대해 靳楓毅가 제시한 산용설(北京市 文物研究所山戎考古隊 1989)을 지지하고, 오도하자 유적 역시 산용의 후기 묘지로 인식하면서 동물문양의 유사성을 지적하였다(王繼紅 1999)〈그림 12〉. 현재 군도산 일대의 유적은 옥황묘문화로 불린다. 필자는 이전 견해에서 옥황묘문화가 산용이기 어렵다는 점을 지적한 바 있다(김동일 2019). 그러나 王繼紅의 견해가 비파형동검문화 시기 처음으로 기북지역과 요령지역의 상관관계를 논하였고, 옥황묘문화와 오도하자 유적을 처음으로 연결시켰다는 점에서 의의가 있다.

1990년대의 연구성과는 중국학계에서만 발표된 산발적인 자료 소개에 불과하다. 그럼에도 불구하고 양 지역 교류의 단초를 제공하였다는 점에서 연구사적 의의가 있다. 다만, 이 시기까지는 교류에 대한 직접적인 논의가 이루어지지 않았다.

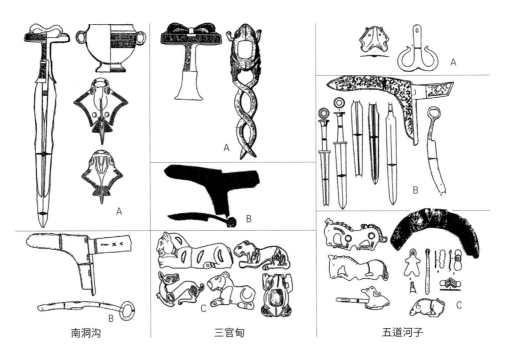

南洞沟   三官甸   五道河子

〈그림 12〉 비파형동검문화의 문화요소 분류(A. 비파형동검문화의 문화요소, B. 중원문화의 문화요소, C. 북방문화의 문화요소)(楊建華 2004)

2. 2000년대 연구 성과 및 의의

2000년 楊建華는 기북지역으로 하가점상층문화가 전파되면서 동남구유형이라는 하위유형이 형성된다고 주장하였다(楊建華 2000: 24). 필자는 이에 동의하는 바이고, 동시에 하가점상층문화가 기북지역에 출현한 현상 자체가 이주의 높은 가능성을 보여준다고 생각한다. 그녀의 주장을 정리하면, 먼저 이 지역의 경자구 유적과 낙타량 유적 등에서 직인검과 동도 등 동남구유형의 영향을 받은 유물이 출토된다(楊建華 2000: 26-27). 다음으로 하가점상층문화 동남구유형과 경자구·낙타량 유적 등이 출토된 지역은 요령지역의 경계지역이라는 특징이 있다고 주장하였다(楊建華 2000: 27).

楊建華의 견해는 하가점상층문화가 기북지역 동북부로 영역이 확대되고, 요령지역과 기북지역의 경계지역에 위치한 非하가점상층문화의 영역에서 하가점상층문화의 문화요소를 받아들였으며, 그 과정에서 형성된 하가점상층문화의 하위유형이 동남구유형이라는 주장이다.

2003년 楊建華는 曲刀劍文化(본고의 비파형동검문화)에서 출토된 옥황묘문화의 문화요소에 대해 보다 깊이 있는 해석을 시도하였다. 오도하자 유적에서는 재지문화(비파형동검문화)와 옥황묘문화, 중원문화의 유물까지 3종의 유물이 출토된다고 지적하였다(楊建華 2003: 155)〈그림 13〉.[19]

楊建華가 제시한 사례를 정리하면, 먼저 호형 패식, 호형 절약, 금제 사슴장식, 마형 동패식, 멧돼지 금제 패식, 人자형 장식 및 동추식 등 소형장식품 등은 옥황묘문화의 유물이고, 甘子堡墓地에서 출토된 유물이 가장 유사하다고 지적하였다(楊建華 2003: 156). 또한, 동도 역시 옥황묘문화의 것과 매우 유사하고, 동검은 梨樹溝門 유적의 것과 유사하다(楊建華 2003: 156). 마지막으로 삼관전 유적의 호형 패식과 호형 절약, 금제 사슴 패식도 옥황묘문화의 영향이다(楊建華 2003: 156). 그녀는 그 배경에 대해 옥황묘문화의 소멸 이후 남은 주민이 곡인검문화(본고의 비파형동검문화)로 이주한 결과라 주장하였다(楊建華 2003:

---

19) 이 내용은 2003년의 논문에서 글만 제시되었고, 2004년의 저서에서 도면이 제시되었기 때문에 도면과 글의 인용 연대가 다르다.

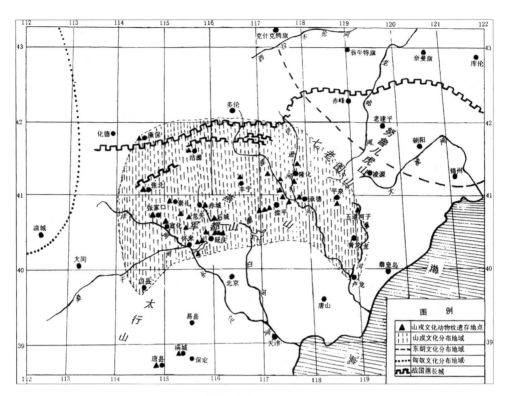

<그림 13> 王繼紅이 주장한 산융문화의 범위(王繼紅 1999)

156).

그중 호형 패식, 호형 절약, 금제 사슴장식, 마형 동패식, 멧돼지 금제 패식, 人자형 장식 및 동추식 등 소형장식품 등은 옥황묘문화의 유물이고, 甘子堡墓地에서 출토된 유물이 가장 유사하다고 지적하였다(楊建華 2003: 156). 동도 역시 옥황묘문화의 것과 매우 유사하고, 동검은 梨樹溝門 유적의 것과 유사하다(楊建華 2003: 156). 삼관전 유적의 호형 패식과 호형 절약, 금제 사슴 패식도 옥황묘문화의 영향이다(楊建華 2003: 156). 그 배경은 옥황묘문화의 소멸 이후 남은 주민이 곡인검문화(본고의 비파형동검문화)로 이주한 결과라 주장하였다(楊建華 2003: 156).

그녀는 옥황묘문화에서도 하가점상층문화 남산근유형의 영향이 다수 발견할 수 있다고 주장하였고, 치병동도와 공병식동검 등이 이에 해당된다(楊建華 2004: 159). 또한, 동남구 유적에서 발견되는 평수검과 평수도 및 병부의 동물 문양은 하가점상층문화 남산근유형의 영향이라 주장하였다(楊建華 2003: 155)

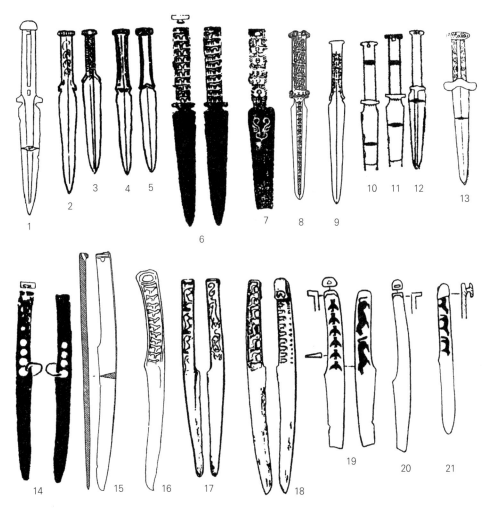

1. 白浮, 2·3·8·9·15. 南山根, 4·5·16·19·20. 歐亞草原, 6·14. 東南溝, 7. 西高泉, 10~12. 熱河山地, 17·18. 著錄

〈그림 14〉 평수도검의 사례(楊建華 2004)

〈그림 14〉.

　楊建華는 2000년과 2003년의 논고에서 하가점상층문화 시기부터 비파형동검문화 시기까지 기북지역과 요령지역 사이에 지속적인 교류가 있었다고 처음으로 주장하였다. 교류의 시작은 하가점상층문화가 기북지역으로 확산되면서 시작되고, 이후 옥황묘문화의 쇠퇴과정에서 요령지역으로 재차 이주가 발생한 것으로 이해할 수 있다. 또한, 楊建華는 王繼紅과 달리 오도하자 유적과 삼관전 유적을 옥황묘문화의 유적으로 보지 않고, 처음으로 옥황묘문화가 소멸한 이후 잔존한 주민이 이주한 결과라 지적하였다. 즉, 楊建華는 교류의 형태를 이주로 인식하였다.

2004년 국내에서는 정대영, 강인욱, 오강원에 의해 관련 연구가 발표된다. 정대영은 喀左 南洞溝·園林處와 능원 삼관전·오도하자 유적에서 출토된 雙耳罐과 圓餠形首短劍, 패식 등이 옥황묘문화에서 노로아호산 동쪽으로의 東進현상이라 지적하였다(정대영 2004: 94).

그가 직접적으로 언급한 사례를 참고하면, 梨樹溝門 유적 출토 雙耳壺, 雙耳罐, 鉢 등이 園林處 석관묘에서 유사한 형태들이 발견된다고 주장하였다(정대영 2004: 105). 정대영은 기존의 금속기 중심의 유사성에서 나아가 토기의 유사성까지 지적하면서 양 지역의 관계성을 설명하려 하였다. 다만, 雙耳는 여러 문화에서 확인되므로 보다 직접적인 비교·검토가 필요하다.

같은 해, 강인욱은 군도산유형(본고의 옥황묘문화)이 중국 동북지역에 초원계 문화요소를 전파하는 동인이지만, 燕의 세력 확장으로 인해 1세기 이내에 그 흔적마저 사라진다고 지적하였다(강인욱 2004: 120). 그의 주장이 이전 연구들과 다른 점은 오도하자·삼관전 유적 출토 동물형 帶鉤 및 節約 등의 관련성에 대해 동물의 양식이나 자세 등의 유사점을 직접적으로 지적하였다는 점이다〈그림

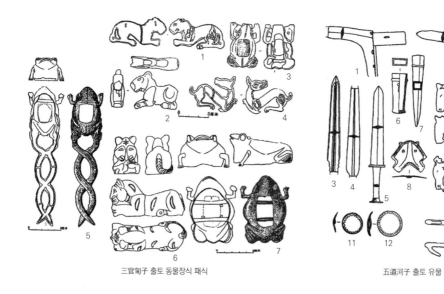

三官甸子 출토 동물장식 패식   五道河子 출토 유물

〈그림 15〉 강인욱이 제시한 사례(강인욱 2004)

15〉.

　양 지역의 교류는 오강원이 집중적으로 연구하였다. 2004년 오강원은 楊建華를 비롯하여 다수의 연구자가 동남구유형을 하가점상층문화의 하위유형으로 인식하는 것과 달리 하나의 독립적인 문화로 설정하였다. 오강원은 이를 동남구문화 및 유병식동검문화로 지칭하면서, 동남구·낙타량·옥황묘·포대산 단계로 설정하였다(오강원 2004: 75). 또한, 내몽고동남부의 하가점상층문화는 공병식동검문화로 지칭하였고, 용두산3층·용두산2층·소흑석구·남산근·남산·손가구 단계로 설정하였다(오강원 2004: 74-75)〈표 1〉.

〈표 1〉 오강원이 제시한 세 청동단검문화와 각 획기 비교(오강원 2004)

청동단검문화 시 간 범 위	유병식동검문화	공병식동검문화	비파형동검문화
전 11세기	(동남구전단계)	용두산3층단계	
전 10세기	(동남구전단계)	용두산2층단계	
전 9 초~9 중	동남구단계	소흑석구단계	왕팔개자단계
전 9 후~8 중		남산근단계	십이대영자단계
전 8 후~7	낙타량단계	남산단계	포수영자단계
전 6~5세기	옥황묘단계	손가구단계	남동구단계
전 4세기	포대산단계	?	원림처단계

　오강원의 견해를 시기별로 살펴보면, 기원전 9세기 초에서 기원전 9세기 중반, 灤河 중상류역[20]은 하북성 내 다른 지역에 비해 토질이 좋고 온대계절풍 기후대(강수량 550~780㎜)에 속하며, 광산자원(구리·납·아연·황금…)이 풍부하여 자원에 대한 접근이 좋다고 지적하면서, 공병식동검문화가 형성된 극십극등기가 평균 강수량 386㎜의 전형적인 북온대고원기후대에 속하기 때문에 상대적으로 좋은 자연지리적 조건을 갖추었다고 주장하였다(오강원 2004: 80).

　이어 공병식동검문화는 용두산2층단계에 西拉木倫河 북안(林西 大井)의 대형 구리광산을 개발하여 이를 각지로 전달하는 체계가 확립되어 있었기에 광산 자원의 결핍이 중심형성의 제약이 되지 못한다고도 주장하였다(오강원 2004: 80-

---

20) 하북성 동북부의 승덕 일대를 지칭한다.

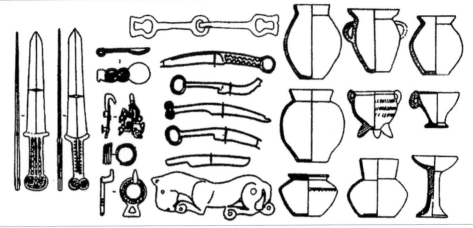

有柄式銅劍文化(東南溝文化)

銎柄式銅劍文化(夏家店上層文化)

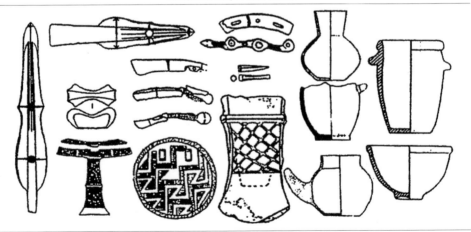

琵琶形銅劍文化(十二臺營子文化)

〈그림 16〉 오강원의 세 청동단검문화의 유물 비교(오강원 2004)

81). 오강원은 이러한 복합적인 요인에 의해 기원전 9세기 초에서 기원전 9세기 중반에 세 청동단검문화의 중심이 七老圖山脈과 努魯兒虎山脈에 의해 나누어진 삼각지대에 집중되었다고 주장하면서, 세 청동단검문화의 교섭이 공병식동검문화를 중심으로 이루어진다고 주장하였다(오강원 2004: 81)〈그림 16〉.

기원전 9세기 후반에서 기원전 8세기 중반에는 燕山山地[21]의 유목민집단이 청동원료와 성제품(유병식동검 등)을 지불하여 단뉴무문경을 들여왔고, 이들은 자연환경과 유목이라는 제약 때문에 원료와 성제품을 지불하여 위세류와 예기류를 수입하였다고 주장하였다(오강원 2004: 85).

기원전 6세기에서 기원전 5세기의 유병식동검문화 옥황묘 단계에는 동물양식·환수동도·곡봉형대구·동과 등이 직접 교역 혹은 이삼차적인 교역과 전달과정으로 인해 내몽고 동남부와 요령지역에 확산되고, 남동구유형은 유병식동검문화와의 직접적인 교역에서 비파형동검 등의 토산물을 지불한 것으로 추정하였으며, 그 근거는 연산산지에서 발견되는 비파형동검의 검신이라 주장하였다(오강원 2004: 90).

오강원의 견해에 대해서 검토하면, 필자는 그의 견해에 대해 완전히 동의하지 않는다. 우선 하북성 북부의 동남구 단계와 낙타량 단계, 옥황묘 단계를 구분하는 등 각 문화유형 간의 시간 차이를 인식하고 단계를 다르게 설정한 점은 적극 동의하는 바이고, 필자 역시 이를 참고하여 동남구유형과 옥황묘문화 사이에 낙타량유형을 설정하는 근거로 삼기도 하였다(김동일 2017; 金東一 2018: 61-65).

주지하다시피, 동남구유형은 하가점상층문화의 하위유형이기 때문에(楊建華 2000: 24), 유병식동검문화라는 개념으로 동남구유형과 낙타량유형, 옥황묘문화, 炮臺山 유적 등을 하나의 문화로 묶을 수 없다. 옥황묘문화의 기원은 여러 유목문화가 융합되었으므로(金東一 2018: 203-205), 동남구유형과 낙타량유형만을 그 기원으로 인식하기 어려우며, 炮臺山 유적은 燕문화의 특징이 두드러지므로 유병식동검문화가 아니라 중원식동검문화의 범주로 인식해야 한다. 또한,

---

21) 이는 연산산지의 범위를 잘못 이해한 경우인데, 연산산지는 요서지역을 포함한다. 다만, 여기서는 하북성 북부 일대만을 지칭하는 것으로 생각한다.

'동남구 전단계'에는 초도구유형과 위방3기, 장가원상층문화 등이 존재하며, 카라수크문화가 확산된 시기이기도 하다(강인욱 2009). 그러므로 '동남구 전단계'라는 개념은 성립할 수 없다.

또 다른 문제점으로 유병식동검문화 등의 중심 형성에 대해 강수량 및 기후 등 자연환경과 여러 광산자원을 제시하였지만, 당시의 자연환경은 알기 어려우며 현재에 이르기까지 자연환경이 끊임없이 변화되었으므로 현재의 기준으로 당시의 환경을 논하기 어렵다. 동남구유형에서 옥황묘문화에 이르는 영역까지 광산이 발견되었다는 보고도 없다. 즉, 후대의 광산[22]으로 그 이전의 광물 자원 환경을 논하기도 어렵다. 그러므로 세 지역의 교류관계는 인정하지만, 그 배경이나 개념(유병식동검문화 등), 시기, 교류의 형태 등에 대해서는 동의하기 어렵다.

마지막으로 실질적인 고고자료의 비교 및 해석에 대한 문제가 있다. 동남구유형에서 남산근유형에게 유병식동검을 지불하여 단뉴무문경이 유입된 것이 아니라, 학계에 알려지다시피 하가점상층문화가 하북성 동북부로 확산되면서 형성된 동남구유형이 단뉴무문경과 유병식동검을 가지고 온 것으로 이해할 수 있다. 실제로 동남구유형에서는 하가점상층문화의 공병식동검이 출토된다는 점도 참고할 수 있다.

또한, 오도하자 유적 등은 교역의 산물이 아니라, 옥황묘문화 말기의 이주에 의해서이다(楊建華 2003: 156). 비파형검신이 지불 대가로 유입되기에는 시간의 공백이 있고 출토된 비파형검신은 유목문화의 검병과 결합된 형태이므로(金東一 2018: 63-64), 단발성 지불이 아니라 지속적인 교류의 산물로 이해할 수 있다. 즉, 오강원의 견해처럼 각 단계를 구분하여 인식할 필요는 있지만, 이에 대한 해석 자체는 완전히 새롭게 이루어질 필요가 있다.

그럼에도 불구하고 오강원의 연구는 고고자료의 확보가 용이하지 않은 2000년대 초중반에 발표된 논문이라는 점을 고려할 때, 당시 국내학계에서 가장 적극적으로 자료를 확보한 연구였다. 동시에 현재의 현구성과를 기준으로는 몇몇 문제점이 존재하지만, 교류의 형태를 모두 제시하고자 노력하였다는 점에서 의

---

22) 林西 大井 유적의 광산은 당시의 유적으로 인식되지만, 지리적으로 내몽고자치구 西拉木倫河 상류 북쪽에 위치하므로 기북지역과는 같은 영역에 속하지 않는다.

의가 있다.

2000년대에는 한국학계와 중국학계에서 활발한 논의가 있었다. 중국학계에서 먼저 하가점상층문화期에 대한 교류를 언급하였고, 이후 삼관전 유적과 오도하자 유적을 중심으로 한 교류 연구가 진행되었다. 다만, 각 연구자 간의 견해 차이가 좁혀지지 않았기 때문에 상이한 연대관이나 개념 정의가 제기되는 정도에 그쳤다.

3. 2010년 이후의 연구 성과 및 의의

2010년 강인욱은 양 지역의 비교에 대해 보다 직접적인 사례를 제시하여 십이대영자와 삼관전 등은 옥황묘문화와 하가점상층문화 등의 동물장식을 모방하였다고 주장한다(강인욱 2010: 103-104). 또한, 십이대영자와 정가와자 출토 동물형 재갈멈치의 기원을 초원지역에서 유입되었다고 주장하였다(강인욱 2010: 104). 무엇보다 그는 기원전 7세기부터 기원전 4세기 사이에는 옥황묘문화가 東進하여 요서지역으로 동물형 장식이 유입되고, 이에 대응하는 유적이 남동구 유적과 삼관전 유적이라 주장하였다(강인욱 2010: 110). 결론적으로 강인욱은 옥황묘문화가 東進한 배경을 문화의 해체과정에서 발생한 東進이라 추정하였다(강인욱 2010: 112).

그의 연구는 다른 연구자들과는 달리 삼관전이 옥황묘문화가 번성한 시점의 유적이고, 하가점상층문화가 쇠퇴하는 시점이므로 교류 대상이 하가점상층문화에서 옥황묘문화로 바뀌었으며, 이후 옥황묘가 해체되어 그 문화가 재차 유입(오도하자 유적)된다고 주장하였다(강인욱 2010: 112-113).

즉, 강인욱은 삼관전 유적을 옥황묘문화의 번성기로 인식하고, 오도하자 유적을 옥황묘문화 쇠퇴 이후로 인식하였다. 이는 王繼紅이 산융문화라는 개념을 통해 옥황묘문화와 요서지역 능원 일대의 유적까지 산융문화의 범위로는 방식과 유사하다. 다만, 옥황묘문화의 해체 이전과 해체 이후로 나누어 능원 일대의 유적들을 해석하려 한 점은 인상적이다. 문제는 삼관전 유적과 오도하자 유적 모두 전국 중기에 해당되므로 연대관의 차이가 명확하다는 점이다. 즉, 두 유적 모두 옥황묘문화 해체 이후에 속한다.

2013년 潘玲과 于子夏는 기존 연구와 달리 원대자 유적의 사례를 통해 옥황묘문화와의 비교 및 검토를 진행하였다. 우선 倒拉嘴 유적과 삼관전 유적 출토 羊 패식의 뿔 형태를 비교하였고 원대자M123과 정가와자의 동착이 같은 형태

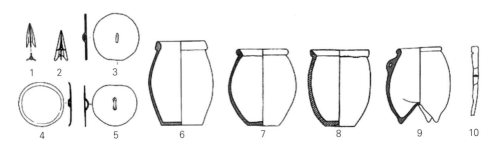

1~3·6. 원대자M129, 4. 소흑석구M9601, 5. 옥황묘M211, 7·8. 水泉墓地, 9·10. 원대자M125

<그림 17> 원대자M125·129 및 관련 무덤 출토 유물 비교(潘玲·于子夏 2013)

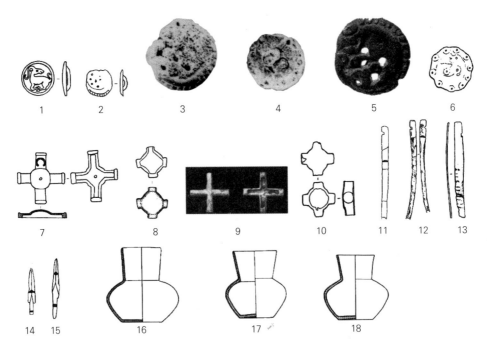

1~4·7·8·11·14·16. 원대자M122, 5·6. 甘子堡墓地, 9. 十二臺營子墓, 10·13·15·17. 玉皇廟墓地, 12. 崞縣 窯子墓地, 18. 葫蘆溝墓地

<그림 18> 원대자M122 및 관련 무덤 출토 유물 비교(潘玲·于子夏 2013)

이며 원대자M129와 정가와자의 동촉이 같은 형태라고 주장하였다(潘玲·于子夏 2013: 44·46)〈그림 17·18〉.

다음으로 그들은 원대자M122 출토 굽은 동물문 단추(본고의 복식단추) 역시 옥황묘문화의 甘子堡墓地 등에서 출토된 굽은 동물문 단추와 유사하고 원대자M122 출토 호형토기는 옥황묘 YYM232 및 호로구YHM90 출토 호형토기와 유사하다고 지적하였다(潘玲·于子夏 2013: 44-45)〈그림 18〉. 즉, 潘玲과 于子夏는 원대자 유적 내 갑류묘 및 유물들이 등장하게 된 배경을 옥황묘문화의 영향이라 주장하였다(潘玲·于子夏 2013: 48).

결론적으로 그들의 주장을 정리하면, 춘추 중기~춘추 후기에 이미 옥황묘문화의 영향이 대·소능하 유역에 도달하였고, 그 배경은 옥황묘문화 주민의 동북 이주에 의한 결과라 주장하였다(潘玲·于子夏 2013: 48).

潘玲과 于子夏의 연구는 옥황묘문화와 원대자 유적의 비교가 핵심이고 고고자료의 직접적인 유사성을 비교한 내용이 대다수를 차지하지만, 袁

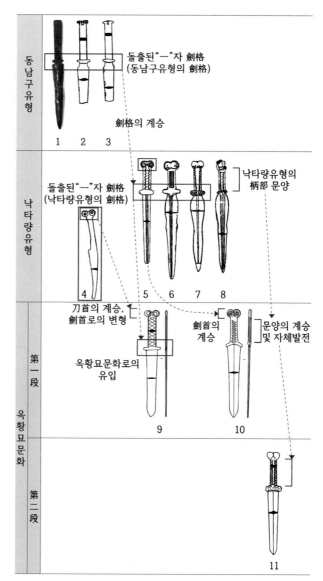

1. 平泉 東南溝M6, 2. 靑龍縣(鄭. 標本4), 3. 靑龍縣(鄭. 標本5), 4·5. 鰷子溝 78M18(鄭. 標本21), 6. 隆化 三道營 駱駝梁M2(鄭. 標本11), 7. 豊寧縣(鄭. 標本12), 8. 隆化 下甸子墓(鄭. 標本10), 9. 玉皇廟YYM19, 10. 玉皇廟YYM22, 11. 甘子堡81M4

〈그림 19〉 옥황묘계 직인검의 기원(金東一 2018 수정 후 인용)

臺子M122 출토 호형토기처럼 국내학계에서 흔히 평저장경호로 불리는 호형토기가 비파형동검문화로 유입된 배경을 설명하였다. 또한, 평저장경호가 나온 원대자 갑류묘가 이후 정가와자 유적으로 계승되는 현상을 설명하였다는 점에서 의의가 깊다. 원대자 갑류묘로 옥황묘문화의 문화요소가 출토된 배경은 주민의 이주라 주장하였다. 다만, 주민이 이주하게 된 배경에 대한 설명이 부족하다는 문제점이 있다.

필자는 2018년 박사학위논문에서 중국 동북지역과 기북지역의 교류에 대해 연구하였고, 특히 기종의 형태와 문양을 중심으로 접근하였다. 또한, 낙타량유형과 하가점상층문화의 차이점은 명확하지만, 공병식동검과 비파형검신 등의 공통점도 존재한다고 주장하였다(金東一 2018: 64; 김동일 2019). 낙타량유형은 동남구유형의 후신이므로 이러한 공통점이 존재할 수 있다(김동일 2017·2019; 金東一 2018)〈그림 19〉. 즉, 하가점상층문화를 통해 양 지역의 문화 공유 및 그 이후의 독자적인 발전을 상정할 수 있다.

동물형상 및 문양은 옥황묘문화 출토 뱀문양 및 뱀형상을 주목할 수 있다. 이 뱀형상 및 문양은 십이대영자M1·2 출토 뱀형상의 영향을 받았고〈그림 9-10〉, 대표적인 사례로는 옥황묘YYM122 출토 옥황묘계 직인검이 있다. 이후 옥황묘문화에서는 다수의 옥황묘계 직인검에서 뱀형상 및 문양이 설계·제작된다. 필자는 뱀의 형상화가 옥황묘문화의 재지 전통이 아니고, 요서지역의 십이대영자와 삼관전에서 찾을 수 있으며, 옥황묘문화와의 교류를 통해 유입되었다(金東一 2018: 69-70).

오도하자 유적 출토 편경검은 옥황묘계 편경검이고, 실제 사례로는 오도하자 M1·8·9 출토품이 해당된다. 이외에도 필자는 오도하자M8 출토 마형 패식, M9 출토 고리형 대구 및 마형 패식, M10 출토 마형 패식 및 복식 단추 등도 옥황묘문화의 유물들이라 지적하였다(金東一 2018: 214). 물론, 사례에 따라 일부 변형된 형태도 존재한다.

필자는 삼관전·오도하자 유적에서 옥황묘문화의 문화요소가 출토되는 이유를 양 지역의 교류라 주장하였고, 그 배경은 옥황묘문화가 쇠퇴되어 흩어지는 과정에서 일부가 東進 및 東北進[23]한 결과로 이해할 수 있다(金東一 2018: 214).

필자의 연구는 학위논문이라는 한계와 중국학계의 논문 집필 방식에 따른 차이로 인해, 양 지역 교류에 대해 상세하게 설명하기보다 간략하게 설명하였다는 문제점이 있다. 분명, 옥황묘문화와 정구자유형과의 상관관계를 지적하였다는 점에는 의의가 있지만, 이주에 대한 상세한 배경 설명 역시 부족하였다.

최근 2020년 8월, 이현우는 동대장자 마구와 주변지역의 마구를 비교·검토 하였고, 그중 동대장자M45호에서 출토된 鑣가 옥황묘문화에서 주로 출토된다 고 지적하였다(이현우 2020: 27)〈그림 20〉.

동대장자유적	비교 자료

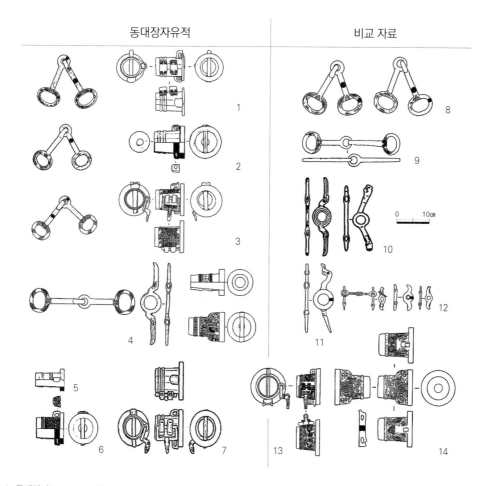

1. 동대장자M11, 2. 동대장자M16, 3동대장자M5, 4. 동대장자M45, 5. 동대장자M37, 6. 동대장자M28, 7. 동대장자M32, 8. 하북 탁록고성 2호, 9. 하북 대흑정M1, 10. 옥황묘문화, 11·13. 하북 회래 북신보M1, 12. 하북 연하도 허량촌M8

〈그림 20〉 건창 동대장자 유적 출토 마구와 비교자료(이현우 2020)

---

23) 東進은 요서지역이고, 東北進은 정구자유형과 鐵匠溝 유적 등을 의미한다(金東一 2018: 213).

2010년 이후의 연구성과는 주로 이전 연구의 심화연구로 이어졌다. 즉, 단순하게 유적 출토품이 유사하다는 지적에서 보다 진전된 연구성과를 확보하였다. 동물의 형상이나 자세의 유사성, 혹은 특정 동물 형상의 기원과 전파에 대한 논의가 이루어졌다. 또한, 원대자 유적을 통해 교류관계에 있어서 새로운 유적을 조명할 수 있었고, 비파형동검문화 출토 호형토기의 기원에 대해 새로운 관점도 제시하였다.

현재까지의 교류 연구 현황을 살펴보면, 아직 기북지역에 대한 관심이나 기초 연구가 많지 않고, 이러한 상황으로 인해 다양한 관점의 연구가 진척되기 힘들다는 한계가 있다. 그럼에도 불구하고 기북지역 자체에 대한 연구가 국내에서도 조금씩 증가하고 있기 때문에 양 지역 교류 연구가 더욱 활발해지는 바탕이 갖추어지고 있는 시점이라 판단한다.

IV. 교류의 인식 과정과 그 의의

III장에서 살펴본 바와 같이, 청동기시대 중국 동북지역과 기북지역의 교류 연구는 1990년대부터 지금까지 지속적으로 이루어져 왔다. 그러나 산발적인 연구 및 연구사 검토의 부족으로 인해 누가 어떤 주장을 처음으로 하였고, 어떤 지적을 통해 인식의 전환이 발생하였는지 제대로 알려지지 못하였다. 본장에서는 시기별 연구 성과를 검토하여 교류사에 대한 인식이 어떻게 전환되었는지 검토하고자 한다.

1. 시기별 교류의 인식 과정

III장에서 분석한 내용을 토대로 청동기시대 내에서 각 시기별 교류의 인식 과정을 정리하면 다음과 같다.

1) 기원전 9세기 중반~기원전 7세기 중반 : 서주 후기~춘추 조기
서주 후기~춘추 조기 기북지역 동북부에는 동남구 유적 등이 조성되고, 이

유적들은 20세기부터 하가점상층문화로 인식되어 왔다. 楊建華는 이 유적들을 동남구유형이라는 하가점상층문화의 하위유형으로 설정하였고(楊建華 2000: 24), 특히 평수검과 평수도를 비롯하여 병부의 동물문양 등이 하가점상층문화 남산근유형의 영향이라 주장하였다(楊建華 2003: 155). 이후 학계에서는 이 동남구 유적 등을 하가점상층문화에 속하는 동남구유형으로 인식하여 왔다. 다만, 洪猛에 의하면 동남구유형은 하가점상층문화와 재지집단이 결합하여 유적이 형성되었기 때문에(洪猛 2014: 106), 남산근유형보다 청동기의 수량이 적고 재지적인 성격이 강하게 나타난다는 차이점이 있다.

정리하면, 서주 후기~춘추 조기 중국 동북지역과 기북지역의 교류는 하가점상층문화를 통해 이해할 수 있다. 남산근유형을 비롯하여 하가점상층문화가 기북지역으로 확산되었고, 이는 하가점상층문화의 사람들이 기북지역으로 이동하였음을 의미하며, 이후 재지집단과 결합하여 동남구유형을 형성하게 된다.[24]

2) 기원전 7세기 중후반~기원전 6세기 전반 : 춘추 전기~춘추 중기

춘추 전기~춘추 중기에 발생한 교류에 대해서는 필자와 강인욱의 연구를 참고할 수 있다. 2010년 강인욱은 십이대영자 유적 등이 옥황묘문화와 하가점상층문화 등의 동물장식을 모방하였다고 주장하였다(강인욱 2010: 103-104). 또한, 기원전 7세기부터 기원전 4세기 사이에는 옥황묘문화가 東進하여 요서지역으로 동물형 장식이 유입되고, 이에 대응하는 유적이 남동구 유적과 삼관전 유적이라 주장하였다(강인욱 2010: 110).

필자 역시 옥황묘문화의 뱀 문양 및 뱀 형상을 주목한 바 있다. 필자는 이 뱀 형상 및 문양이 십이대영자M1·2 출토 뱀 형상의 영향을 받았고 이로 인해 옥황묘문화에서는 다수의 옥황묘계 직인검에서 뱀 형상 및 문양이 설계·제작된다. 즉, 필자는 옥황묘문화로의 뱀 형상 및 문양의 유입은 요서지역의 십이대영자 유적 등과의 교류를 통해 유입된다고 주장하였다(金東一 2018: 69-70).

---

24) 주의할 점은 기북지역 하가점상층문화의 시간적 범위 문제이다. 현재 기북지역 동북부에서 활동하는 연구자들이 작성한 文物志 등에서는 하가점상층문화의 시간적 범위를 매우 크게 설정하고 있다. 직접적으로는 기북지역 동북부의 서주시기 및 춘추시기 유적 대부분을 하가점상층문화로 설정하는 경향이 두드러지게 나타난다. 이 문제는 추후 별도의 논고에서 자세히 다루고자 한다.

비파형동검문화의 십이대영자유형은 춘추 전기를 중심으로 편년되지만, 옥황묘문화에서 뱀 형상 및 뱀 문양이 출현하는 시점은 춘추 중기 이후라는 시간적 공백이 있다. 필자는 이에 대해 남산근유형에서 십이대영자유형으로 계승된 뱀 형상[25]이 춘추 전기에 기북지역으로 확산되지 않고, 십이대영자유형 이후의 비파형동검문화와 옥황묘문화 간의 교류를 통해 확산되었다고 판단한다.[26]

춘추 전기에서 춘추 중기 사이에 중국 동북지역(비파형동검문화)과 기북지역의 교류는 주로 동물형상의 직접적인 확산이 핵심이고, 연구성과로 형상을 자세하게 묘사하는 점 등 유물의 관찰을 통한 연구가 있었지만, 교류의 형태는 비교적 명확하지 않다는 문제점도 여전히 존재한다.

3) 기원전 6세기 전중반~기원전 5세기 전반 : 춘추 후기

춘추 후기의 교류는 원대자 유적을 중심으로 살펴 볼 수 있다. 원대자 유적은 潘玲과 于子夏의 연구가 핵심이다. 2013년 그들의 연구를 통해 옥황묘문화의 유물이 원대자 유적 및 정가와자 유적으로 유입되었고, 여기에는 청동기뿐만 아니라 호형토기의 유사성까지 처음으로 지적되었다(潘玲·于子夏 2013).

또한, 그들은 시간적으로 전국시기 이전, 춘추 중기~춘추 후기에 이미 옥황묘문화의 영향이 대·소능하 유역에 도달하였고, 그 배경은 옥황묘문화 주민의 東北 이주에 의한 결과라 주장하였다(潘玲·于子夏 2013: 48). 물론, 이 유물들은 필자의 이전 연구에 의하면 옥황묘문화에서 춘추 후기에 속하므로(金東一 2018) 원대자 유적으로 옥황묘문화의 유물이 확산되고 주민이 이주한 시점도 춘추 후기로 이해할 수 있다.

潘玲과 于子夏의 연구는 이전과 달리 삼관전·오도하자 유적 중심의 비교에서 벗어나 원대자 유적을 새롭게 인지하여 능원 일대가 아닌 조양 일대까지 교류의 공간을 확장하였다는 점에서 주목할 필요가 있다.

---

25) 연구자에 따라 남산근유형의 연대와 십이대영자 유적의 연대 차가 크지 않다고 판단하는 경우도 있다. 그럼에도 불구하고 비파형동검문화는 기원전 9~8세기 등장한 문화유형이고, 남산근유형은 하가점상층문화에 속하면서 유라시아 유목문화의 동물 양식을 청동기로 제작하는 전통이 계승된 문화유형이다. 즉, 중국 동북지역으로 영역을 한정한다면, 동물 양식을 청동기로 제작하는 전통 자체가 남산근유형에서 십이대영자유형으로 계승된 문화요소이다.

26) 이에 대해 옥황묘문화의 상한 연대가 춘추 중기라는 점도 참고할 수 있다.

원대자 유적과 정가와자 유적의 관련성은 이미 원대자 보고서에서 유사성이 지적되었고(遼寧省文物考古硏究所·朝陽市博物館 2010: 182), 潘玲과 于子夏 역시 반복하여 강조한 내용이다(潘玲·于子夏 2013). 그러므로 潘玲 등의 견해를 종합할 때, 원대자 유적에서 춘추 후기부터 발견되는 호형토기가 옥황묘문화에서 기원하였다는 점과 정가와자 유적과의 유사성으로 이어진다는 점 등도 주목할 수 있다. 무엇보다 이 시기의 교류 형태는 이주를 상정할 수 있다.

4) 기원전 5세기 전중반~기원전 4세기 말 : 전국 전기~전국 중기

전국 전기에서 전국 중기에 발생한 교류는 삼관전 유적과 오도하자 유적을 중심으로 살펴볼 수 있다. 두 유적은 중국 동북지역(비파형동검문화)과 기북지역의 교류 관계를 연구할 때 가장 많이 언급된 유적이지만, 개념 자체는 통일되지 않고 다양하게 제시되고 있다.

기존의 연구를 요약 및 정리하면, 먼저 오도하자 유적을 중심으로 한 교류사를 살펴보고자 한다. 1999년 王繼紅은 오도하자 유적을 산융의 후기 묘지로 인식하면서 동물문양의 유사성을 지적하였다(王繼紅 1999).

2003년 楊建華는 오도하자 유적에서 재지문화(비파형동검문화)와 옥황묘문화, 중원문화의 유물까지 3종의 유물이 출토된다고 지적하면서 그 배경은 옥황묘문화의 소멸 이후, 남은 주민이 비파형동검문화로 이주한 결과라고 주장하였다(楊建華 2003: 155-156). 즉, 楊建華는 옥황묘문화의 쇠퇴과정에서 요령지역으로 이주가 발생하였고, 王繼紅과 달리 오도하자 유적을 옥황묘문화의 유적으로 보지 않았으며, 처음으로 옥황묘문화가 소멸한 이후 잔존한 주민이 이주한 결과로 인식하였다.

2010년 강인욱은 옥황묘문화가 해체되면서 오도하자 유적으로 유입된다고 주장하였다(강인욱 2010: 112-113). 즉, 楊建華와 마찬가지로 오도하자 유적을 옥황묘문화 쇠퇴 이후로 인식하였다. 필자 역시 옥황묘문화의 다양한 청동기가 오도하자 유적으로 유입되고, 이는 교류의 의해 발생하였으며, 교류의 양상은 楊建華와 마찬가지로 옥황묘문화가 쇠퇴되어 흩어지는 과정에서 이주한 지역 중 하나라 지적하였다(金東一 2018: 214). 이를 정리하면, 王繼紅에 의해 요서지역의 오도하자 유적과 기북지역의 관련성이 인식된 이래, 楊建華에 의해 옥황묘문화의 소멸 이후 잔존한 주민이 이주하면서 조성된 묘지라는 인식이 확산된다.

다음으로 살펴볼 유적은 삼관전 유적이다. 삼관전 유적은 오도하자 유적과 인접하지만 王繼紅은 삼관전 유적을 인식하지 못하였다. 이후 2003년 楊建華에 의해 양 지역 교류관계에 있어서 삼관전 유적이 처음으로 인식되는데, 그녀는 삼관전 유적 출토 호형 장식과 사슴 장식 등이 옥황묘문화의 영향이라고 직접적으로 지적하였으며 이는 오도하자 유적처럼 옥황묘문화가 소멸한 이후 남은 주민이 비파형동검문화로 이주한 결과라 주장하였다(楊建華 2003: 156). 즉, 楊建華는 요서지역의 삼관전·오도하자 유적이 기북지역 고고문화의 영역이 확장된 것이 아니라 옥황묘문화에서 비파형동검문화로의 이주에 의해 확산되었다고 주장하였다.

2018년 필자는 옥황묘문화 출토 뱀 형상 및 뱀 문양에 주목하였고 그 기원을 비파형동검문화로 인식하였으며 두 문화의 교류를 통해 유입되었다고 지적하였다(金東一 2018: 69-70). 또한, 그 배경을 옥황묘문화가 쇠퇴되어 흩어지는 과정에서 일부가 東進 및 東北進한 결과라 주장하였다(金東一 2018: 214). 즉, 필자는 정대영과 강인욱처럼 삼관전 유적의 유물이 옥황묘문화가 東進하여 유입되었다는 점에 동의하지만 그 시점은 楊建華와 마찬가지로 옥황묘문화가 소멸한 이후의 시점으로 인식하였다.

이를 정리하면, 삼관전 유적은 楊建華에 의해 비파형동검문화와의 교류 관계가 처음으로 인식되었고, 오도하자 유적과 마찬가지로 옥황묘문화가 소멸하면서 요서지역으로 이주한 잔존 주민으로 정리할 수 있다.

전국시기에 발생한 비파형동검문화와 옥황묘문화의 교류는 삼관전 유적과 오도하자 유적이 중심에 있고, 이 두 유적은 옥황묘문화가 소멸한 이후에 발생한 이주의 산물로 해석할 수 있다.

2. 인식의 전환 과정

중국 동북지역(비파형동검문화)과 기북지역의 교류사에 대한 인식의 전환 과정을 살펴보면 몇 가지 흐름을 파악할 수 있다. 첫 번째, 1990년대부터 교류사에 대한 연구가 시작되었지만 초기에는 언급에 불과하였고, 2000년대부터 본격적인 논의가 시작된다.

두 번째, 자료에 대한 관점에서 국가별로 차이가 있다. 이는 1990년에서 2009년 사이의 연구대상에서 대한 관심도 차이와 기존 연구의 경향에 따른 차이로도 이해할 수 있다. 2000년대까지 국내학계의 경우 비파형동검문화에 대한 관심이 높았고 관련 연구도 다수 이루어졌지만, 옥황묘문화에 대한 연구는 극히 일부만 이루어졌다.

반면, 중국학계의 경우 비파형동검문화보다 옥황묘문화 및 산융문화에 대한 연구가 더욱 활발하였고, 관련 보고서 역시 다수 발간되면서 기북지역을 중심으로 연구가 진행된 연구가 더 많다. 즉, 자료 접근의 한계와 관심도 등에 따라 기준을 삼는 문화권에서 차이가 있었고 그 차이에 따라 자료에 대한 관점의 차이가 발생하였다.

세 번째, 2010년부터 국내학계에서도 중국 자료를 보다 깊이 이해하기 시작하였고 심화된 연구가 이루어진다. 옥황묘문화의 경우 2007년에 옥황묘 유적 보고서가 발간되고, 2010년에 호로구 유적과 서량광 유적의 보고서가 발간되었다. 하가점상층문화의 경우 2009년에 소흑석구 유적의 보고서가 발간되었고, 비파형동검문화의 경우 2010년에 원대자 유적 보고서가 발간되었다.

즉, 2000년대 발굴 보고서들을 2010년부터 국내에서도 인식하였고 이를 바탕으로 심화된 연구가 진행된다. 또한, 오도하자·삼관전 유적의 반복된 논의를 통해 특정 유적은 이해도 자체가 매우 높아졌다.

이상의 과정을 통해, 인식의 전환 과정이 정립되기 시작하였고, 국내학계에서도 특정 문화 중심의 관점이 아니라 다양한 관점의 연구가 이루어지기 시작한다. 자료가 증가되면서 교류와 관련된 유적들의 연대가 안정되고 교류 시점에 대해서도 정립된다.

3. 교류사 검토의 의의

본고에서는 중국 동북지역(비파형동검문화 등)과 기북지역의 교류사를 정리 및 검토하고 그 의의를 파악하고자 하였다. 본 절에서는 교류사 검토의 의의를 다음과 같이 정리하고자 한다.

교류사 검토에 있어서 첫 번째로 강조하고 싶은 점은 기존의 연구를 정확하게 인지해야 한다는 점이다. 예를 들면, 王繼紅의 연구(1999)는 국내학계에서 인용된 사례를 찾기 어렵고 중국학계에서도 관련 연구에서 인용된 사례가 매우 적다. 분명 王繼紅이 처음으로 자료를 인식하였음에도 불구하고 당시 王繼紅은 관련 연구자들에 비해 인지도가 낮았기 때문에 지금까지도 제대로 된 연구사적 정리가 이루어지지 않았다.

다른 사례로는 2013년에 작성된 潘玲과 于子夏의 논문이 있다(潘玲·于子夏 2013). 이 논문에 의해 국내학계에서 흔히 평저장경호로 불리는 호형토기가 비파형동검문화에서 처음으로 유입된 배경이 옥황묘문화와의 교류에 의해서라고 밝혀졌다. 즉, 潘玲과 于子夏의 연구성과는 원대자 갑류묘의 유물이 옥황묘문화의 유물이라는 점을 밝혔을 뿐만 아니라, 정가와자 유적으로 이어지는 평저장경호의 기원이 옥황묘문화임을 지적하였다.

실제로 王繼紅과 潘玲 등의 연구는 양 지역 교류사에 매우 중요한 연결고리로 작용할 수 있는 연구였지만 국내에서 제대로 인식되지 못하였다. 王繼紅의 연구는 제대로 알려지지 않았기 때문이고, 潘玲과 于子夏의 연구는 제대로 인용되지 못하였기 때문이다. 이외에도 삼관전 유적과 오도하자 유적에 대한 해석에 있어서 누가 먼저 이주를 논하였는지 검토 없이 사용되어 왔다.

이처럼 국내학계에서는 국외학계에의 기북지역 교류사 연구성과를 제대로 인지하지 못하고 있다. 필자는 본고에서 이를 재조명하여 중국 동북지역(비파형동검문화)과 기북지역의 교류사를 교류사를 정리 및 강조하였다.

두 번째로 고고자료의 인식과 활용 문제가 있다. 기존 연구에서는 현대의 기후 자료를 청동기시대에 대입하거나, 중국에서 발견되는 문화유형 간의 차이를 제대로 이해하지 못하고 하나의 줄기로 인식하거나, 중국 자료에 대한 이해 없이 일부 자료만으로 전체 성격을 규명하는 등 여러 문제점이 있었다.

세 번째로 주목할 점은 교류사 인식의 전환 과정이다. Ⅲ장에서 정리하였듯이, 2000년대에는 다양한 관점의 연구나 관련 보고 자료의 부족으로 인해 관점의 차이가 존재하였다. 2010년이 되어서야 새로운 보고 자료를 바탕으로 한 논문이 발표되기 시작하였고, 2010년대 후반이 되어서야 연대와 교류 형태가 정립되었다.

필자는 이러한 문제점이 중국 자료에 대해 깊이 있는 분석 및 해석 없이 산발적인 인용 등에 의해 발생하였다고 판단한다. 그러므로 교류사 검토는 이러한 문제점을 지적하고, 문제가 발생하게 된 배경을 추적하였다는 점에서도 의의가 있다.

네 번째로 주장하고 싶은 점은 국내학계의 외연 확장에 대한 문제이다. 국내학계는 주로 한국이나 한반도를 대상으로 연구가 이루어지고, 외연을 확장한 경우에는 중국 동북지역과 일본까지 연구 대상으로 삼기도 한다. 필자가 이전 연구에서 여러 차례 강조하였듯이, 옥황묘문화 등 기북지역에서는 요령지역 비파형동검문화의 흔적이 끊임없이 발견된다는 점, 비파형동검문화 이외의 하가점상층문화 교류 대상으로 검토가 가능하다는 점 등을 고려할 때, 반드시 기북지역에 대한 연구가 필요하다(김동일 2017·2019; 金東一 2018).

결론적으로 비파형동검문화와 기북지역의 교류사에 있어서 교류의 형태는 주로 유물의 유사성 혹은 이주를 중심으로 언급되어 왔고 그 과정에 대한 상세 분석은 제시되지 않았으며 이러한 연구조차 아직은 양적으로 부족하다.

V. 맺음말

필자는 연구사 정리와 검토가 본격적인 논의에 앞서 반드시 이루어져야 한다고 생각하지만, 비파형동검문화의 교류 연구에 있어서는 연구사 정리가 매우 미진하였다. 이에 대한 해결책으로 본고를 작성하게 되었고, 이를 통해 양 지역 교류사에 대한 인식이 확산되었으면 하는 바람이 있다.

양 지역 교류 연구의 인식 전환 과정은 다음과 같다. 첫 번째, 1990년대의 교류사 연구는 유사성의 언급에 불과하였고, 2000년대부터 본격적인 논의가 시작된다. 두 번째, 2000년대까지는 고고자료를 바라보는 관점에서 국내학계와 중국학계의 차별성이 뚜렷하고, 이는 교류사 연구의 관점 차이로 이어진다. 세 번째, 2010년부터 국내학계에서는 중국 자료를 보다 깊이 이해하기 시작하였고, 심화된 연구도 등장한다.

교류사 검토 결과는 크게 네 가지로 요약된다. 첫 번째, 기존 연구의 정확한 인지가 중요하다. 두 번째로 고고자료의 인식과 활용 문제가 있다. 기존의 연구에서는 중국 자료에 대한 이해 없이 일부 자료만으로 전체 성격을 규명하는 등 여러 문제점이 있다. 세 번째로 교류사 인식의 전환 과정도 주목할 필요가 있다. 네 번째로 국내학계의 외연 확장에 대해 강조하였다.

또한, 비파형동검문화를 이해하기 위해서는 비파형동검문화의 전후 시기의 문화와 同 시기 주변 문화에 대한 이해가 필수적이다. 주변문화와의 비교를 통해 기원과 교류, 개념 등을 정립할 수 있다고 생각한다. 이 과정을 거쳐야 비파형동검문화에 대한 깊은 이해가 가능하고 그 영역과 교류 관계에 대한 이해가 가능해진다.

아쉬운 점은 본고가 필자의 관점으로 본 교류가 아니라 기존 연구에서의 교류를 분석하였다는 점이다. 그러므로 이 문제를 추후 과제로 삼아, 비파형동검문화와 기북지역의 교류에 대한 재탐색을 시도하고자 한다.

참고문헌

〈한국어〉

강인욱, 2004, 「韓半島 出土 動物形 帶鉤의 系統에 대한 시론적 검토」, 『호남고고
　　　학보』19, 호남고고학회.

강인욱, 2009, 「기원전 13~9세기 카라숙 청동기의 東進과 요동·한반도의 초기
　　　청동기문화」, 『호서고고학』21, 호서고고학회.

강인욱, 2010, 「기원전 1천년기 요령~한반도 비파형동검문화로 동물장식의 유
　　　입과정」, 『호남고고학보』36, 호남고고학회.

김동일, 2017, 「하가점상층문화의 기북지역 유입과 그 의미」, 『동아시아 청동기
　　　문화 연구의 신인식』, 한국고고학회 제41회 한국고고학전국대회 자유
　　　패널 발표자료집.

김동일, 2019, 「옥황묘문화의 편년과 전개양상」, 『한국상고사학보』105, 한국상
　　　고사학회.

김동일, 2021, 「청동기시대 기북지역 반유목문화의 개념과 영역 –옥황묘문화와
　　　낙타량유형을 중심으로-」, 『고고광장』28, 부산고고학회.

오강원, 2004, 「中國 東北地域 세 靑銅短劍文化의 文化地形과 交涉關係」, 『선사
　　　와고대』20, 한국고대학회.

이현우, 2020, 「기원전 6~1세기 중국 동북지방과 한반도의 마구」, 『북방의 재인
　　　식 – 우리 고대문화 연구에서의 함의』, 한국상고사학회 제52회 학술대
　　　회 발표자료집.

정대영, 2004, 「中國 河北省北部 "玉皇廟文化" 연구」, 『문화재』37, 국립문화재연
　　　구소.

〈중국어〉

姜振利, 2007, 『隆化文物志』, 北京直轄市: 中國文史出版社.

金東一, 2018, 『玉皇廟文化靑銅器研究』, 吉林大學 博士學位論文.

內蒙古自治區文物考古研究所·寧城縣遼中京博物館, 2009, 『小黑石溝-夏家店上層
　　　文化遺址發掘報告』, 北京直轄市: 科學出版社.

潘玲·于子夏, 2013,「朝陽袁臺子甲類墓葬的年代和文化因素分析」,『北方文物』
　　2013-1, 黑龍江省文物考古研究所: 北方文物雜誌社.

北京市文物研究所, 2007,『軍都山墓地-玉皇廟』, 北京直轄市: 文物出版社.

北京市文物研究所, 2010,『軍都山墓地-葫蘆溝與西梁垸』, 北京直轄市: 文物出版社.

北京市文物研究所山戎考古隊, 1989,「北京延慶軍都山東周山戎部落墓地發掘紀
　　略」,『文物』1989-8, 國家文物局: 文物出版社.

沈軍山, 2018,『灤平文物志』, 北京直轄市: 文物出版社.

楊建華, 2000,「冀北周代青銅文化初探」,『中原文物』2000-5, 河南博物院: 中原文
　　物雜誌社.

楊建華, 2003,「再論玉皇廟文化」,『邊疆考古研究』2003-2, 吉林大學邊疆考古研究
　　中心: 科學出版社.

楊建華, 2004,『春秋戰國時期中國北方文化帶的形成』, 北京直轄市: 文物出版社.

王繼紅, 1999,「山戎文化動物紋的分布地域與年代分期」,『北京文博』1999-1, 北京
　　市文物局: 北京燕山出版社.

遼寧省文物考古研究所, 1989,「遼寧凌源縣五道河子戰國墓發掘簡報」,『文物』
　　1989-2, 國家文物局: 文物出版社.

遼寧省文物考古研究所·朝陽市博物館, 2010,『朝陽袁臺子 – 戰國西漢遺址和西周
　　至十六國時期墓葬』, 北京直轄市: 文物出版社.

遼寧省博物館, 1985,「遼寧凌源縣三官甸青銅短劍墓」,『考古』1985-2, 中國社會科
　　學院考古研究所: 考古雜誌社.

鄭紹宗, 1984,「中國北方青銅短劍的分期及刑制研究」,『文物』1984-2, 國家文物
　　局: 文物出版社.

鄭紹宗, 1991,「略論中國北部長城地帶發現的動物紋青銅飾牌」,『文物春秋』1991-
　　04, 河北省文化廳: 文物春秋雜誌社.

朱貴, 1960,「遼寧朝陽十二臺營子青銅短劍墓」,『考古學報』1960-1, 中國社會科學
　　院考古研究所: 考古雜誌社.

河北省博物館·文物管理處, 1977,「河北平泉東南溝夏家店上層文化墓葬」,『考古』
　　1977-1, 中國社會科學院考古研究所: 考古雜誌社.

7
——

요서지역 청동단검문화의
변천과 네트워크

정현승

국립경주문화재연구소 연구원

————

* 이 글은 2021년 6월에 개최된 경희대학교 한국고대사·고고학연구소 제3회 국제학술대회(『고조선의 네트워크』) 발표
문을 수정·보완한 것이다.

I. 머리말

요서지역은 요령계의 비파형동검문화와 요서 북부의 공병식동검문화, 하북성 북부·난하 상류의 직인비수식단검문화, 중원계문화 등이 접변하는 문화접변지대이다. 특히 노로아호산 이남의 요서 남부에서는 다수의 비파형동검이 확인된다. 인근의 공병식동검문화, 직인비수식단검문화의 청동기와는 명확한 차이를 보이며, 요동지역의 청동기와 유사성을 보이는 바 고조선과의 연관성이 일찍부터 제시되어 왔다(리지린 1961; 정찬영 1962; 김정학 ; 1972; 김원룡 1974; 한병삼 1974). 요서지역의 청동기문화는 기원전 2천년 전반기의 하가점하층문화을 그 시작으로 보고 있으며, 기원전 1천년기 전반에 재지식 청동단검의 등장을 획기로 큰 변화가 인지된다.

요서지역에서는 1938년에 적봉 홍산후 유적이 발굴 조사 이래 1958년에 조양 십이대영자와 금서 오금당, 1966년 객좌 남동구, 1970년대 초 영성 남산근 101호, 1987년 극십극등기 용두산, 영성 소흑석구 등 다양한 발굴조사의 성과와 아울러 다양한 유물들이 출토되고 채집된 유물을 기준으로 편년(김원룡 1961·1976; 황기덕 1963; 秋山進午 1968·1969; 한병삼 1968·1974; 윤무병 1966·1972; 烏恩岳斯圖 1977·2007; 이강승 1979; 林澐 1980·1997; 靳楓毅 1982·1983; 朱永剛 1987·1997; 박진욱 1987; 朱貴 1989; 강인욱 1996; 오강원 2006; 이후석 2020), 문화유형(王成生 1981; 靳楓毅 1987; 郭大順

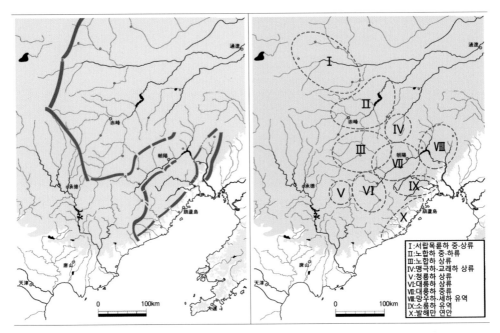

<그림 1> 요서지역 수계와 산맥(좌), 요서지역의 지역 구분(우)

1983·1997; 朱永剛 1997; 董新林 2000; 烏恩岳斯圖 2007; 이청규 2008; 趙宾福 2011), 종족 등 다양한 연구가 이루어졌다.

특히 종족에 대해서는 1960년에 십이대영자를 朱貴가 동호(東胡)로 추정한 이래 동호 혹은 산융(山戎)의 북방계 종족으로 보는 시각과 고조선과 관련지어 예맥 혹은 조선으로 보는 시각으로 대분되었다.

이러한 흐름 속에서 최근에 새로운 유적이 발굴되어 자료가 급증하였으며, 주변 지역에 대한 추가적인 연구, 새로운 이론을 기반으로 한 연구 등이 다양하게 이루어지면서 그간의 해석과는 차별화되는 새로운 연구의 토대가 마련되었다. 따라서 본 글에서는 최근까지 연구성과를 종합적으로 검토하고 요서지역에서 전형비파형동검이 성립되고, 주변 문화와 서로 상호작용을 하면서 변화하는 양상을 살펴보고, 그 원인과 의미를 살펴보고자 한다. 특히 이러한 성립과 변천의 원인 중에는 타 문화와 교류를 하며 형성된 네크워크가 주요 동인 중 하나로 판단되는 바, 네트워크를 중점적으로 살펴보고자 한다.

II. 공병식동검문화와 전형비파형동검문화

　노로아호산(奴魯兒虎山)의 이북인 요서 북부지역에서는 기원전 10세기 중후엽에 서랍목륜하(西拉沐倫河) 상류의 극십극등기 용두산(克什克騰旗 龍頭山)에서 처음으로 확인된 공병식동검은 그 분포 범위를 확산하며, 노합하(老哈河) 중·하류의 적봉 하가점(赤峰 夏家店), 적봉 홍산후(赤峰 紅山後) 일대로 그 범위를 확장하면서 이동한다.

　이에 반해 동 시기의 노로아호산 이남의 요서 남부지역은 대릉하(大陵河) 상류의 객좌 북동촌(喀左 北洞村), 객좌 산만자(喀左 山灣子), 객좌 마창구(喀左 馬廠溝) 등의 중원계 청동예기 매납유적들과 함께 대릉하 상류와 소릉하 일대의 토광묘 혹은 목관묘에서 각종 청동제 장신구와 청동제 거여구 등이 출토되었다. 출토된 청동기의 형식과 조합상 등을 종합하여 볼 때, 요동보다는 서쪽의 하북평원 북부(河北平原 北部), 난하(灤河) 유역과 강한 네트워크 속에서 유입된 것으로 판단된다. 이외에 현재까지는 유일하게 조양 칠도천자(朝陽 七道泉子)에서 이른 비파형동검이 1점 수습되었다.

　이후 기원전 8~7세기가 되면, 요서 북부지역에서는 노합하 중하류에서 노합하 상류로 공병식동검문화의 중심지가 이동하며, 요서 남부지역에는 전형비파형동검이 등장하여 요서 남부 전체로 확산된다. 이 시기에 양 지역의 문화적 변동을 기준으로 크게 전반기와 후반기로 나누어진다.

　특히 현재까지 조사된 양상을 살펴보면, 요서 북부지역은 극십등기 희작구(克什克騰旗 喜鵲溝)와 임서 대정(林西 大井) 등의 동광을 비롯하여 다수 확인되는 용범 등으로 보아 채광부터 생산까지 단계적 발전하면서 독자성을 확립하고 동남진하면서 그 범위를 확장시켜 왔던데 반해, 요서 남부지역은 비파형동검문화의 경우 조양 칠도천자에서 겨우 1점 확인되던 것이 다음 단계가 되면 요서 남부 전체로 급격히 확산되면서 단기간에 독자성을 확립하는 등 양 문화 간에 뚜렷한 차이가 인지된다. 먼저 전반기의 요서 북부지역은 노합하 상류 일대로 중심지가 이동한다. 소위 하가점상층문화 남산근유형이 등장하며,

〈그림 2〉 조양 칠도천자 수습 초기비파형동검

표지유적은 영성 남산근(寧城 南山根) 유적이다.

묘제에서는 최상급의 무덤에는 괴석을 적석하여 축조한 석곽묘[1]가 사용되며, 이외에 위계가 높은 수장급의 무덤들은 주로 석곽묘이다. 석곽묘의 경우 내부에 복질흔이 있었다는 점으로 보아 목관 주변에 괴석을 적석하여 석곽을 축조한 형식일 가능성이 높다. 석관묘들의 구체적 형식은 거의 보고되지 않았지만, 정황을 종합하여 볼 때, 괴석을 적석한 형태로 추정된다. 이외의 석관묘들은 앞선 시기의 석관묘를 감안하면 적석식과 판재식이 공존하였을 것으로 판단된다.[2]

특히 노합하 상류 일대의 최대이자 중심 집단으로서 등급이 가장 높은 유적으로 판단되는 영성 남산근은 높은 곳에는 무덤이, 그 아래로는 생활 관련 유구가 조성되어 공간을 분할하여 조성하였는데, 이는 앞선 시기의 극십극등기 용두산과 적봉 홍산후에서도 보이는 공간 구성으로, 이들을 계승한다 할 수 있다.

M101·M102와 같은 수장급의 무덤 주변으로 위계가 낮은 석곽·석관묘 10여 기 정도가 묘군을 이루고 있다. 특히 노합하 상류는 영성 남산근을 중심으로 영성 와방중(寧城 瓦房中), 영성 천거천(寧城 天巨泉), 영성 북산취(寧城 北山嘴) 등에서는 영성 남산근의 수장급 무덤과 동일한 적석식 석곽묘가 집중적으로 밀집되어 분포하고 있다. 다만 단독으로 조성되어 묘군을 이루는 남산근집단과는 차이가 명확하며, 이는 노합하 유역, 오한기 일대, 노로아호산 일대 등 넓은 지역에서 또한 동일한 묘제가 단독으로 조성된다. 특히 남산근을 중심으로 한 영성 일대에서 청동기의 조합상에서 유사성이 매우 강하며, 그 밀집도 또한 타 지역에 비해 높다.

다만 노합하 중류의 오한기 주가지(敖漢旗 周家地)와 같이 목관묘가 주요 묘제이며, 약 50여 기의 무덤이 묘군을 이루지만 성별에 따른 부장품의 차이만 확인될 뿐, 명확한 위계를 가진 수장급의 무덤이 확인되지 않는다. 또한 부장된 청동기에서도 무기류는 동촉 이외에 출토되지 않는 등, 청동기 조합상에서도 큰차

---

1) 앞선 시기의 극십극등기 용두산 M1은 내부에 목관이 있는 석곽묘로 보고가 되었으나, 판재식인지 적석식인지는 알 수 없으며, 적봉 홍산후는 판재식의 석관에 상부를 괴석으로 마무리하거나 석판으로 마무리 한 후 괴석을 쌓는 석관묘가 주요 묘제이다.

2) 인근의 소흑석구의 경우 석관묘들이 적봉 홍산후의 석관묘의 특성을 계승하는 석관묘들과 함께 괴석식 석관묘나 괴석으로 석관을 만든 후 상부에 적석을 하는 석관묘도 확인된다.

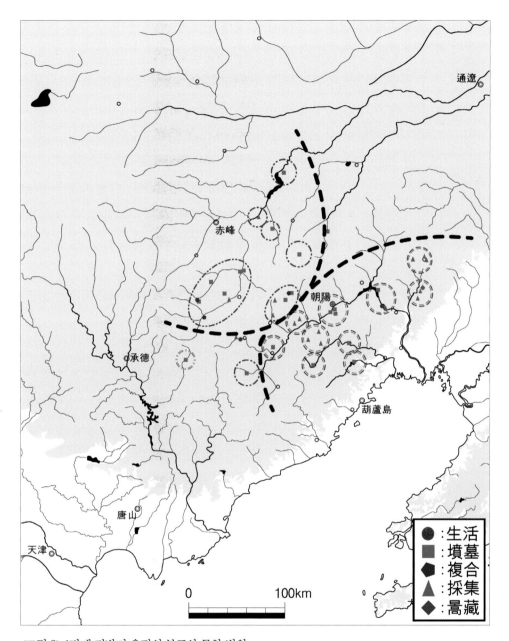

<그림 3> 1단계 전반기 유적의 분포와 문화 범위

이를 보인다. 이는 중심과 주변의 차이도 있지만 앞선 시기에 같은 지역의 옹우
특기 대포자와 공통점이 많아서 지역적 특성이 계승된 것으로 판단되며, 남산근
유형의 영향권을 가늠할 수 있는 지표로 생각된다.

   남산근유형은 노합하 유역, 오한기 일대, 노로아호산 일대 등 넓은 지역을 아우르며, 청동기 또한 다양한 계통의 청동기가 조합하는 양상을 보이며, 수량 또한 폭발적으로 증가한다. 무기류에서는 하가점상층문화계통의 공병식직인동검과 북방계의 직인비수식단검의 조합이 대표적이며, 유엽형동모와 재지계 동촉 등이 확인된다. 특히 소량이기는 하지만 비파형동검과 함께 중원식동과가 확인된다. 이외에 재지화 된 형식의 청동투구 등 방어구류가 주목된다.

공구류는 무기류에 비하면 소량으로 선형동부와 합주식동도가 중심이며, 청동괭이 같은 농공구나 청동추부 등의 청동기 생산과 관련된 청동기들이 주목된다. 앞선 시기와 다르게 용기류가 무덤에서 새롭게 확인되는데, 동두, 동물모양 손잡이가 부착된 동력, 동관, 동배, 동두 등 자체적으로 제작한 제지계 청동용기가 중심이며, 청동국자, 숟가락 등 식기도 새롭게 추가되었다. 중원계 청동예기는 동정 한 기종으로 3점만 확인되었다. 이외에 차마구류와 각종 동물형 장신구가 확인되는데, 차마구류 중에 수레와 관련된 거여구가 주목된다.

특히 남산근의 수장급 무덤인 M101·M102는 비파형동검+공병식동검+직인비수식단검 등 근접계 무기를 바롯하여 중원식동과, 유엽식동모 등 중거리계 무기와 동촉의 원거리계 무기가 다종다양하게 다수가 확인되며, 이외에 검초, 청동투구와 함께 거여구를 비롯한 각종 차마구류, 동부와 각종 동도, 청동괭이나 청동추부 등의 각종 농공구류와 청동국자, 숟가락 등 무기류들과 마찬가지로 다종다양하게 다수가 확인된다. 특히 중원계+재지계 청동예기가 다수 확인되는 점이 주목된다.

이에 반해 최대 중심 지역인 노합하 상류를 비롯하여 오한기 일대, 노로아호산 일대 모두 수장급의 적석식 목곽묘가 단독으로 조성되며, 근접계 무기나 중거리계 무기는 각각 1점 이상 확인되는 경우가 극히 드물며, 원거리계 무기까지 함께 공반한 경우 또한 거의 없고 대부분은 근거리계 무기 1점과 중거리계 무기 1점만이 공반되어 확인된다.[3] 특히 청동예기의 경우 영성 북산취에서 확인된 중원계 청동정 1점이 영성 남산근 이외에 출토된 유일한 청동예기이다. 이는 앞선 시기에 비해 수장급 무덤의 위계가 더욱 강해지면서 아래의 등급과의 격차가

---

3) 2종의 근거리계 무기(직인비수식단검·비파형동검)와 중거리계 무기(동월), 원거리계 무기(동촉)와 검초, 청동투구까지 모두 공반된 사례는 영성 남산근을 제외하면 영성 북산취가 유일하다.

<그림 4> 영성 남산근 출토 청동기 일괄

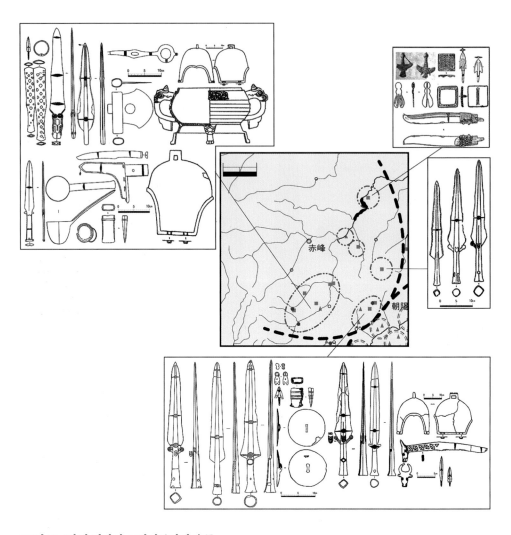

<그림 5> 1단계 전반기 공병식동검계 유물

크게 벌어졌음을 의미한다.

　요서 남부지역에서는 조양 십이대영자(朝陽 十二臺營子) 유적을 중심으로 십이대영자문화가 자리를 잡는다. 비파형동검으로 대표되며, 대·소릉하 유역을 중심으로 넓은 지역에 걸쳐서 분포하고 최대 중심 지역은 호로도 오금당(葫蘆島 烏金塘), 조양 십이대영자, 조양 요금구(朝陽 姚金溝), 조양 원대자(朝陽 袁臺子) 등이 집중되어 분포하는 대릉하 중류와 소릉하 유역이다. 수장묘의 묘제는 목관 주변에 괴석을 적석하여 축조를 마무리한 석곽묘로 남산근유형과 동일한 묘제

<그림 6> 조양 십이대영자(上)와 금서 오금당(下) 주요 출토 유물

로 추정된다. 수장급의 무덤이 단독 혹은 3기 내외로 묘군을 이루지 않는 점이
남산근유형과의 차이점이다.[4)]

또한 남산근유형이 다양한 계통의 청동기가 조합되는 것에 반해 외부의 유물

은 없고 재지계 유물의 단일성이 강한 것이 큰 차이이다. 유일하게 호로도 오금당에서 중원계 혹은 하북성 북부의 청동기가 확인되지는 하지만, 묘제는 토광묘로 차이를 보인다.

특히 요서 남부지역의 서쪽 경계이자 난하의 지류인 청룡하유역의 평천 동남구(平泉 東南溝)에서는 남산근유형의 석관묘에 봉분을 적석을 하여 만든 변형된 묘제에 직인비수식단검, 압형패식 등이 출토되었다. 이는 남산근유형의 특징이 변형되고 다른 문화의 속성이

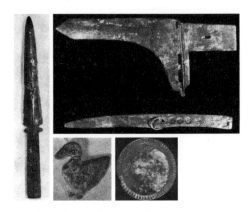

<그림 7> 평천 동남구 출토 유물

융합되는 양상을 보이는 것으로 소위 하북성 북부·난하 상류와 요서 북부지역의 문화가 접변하는 위치적 특성을 잘 보여주는 사례라 할 수 있다. 능원 사합당에서는 청동투구[5]와 중원식동과가 1점씩 출토되었다. 청동투구는 남산근유형의 것으로 추정되며, 중원식동과는 위치상 남산근유형의 것으로 판단된다.

1단계 전반기의 요서 북부지역의 네트워크 상황을 살펴보면 일단 재지계인 공병식동검 이외에 가장 다수를 차지하는 것이 직인비수식단검이다. 직인비수식단검은 기원전 10~9세기대에 하북성 북부의 창평 백부(昌平 白浮)의 수장묘에서 각종 직인비수식단검과 유엽식동모, 청동투구, 각종 북방계 동도와 동부, 장신구, 마구 등과 중원식동과와 중원계 청동예기 중원계 거여구 등 중원계 유물이 복합되어 출토 되었으며, 난하 상류의 흥륭 소하남(興隆 小河南)에서는 직인비수식단검과 함께 유엽식동모, 공병식동과, 다양한 형식의 북방계 동도가 매납된 것이 확인되었다. 특히 동 시기의 연경 서발자(延撥 西撥子)에서는 동복과 청동숟가락, 각종 동부와 함께 모방하여 제작한 것으로 판단되는 중원계 청동정

---

4) 하지만 등급이 가장 높은 유적인 조양 십이대영자에서 보고된 3기의 무덤 이외에 5점의 비파형동검이 수습되어서 영성 남산근과 같이 묘군을 이루었을 가능성을 배제할 수 없으나, 채집된 비파형동검의 수량과 형식으로 볼 때, 그 가능성은 낮은 것으로 생각된다.

5) 정확히 청동투구는 경장자에서 출토되었다고 보고되었지만, 경장자 유적이 소속된 지역이 사합당진으로 같은 범위로 보아도 무방하다.

이 1점 확인되었다.

하북평원 동부와 난하의 하류이자 발해만 일대의 천진 장가원(天津 張家園), 난현 진산두(灤縣 陳山頭), 난현 후천의(灤縣 后遷義), 천안 소산동장(遷安 小山東莊), 노룡 동한각장盧龍 東閈各莊), 천안 마초(遷安 馬哨) 등에서 확인되는 무덤들의 묘제는 단순 토광에 목관을 안치한 단순 목관묘로 목관의 형태 또한 장방형이다. 출토된 유물을 살펴보면, 공병식동과 등 청동제 병기는 거의 없으며, 끝이 하키스틱 형태를 보이는 청동제 혹은 금제 귀걸이, 합주식동도, 동월 등 각종 북방계 유물이 확인된다. 차마구류는 궁형기만이 확인되지만 거의 빠짐없이 공반되며, 특히 피장자의 머리나 발치에 청동정, 청동궤가 둘 중 1점, 혹은 각각 1점이 부장되는 점이 주목된다.[6]

이 지역은 하북성 북부와 난하 상류에서 다수 확인되는 'ㅍ'자형 목관은 전혀 확인되지 않아 묘제의 상이성이 뚜렷하며, 직인비수식단검 또한 출토된 사례가 전혀 없다. 특히 중원식 청동예기의 부장양상과 조합은 중원의 영향을 강하게 받은 것으로 판단된다.[7]

이는 하북평원 동부와 발해만 일대가 하북성 북부와는 전혀 다른 집단이며, 이 양자 간의 네트워크는 형성되어 있지 않다고 봐도 무방하다. 또한 요서 남부 지역에서 직인비수식단검이 거의 확인되지 않으며, 그 동쪽 경계에는 끝이 하키

〈그림 8〉 영성 남산근 M101 동정(좌), 남산근 동구 채집 동과(우)

6) 무기류은 공병식동과가 공반되는 무덤은 천안 소산동장이 유일한데 공병식동과 이외에 다수의 청동기가 부장되며, 금제 귀걸이와 팔찌, 일대에서 유일하게 청동정이 3점 확인됨에 따라 동 시기 일대에서 가장 위계가 높은 무덤으로 판단된다.
7) 중원의 청동예기의 위계에 따른 조합상을 살펴보면, 가장 낮은 등급에서는 정 혹은 궤 1점이, 바로 윗 등급에서는 정과 궤의 조합을 부장하는 의례가 확인된다.

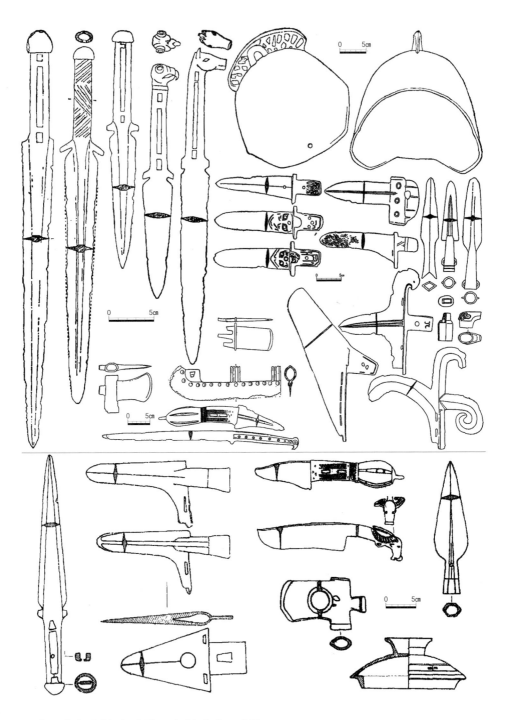

<그림 9> 창평 백부(上), 흥륭 소하남(下) 출토 유물

　　고조선의 네트워크와 그 주변 사회

스틱 형태를 보이는 청동제 혹은 금제 귀걸이가 확인되는 점을 종합하여 보면 남산근유형의 직인비수식단검을 '하북성 북부-난하 상류'의 산악지대와의 네트워크 속에서 제작된 것으로 판단된다. 다만 이 시기까지는 아직 옥황묘문화가 발생하여 명확히 자리잡기 이전이어서, '집단 대 집단'의 네트워크이기보다는 '집단 대 지역'의 네트워크일 가능성이 높다고 판단된다.

주목되는 점은 남산근집단의 각종 재지적으로 자체 제작된 청동용기 이외에 소량으로 확인되는 청동 정 3점이다. 이러한 청동정은 모방 제작한 방제품일 가능성이 높다(김정열 2011). 또한 원부의 단면에 돌기가 있는 중원식동과와 남산근 동구에서 수습된 공병식 유호과는 내에 시문된 동물문으로 볼 때, 모방 제작하였을 가능성이 높다(정현승 2017). 이는 남산근집단이 중원과 직접적 네트워크가 형성 되었다고 보기는 어렵다고 생각된다.

따라서 남산근집단의 독특한 중원계 청동기는 남산근집단의 주요 네트워크 내에 중원과 네트워크가 형성된 집단이 존재 하지 않아 모방 제작하였을 가능성이 높은 것으로 생각된다. 특히 남산근 M101에서

〈그림 10〉 영성 남산근 M101 출토 비파형동검

전형의 비파형동검과 비파형동검의 검신에 합주식으로 자체 제작한 합주식동검이 주목된다. 이는 조양 십이대영자-오금당집단과의 네트워크 속에서 유입된 것으로 판단된다. 다만 비파형동검 이외에 십이대영자-오금당집단의 청동기는 확인되지 않으므로 활발한 네트워크를 형성하였다고 보기는 어렵다.

요서 남부지역에서는 유물의 조합에 따라 십이대영자집단과 오금당집단으로 나누어진다. 먼저 십이대영자집단을 살펴보면 이 시기에 전형비파형동검은 요동뿐만 아니라 한반도 중남부의 부여 송국리까지 각개 문화를 초월하여 비파형동검을 표지로 한 광역의 상징공동체를 형성한다. 이미 기원전 9세기대에 조양의 칠도천자에서 수습되었으므로, 비파형동검만으로는 요동과의 긴밀한 네트워크를 상정하기는 조심스럽다.

십이대영자의 인면형장식과 동물을 형상화한 청동고삐걸개, 청동수면장식,

투검 아래에 2조의 돌대가 둘러진 선형동부, 도신의 끝으로 갈수록 폭이 넓어지는 조합식 동도 등은 남산근유형과의 네트워크 속에서 유입된 것이 명확하다. 주목할 것은 동도를 제외한 청동기들은 상사성보다는 상이성이 뚜렷하며, 동부와 다뉴경, 합주식동도의 손잡이, 청동당로에서 확인되는 2개의 삼각형과 장방형으로 조합된 방형의 문양 단위는 십이대영자집단에서만 보이는 특징(signature)이다. 즉 십이대영자집단의 청동기는 남산근집단과의 네트워크를 통하여 유입되기는 하였지만, 상당히 독자적인 청동기를 제작한 것으로 판단된다. 다만 서로의 관계에서 남산근집단이 십이대영자집단에게 받은 영향보다는 십이대영자집단이 남산근집단에게 받은 영향이 보다 강하고 큰 것으로 추정된다. 또한 십이대영자의 청동기에서 비파형동검을 제외하면 검파두식과 경형동기, 단위 문양 등 요동지역과의 네트워크를 상정하기에는 공통된 유물이 너무 소략하다. 물론 비파형동검을 함께 상징공동체로 공유하는 것을 보면 어느 정도 네트워크는 형성되었을 것으로 추정된다. 다만 유물의 조합과 세부 특징 등을 비교해 보았을 때, 그리 밀접한 네트워크는 형성하지 않았을 것으로 보인다.

오금당집단은 십이대영자집단에 비하면 굉장히 복합한 네트워크 양상을 보인다. 먼저 청동방울과 청동말재갈, 청동난령에서 확인되는 2개의 삼각형과 장방형으로 조합된 방형의 문양 단위는 앞서 언급하였듯이 십이대영자집단만의 특징적인 단위 문양이다. 또한 비파형동검을 비롯한 청동기의 조합에서도 상당한 유사성을 보이는 바, 양 집단은 상당히 강한 네트워크가 형성되었을 것으로 판단된다. 이외에 청동투구와 중원식동과가 특징적이다.

청동투구의 경우 정수리에 원형의 꼭지와 측면에 원형의 구멍 뚫은 형태는 앞선 시기의 창평 백부를 비롯한 호로도 손가만과 같은 형식으로 남산근유형의 청동투구와는 다른 형식으로 보았다(강인욱 2006). 공반된 중원식동과는 전형적인 중원식동과로 남산근유형에서 다수 확인되며, 요서 남부지역의 능원 사합당에서도 유사한 형태가 1점 확인되었다. 하지만 양 집단 간의 거리가 멀고 중간 지역에서 동일한 중원계 무기를 비롯한 중원계 유물 자체가 출토된 사례가 없다. 청동투구의 형식과 앞선 시기에 동지역 일대의 조양 위영자(朝陽 魏營子), 호로도 손가만(葫蘆島 孫家灣) 등의 출토 사례를 종합하여 볼 때, 오금당집단의 청동투구와 중원식동과는 발해만 연안을 통하여 유입되었을 것으로 추정된다.

<그림 11> 대련 누상
M3 출토 청동방울

특히 중원계 거여구로 판단되는 난령에 특징적인 단위문양이 시문된 점을 미루어 볼 때, 이미 모방하여 자체적으로 제작한 것으로 추정된다.

이외에 장방형청동방울의 경우 요동지역의 대련 누상 M3에서 출토된 청동방울과 세부적 형태는 차이가 있지만 유사성을 부인할 수는 없다. 지리적 위치 또한 요동반도와 교통로 상에 위치함으로써 요동과의 네트워크를 산정할 수는 있지만, 청동방울과 비파형동검 이외에는 네트워크를 산정할 수 있는 청동기가 없어서 보다 추가적인 논의가 요구된다.

객좌 화상구(喀左 和尙溝) M1에서는 북방계인 끝이 하키스틱 모양의 팔찌와 중원계 청동예기인 동호, 동유가 공반하여 출토되었다. 객좌 화상구의 강 건너 서쪽에 직인비수식단검이 확인된 객좌 산취자(喀左 山嘴子)가 위치하는 등 문화적 경계에 해당하는 지역인 관계로 유입된 것으로 추정되며, M1 목곽묘에서 출토된 청동팔찌와 청동예기들은 하북 평원 동부와 발해만 일대에 중원과 네트워크가 형성되는 것과 맞물려서 이를 매개로 어느 정도 중원과 네트워크가 형성된 것으로 보이나 매납된 청동예기의 기종이 독특해서 보다 신중한 해석이 요구된다.

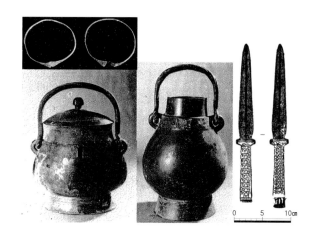

<그림 12> 객좌 화상구 M1 출토 유물(左), 객좌 산취자 직인비수식동검(右)

후반기가 되면 요서 북부지역의 중심유적이자 표지유적이 영성 남산근에서 영성 소흑석구(寧城 小黑石溝)로 변화한다.[8] 중심지와 묘제, 유적의 구성 등은 전반기의 영성 남산근과 큰 차이는 없으나, M8501과 M9601 같은 초대형의 최

---

8) 다만 중심유적이 이동하는 것이지 영성 남산근이 1단계 후반기에 소멸하는 것도, 영성 소흑석구가 1단계 전반기에 존재하지 않았다는 것이 아니다. 두 유적의 연대는 1단계의 전체에 걸쳐서 조성된 것으로 판단되며, 그 중심이 나뉘는 것으로 판단된다.

상급 수장의 무덤이 등장과 함께 묘군의 규모도 크게 증가하고, 생활 유구도 다양해지는 등 보다 대형의 집단으로 변화한다고 할 수 있다. 중심 지역 또한 큰 변화는 없지만, 범위는 전반기에 요서 북부지역 일대에 넓게 분포하였던데 반해, 요합하 유역 일대를 중심으로 축소되는 양상을 보인다.

전반기와 다르게 중원계 청동기의 증가가 주목된다. 청동예기가 보다 다양한 기종으로 다수가 매납되며, 재지계 청동용기도 수량과 기종이 증가한다. 이외에 다뉴경, 장방판형청동방울과 같이 십이대영자문화의 수장급 무덤에서만 출토되었던 청동기가 새롭게 추가되기 시작한 양상이 주목된다.

이같이 영성 소흑석구에서 앞선 남산근집단보다 다양한 계통의 유물이 복합적으로 조합되어서 나오는 이유는 영성 남산근보다 교통의 요지에 입지[9]하여 서쪽의 옥황묘문화을 비롯한 원거리의 중원지역과의 접촉에 용이하며, 십이대영자문화의 경우 중심지가 대릉하 중류의 조양 일대에서 노로아호산 일대의 건평 일대로 이동한 점 등이 맞물린 현상으로 보인다.

요서 남부지역에서는 중심 지역이 노로아호산 일대의 건평 포수영자(建平 炮手營子)를 중심으로 한 그 주변으로 변화한다. 이러한 변화는 조양 일대에서 다뉴경의 부장은 사라지며, 건평 일대로 다뉴경의 부장이 이동하는데 이는 중심지의 변화를 상징한다고 할 수 있다.

중심지의 이동과 함께 소릉하 유역에 수장급 유적들이 사라지고, 노로아호산 일대의 오한기 산만자(敖漢旗 山灣子), 오한기 동정촌(敖漢旗 東井村), 대릉하 중류의 지류인 망우하(牤牛河) 유역의 부신 일대 등으로 확산되는 양상이 확인된다. 오한기 산만자와 경우 비파형동검과 함께 비파형동검용범이 공병식동검과 공반되어 출토되어서 앞서 자리잡고 있던 남산근유형을 십이대영자문화가 공존·대체하는 양상을 명확히 보여준다. 특히 객좌 화상구 M6·M13·M17에서 비파형동검이 출토됨에 따라 대릉하 상류까지 그 영향권을 확장한 것으로 판단된다. 수장묘의 묘제는 적석식 석곽묘로 목관에 괴석을 적석하여 축조한 것으로 전반기의 묘제와 동일하다.

---

9) 영성 남산근은 노합하의 지류인 곤도하변에 위치하며, 입지 또한 내륙의 산지로 둘러싸인 폐쇄적인 지형에 가깝다. 이에 반해 영성 소흑석구는 노합하 본류 변에 위치하고, 교통로에 해당하여 주변 지역과 접촉이 용이하다.

여전히 중원계 청동기가 공반되지는 않지만 건평 포수영자, 건평 대랍한구(建平 大拉罕溝), 건평 난가영자(建平 灤家營子)에서 청동추부, 오리모양장식, 숟가락모양장식동도(匙柄銅刀) 등 남산근유형 혹은 북방계 청동기가 공반되는 변화가 인지된다.

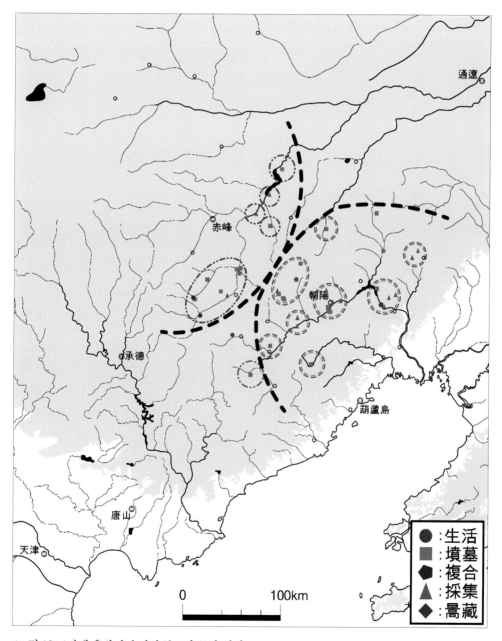

<그림 13> 1단계 후반기 유적의 분포와 문화 범위

소흑석구집단의 네트워크는 전반기와 마찬가지로 하북성 북부-난하 상류가 가장 주된 네트워크로 추정된다. 하지만 세부적으로 살펴보면 많은 변화가 감지된다. 먼서 기원전 7세기대에 하북성 북부의 연산산맥(燕山山脈) 일대에 옥황묘문화가 형성되고 연경 옥황묘(延慶 玉皇廟) YYM18·250, 연경 서량광(延慶 西梁垙) YXM25와 같이 대형의 수장급 무덤이 들어서면서 앞서 '지역-집단'의 네트워크가 '집단-집단'의 네트워크로 변화하게 된다.

소흑석구집단에서는 앞선 남산근집단에 비해 다종·다양한 형식의 중원계 청동예기가 확인되는 것이 주목된다. 이는 옥황묘집단이 형성되면서 연경 옥황묘, 회래 감자보(懷來 甘子堡), 연경 서량광 등지에서 청동궤, 청동정 뿐만 아니라 청동이, 청동반, 청동두 등 완전한 중원계 청동예기가 다수 확인되며, 여전히 하북평원 동부와 발해만 연안에 다종·다양한 청동예기의 복수부장 혹은 매납의 사례가 확인된 바 없다.

비파형동검집단이 중심지가 서북진하며 1단계 전반기에 비해 공병식동검집단과 보다 강한 네트워크를 형성하지만, 비파형동검집단에서 여전히 중원계 청동예기가 전혀 나온 사례가 없으므로, 중원계 청동예기가 하북평원 동부와 발해만 연안을 거쳐 요서 남부지역을 통한 네트워크를 통해 유입되었을 가능성은 전무하다. 따라서 연산산맥 일대의 옥황묘집단과의 네트워크를 통해서 다종·다양한 중원계 청동예기가 유입된 것으로 판단된다.

옥황묘집단과 소흑석구집단의 중간 지역인 난하 상류에서는 앞서부터 다양한 직인비수식동검이 확인되는 가운데 새롭게 공병식동검이 확인되는 양상이 주목된다. 난하 상류에서 확인되는 공병식동검은 직인에 검신의 형태가 쐐기형으로 좁아는 것으로서 영성 소흑석구 M8501과 옹우특기 대포자에서 출토된 공병식동검과 유사하다. 하지만 1단계에 요서 북부지역의 공병식동검에서 보이는 파인형(波刃形)의 검신이나 다중침선장식과 함께 끝에 원형의 장식이 달린 검격장식과는 형식적 차이가 크다. 또한 검격의 침선과, 등대에 돌기 등 세부

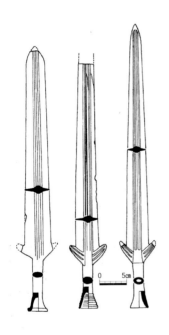

〈그림 14〉 옥황묘집단 출토 공병식동검

0   5cm

적 형태적 차이가 커서 소흑석구집단의 영향을 받아 독자적으로 공병식동검을 제작한 것으로 생각된다.

　십이대영자문화의 중심지가 노로아호산의 건평 일대로 변화함에 따라 앞선 단계에 비해 네트워크가 더욱 강화되는 양상이 특징적이다. 영성 소석흑구 M8501에서는 합주식 비파형동검과 함께 금서 오금당에서 출토된 장방형청동방울과 완전히 동일한 형식의 방울이 출토되었으며, 영성 남산근 58MA·58MB에서 비파형동검(2)과 함께 자체 제작한 합주식 비파형동검(1)이 확인되었다. 특히 소흑석구 98AⅢ M5 석관묘에서 재지화 된 청동예기와 직인비수식단검, 북

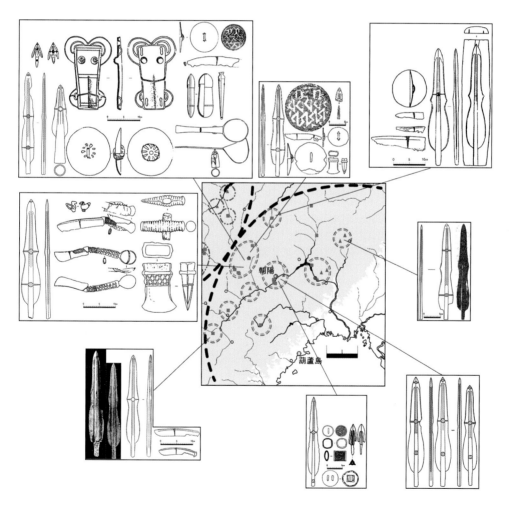

〈그림 15〉 1단계 후반기 비파형동검계 유물 일괄

방계 동도와 함께 다뉴조문경이 함께 공반된 사례가 주목된다. 이러한 양 집단 간의 네트워크가 강화된 이유는 각각의 중심지가 이동하면서 물리적 거리가 가까워지고, 비파형동검문화의 범위의 확산이 맞물리면서 된 결과로 보여진다.

건평 포수영자, 건평 대랍한구에서는 앞서 십이대영자집단의 특징적인 단위 문양이 시문된 청동기는 소멸되며, 비파형동검과 다뉴조문경을 제외한 다른 청동들은 대부분 남산근유형 혹은 북방계의 청동기로 변화한다. 이러한 변화와 맞물려서 비파형동검의 분포 범위가 확산되는 것을 종합하여 보면, 앞선 시기의 집단 및 주변의 하가점상층문화와 융화되면서 생긴 변화로 판단된다.

유일하게 건평 포수영자에서 비파형동모가 1점 출토되었다. 이 비파형동모는 앞선 오금당집단처럼 요동반도 남단과 연결되는 것이 아니라 청원 대호로구(清原 大葫蘆溝), 서풍 성신촌(西豊 誠信村), 무순 축가구(撫順 祝家溝) 등 요하평원지역과 연결되는 것으로 추정된다. 다만 양자 간의 네트워크에 대해서는 보다 추가적인 실물자료가 확인되어야 추정이 가능할 것으로 보인다.

특히 난하 상류인 (전)승덕시과 (전)청룡현에서는 비파형동검이 확인되었다. 비파형동검의 검신의 폭과 검 하단부의 장식, 동검의 전체 길이 등에서 십이대영자문화의 비파형동검과는 차이가 크다. 앞서 언급하였듯이 동 지역에서 공병식동검 또한 재지화 되어 자체적으로 제작하였으므로 비파형동검 또한 이와 비슷한 맥락 속에서 제작되었을 것으로 추정된다. 양자 간의 직접적인 네트워크보다는 소흑석구집단을 통한 간접적 네트워크가 가능성이 높지만, 비파형동검의 범위가 확산되는 양상과 포수영자-대랍한구집단의 청동기에서 하가점상층문화적 성격이 강해진 것을 종합할 때, 직접적 네트워크의 가능성도 배제할 수 없다.

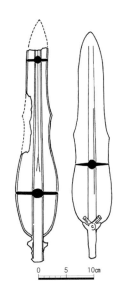

〈그림 16〉 난하 상류의 비파형동검(좌: 전 청룡현, 우: 전 승덕시)

III. 공병식동검문화의 소멸과 변형비파형동검

2단계가 되면 생기는 가장 큰 변화는 요서 북부지역에서 하가점상층문화가
거의 소멸하는 것이다. 노합하 일대의 하가점상층문화는 완전히 소멸하며, 임서

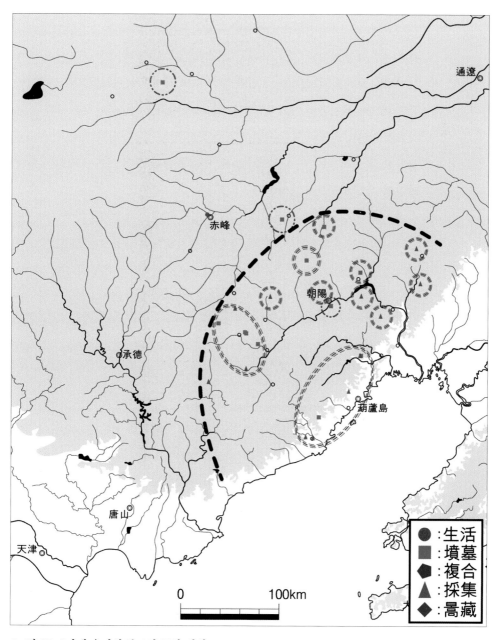

<그림 17> 2단계 유적의 분포와 문화 범위

정구자(林西 井溝子)와 오한기 철장구(敖漢旗 鐵匠溝)와 같이 외곽 지역으로 밀려난다. 이들 유적 또한 약간의 공백기를 가진 후에 형성되는 것으로 추정된다. 또한 두 유적 간의 거리가 약 200㎞ 정도로 앞선 문화의 속성이 일부 잔존하여 유사하여 보일 뿐, 완전히 다른 집단으로 보아 무방하다. 이러한 갑작스런 해체에 대한 이유로는 여러 설이 존재하지만 명확한 근거는 아직 없다.

묘제에서는 위계가 높은 수장묘에 사용되었던 적석식 목관묘가 소멸하고 단순 토광묘로 변화하며, 묘군 내에서의 위계성도 명확히 확인되지 않는다. 청동무기류는 하가점상층문화의 소멸과 함께 그의 상징인 공병식동검은 사라지며, 동촉 이외에 무기류는 거의 확인되지 않는다. 이외에 공구류와 차마구류 등 청동기의 수량과 기종이 모두 급감한다. 동물형 장신구가 중심이 되며, 각종 골제 활과 화살, 골제 마구가 다수 출토되며, 석제 공구류 등이 거의 소멸되는 등 생업 또한 수렵 중심으로 변화한다.

요서 남부지역에서는 중심지가 대릉하 상류 일대로 대릉하를 따라 서쪽으로 이동하는 양상이 확인된다. 객좌 남동구를 표지로 하여 남동구유형으로 많이 연구(이청규 2008)되고 있다. 묘제는 위계가 높은 무덤에서는 목관 주변에 괴석을 적석한 석곽묘를 사용하며, 이외에 무덤들은 대부분 토광묘이다. 1~3기의 수장급 소수의 무덤들이 확인되며, 10기 이상의 무덤군을 이루는 경우는 유적은 극히 적다. 이러한 무덤군의 구성은 앞선 시기에서 보이는 특성이 그대로 이어지는 것으로 판단된다.

소위 변형비파형동검이 새롭게 등장한 T자형청동검병과 세트가 상징적이다. 가오리, 호랑이, 사슴, 개구리 등의 각종 동물형 청동기와 조합되는 양상이 새롭게 확인된다. 이 같은 정황은 조양 원대자 M122·M123 목곽묘에서 명확히 파악된다. 'ㅍ'자형 목관을 사용하고, 동물형 장신구가 부장되는 사례는 남산근유형 혹은 옥황묘문화의 영향을 받은 것으로 추정되기 때문이다(강인욱 2010).

또한 중원계 청동예기와 중원식동과 등 중원계 청동기가 공반되기 시작하지만 정과 궤 등 한정된 기종이 소량만 확인되며, 중거리계 무기류 또한 중원식동과를 제외하면 거의 없다. 다만 차축두 등 단순 마구류가 아닌 중원계 거여구가 부장되기 시작한 것이 주목된다. 토기류에서 또한 중원계로 판단되는 것들은 거의 보이지 않는다.

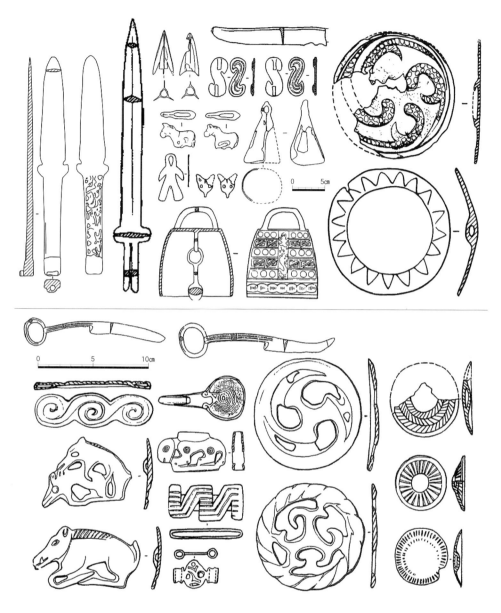

<그림 18> 임서 정구자(上)와 오한기 철장구(下) 출토 청동기

　최근(2019)에는 발해만 연안에서 남동구와 동급의 위계를 지닌 것으로 추정
되는 흥성 주가촌(興城 朱家村)이 조사되었다. 대형의 목곽묘 1기가 단독으로 조
사되었으며, 비파형동검, T자형청동검병과 함께, 나팔형동기, 마함, 물고기, 새
모양 등의 동물형 청동기 등의 다양한 청동기가 출토되었다. 특히 기하문이 시

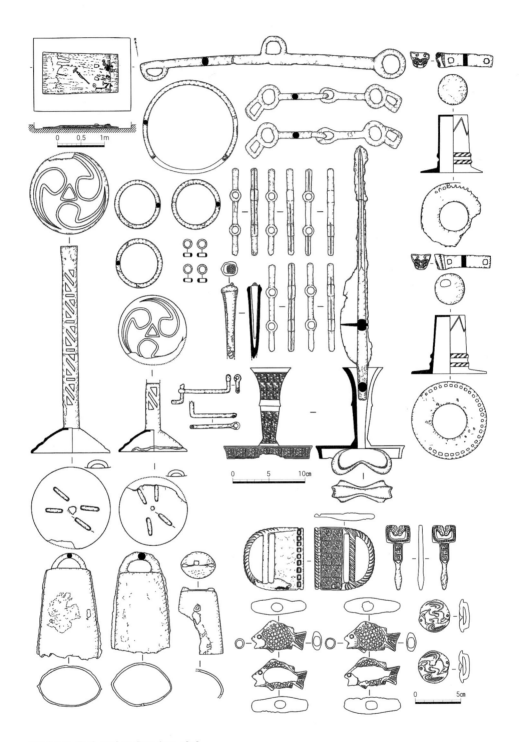

〈그림 19〉 흥성 주가촌 출토유물 일괄

문된 대구가 세트로 출토된 것이 주목되는데, 이는 현재까지 동일한 형식이 중
국 동북지역 전체는 물론 중원과 내몽고에서도 출토된 사례가 없어서 십이대영
자문화의 문양을 계승하여 독자적으로 제작한 청동기 형식으로 판단된다.

이외에 차마구류에서는 중원계 차축두와 함께, 옥황묘문화계통의 마구도 함
께 출토되었다. 흥성 주가촌은 동검의 형태와 공반된 각종 마구, 나팔형동기의
형태를 종합하여 볼 때, 객좌 남동구, 심양 정가와자 보다 이른 시기로 추정된다.

또한 현재까지 조사된 성과에 의하면, 흥성 주가촌을 마지막으로 요서 남부
지역에서는 십이대영자계통의 기하문이 시문된 청동기는 검병을 제외하고 대

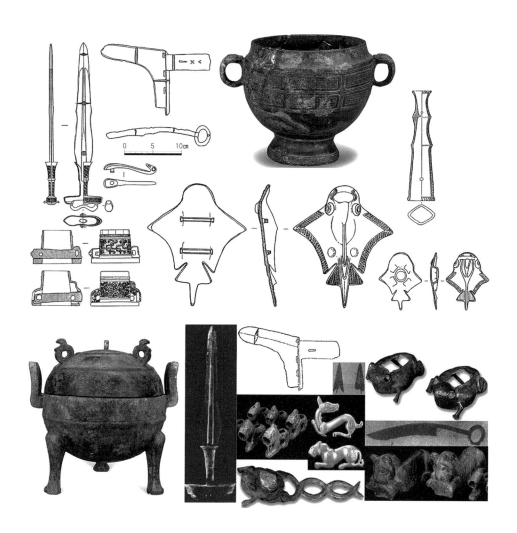

〈그림 20〉 객좌 남동구(上)와 능원 삼관전자(下) 출토 청동기

부분 소멸된다. 이러한 십이대영자계통의 기하문이 시문된 청동기는 이후 심양 정가와자(瀋陽 鄭家窪子)를 비롯한 요동과 한반도 일대를 중심으로 확인된다.

유적의 분포는 대릉하 상류의 객좌 남동구를 중심으로 한 일군과 발해만 연안의 흥성 주가촌을 중심으로 한 일군이 등급이 높은 유적들이 집중하여 분포하는 것으로 보아, 두 지역이 2단계의 중심 지역으로 판단된다.

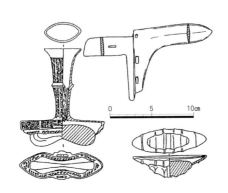

<그림 21> 오한기 수천 출토 청동기

이외에 대릉하의 지류를 따라 노로아호산 일대의 오한기 수천 등으로 변형비파형동검의 범위가 확산되는 정황이 확인되는데, 이는 요서 북부지역의 하가점상층문화가 소멸되면서 그 자리에 비파형동검문화가 확장되면서 대체를 하는 것으로 판단된다.

주변의 변화를 살펴보면 먼저 연산산맥 일대의 옥황묘문화는 남산근유형과 마찬가지로 소멸하는 양상을 보인다. 회래 북신보(懷來 北辛堡)
M1·M2에서는 직인비수식단검이 출토되기는 하지만,[10] 재지계인 동복과 각종 동물형 장신구 등이 거의 소멸한다.[11] 중원계 청동예기 대환수동도와 중원식동과, 중원식동검과 중원계 차마구 등 중원화 되는 경향이 뚜렷하며, 난하 상류의 난평 이수구문(灤平 梨樹溝門)과 난평 호십합포대산(灤平 虎什哈砲臺山)에서 또한 연산산맥 일대와 묘제와 청동기, 토기 등 유물에서 유사한 변화가 인지된다. 이와 함께 하북평원 동부의 당산 가각장(唐山 賈各莊)에서는 약 40여 기의 부덤에서 각종 중원계 청동무기와 청동예기, 청동제 차마구, 장신구 등과 함께 중원계 토기가 공반되어 이 일대가 중원문화가 확산되면서 토착문화가 쇠퇴하였음을 상징한다.

오한기 철장구와 임서 정구자는 상당히 먼 거리가 떨어져 있지만 동물형 청동기의 종류를 제외하고는 묘제, 각종 청동제 장신구에서 상당한 유사성을 보인

---

10) 이러한 직인비수식단검과 각종 동물형 청동기와 북방계 청동기가 조합된 문화는 외곽으로 밀려나서 내몽고 중남부 일대의 모경구문화에서 확인된다.
11) 묘제 또한 합장묘에 부장곽을 따로 둔 형태로 중원의 영향을 받은 것이나 상부에 소와 말을 순생한 것은 옥황묘의 전통으로 앞 단계에 비해서 확산된 중원문화와 융합된 양상을 보여준다.

다. 하지만 두 집단이 네트워크를 형성하였기보다는 남산근유형이 소멸하면서 그 잔존 세력이 흩어진 결과로 보여진다. 임서 정구자 M19에서 확인된 직인비 수식단검은 손잡이 끝에 매달 수 있는 고리가 달린 형식으로서 동 시기에 내몽

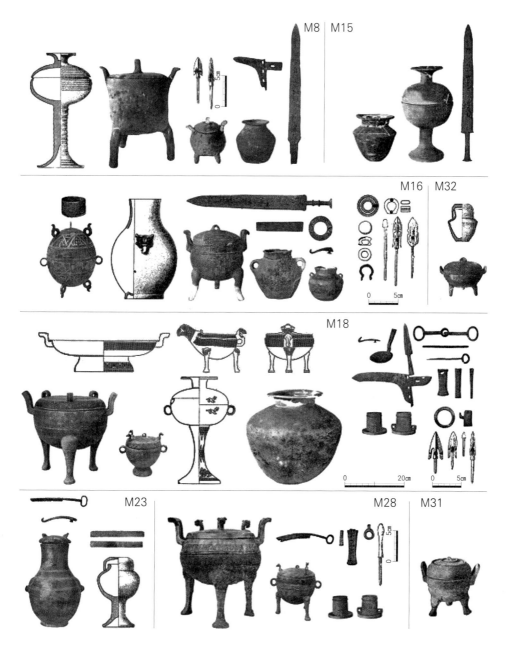

〈그림 22〉 당산 가각장 출토 유물 일괄(배현준 제공)

고 중남부의 모경구문화나 난하 상류[12]에서는 보이지 않는 형식이다. 약간의 차이는 있지만 앞 단계의 영성 천거천 M7301, 영성 와방중 M791 석곽묘, 영성 소흑석구 98AⅢ M5 석관묘, 오한기 열수탕 M1 토광묘 등에서 확인이 됨으로 모경구문화나 난하 상류와의 네트워크보다는 남산근유형의 잔존 세력과 연결 짓는 것이 타당하다고 생각된다.

흥성 주가촌의 나팔형동기에는 십이대영자 특유의 2개의 삼각형과 장방형으로 조합된 방형의 문양 단위가 확인된다. 또한 아래쪽 원반의 표면에는 소용돌이무늬가 시문되어 있다. 소용돌이무늬는 옥황묘문화에서는 거의 확인되지 않으며 주로 남산근유형에서 확인되는 문양의 형태이다. 이를 종합하여 보면, 흥성 주가촌의 나팔형동기는 십이대영자계통과 잔존한 남산근유형의 문양이 결합되어 만들어진 것으로 판단된다.

이외에 각종 중원계 차축두는 앞서 언급한대로 발해만 연안을 따라 형성된 네트워크를 통한 유입으로 보인다. 특히 새모양의 부리가 명확히 표현된 새모양의 청동장식은 내몽고 중남부의 양성 모경구(涼城 毛慶溝), 양성 곽현요자(涼城 崞縣窯子), 양성 혼주요자(涼城 忻州窯子), 준격이 서구반(準格爾 西溝畔) 등에서 동일한 모티브와 용도의 것이 확인되지만, 요서 북부지역에서는 새문양

장신구가 출토된 사례가 없고, 세부적인 형식도 차이가 커서 직접적인 연관성을 짓기에는 아직 무리가 따른다. 이는 추가적인 사례가 확인되어야 진전된 논의가 가능할 것으로 보인다.

함께 출토된 옥황묘계통의 마구의 경우 난하 상류 일대에 잔존하고 있으므로 난하 상류와의 네트워크를 통하여 유입되었을 가능성도 존재한다. 하지만 나팔형동기처럼 소멸된 남산근유형이 산개되면

<그림 23> 조양 원대자 출토 옥황묘 계통 청동장식 일괄

---

12) 난하 상류의 청룡현에서 수습된 것이 2점 보고 되었으나, 연산산맥 일대부터 난하 상류까지 출토된 직인비수식단검을 종합하여 볼 때, 1단계의 것으로 추정된다.

서 유입되는 정황과 요서 남부 전체에 각종 동물형 청동기를 포함한 옥황묘계 청동기 또한 산개하는 점, 난하 상류보다는 다수의 동물형 청동기가 확인되는 점을 종합하여 보면, 난하 상류의 집단과 네트워크보다는 그들의 청동기 제작기술 혹은 공인을 흡수한 것으로 추정된다. 특히 이러한 맥락은 조양 원대자, 호로도 전구구(葫蘆島 田九溝) 등에서도 확인되며 이후 흥성 주가촌을 거쳐서 심양 정가와자[13]까지 이어지게 된다.

객좌 남동구에서 출토된 가오리형 청동당로와 청동절약 등의 마구류는 완전한 재지계로서 남산근-옥황묘계열의 제작기술 혹은 공인을 흡수하여 제작한 것으로 판단된다. 이외에 변형비파형동검을 제외한 차마구류, 공구류, 청동예기는 모두 중원계이다. 객좌 일대는 앞선 1단계 후반기에 객좌 화상구에서 중원계 청동예기가 매납되는 등 이미 어느 정도 중원과의 네트워크가 형성된 것으로 보이

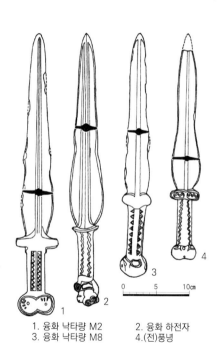

며, 발해만 일대 중원 세력이 확장하는 정황 등을 고려하면 발해만을 통한 중원세력과의 네트워크를 통해 중원계 청동기가 유입되었을 것으로 추정된다. 특히 옥황묘계통의 유물은 전혀 확인되지 않는 바, 난하 상류와의 네트워크는 형성되지 않는 것으로 보인다.

능원 삼관전자의 경우 객좌 남동구와 다르게 변형비파형동검, 각종 개구리형 차마구류와 장식 등 재지계 청동기 이외에 중원계 청동기는 중원식동과, 동도와 청동예기 등 객좌 남동구에 비해 상당히 소략하다. 호랑이와 사슴형의 각종 장식들은

1. 융화 낙타량 M2
2. 융화 하전자
3. 융화 낙타량 M8
4. (전)풍녕

0   5   10cm

<그림 24> 난하 상류 일대 변형비파형동검 모방 직인비수식단검 일괄

---

13) 심양 정가와자에서 옥황묘계 마구와 함께 공반된 뱀을 형상화한 말재갈멈치는 남산근유형의 것으로 판단된다.

남산근-옥황묘의 제작기술 혹은 공인을 흡수한 것일 수도 있다. 여기서 주목되는 것이 난하 상류의 변형비파형동검의 검신을 모방한 직인비수식동검들이다.

검신의 형태는 돌기부가 퇴화한 변형비파형형동검의 검신과 상당히 유사하다. 1단계의 검신의 형태가 파인형인 공병식동검과 형태적 유사할 수 있으나, 앞서 기술하였듯이 1단계에 난하 상류역에 확인되는 공병식동검은 검신이 직인에 쐐기형을 띄고 있어서 차이가 크다. 이미 1단계의 난하 상류에서 전형비파형동검을 모방한 비파형동검이 제작되는 것 또한 이를 뒷받침한다 할 수 있다. 이러한 전형비파형동검에서 변형비파형동검으로 변화를 인지하고 변화를 반영한 직인비수식단검을 제작한 배경에는 능원 오도하자와의 네트워크가 작용하였던 것으로 추정된다.

여기서 주목할 만한 점은 능원 삼관전자와 객좌 남동구가 직선으로 20㎞ 내외로 상당히 가깝게 위치하였음에도 불구하고 네트워크의 양상은 상당이 차이가 크다는 것이다. 이는 두 유적의 직선거리가 20㎞ 내외이지만 높은 산지로 가로 막고 있어서 수계를 따라 돌아가야 하고, 두 유적 모두 수계에서 산지를 향해 안쪽으로 들어와 있으며, 지세가 능원 삼관전자의 경우 서쪽과의 교통에 용이하며, 객좌 남동구는 남쪽으로 연결이 수월한 바 이같은 차이가 생긴 것으로 추정된다. 집단의 성향에 따른 선택적 수용 또한 영향을 미쳤을 것으로 보이며, 1단계의 남산근-소흑석구의 관계와 유사한 것으로 유추가 된다.

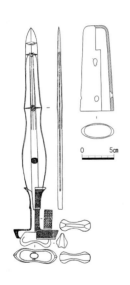

<그림 25> 북표 하가구 M7771 비파형동검(좌), 부신 호두구 검초끝장식(우)

이외에 북표 하가구(北票 何家溝) M7771 석곽묘에서는 돌기 위쪽부터 선단부까지 상대적으로 넓고 직선적인 소위 요동의 '탑만촌-정가와자식'에 해당하며, 부신 호두구 M5에서 비파형동검과 함께 출토된 검초는 세부 문양에서 차이는 있지만 형태는 심양 정가와자의 검초와 거의 동일하다. 이 두 동검이 출토된 지역은 상대적으로 요동에 가까움으로, 어느 정도 요동의 영향을 받았음을 유추해볼 수 있다.

IV. 초기세형동검의 등장과 중원문화의 확산

　3단계에 요서 북부지역의 객라심기 철영자(喀喇沁旗 鐵營子) 유적에서는 새로운 양상이 등장한다. 59기의 무덤이 확인된 대규모 무덤 유적으로서, 대부분이 토광묘이나, 수장묘 혹은 위계가 높은 무덤의 경우 석관묘 혹은 건창 동대장자와 동일한 형식인 적석식 목관묘가 특징적이다. 동물 순생을 하는 전통이 대형묘에서 일부 확인된다.

〈그림 26〉 객라심기 철영자 출토 청동기

　소위 요령식동과와 함께 동호, 동돈, 동이, 동고 등 다양한 기종의 전국 연나라계통 청동예기, 각종 중원계 장신구, 차마구 등이 출토되었으며, 토기류는 상당수가 부장용 연나라계통 토기이다. 십이대영자문화계의 무기류가 확인되기는 하지만 요령식동과 1점이며, 이외에 무기류 자체가 확인되지 않았다. 상당한 위계를 지니는 수장의 무덤으로 추정되며, 요서 남부지역의 건창 동대장자 유적과 대응된다.

　이외에 영성 소흑석구, 적봉 유수림자(赤峰 楡樹林子) 등에서는 소량의 중원계 청동기들만이 출토되며, 토기류 또한 대부분 중원계인 것으로 보아 중원계 문화의 확산이 상당히 진행된 것으로 보인다.

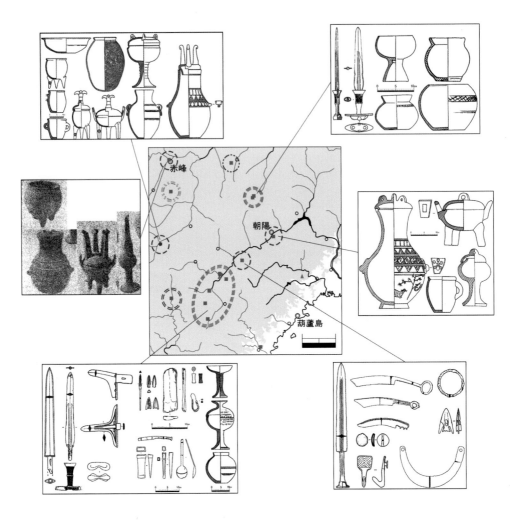

<그림 27> 3단계 청동기와 주요 출토 유물

　　요서 남부지역에서는 중심지가 대릉하 최상류의 건창 일대로 변화한다. 약
200여 기의 무덤이 조사된 건창 동대장자(建昌 東大杖子)는 크게 소형묘-중형
묘-대형묘로 나뉘며, 소형묘는 토광묘이나, 위계가 높은 대형묘의 경우 적석식
목관묘를 채용하였다. 객라심기 철영자와 마찬가지로 수장묘 혹은 위계가 높은
무덤에서 순생이 확인되는데, 소와 말을 주로 순생한 것으로 보아 남산근유형보
다는 옥황묘문화와의 친연성이 더 강한 것으로 판단된다.

　　소위 초기세형동검과 요령식동과 등의 재지계 유물이 표지적이기는 하지만,
이외에는 중원식동과와 동촉, 연계 청동예기, 각종 중원계 거여구와 마구, 각종

장신구 등 대부분이 중원계이다. 토기류 또한 마찬가지이다. 특히 중원식동과에

서 제나라계통이 확인되며, 부장되는 양상이 중원과 거의 동일하다.

　건창 동대장자의 주변으로는 객좌 과목수영자(喀左 果木樹營子), 객좌 황가점

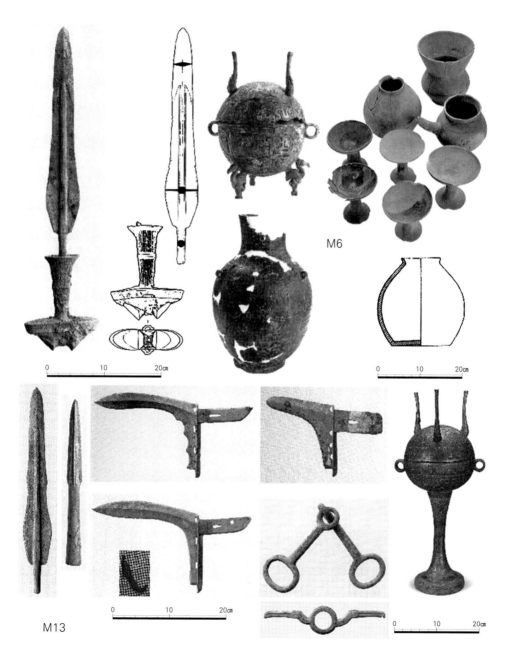

<그림 28> 건창 동대장자 주요 출토유물(이후석 제공)

토성자(喀左 黃家店 土城子), 건창 우도구(建昌 于道溝) 등 토광묘인 하위 유적들이 존재한다. 출토유물의 양상은 건창 동대장자과 마찬가지로 초기세형동검을 표지로 하지만, 기종과 수량에서 소략하다.

3단계의 요서 남부지역에서는 건창 동대장자 일대를 제외하면 재지계 청동기의 수량과 유적의 밀집도가 크게 약화된다. 이는 조양 원대자, 조양 오가장자(朝陽 吳家杖子), 흥성 마권자(興城 馬圈子) 등에서 동물의 순생과 토착계 토기 등 재지적 속성 이외에 중원계 청동기와 연나라계 토기가 다수 출토되는 점에서 이 같은 정황을 잘 파악할 수 있다.

특히 능원 오도하자(凌源 五道河子)에서는 토광묘와 목관과 묘광의 사이에 잔 자갈을 충전한 목관묘에 말의 순생이 확인되었다. 출토 유물에서는 각종 중원계 청동기와 함께 동물형대구 등이 확인되어 이를 종합하여 보면, 옥황묘문화와 중원계 문화와 융합된 것으로 판단되며 이는 2단계의 난하 상류 일대까지 중원문

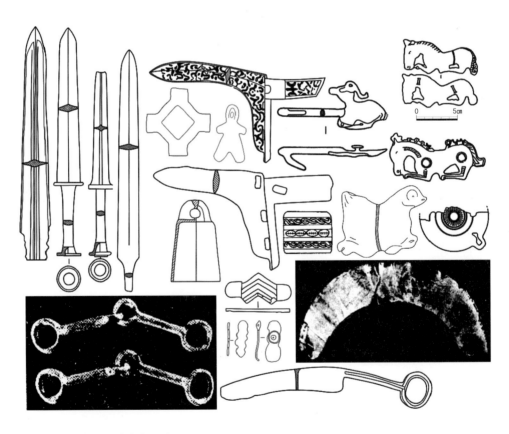

〈그림 29〉 능원 오도하자 출토 유물

화가 확장되면서 옥황묘문화가 다시 밀려나면서 마지막에 다다른 것으로 보인다. 또한 지역적 특성이 1단계 전반기의 동일한 지역인 평천 동남구에서 하가점 상층문화와 옥황묘문화가 융합된 양상과 같은 맥락으로 지리적 위치에서 오는 특성이 계승된 사례로 판단된다.

3단계에 주변 지역의 변화상을 보면 하북 평원의 통현 중조보(通縣 中趙甫), 당산 가각장, 천서 대흑정(遷西 大黑汀), 난평 호십합 포대산 등 하북성 북부와 하북평원 동부, 발해만 일대까지 연나라의 특징적인 청동예기와 부장용 토기 등 연문화가 확산되

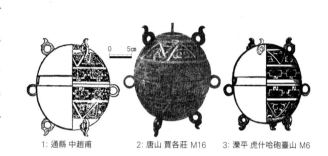

1: 通縣 中趙甫   2: 唐山 賈各莊 M16   3: 灤平 虎什哈砲臺山 M6

〈그림 30〉 연나라계통 동돈

는 양상이 뚜렷하다. 아울러 요서지역 전체에서 초기세형동검으로 상징되는 재

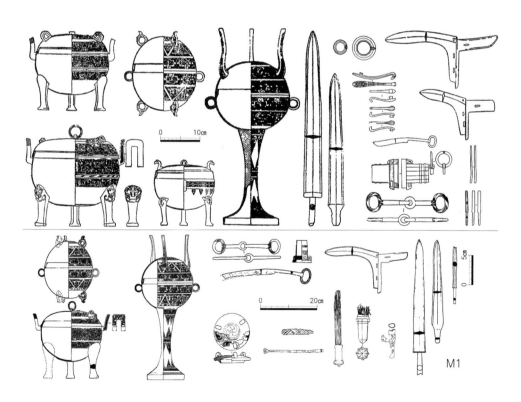

〈그림 31〉 통현 중조보(上), 천서 대흑정 M1(下) 출토 청동기

지계 청동단검문화는 약화되면서 중원계 문화가 이를 대체하는 양상이 보인다.
3단계가 되면 능원 오도하자, 건창 동대장자, 객라심기 철영자 등에서 앞선

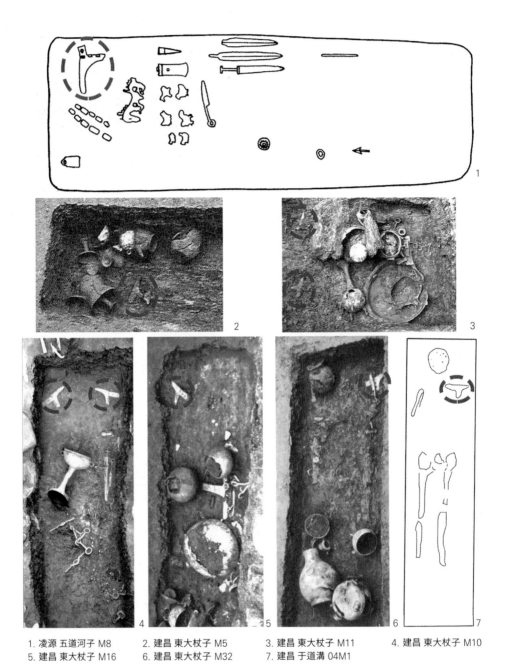

1. 凌源 五道河子 M8　　2. 建昌 東大杖子 M5　　3. 建昌 東大杖子 M11　　4. 建昌 東大杖子 M10
5. 建昌 東大杖子 M16　6. 建昌 東大杖子 M32　7. 建昌 于道溝 04M1

〈그림 32〉 3단계 중원식동과의 부장위치

시기보다 더욱 중원과의 네트워크가 견고해지면서, 중원식동과의 부장에서 중원의 매장풍습을 따르는 양상을 보인다. 능원 오도하자에서는 흑화과가 특징적이다. 이러한 흑화과는 호남성 장사시, 익양시, 상향시 등 초나라의 영역에서 주로 확인되어 장강 이남의 초나라계통으로 판단된다. 이외에 건창 동대장자 M10에서 확인된 내에 여러 개의 자(束)가 형성되어 있으며, 함께 세트 관계를 이룬 자가 확인되는 동거는 주로 산동반도의 제나라 영역에서 확인됨으로 제나라계통으로 구분된다. 연나라계통의 청동예기와 함께 삼진식의 각종 중원계 청동기, 초·제계통의 중원식동과 등 다양한 계통의 중원계 청동기가 출토되는 정황이 주목된다.

하지만 이러한 정황이 동대장자집단과 오도하자집단이 중원의 다양한 국가들과 네트워크를 형성하였다는 근거가 될 수도 있다. 중원의 상황을 살펴보면 7웅을 중심으로 각 각종 중원계 청동기에서 국가별 형식이 성립되며 생산된다. 이러한 상황 속에서 혼란기가 지속됨에 따라 해당 국가의 영역을 중심으로 각 국가별 청동기가 분포하기는 하지만 하북성 북부인 탁록 오보에서 '索魚王□戈' 명문이 시문된 오나라식 동과가 출토되며, 연하도에서 오월식, 초나라식과 삼진식이 출토 되는 등 상당히 복잡한 양상을 보인다.

따라서 요서 남부지역에서 다양한 계통의 청동기가 출토되는 것은 중원과의 강한 네트워크를 통해 다양한 국가와 직접적인 네트워크를 형성하였을 수도 있지만, 하북성의 연나라가 성장함에 따라 연나라와의 네트워크를 통한 다양한 계통의 청동기가 유입되는 것 두 가지 모두의 가능성을 열어두는 것이 합리적으로 생각된다.

V. 맺음말

이상 요서지역의 청동기문화가 변천하는 과정을 단계별로 살펴보고 그 단계별 네트워크 정황을 살펴보았다. 요서 북부지역은 1단계 전반기에서 후반기로 이행되면서 하북성 북부-난하 상류와 주요 네트워크를 형성하다가 십이대영자집단과의 네트워크 또한 중요해지면서 그 중심지가 이동한다. 요서 남부지역의 경우 십이대영자-오금당집단이 남산근집단과 요동, 발해만을 통한 하북평원 등 다각도로 네트워크를 형성하다가 소흑석구집단의 성장과 함께 건평 일대의 대합한구-포수영자집단으로 중심이 이동을 하면서 주 네트워크 또한 소흑석구집단으로 변화한다. 이와 아울러 요서 북부지역 일부와 난하 상류까지 비파형동검문화의 분포 범위가 확장되는 정황이 주목된다.

2단계의 요서 북부지역에서는 남산근유형이 소멸하면서 약화되어 소수의 유적이 각각 먼 거리에서 산발적으로 확인된다. 유적들 모두 남산근-옥황묘집단에 속하지만, 청동기의 세부형식과 각종 유물의 구성에서 생업과 사회체계가 완전히 다른 것으로 구분됨으로 1단계의 화려한 청동기문화를 영위하던 남산근유형은 완전히 해체된다. 요서 남부지역에서는 앞서 단일적이며 폐쇄성이 강하던 청동기들에서 남산근유형계통 혹은 옥황묘계통의 청동기를 다수 받아들이고 한정된 기종에서 소수이지만 중원계 청동기도 공반되기 시작한다. 이러한 변화는 연산산맥일대의 옥화묘집단과 성립과 동진 요서 북부지역의 남산근집단의 소멸 등 여러 변동의 영향으로 인한 연쇄작용의 결과로 추정된다.

이후 3단계가 되면 북방계 청동기들은 거의 소멸하며, 초기세형동검세트와 요령식동과 같은 십이대영자문화계통 청동기가 일부 남아 있기는 하지만, 지역 전체에서 청동기를 비롯한 토기 등 전반적으로 재지문화는 약화되고 중원계문화가 강한 영향을 미치게 된다.

이처럼 요서지역은의 청동기문화는 주변 지역과 유기적인 상호작용 속에서 복합적이고 융합적인 특성을 지니고 있다. 이러한 다각적 변화 속에서 네트워크 또한 역동적으로 변화함이 인지된다. 다만 아직은 네트워크에 대한 검토가 주요 청동기 등 상징적 유물을 중심으로 이루어진 바 문화유형에 대한 재론 등 보다 다각적이고 종합적인 연구를 추후의 과제로 남기며 글을 마무리하고자 한다.

참고문헌

〈한국어〉

강인욱, 1996, 「요령지역 비파형동검에 대한 일고찰」, 『한국상고사학보』21.

_____, 2006, 「중국 북방지대와 하가점상층문화의 청동투구에 대하여 -기원전 11~8세기 중국 북방 초원지역의 지역 간 상호교류에 대한 접근-」, 『선사와 고대』25.

_____, 2010, 「기원전 1천년기 요령~한반도 비파형동검문화로 동물장식의 유입과정」, 『호남고고학보』36.

김원룡, 1961, 「십이대영자의 청동단검묘」, 『역사학보』16.

_____, 1974, 「전 무주출토 요령식 동검에 대하여」, 『진단학보』38.

김정열, 2011, 「하가점상층문화에 보이는 중원식 청동예기의 연대와 유입 경위」, 『한국상고사학보』72.

_____, 2019, 「요서지역 청동문화의 전개 -기원전 15세기부터 기원전 5세기까지-」, 『동북아역사논총』63.

김정학, 1972, 『朝鮮の考古學』.

리지린, 1961, 『고조선연구』.

박진욱, 1987, 「비파형단검문화의 발원지와 창조자에 대하여」, 『비파형단검문화에대한연구』.

배현준, 2020, 「요서지역 전국 연문화의 전개와 그 배경」, 『동북아역사논총』69.

오강원 2006, 『비파형동검문화와 요령 지역의 청동기문화』.

윤무병, 1966, 「한국 청동단검의 형식분류」, 『진단학보』29.

_____, 1974, 『한국사대계 -고대편-』.

이강승, 1979, 「요령지방의 청동기문화 -청동유물로 본 요령동검문화와 하가점상층문화의 비교연구-」, 『한국고고학보』6.

이청규, 2008, 「중국 동북지역과 한반도 청동기문화 연구의 성과」, 『중국 동북지역 고고학 연구현황과 문제점』, 동북아역사재단.

이후석, 2014, 「遼東~西北韓地域의 細形銅劍文化와 古朝鮮」, 『東北亞歷史論叢』44.

_____, 2019a, 「요령지역 비파형동검의 등장과 그 배경」, 『한국고고학보』111.

_____, 2019b, 「비파형동검문화 청동 네트워크와 상호작용」, 『교류와 교통의 고고학』제43회 한국고고학전국대회.

정찬영, 1962, 「좁은 놋 단검(세형 동검)의 형태와 그 변천」, 『문화유산』3.

鄭鉉承, 2017, 「중국 기북·요서지역 중원식동과의 전개와 계통」, 『한국고고학보』104.

_____, 2020, 「遼西地區靑銅文化的形成與演變」, 『靑銅器與金文』4.

한병삼, 1968, 개천 용흥리 출토 청동검과 반출유물 -세형검의 기원과 관련된 고찰-」, 『고고학』1.

_____, 1974, 『토기와 청동기』.

황기덕, 1963, 「두만강 류역 철기 시대의 개시에 대하여」, 『고고민속』4.

〈중국어〉

靳楓毅, 1982, 「論中國東北地區含曲刃靑銅短劍的文化遺存(上)」, 『考古學報』4.

_____, 1983, 「論中國東北地區含曲刃靑銅短劍的文化遺存(下)」, 『考古學報』1.

_____, 1987, 「夏家店上層文化及其族屬問題」, 『考古學報』2.

郭大順, 1983, 「西遼河流域靑銅文化研究的新進展」, 『中國考古學会第四次會論文集』, 文物出版社.

_____, 1997, 「紅山文化的'唯玉爲葬'與遼河文明起源特征再認識」, 『文物』8.

董新林, 2000, 「魏營子文化初步研究化初步研究」, 『考古學報』1.

_____, 1977, 「關于戰國北方的靑銅短劍」, 『考古』4.

烏恩岳斯圖, 2007, 『北方草原考古學文化研究-靑銅時代至早期鐵器時代』, 科學出版社.

劉國祥, 2000, 「夏家店上層文化靑銅器研究」, 『考古學報』4.

林澐, 1980, 「中國東北系銅劍初論」, 『考古學報』2.

_____, 1997, 「中國東北系銅劍再論」, 『考古學文化論集』4, 文物出版社.

王成生, 1981, 「遼河流域及隣近地區短鋌曲刀劍研究」, 『遼寧省考古博物館學會成立大會會刊』.

翟德芳, 1994, 「試論夏家店上層文化的靑銅器」, 『內蒙古文物考古文集』第一輯.

井中偉, 2011, 『早期中國靑銅戈·戟硏究』, 科學出版社.

朱永剛, 1987, 「夏家店上層文化的初步硏究」, 『考古學文化論集』(一).

_____, 1997, 「大, 小凌河流域含曲刃短劍遺存的考古學文化及相關問題」, 『內蒙古 文物考古文集』第二輯.

〈일본어〉

林巳奈夫, 1989, 『春秋戰國時代靑銅器の硏究』, 東城書店.

宮本一夫, 2000, 『中國古代北疆史の考古學的硏究』, 中國書店.

秋山進午, 1968, 「中國東北地方の初期金屬器文化の樣相(上)」, 『考古學雜誌』53-4.

_____, 1969a, 「中國東北地方の初期金屬器文化の樣相(中)」, 『考古學雜誌』54-1.

_____, 1969b, 「中國東北地方の初期金屬器文化の樣相(下)」, 『考古學雜誌』54-4.

8

요령지역 비파형동검문화의 네트워크와 교류

이후석

경희대학교 한국고대사고고학연구소 학술연구교수

* 이 글은 『韓國靑銅器學報』第27號(韓國靑銅器學會 2020) 게재논문과 『先史와 古代』第66號(韓國古代學會 2021) 게재 논문을 바탕으로 수정·보완하여 작성하였음을 밝혀둔다.

I. 머리말

비파형동검문화는 비파형동검과 같은 특정 청동유물 양식(기종)의 시공간성을 바탕으로 범주화된 문화권(Cultural Area)에 근접하는 개념이다(이후석 2019a). 이에 따라 그 이전 시기의 문화 전통이나 새로 출현하는 문화 요소들의 복합 관계 등을 고려하여 여러 하위 문화 또는 지역단위 문화유형으로 구분되고 있다. 특히 요서지역과 요동지역의 비파형동검문화는 서로 교류하면서도 독자적인 변천 과정을 거쳤다고 보는 견해들이 많다.

먼저 요서지역에는 십이대영자문화(十二臺營子文化)가 설정되고 있다. 십이대영자문화는 보통 기원전 9~4세기경 유행했던 요서지역의 비파형동검문화를 가리킨다. 최근에는 기원전 5세기경에 이미 정체성이 변화되었다고 본다거나(宮本一夫 2000; 石川岳彦 2016; 小林青樹 2016), 요중지역의 심양-요양 일대까지 포함시켜 보는 것(오강원 2006; 이청규 2008)은 물론 내몽고 동남부의 일부 지역까지 포함시켜 이해하는 추세이다(강인욱 2018; 조진선 2017). 기본적으로는 토광묘가 발달하였으며, 비파형동검(십이대영자-정가와자식)과 기하학문 선형동부, 이중구연이나 점토대가 있는 발형토기 등이 표지유물로 지목된다.

한편 십이대영자문화를 설정하더라도 시공간적 변천 과정에서 여러 하위유형들이 설정되고 있다. 먼저 전반기의 경우 비파형동검의 '요서기원론'을 의식하여 대릉하의 십이대영자유형(十二臺營子類型)과 소릉하의 오금당유형(烏金塘類

型)의 일부 유적군을 같은 단계(이청규 2014; 靳楓毅 1987)로 보지 않고 선후
관계(강인욱 2018; 조진선 2017; 烏恩岳斯圖 2007; 朱永剛 1997)로 이해한다거
나 초기의 칠도천자-객좌 단계와 전기의 십이대영자-오금당 단계로 세분하는
연구(이후석 2019a) 등이 있다. 다음으로 후반기의 경우에는 요서의 남동구유
형(南洞溝類型)과 요중의 정가와자유형(鄭家窪子類型)으로 구분하는 것이 일반
적이지만, 최근에는 말기의 동대장자유형(東大杖子類型)을 추가하여 따로 설정
하는 추세이다(오강원 2006; 이청규 2008; 이후석 2016).

　다음으로 요동지역에는 신성자문화(新城子文化)와 쌍방문화(雙房文化), 강상
문화(崗上文化), 정가와자유형(鄭家窪子類型) 등이 설정되고 있다(이후석
2020c). 청동유물에 비해 토기문화의 지역성이 강한 것이 특징이다. 신성자문
화는 기원전 10~6세기경 요북지역의 석관묘-개석묘, 미송리식토기 등의 문화
요소로 규정된다(華玉氷·王來柱 2011). 쌍방문화는 동검 이전 단계의 화가와보
유형(伙家窩堡類型)과 동검 이후 단계의 쌍방유형(雙房類型)을 포괄하는 개념으
로 화가와보문화(伙家窩堡文化)로도 설정된다(李新全 2012). 요남지역의 지석
묘-개석묘와 이중구연토기(또는 상마석식 이중구연토기) 등이 비파형동검문화
와 결합되는 단계만을 고려하면, 쌍방문화보다 쌍방유형으로 설정하는 것이 합
리적이라고 생각된다(오강원 2006; 華玉氷·王來柱 2011). 강상문화는 요동 남
단지역의 적석묘가 각획문토기류 및 비파형동검문화와 복합되는 것을 고려하
여 설정되었으며, 강상유형(崗上類型)으로 불리기도 한다(오강원 2006). 정가와
자유형은 정가와자문화로도 언급되며, 보통 기원전 6~4세기경 요중지역을 중
심으로 유행했던 요서 계통 비파형동검문화의 후기 단계 지역유형으로 이해되
고 있다(오강원 2006; 이청규 1997; 郭大順 1993).

　요동지역의 비파형동검문화는 기원전 10~4세기경 유행하였다고 인식되나,
지역별로 달리 나타나는 묘제 및 토기문화 전통으로 인해 여러 지역문화가 설정
되고 있다. 요동지역의 물질문화가 요서지역보다 훨씬 다양하게 인식되는 것은
무엇보다 이전 시기의 문화전통이 다양하고, 청동단검으로 대표되는 청동유물
이나 무문토기의 변천 관계를 바라보는 연구 시각 역시 같지 않기 때문이다. 가
령 청동유물의 변천 과정과 관련되는 비파형동검의 기원 논의는 '요동기원론'과
'요서기원론'이 대립하고 있고, 요동지역의 전기 무문토기를 대표하는 미송리식

토기와 상마석식토기는 물론 후기 무문토기를 대표하는 정가와자식토기의 변천 과정 역시 아직 충분하게 밝혀지지 않고 있다(이후석 2020c). 요동지역의 지역 문화가 위와 같이 다양하게 설정되는 것은 바로 이와 같은 이유에서 기인한다.

이와 같이 요령지역의 비파형동검문화는 유구·유물에서 나타나는 시공간적 차별성과 연구 시각의 다양성이 문화 내용의 규정에도 적지 않은 영향을 주었으며, 이에 따라 서로 달리 개념화된 여러 하위문화 또는 문화유형들이 설정되는 상황이다. 요령지역 비파형동검문화의 전개 과정에서 확인되는 사회 관계와 교류 관계를 일관되게 설명하기 힘든 것은 바로 이와 같은 이유 때문이다. 그럼에도 지역별로 확인되는 차별적인 토기문화와는 달리 청동유물군은 보편성을 띠며 변천되고 있어 지역 간의 병행 관계 설정이나 대외적인 교류 관계를 명확하게 보여주는 자료로서 주목된다.

무엇보다 비파형동검문화의 청동유물군을 중심으로 한 네트워크에는 정치체의 교류 또는 권력 관계가 반영되어 있어 그 변화 양상에 충분하게 주목해야 한다. 문화 변동 과정에서 확인되는 네트워크(Network)의 변화 양상은 기술이나 이념 등과 같은 지역집단들의 권력 기반과도 밀접하게 관련되기 때문이다. 또한 문화 변동의 배경에는 여러 요인들이 있겠지만, 거시적인 환경 변화에 대한 지역집단의 대응 전략 측면에서 이해해야 할 필요성도 있다. 기후 환경의 변화는 생계 전략이나 집단 간의 경쟁 관계에도 변화를 불러왔고, 이는 결국 물질문화의 변천 방향이나 사회 관계와도 무관하지 않기 때문이다.

여기서는 이와 같은 점을 고려하여 비파형동검문화의 주요 청동유물에 대한 최근 연구성과를 바탕으로 전개 과정에서 확인되는 요령지역 비파형동검문화의 대내외적 교류 관계 또는 그 네트워크의 변화 과정에 주목하려 한다. 요령지역 비파형동검문화의 전개 과정에서 확인되는 청동 네트워크의 변화 양상에 주목함으로써 궁극적으로는 고조선이 연맹체적 정치체로 성장하는 과정들에 대한 고고학적 추정 역시 가능하리라고 생각된다.

Ⅱ. 비파형동검문화와 청동 네트워크

요하유역은 청동 제련기술을 터득하여 청동단검을 제작·사용하는 집단들이 등장하고 난 후 본격적인 계층사회로 진입한다. 청동단검 그 자체는 기원전 13~11세기경에 중국 북방지대를 중심으로 유행했던 카라수크 계통 동검 단계부터 확인되는 것이지만(姜仁旭 2009) 고도화된 청동 제련기술을 바탕으로 청동무기와 청동의기 등을 직접 생산하게 되는 것은 기원전 11~10세기경에 재지적인 동검 양식이 등장하고 난 이후라는 점이 주목된다(이후석 2019a, 2019b).

요하유역에서 독자 양식의 청동단검은 일정 기간 동안 특징적인 물질문화의 분포권을 형성하였는데, 공병식동검(銎柄式銅劍)과 비파형동검(琵琶形銅劍)은 이를 대표하는 청동단검 양식이다. 공병식동검문화와 비파형동검문화는 이와 같은 청동단검의 양식 차이를 중심으로 지역 간의 차별적인 상호작용권을 형성한다. 공병식동검문화가 내몽고 동남부와 하북 북부 일부 지역까지 걸쳐 있는 '하가점상층문화'로 대표되는 단일 문화권역으로 인식되는 것과 달리 비파형동검문화는 요서지역의 '십이대영자문화'는 물론 요동지역의 '신성자문화'나 길림지역의 '서단산문화'와 같은 지역문화들을 포괄하는 문화권역으로 이해된다.

물론 비파형동검문화권의 여러 지역단위 문화유형 설정에는 그 시공간성이나 문화 내용까지 여러 견해들이 제시되어 있고, '문화'와 '유형'이 혼용된다거나 '유형'(assemblage)을 '단계'(phase)로 바로 치환시켜 이해하는 등의 문제점이 나타나고 있는 것도 사실이다.[1] 그럼에도 문화 변동 과정에서 확인되는 청동 네트워크의 변화 양상을 살펴보기 위한 전제로서 지역문화에 대한 기본적인 개념 설정은 매우 중요하다. 무엇보다 구체적인 상호작용의 네트워크는 지역 간의 편년 관계, 즉 지역단위 물질문화 간의 병행 관계를 바탕으로 유추되는 것이기에 불가피한 면이 있다.

앞서 언급하였듯이 요령지역 비파형동검문화의 하위문화들은 다양하게 설정되고 있다. 먼저 전기 단계에는 지역별로 독자성이 강한 점이 특징이다. 십이대

---

1) 비파형동검문화권에서 고고학적 '문화'와 '유형'의 설정 사례(이청규 2008) 못지않게 문화유형의 이분법적 분석이나 범주화의 문제점도 지적되고 있다(성춘택 외 2018).

영자유형(요서), 신성자문화(요북)와 쌍방유형(요남), 강상문화(요동남단) 등이 대표적인 사례이다. 요동지역에는 요서 계통 유물들이 일부 복합되는 예도 확인되나, 이전 단계 문화전통을 배경으로 설정되고 있다. 소위 '쌍방문화'의 임의적인 확장 개념[2]을 배제하면 지역별로 특징적인 물질문화가 확인된다. 다음으로 후기 단계에는 요서 계통 문화요소들이 주변으로 확산되어 토착문화의 독자성이 감소하는 것이 특징이다. 요중지역의 '정가와자유형'이 대표적인 사례인데, 그 주변지역에는 토착문화의 묘제 전통이 유지되나 일부 토기류와 함께 청동유물군이 요서 계통으로 변화하며, 북한 서부지역까지 연결되는 것이 주목된다.

한편 요령지역의 비파형동검문화는 권역별로 매장문화와 토기문화의 상이성에 비해 청동유물군은 상사성이 높게 나타나는 점이 주목된다. 그러므로 청동유물군을 중심으로 하는 비파형동검문화의 네트워크는 통시적인 문화전통보다 획기별로 확인되는 문화 변동 양상들에 주목하는 것이 더 효과적인 접근 방법으로 생각된다. 이를테면 비파형동검문화의 형성 단계, 비파형동검문화가 일변하는 전기 및 후기로의 전환 단계, 세형동검문화로의 전환 단계 등의 획기에는 청동유물군의 기종 조합이나 성격에서 차별성이 뚜렷하게 확인되고 있어 이에 따른 청동 네트워크 역시 변화했을 가능성이 높다.

청동 네트워크(Bronze Network)는 청동유물군을 중심으로 한 상호작용의 네트워크를 설명하는 개념이다(이후석 2019c). 청동 네트워크는 청동제품에만 한정되지 않고 청동 원료, 제작자나 제작집단(장인집단), 제작기술 등이 포괄되는 생산-유통-소비 과정상의 여러 관계망을 의미하며, 여기에는 대개 교류 또는 권력 관계와 관련되는 여러 중층적인 상호작용이 반영되어 있다. 청동유물이나 석제용범 자료에서 확인되는 속성들은 물론이고, 그 속에 담긴 기술이나 기능적인 행위 등을 추정하여 정치체의 상호 교류 관계와 지배층의 권력 기반, 문화 변동의 동인 등을 규명하는 것이 이를 통해 지향하는 연구 목표라고 할 수 있다.

청동 네트워크와 관련되는 문화 변동의 배경에는 환경(기후)-기술-이념 등의

---

2) 중국학계 일각에서 요동지역을 포괄하는 문화권의 개념으로 '쌍방문화'가 언급되고 있다. 다양하게 전개되는 묘제 및 토기문화를 모두 포괄시켜 요동지역의 문화 변동을 '문화융합'의 과정으로 설명하는 방식이다. 이는 지역문화 간의 특수성과 차별성을 애써 무시하는 '통일다민족국가론'의 인식과도 관련되는 것이므로 유의해야 한다. 국내학계 일각에서 요동반도의 지석묘문화와 적석묘문화를 포괄하는 개념으로 '쌍방문화'를 사용하는 관점 역시 마찬가지라고 할 수 있다.

여러 요인들이 지목되고 있다. 환경고고학의 관점에서 보면 거시적인 기후 변화라는 환경 요인은 문화 변동의 배경으로 볼 수 있다. 환경 변화가 생업 방식을 일정하게 변화시켰으며, 이에 대한 적응 수단으로 생계 전략의 다변화나 특정 생업 방식에 대한 의존성이 심화되는 면이 언급된다. 또한 이 과정에서 공동체의 안정적인 유지·강화를 위해 인구집단의 조정이나 인구 이동 등이 시도되고 외부 세계의 자원과 정보에 대한 활용 욕구 역시 더욱 강해지게 되었다는 것이 기본적인 맥락이다(이후석 2019: 67).

특히 한랭건조화로 대변되는 중국 북방지대의 광역적인 기후 변동이 요하유역에서 청동단검문화가 성립하기 전의 기원전 13~11세기 및 비파형동검문화가 세형동검문화로 전환되는 기원전 5~4세기에도 있었음이 지목되고 있다(姜仁旭 2009; 王立新 2004; 吉本道雅 2009). 기후 변화 대응 및 생업 전략 차원에서 발생했던 여러 유적군이 분산화된 양상으로 나타나며, 장인집단 등을 포함하는 인구 이동까지 상정되는 것이 공통되는 전환기적 특징이다.[3]

사회고고학의 관점에서 보면 청동단검문화와 관련되는 기술이나 이념 요인을 문화 변동의 배경으로 볼 수 있다. 물론 기후 변화에 연동하여 기술이나 이념 요인을 함께 살펴보는 것도 가능하다. 청동단검문화의 형성 과정 또는 그 발전 과정에서 집단 간의 경쟁이나 긴장 관계가 심화되고, 이에 대해 비교 우위를 점유하는 과정에서 전략자원(동광, 위신재적 물품, 기술 또는 숙련장인)을 획득하고, 이념 체계를 강화하기 위한 교역, 전쟁, 정보교류, 기술전이, 이주 등의 상호작용이 증대되는 면이 상정된다.

특히 비파형동검문화와 관련되는 문화 변동의 구체적인 배경에는 청동 제련기술의 확산이나 숙련기술자인 청동 장인집단의 이주 등이 강조되며(姜仁旭 2018), 이에 더해 동검문화를 수용하기 위한 이념적인 배경이나 검문화와 관련되는 이념 체계를 수용하는 방식에도 주목한다(이후석 2019a). 결국 정보와 기술을 독점 또는 다수 점유하는 집단들이 제의·종교 등의 이념 체계를 활용하여 사회 통합을 주도하게 되었다고 할 수 있다. 청동 네트워크와 관련되는 상호작

---

3) 청동기시대에 확인되는 한랭건조화의 구체적인 시공간적 범위와 강도 등에 대해서는 아직 검증해야 할 것이 적지 않다. 여기서는 수백 년을 단위로 한 거시적인 기후 변화에만 한정한다.

용은 엘리트층의 사회 통합이나 권력 기반의 강화 수단으로 활용되어 사회 계층화가 심화되고 정치체는 더욱 성장하였다고 할 수 있다(이후석 2019c: 68).

요하유역에는 청동단검문화가 개시되는 단계부터 청동 네트워크와 관련되는 획기적인 문화 변동이 감지된다. 서주시대 이후 공병식동검과 비파형동검을 비롯하여 여러 기종의 재지화된 청동이기(靑銅利器)가 다수 확인되며, 청동 생산이나 소비 거점으로 추정되는 곳을 중심으로 엘리트층의 무덤들이 확인되기 시작한다. 물론 서주 말~춘추 초 단계에야 거점지역을 중심으로 대규모의 분묘군이 형성되는 것이 확인되나, 소위 지배자로 추정되는 엘리트는 단독묘나 소규모의 군집묘의 형태로서 더욱 일찍 등장하였다고 생각된다. 이때에는 중원 계통보다 북방 계통 물질문화와의 접촉 강도가 훨씬 커서 청동 네트워크 역시 이와 관련하여 전개됐을 가능성이 높다.

비파형동검문화의 전개 과정으로 보면, 전기 및 후기 단계로의 전환 과정 또는 세형동검문화로의 전환 과정에서 획기적인 문화 변동이 확인된다. 요서지역의 조양·금서 일대, 요북지역의 철령(서풍) 일대, 요남지역의 대련 일대 등이 전기 단계 거점지역이며, 요서지역의 흥성·객좌 일대, 요중지역의 심양 및 요양-본계 접경지대 등이 후기 단계 거점지역으로 추정된다. 또한 요서지역의 건창 일대, 요동지역의 단동 일대 등이 전환 단계의 거점지역으로 추정되고 있다.

현재까지 요령지역에서 대형취락 같은 거점유적은 발견되지 않았지만, 청동 유물군을 다량 부장하는 단독묘나 소규모의 군집묘가 동검문화 개시 이후 널리 확인되는 것이 주목된다. 또한 북방 계통에서 중원 계통으로 대외적인 상호작용이 전환되는 과정에서 동검-동과-동모 등의 중원 계통 청동무기 조합체계가 전이되는 것도 주목되는 특징이다. 즉, 청동단검문화가 유행하는 단계부터 정치체와 관련되는 본격적인 상호작용의 청동 네트워크를 논의할 수 있다.

III. 요령지역 비파형동검문화의 주요 청동유물 분석

1. 비파형동검과 검부속구

요령지역 비파형동검문화의 청동무기에 대한 논의들은 동검, 동과, 동모, 동촉 등의 주요 기종 중에 비파형동검에 집중되어 있다. 무기류는 보통 '동검+동촉' 조합인데, 비파형동검문화의 전기에는 동모가 추가되는 예가 확인되며, 비파형동검문화의 후기에는 '동과'나 '동모(동표)'가 조합되기 시작한다. 이후 세형동검문화 초기 단계에는 '동검+동과+동모'의 중원 무기 체계가 수용되어 요서지역에서 요동지역으로 전이된다.

무기류를 대표하는 것은 단연 동검이다. 비파형동검은 요하유역부터 남한지역까지 널리 분포하며, 북쪽에서 등장하여 남쪽으로 전이되었다고 보는 것이 통설이다. 요하유역 내에서는 검신-검병-검파두식이 조립되는 구조(이청규 2013)라는 측면에서 합주식동검(合鑄式銅劍)이 확인되는 요하 상류 쪽의 영성 일대보다 별주식동검(別鑄式銅劍)만 확인되는 요하 하류 동서 쪽의 조양이나 철령~심

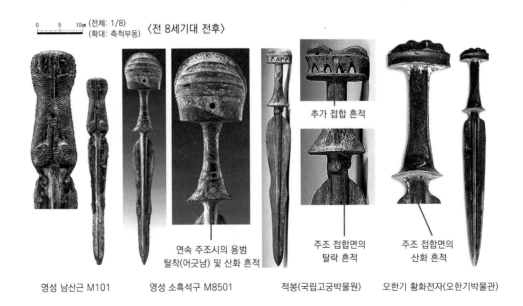

〈전 8세기대 전후〉

연속 주조시의 용범 탈착(어긋남) 및 산화 흔적

추가 접합 흔적

주조 접합면의 탈락 흔적

주조 접합면의 산화 흔적

영성 남산근 M101   영성 소흑석구 M8501   적봉(국립고궁박물원)   오한기 황화전자(오한기박물관)

〈그림 1〉 비파형동검의 검신-검병 접합 방식

양 일대에서 등장했을 가능성이 높요. 합주식은 별주식에 비해 검파두식이 필요 없는 구조인데, 함께 주조되기 때문이다. 또한 검신-검병의 접합 부위 역시 산화 흔적이나 탈락 흔적으로 보아 연속 주조하여 접합했을 가능성이 높기 때문이다. 그러므로 요하 상류(또는 영성) 일대의 합주식동검은 요하 하류 주변(또는 조양 ~철령)지역에서 만든 별주식동검을 수용하여 만들었던 것이 틀림없다(그림 1).

또한 비파형동검은 동촉 등의 동반 유물 조합으로 보아 서주 중기 또는 기원 전 10세기경에 요북지역에서 등장하여 거의 동시기에 요서지역과 남한지역에 전이됐을 가능성이 높다(이후석 2019a). 요령지역 내의 다른 지역과는 달리 요 하 평원 주변에는 이전 단계부터 북방 계통 청동무기나 청동공구가 다수 확인되 어 청동 제작 기술이 제고되는 정황이나 '검'이 존재했던 요하 상류 방면과의 교 류 흔적들이 확인되기 때문이다.

이후 비파형동검은 요서, 요동~길림, 북한, 남한 등지에서 지역별로 분화되 어 보편성과 특수성을 함께 나타내며 유행한다. 또한 점차 검신 상부가 세장화 되면서 검엽 곡률이 감소하고, 돌기부와 융기부가 퇴화되며, 기부 역시 각이 지 게 변화되며 방향으로 변천된다. 북한지역이나 남한지역에는 경부 홈과 같은 재 지적인 속성들도 보이지만, 처음에는 주로 요동 계통 동검, 나중에서 주로 요서 계통 동검 영향 하에 복합되는 것이 특징이다. 이는 토기문화의 계통적인 변천 과도 밀접하게 관련되는 양상이다.

한편 비파형동검에 대한 많은 연구들은 그 기원 논의에 집중되어 있다. 익히 알려져있듯이 요서기원론과 요동기원론에 대한 논쟁인데, 대개 요서지역과 요 동지역의 비파형동검을 구분하여 그 변천 과정을 살펴보는 과정에서 가장 오랜 형식으로 추정되는 동검군을 제시하는 연구들이 많다. 요서지역에는 칠도천자 식, 십이대영자식, 목두구식(화상구식), 정가와자식(손가구식), 동대장자식 등의 형식군이 설정되며, 요동지역에는 쌍방식, 이도하자식, 강상식, 정가와자식, 탑 만촌식, 동대장자식 등의 형식군이 설정된다(그림 2). 또한 길림지역에는 주로 요동지역에서 확인되는 형식군이 확인된다.

과거에는 공병식동검문화권과 단경식동검문화권의 어느 권역에서 처음 출현 하였는지 주로 논의되었다면, 최근에는 비파형동검문화권 내부에서 등장 시기 와 초출 지역에 대한 논쟁으로 이어지고 있다. 요서지역에는 칠도천자식과 화상

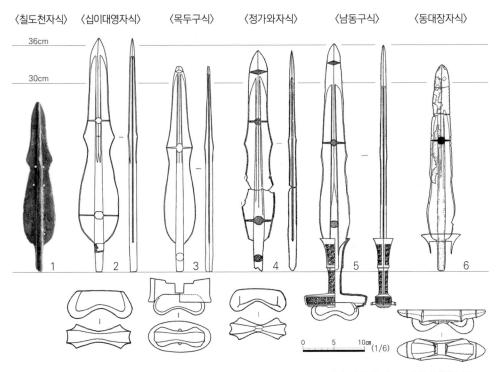

〈칠도천자식〉 〈십이대영자식〉 〈목두구식〉 〈정가와자식〉 〈남동구식〉 〈동대장자식〉

1: 객좌, 2: 조양 십이대영자 M2, 3: 조양 목두구 M1, 4: 심양 정가와자 M6512, 5: 객좌 남동구(M1), 6: 건창 동대장자 M11

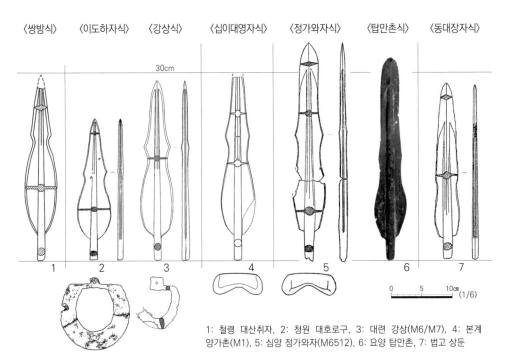

〈쌍방식〉 〈이도하자식〉 〈강상식〉 〈십이대영자식〉 〈정가와자식〉 〈탑만촌식〉 〈동대장자식〉

1: 철령 대산취자, 2: 청원 대호로구, 3: 대련 강상(M6/M7), 4: 본계 양가촌(M1), 5: 심양 정가와자(M6512), 6: 요양 탑만촌, 7: 법고 상둔

〈그림 2〉 요령지역 비파형동검의 주요 형식(상: 요서, 하: 요동)

구식의 어느 것이 가장 오랜 형식이며, 요동지역에는 쌍방식과 이도하자식의 어느 것이 가장 오랜 형식인지 등이 논쟁이며, 이와 조합되는 검파두식이나 공반유물까지 관련 논의가 확대되는 추세이다. 최근에는 요동지역이 요서지역에 비해 약간 일찍 등장하였지만, 두 지역에서 거의 큰 시차없이 분화되었다고 보는 견해 등이 주목받고 있다.

먼저 요서기원론의 관점에서 보면, 최고식의 비파형동검은 대개 길이 30㎝ 이상이고, 돌기부와 융기부가 뚜렷하며, 검신 하부 폭이 넓은 것을 의미한다. 즉, 요서지의의 최고식을 십이대영자식에 두는 입장으로 이와 유사하게 생긴 요동지역의 이도하자식이 쌍방식에 비해 선행하는 형식으로 인식한다.

그렇지만 십이대영자식은 내몽고 동남부와 요서지역에서 모두 확인되며, 돌기부와 융기부가 검신 중앙부에 위치하고 있어 형식학적 측면에서 최고식에 해당되는 형식으로 보기에는 어려움이 있다. 십이대영자식을 대표하는 조양 십이대영자 2호 묘 출토품은 공반되는 동촉이나 청동고삐걸이 같은 마구류를 보더라도 호로도 오금당 3호 묘나 영성 소흑석구 8061호 묘에 비해 이르다고 볼 수 없다. 같은 형식학적 관점에서 보더라도 길이 30㎝ 미만으로 돌기부가 검신 상부 쪽에 있는 조양 칠도천자 출토품(요령성박물관)과 객좌 채집품(요령성문물고고연구원)이 선행 형식이다. 또한 같은 십이대영자식이 확인되는 요동지역의 본계 양가촌 1호 묘는 다뉴뇌문동경 형식으로 보아 요서지역의 조양 십이대영자 3호 묘에 비해 늦는 것이 분명하기 때문이다. 그러므로 십이대영자식과 이도하자식의 형식학적 유사성에 근거하여 요동지역 최고식의 비파형동검을 이도하자식에 두는 것은 설득력이 떨어진다.

다음으로 요동기원론의 관점이나 동시분화설의 입장에서 보면, 최고식의 비파형동검은 길이 30㎝ 이하이고, 돌기부가 검신 상부 쪽에 위치하며, 검신 하부 폭이 넓지 않은 것을 의미한다. 즉, 요동지역의 최고식을 쌍방식에 두는 입장이며, 이도하자식은 쌍방식에 비해 후행하는 형식으로 이해한다. 이는 길림지역이나 남한지역 최고식의 비파형동검이 쌍방식이거나 그와 비슷하게 생긴 것이라는 점과 밀접하게 관련된다.

이는 쌍방식과 공반되는 이단경식 동촉이나 선형동부 등의 청동유물은 물론 미송리식토기호의 변천 과정으로 보더라도 대부분이 검증된다(이후석 2020c).

다만 쌍방식이라도 길이 25㎝ 이하의 소형(신민 북외)과 길이 25㎝ 이상의 중형(철령 대산취자)이 구분되고 있고, 이도하자식은 폭이 매우 넓은 것(청원 대호로구)과 폭이 그리 넓지 않은 것(요양 이도하자)이 세분되고 있어 미시적인 속성 변화에 대해서는 재검토도 필요하다. 다만 요동지역의 대련 조왕촌에서는 검신 폭이 좁은 쌍방식과 검신 폭이 넓은 이도하자식이 공반되었음이 주목된다. 이는 두 형식 간의 공존기가 있었으며, 쌍방식에 이어 이도하자식이 등장하였음을 보여주는 자료이다. 길림지역에도 쌍방식의 영길 성성초 A19호 묘 출토품이 이도하자식의 반석 소서산 甲2호 묘 출토품에 비해 이르다는 것이 인정된다(이후석 2020a). 그러므로 요동지역 최고식의 비파형동검은 쌍방식에 둘 수 있고, 철령 대산취자 문화층과 보란점 쌍방 6호 묘의 연대관에 근거하여 서주 중기 또는 기원전 10세기경 등장하였다고 보는 것이 타당하다.

한편 요령지역 비파형동검의 변천 과정은 크게 전기 단계와 후기 단계, 세분하면 초기-전기-후기-말기 단계로 구분하여 볼 수 있다. 초기에는 요동지역의 재지적인 쌍방식과 요서지역의 칠도천자식이 대표 형식이며, 전기에는 요서지역에는 십이대영자식이, 요동지역에는 이도하자식이 출현하여 유행한다. 목두구식과 강상식은 십이대영자식에 가깝지만 더욱 재지화된 형식이다. 후기에는 요서 계통의 정가와자-손가구식과 남동구식 및 탑만촌식이 대표 형식이다. 말기에는 동대장자식과 함께 소위 요령식의 초기세형동검(우도구식) 역시 등장하여 함께 유행한다. 이후 세형동검문화 요소들은 요서지역에서 요동지역으로 전이된다.

이와 같이 비파형동검(초기세형동검 포함)의 변천 과정은 4~5단계로 제시할 수 있다. 즉, 쌍방식과 칠도천자식의 단순기(1단계: 초기), 쌍방식-이도하자식과 십이대영자식 공존기(2단계: 전기 전반), 목두구식과 이도하자식-강상식 공존기(3단계: 전기 후반), 정가와자-손가구식과 남동구식 및 탑만촌식 유행기(4단계: 후기), 동대장자식과 우도구식 전환기(5단계: 말기)로 구분하여 볼 수 있다. 다만 동검 한 점만이 단독으로 출토되는 경우에는 변천 단계를 변별하기 힘든 면도 있다.

비파형동검에 대응되는 검부속구에는 검파두식이 가장 많고, 청동검병과 청동검초도 일부 확인되고 있다. 검파두식은 요서지역에는 석제검파두식이 주로

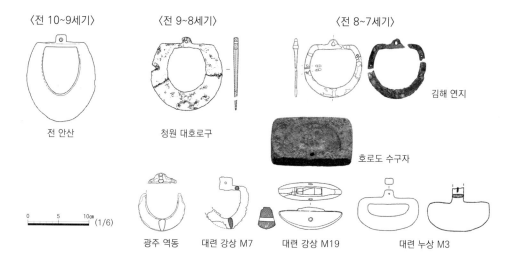

<전 10~9세기>   <전 9~8세기>   <전 8~7세기>

김해 연지

전 안산   청원 대호로구

호로도 수구자

0   5   10cm
(1/6)

광주 역동   대련 강상 M7   대련 강상 M19   대련 누상 M3

<그림 3> 청동검파두식의 변천

채용되는 것과 달리 요동지역에는 청동검파두식이 먼저 등장하고, 그 뒤에 석제 검파두식이 채용된다(그림 3). 이는 시간차와 함께 지역차가 반영되어 있는 현상으로 볼 수 있다. 요동지역의 청동검파두식은 대부분이 환형(環形)으로 장폭비가 큰 것이 고식이고 작은 것이 신식으로 추정된다. 기원전 10~9세기경 요하 평원 동쪽 또는 요동 서부지역에서 등장하여 기원전 9~8세기경에는 남한지역까지 파급된다. 요동지역의 석제검파두식은 십이대영자식과 강상식이 공존하는 단계, 즉 기원전 700년경 전후부터 확인된다. 역시 요서지역에서 제품 이입, 정보 교환 등의 방식으로 전이되었음을 알 수 있다.

청동검병과 청동검초는 기원전 600년경 전후 요서지역에서 등장하여 요동지역으로 파급된다. 표면에는 음각상의 지자문(之字文)이 장식되어 있는 것이어서 다뉴뇌문동경 문양으로 연결된다. 청동검병은 요서지역의 목두구식 동검에서 그 분위기가 읽혀지며, 같은 형식으로 추정되는 흥성 주가촌 유적에서 확인되는 것이 초기 형식으로 추정된다. 요동지역에는 강상문화 후기 단계에 해당되는 누상 2기(대련 누상 M1)부터 확인된다. 청동검초도 요서지역의 목두구식 동검부터 확인되며, 요서지역에서 요동지역의 심양 정가와자 유적을 거쳐 남한지역까지 전이되는 것이어서 주목된다. 청동검병과 청동검초의 전이 과정은 요서계통 동검 확산 현상과도 밀접하게 관련되며, 요동지역에서 정가와자유형의 형성 배경과도 밀접하게 관련된다.

청동검병은 청동제로 만든 것이 주로 보이지만, 파부 상단이나 반두 덮개만을 금제 또는 청동으로 만든 것도 있다. 일부 검병 부속만을 금속으로 만든 것은 동대장자유형 검병에만 확인된다. 검신-검병 거치 상태에서 보면, 평면 'T'자형을 나타내는 것이어서 찌르거나 찍는 기능으로 최적화된 구조라고 생각된다. 반부가 검신 반대 방향으로 굽은 것이 고식이고, 검신 방향으로 굽은 것이 신식인데(오강원 2006), 기원전 400년경 전후부터 점차 전환된다.

청동검초는 유문식과 무문식이 모두 보이는데, 무문식의 경우 목제 검초 끝부분을 마감하는 부속 1개만이 확인되나, 유문식의 경우에는 목제 검초 중앙부와 양쪽 끝을 마감 또는 양쪽 끝만 마감하는 부속 2~3개가 조합되는 것도 있다. 전체적으로는 금속 부속이 점차 줄어들어 간략화된 방향으로 변천되며, 문양으로 보면 '전형뇌문→변형뇌문→격자상의 사집선문→삼각부정형문'의 변천 관계가 상정된다. 정가와자유형 외에 세형동검문화 단계의 상보촌유형(上堡村類型)과 윤가촌유형(尹家村類型)의 상위등급 무덤에서 출토되며, 남한지역에는 그 보

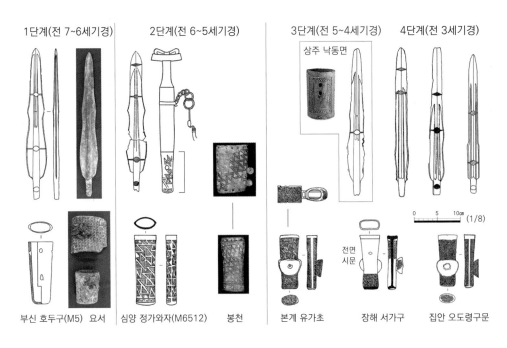

<그림 4> 청동검초의 변천

다 더 이른 탑만촌식 동검 조합의 상주 낙동면 출토품이 있다. 그러므로 청동검 초는 정가와자유형이 북한지역으로 전이되는 탑만촌식 단계, 또는 기원전 5세 기대 후반부터 함께 전이됐을 가능성이 높다(그림 4).

이와 같이 요령지역 비파형동검은 '쌍방식·칠도천자식→십이대영자식·이도 하자식→목두구식·강상식→정가와자-손가구식→남동구-탑만촌식→동대장자 식'의 순서대로 등장하여 변천되었음을 알 수 있다. 기원전 10~9세기경 돌기부 가 중상위에 있는 길이 30㎝ 이하의 동검들이 등장하여 지역화되면서 기원전 8 세기경 전후에는 검신 하부 폭이 넓은 길이 30㎝ 내외의 동검들이 유행한다. 기 원전 6~5세기경에는 검신 하부 폭이 줄어들고 봉부 끝이 길어지는 요서 계통 동검들이 확산되며, 기원전 4세기경에는 더욱 세신화되면서 돌기부가 중하위로 퇴화되어 초기세형동검으로 전환된다. 검파두식은 쌍방 단계에는 요동지역에서 청동검파두식이 등장하여 남한지역까지 전이되며, 십이대영자-이도하자 단계 에는 요서지역에서 석제검파두식이 등장하여 요동지역으로 확산된다. 또한 청 동검병과 청동검초는 목두구와 정가와자 단계 사이, 즉 대략 기원전 600년경 요 서지역에서 등장하여 요동지역으로 파급된다(그림 5).

여러 형식 중에서도 동검 제작 기술이나 유행 등을 주도했던 것은 요서 계통 동검이다. 십이대영자문화(정가와자유형 포함)의 동검 확산 과정이나 비파형동 검이 세형동검으로 전환되는 과정에서 확인되는 여러 속성들도 주로 요서 계통 동검에서 확인된다. 특히 '동대장자식'은 '요서→요동→북한(또는 남한)' 방면으 로 전이되고 있어 세형동검 등장 과정에서 주목되고 있다(이후석 2020a). 비파 형동검에 이어 널리 유행하는 세형동검은 기원전 4세기대 후반 이후 지역별로 분화되었는데, 요하 이동지역에는 3가지의 상위형식(상보촌식/윤가촌식/괴정 동식)이 요동~남한지역에서 각각 분포권을 달리 형성하며 유행하는 것이 특징 이다. 북한지역에는 요동지역에서 남하하는 상보촌식과 윤가촌식을 비롯하여 남한지역에서 북상하는 괴정동식이 교차하는 점이지대라고 할 수 있다.

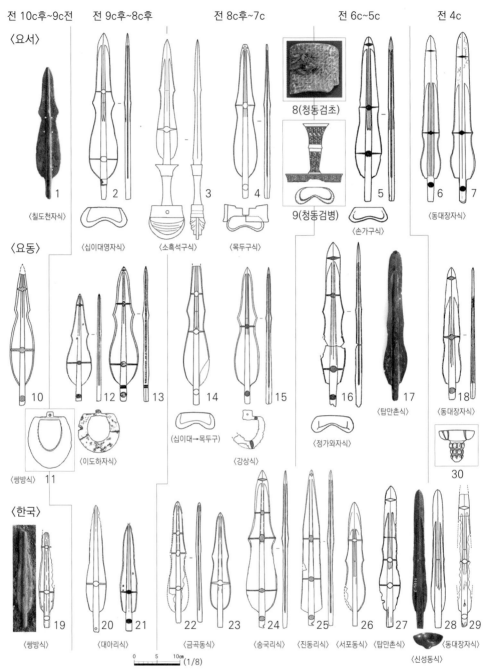

전 10c후~9c전　　전 9c후~8c후　　　전 8c후~7c　　　　전 6c~5c　　　　전 4c

〈요서〉

1 〈칠도천자식〉

2 〈십이대영자식〉　3 〈소흑석구식〉　4 〈목두구식〉

8(청동검초)

9(청동검병)

5　〈손가구식〉

6　7　〈동대장자식〉

〈요동〉

10　12　13

11 〈쌍방식〉　〈이도하자식〉

14　15

〈십이대→목두구〉　〈강상식〉

16　17 〈탑만촌식〉

〈정가와자식〉

18 〈동대장자식〉

30

〈한국〉

19 〈쌍방식〉

20　21 〈대아리식〉

22　23 〈금곡동식〉

24 〈송국리식〉

25 〈진동리식〉　26 〈서포동식〉　27 〈탑만촌식〉

28　29 〈신성동식〉

0　5　10cm (1/8)

1: 객좌, 2: 조양 십이대영자 M2, 3: 영성 소흑석구 M8501, 4: 조양 목두구, 5: 영성 손가구, 6·7: 건창 동대장자 M32·M20, 8: 요서(전 조양), 9: 흥성 주가촌, 10: 철령 대산취자, 11: 전 안산, 12: 청원 대호로구, 13: 요양 이도하자 M1, 14: 본계 양가촌 M1, 15: 대련 강상(M6/M7), 16: 심양 정가와자 M6512, 17: 요양 탑만촌, 18: 법고 상둔, 19: 청원 학평리, 20: 배천 대아리, 21: 신평 선암리, 22: 평창 월운리, 23: 연안 금곡동, 24: 부여 송국리 M1, 25, 창원 진동리, 26: 평양 서포동, 27: 북한(전 평양), 28: 평양 신성동, 29: 순천 북창면, 30: 보령 청라면

〈그림 5〉 요령~남한지역 비파형동검의 변천 및 병행 관계

2. 비파형동모와 요령식동과

요령지역에서 비파형동검과 함께 확인되는 장병식의 청동무기에는 비파형동
모와 요령식동과가 있다. 비파형동모는 전기부터 확인되는 기종으로 비파형동
검의 제작 전통 하에 유엽형동모의 모티브를 수용하여 만든 것이라고 생각된다.
큰 시차없이 길림지역과 북한지역으로 파급된다. 요령식동과는 후기부터 확인
되는 기종으로 비파형동검의 제작 전통 하에 중원식동과의 모티브를 수용하여
만든 것이기에 요서 계통 청동무기로 알려진다(이후석 2020a)

비파형동모는 대개 무덤유적에서 출토되나, 북한지역에는 주거유적에서 출
토되는 것도 있다. 요서지역의 비파형동모는 전형적인 것이 단 1점(건평 포수영
자 M881)에 불과하다. 이와 같은 요서지역 출토품은 요동지역에는 볼 수 없는
대형(길이 23㎝)으로 춘추 중기 무렵으로 편년된다. 요동지역 출토품이 늦더라
도 서주 말~춘추 초 무렵부터 등장하는 것을 고려하면 요서지역 출토품은 이와
다른 배경에서 재지화된 것이라고 생각된다(그림 6).

요동지역의 비파형동모는 비파형동검을 기준으로 하면 쌍방식과 이도하자식
의 공존기에 처음 출현한다. 전체 길이 및 공부와 신부의 장단비가 주된 속성으
로 지목된다. 장신형(장공형)의 '하협심식'(무순 하협심)과 단신형(단공형)의 '성
신촌식'(서풍 성신촌 M1, 청원 대호로구)으로 구분된다. 이외에도 '강상식'(대련
강상 M5)을 설정할 수 있겠는데, 공부 단면이 육각형이어서 매우 독특하나, 동
모편에 불과하여 구체적인 형식 설정에는 어려움이 있다.

형식 변천으로 보면 장신형이 단신형에 비해 일찍 등장하였다고 판단되나,
공반유물로는 하협심식(무순 하협심 파괴묘)과 성신촌식(서풍 성신촌 M1)의 등
장 시기 차는 크지 않은 것 같다. 그럼에도 요령지역 유엽형동모나 길림지역 비
파형동모의 변천 관계에서 장신형(영길 성성초 AM11)이 먼저 등장하고, 단신
형(영길 성성초 DM13)은 그 다음부터 확인되는 점이 참고된다. 정가와자유형
유행 단계에는 비파형동모가 사라지고 무공식의 동표(銅鏢)가 일부 사용된다.

한편 북한지역에도 평양 일대를 중심으로 비파형동모가 적지 않게 보이는데,
요동지역과의 기술 교류 하에 등장한다. 이른 시기의 것은 주거지나 지석묘와
같은 석축묘에서만 출토되며, 보통 '남양리식'으로 분류된다(宮里修 2010; 이후

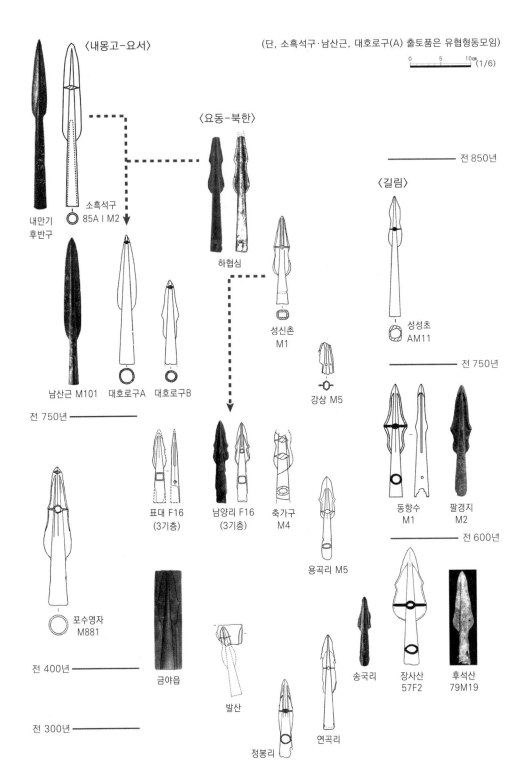

〈내몽고-요서〉

(단, 소흑석구·남산근, 대호로구(A) 출토품은 유협형동모임)

0 5 10cm
(1/6)

내만기
후반구

소흑석구
85A I M2

남산근 M101   대호로구A   대호로구B

전 750년 ——————

포수영자
M881

전 400년 ——————

금야읍

발산

전 300년 ——————

정봉리

〈요동-북한〉

하협심

성신촌
M1

강상 M5

표대 F16
(3기층)   남양리 F16
(3기층)   축가구
M4

용곡리 M5

송국리

연곡리

—————— 전 850년

〈길림〉

성성초
AM11

—————— 전 750년

동향수
M1   팔경지
M2

—————— 전 600년

장사산
57F2   후석산
79M19

〈그림 6〉 비파형동모의 계보와 변천

석 2020a). 북한지역의 남양리식은 단신형에 공부 단면이 방형이나 말각방형을 나타내는 측면에서 요동지역의 성신촌식으로 연결되는 형식이다. 서북한지역(덕천 남양리, 평양 표대)은 팽이형토기문화의 3기 단계, 대략 기원전 8세기경부터 확인되며, 동북한지역(금야 금야읍)은 공렬토기문화 후기 단계, 대략 기원전 6세기경 이후에야 확인된다.

요령식동과는 중원식동과와 한국식동과의 형식학적·시공간적 중간 양식으로 비파형동검문화의 말기 단계 요서지역이나 세형동검문화 전기 단계 요동지역에서 확인되는 것으로만 알려졌다. 즉, 요령식동과는 비파형동검문화가 세형동검문화 이행하는 시기 등장하여 단기간에 유행하는 기종으로 인식되어 왔다. 그렇지만 최근에는 동대장자유형 유적보다 이른 정가와자유형 유적에서 확인되어 이른 시기의 초기 형식으로 주목되고 있다(조진선 2020; 이후석 2020a).

요동지역의 정가와자유형에는 요양 탑만촌의 석범에서 확인되는 것이 유일하다. 요양 탑만촌 유적에는 탑만촌식 동검, 기하학문 선형동부 등의 요서 계통 유물들이 새긴 석제용점들이 다수 확인된다. 요령식동과는 동착석범 측면에서 1점만이 확인된다. 석범에는 원래 요령식동과의 새김 면을 절반으로 분할하여 그 양쪽 측면으로 동착을 다시 새긴 것이어서 특이하다. 수습년도가 다른 비파형동검도 확인되고 있어 반출 유구 역시 다를 가능성이 있다. 그렇지만 석범에서 확인되는 유물 간의 형식 차이가 크지 않아 시기 차이 역시 크게 둘 수 없다.

동과석범은 분할 전의 두께가 매우 두꺼우며, 동과 새김면에 주조 흔적으로 볼 수 있는 것이 확인되지 않는 것을 고려할 때 주형 제작 후에 사용하지 않고 폐기됐을 가능성이 높다. 주형 새김면을 보면 최대 길이 12.0㎝, 너비 약 10.0~11.0㎝의 소형으로 종횡비가 비슷하며, 양익부가 두터워서 태신형인 것이 특징이다. 공반되는 동검이나 동부 등이 전국 전기 무렵으로 편년되며, 동대장자유형 유행 단계부터 등장하는 기종임을 감안하면 제작연대는 기원전 5세기대 말엽 전후라고 생각된다(그림 7). 또한 공반되는 동부석범 등면에는 인면상이 조각되어 있다. 이 인면상과 비슷하게 생긴 것이 요서지역에서 먼저 확인되고 있어 석범 제작집단은 요서 계통 청동장인 또는 요서지역과의 기술 교류를 주도했던 장인집단으로 추정된다(姜仁旭 2018).

요서지역의 동대장자유형에는 건창 동대장자 등의 기원전 4세기대 유적에서

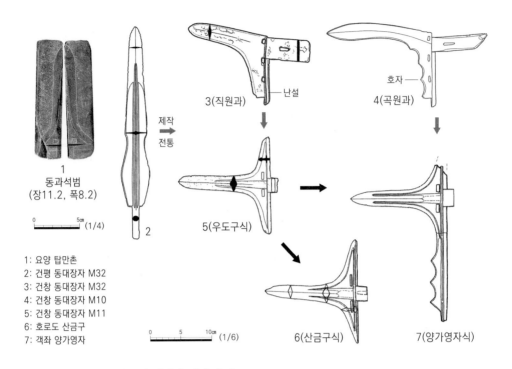

1
동과석범
(장11.2, 폭8.2)

0   5㎝
 (1/4)

2

제작
전통 ➡

3(직원과)
난설

4(곡원과)
호자

5(우도구식)

6(산금구식)

7(양가영자식)

1: 요양 탑만촌
2: 건평 동대장자 M32
3: 건창 동대장자 M32
4: 건창 동대장자 M10
5: 건창 동대장자 M11
6: 호로도 산금구
7: 객좌 양가영자

0   5   10㎝
 (1/6)

<그림 7> 요령식동과의 초기 형식과 변천 과정

확인되며, 주로 상위등급 무덤에서 출토된다. 요양 탑만촌 유적 출토품과 같이 제작연대가 기원전 400년경까지 소급되는 것이 아직 확인되지 않았으나, 요서 지역을 거쳐 요동지역으로 전이되었다고 생각된다.

　건창 우도구 유적 출토품과 같은 쌍호식(雙胡式) 또는 우도구형과 객좌 양가 영자 유적 출토품과 같은 호자식(胡刺式) 또는 양가영자형의 두 형식 중에 어느 것이 선행 형식인지 논란이다. 다만 우도구형은 길이 16~20㎝의 직원과를, 양가 영자형은 길이 26~30㎝의 곡원과를 각각 모티브로 하여 제작되는 점이 주목된 다. 건창 동대장자 32호 묘에서는 직원과가, 건창 동대장자 10호 묘에서는 곡원 과가 각각 출토되는 것을 고려할 때, 우도구형(쌍호식)이 양가영자형(호자식)에 비해 일찍 등장했을 가능성이 높다. 우도구형의 변천 과정은 '우도구식→산금구 식'의 관계로 판단된다(그림 7). 즉, 요령식동과는 호(胡)와 난설(闌舌)이 퇴화되 는 과정에서 장폭비가 커져 세신화되면서 한국식동과와 비슷하게 변모된다.

3. 동촉

동촉은 초보적인 청동 제련기술로도 제작 가능하며, 전파성이 강한 기종이다. 이른 시기에는 유경식(有莖式)이, 늦은 시기에는 유공식(有銎式)과 장경식(長頸式)이 주로 사용되며, 중원계나 북방계로 특정되는 형식들도 확인된다. 요동지역에는 기원전 10~9세기경부터, 요서지역에는 기원전 9~8세기경부터 각각동검 등과 공반되는 유경식 양익촉이 확인된다. 모두 이단경식으로 기원전 9세기경의 산동반도 출토품과 같은 것도 확인된다. 기원전 8~7세기경에는 요서지역에는 하가점상층문화와 관련되는 북방계의 일단경식 양익촉과 삼익촉을 변형시킨 듯한 것이, 요동지역에는 재지화된 일단경식 양익촉도 확인된다.

기원전 6세기경 이후에는 요서지역과 요중지역을 중심으로 이단경식 양익촉도 보이지만 북방계의 유공식 삼익촉이 주로 확인된다. 기원전 5~4세기경에는요서지역을 중심으로 유공식의 삼익촉과 양익촉이 크게 유행하였는데, 건창 일대에는 의장용의 장식촉과 살상력을 높인 장경촉도 확인된다. 연국과의 교류 과정에서 중원 계통 동촉류가 다수 전이되었음을 알 수 있다(그림 8).

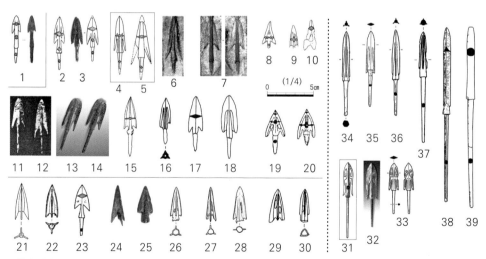

1: 철령 대산취자, 2~3·6: 서풍 성신촌 M1, 4~5: 유산 남황장, 7: 요양 이도하자 M1, 8: 대련 강상 M16, 9~10: 대련 누상 M9, 11~14: 조양 십이대영자 M1·M2, 15: 조양 원대자 79M1, 16~18: 조양 소파적, 19·20: 건평 포수영자 M881, 21: 조양 원대자 M129, 22~23: 심양 정가와자 M6512, 24~25: 능원 삼관전자 M1~M2, 26·33·34: 건창 동대장자 M32, 27·28·35·36: 건창 동대장자 M16, 29·30·37: 건창 우도구 90M1, 31: 당산 가각장 M16, 32: 건창 동대장자 회수, 38·39: 건창 동대장자 M11

〈그림 8〉 요령지역 비파형동검문화의 동촉

4. 선형동부

요령지역 비파형동검문화의 청동공구에는 동부, 동착, 동도, 동추 등이 확인된다. 다만 요서지역에는 '동부+동착+동도+(동추)' 조합, 요동지역에는 '동부+동착' 조합으로 확인되는 예가 많다. 길림지역에도 '동도' 또는 '동추'가 추가되는 예가 많아 요동지역보다 요서지역과의 친연성을 나타낸다. 세형동검문화 단계에는 북한~남한지역을 중심으로 '동도'가 탈락하는 대신 '동사'가 추가되어 '동부+동착+동사' 조합으로 부장되는 예가 많다.

동부류를 대표하는 것은 재지적인 선형동부이다. 선형동부는 비파형동검문화의 초기 단계부터 세형동검문화 초기 단계까지 유행하는 것이어서 편년이나 지역성을 파악하기 용이하다. 세형동검문화 단계부터 비파형동검이 세형동검으로, 동도가 동사로, 선형동부가 장방형동부로 각각 대체되는 것은 문화 변동 과정에서 북방 목축사회보다 중원 농경사회와의 물질문화 교류 관계가 강화되는 양상으로 볼 수 있다.

선형동부는 비파형동검과 함께 가장 널리 확인되는 기종으로 주목된다. 요하 상류 방면과의 상호작용 하에 북방 계통 동부류가 재지화되면서 등장하였다고 생각된다. 내몽고 동남부나 산동지역에도 일부 분포하나, 기본적으로는 요령~길림지역에서 주로 확인되며, 북한지역이나 남한지역에도 재지화된 것이 출토되고 있다. 요서지역에는 비파형동검문화의 전기에만 확인되고, 요동지역에는 세형동검문화 초기까지 확인되며, 길림지역에는 비파형동검문화의 전기에는 요동 계통의 무문식이 주로 출토되나, 그 후기에는 요서 계통의 유문식이 많이 확인된다.

선형동부는 신부 길이와 인부 너비의 종횡비가 기본 속성으로 언급된다. 요서지역에는 주로 유문식이 확인되나, 요동~북한지역에는 횡선문을 제외하면 무문식이 주로 확인된다. 요동지역에는 내몽고지역의 것과 문양 속성(횡선문·삼각거치문)이 같은 것도 확인되며, 길림지역에는 요서지역의 것과 문양 속성(사격자문)이 같고 날이 발달되어 있는 것이 주로 확인된다. 남한지역의 것은 요동~서북한계보다 길림~동북한계와의 관련성이 높다.

요서지역에는 사격자문 같은 기하학문이 표현되어 있는 것이 전형이다. 다만 하가점상층문화의 선형동부처럼 공부 돌대만이 있다거나 횡선문만 있는 것도 일부 확인된다. 기하학문이 있는 것은 없는 것에 비해 약간 커서 보통 길이 6~10㎝를 나타내며, 대부분은 양인이다. 장폭비가 크고 돌대-공구 간이 넓고 그 아래 쪽에 대칭 또는 거치상의 삼각선문이 있는 것이 고식이고, 장폭비가 작다던지 돌대-공구 간이 좁고 사격자문 또는 조립삼각문이 있는 것이 신식이다. 고식 중에서는 오금당식이 십이대영자식에 비해 이른 문양 속성을 나타내며, 신식 중에서는 동정식에 비해 탑만촌식이 늦은 문양 속성을 나타낸다.

요동지역 전기 단계에는 종횡비가 가장 크며 다조 돌선문이 있는 대산취자식이 가장 고식이며, 종횡비가 크고 돌선상의 횡선문과 거치문이 조합되어 있는 성신촌식이 그 다음으로 등장하는 형식이다. 영성 소흑석구 85AⅠ구역 2호 묘와 8501호 묘 출토품의 과도기인 서주 후기 경에 해당된다. 종횡비가 약간 작아지고 돌선문도 적은 이도하자식이 그 다음 형식이며, 종횡비가 매우 작아지고, 인부 반전도가 심한 첨산자식이 가장 늦은 신식이다. 전기 단계 선형동부는 규칙적인 변천상을 보여주는 것이 특징이다.

요동지역 후기 단계에는 요서지역에서 유문식의 선형동부가 전이되어 정가와자유형을 중심으로 확인되나 주변부의 것은 무문식이거나 돌대상의 횡선문이 있는 것이 계속 유행한다. 요서 계통의 유문식은 길림 남부지역으로 전이되어 크게 유행하며, 요동 계통의 무문식은 점차 소형화되면서 공부 돌대(또는 돌선)만이 남은 것이 많다. 후기 단계 선형동부는 유문식과 무문식이 계통적인 변천 또는 복합 양상을 보여준다.

선형동부는 비파형동검문화의 후기부터 점차 소형화되는데, 특히 세형동검문화 초기 단계에는 길림지역을 제외하면 길이 5㎝ 미만으로 작아진다. 세형동검(한국식)과 공반되는 북한 서부지역의 것은 요동 남부 또는 동부지역으로 연결되는 형식이며, 남한 서부지역의 것은 이전 단계의 것이 재지화된 형식이다. 고조선계 동부라고 할 수 있는 것이 없는 것은 아니지만, 단일 계통이나 형식으로 한정되지 않는 것 같다(그림 9).

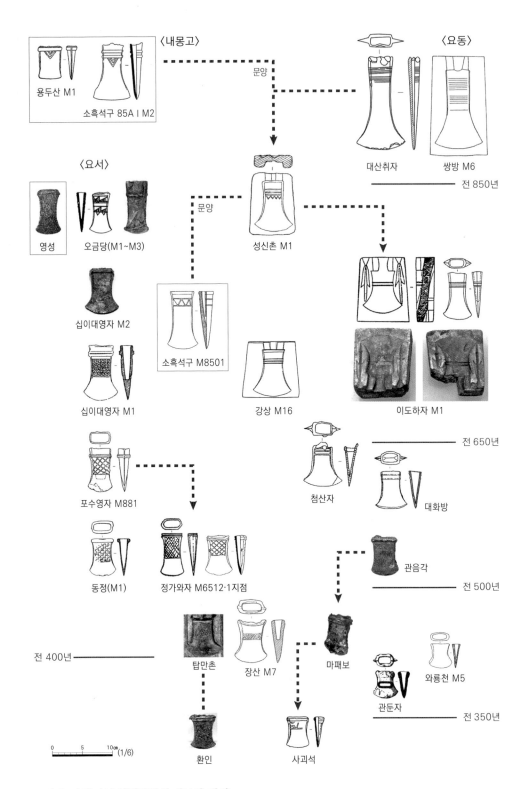

〈내몽고〉

용두산 M1

소흑석구 85A I M2

문양

〈요동〉

대산취자   쌍방 M6

── 전 850년

〈요서〉

영성   오금당(M1~M3)

십이대영자 M2

십이대영자 M1

문양

소흑석구 M8501

성신촌 M1

문양

강상 M16

이도하자 M1

포수영자 M881

첨산자

대화방

── 전 650년

동정(M1)   정가와자 M6512·1지점

관음각

── 전 500년

전 400년 ──

탑만촌   장산 M7

마패보

관둔자

와룡천 M5

── 전 350년

0   5   10㎝
───────── (1/6)

환인   사괴석

〈그림 9〉 요령지역 선형동부의 계보와 변천

5. 다뉴동경

요령지역 비파형동검문화의 청동의기에는 다뉴동경, 경형동기 등이 확인된다. 전기에는 요서지역에서 등장하여 주변지역으로 전해지며, 후기에는 요동지역에서 북한지역으로 전이된다. 비파형동검문화의 말기 또는 세형동검문화 초기 단계에는 남한지역까지 전이된다. 이때 남한지역에는 나팔형동기나 검파형동기와 같은 의기화된 차마구가 확인되는 것이 특징이다. 이외에도 방패형동기나 견갑형동기와 같은 위세적인 장식류가 보이는데, 비파형동검문화의 후기부터 요동지역에서 확인되며, 세형동검문화 초기 단계에는 남한지역으로 전해진다. 이와 같은 '이형동기'(이건무 1992; 이양수 2020)들은 주로 수장급의 무덤에서 출토된다.

의기류를 대표하는 것은 다뉴동경이다. 다뉴동경은 '조문경-정문경'의 2분류(이건무 1992)나 '조문경(A류)-조세문경(B류)-세문경(C류)'의 3분류(이청규 2005, 2015)가 통용되고 있다. 비파형동검문화의 것은 조문경(A류)만 확인되며, 주제문양이 뇌문계의 단일 문양이다. 세형동검문화의 것은 조문경(B류)과 세문경(C류)이 모두 확인되며, 주제문양은 다양화되다가 다시 원권대를 가진 방사상의 단일화된 문양으로 변화된다. 초기에는 평행구획문계, 성형문계, 엽맥문계, 성광문계 등의 문양들이 다양하게 보이지만, 전기에는 태양문계(성광문계) 문양으로 단일하게 변화되며, 후기에는 중원 계통 동경들이 반입되어 점차 쇠퇴한다.

비파형동검문화의 다뉴동경은 크기가 점차 작아지고, 꼭지 및 주연 문양대가 있었다가 없어지며, 주제문양 역시 문양 단위가 축소되는 방향으로 변천된다. 세형동검문화의 다뉴동경은 다시 크기가 점차 커지면서 돌기연이 반구연이 되며, 주제문양이 다양해지다가 단일 계통으로 통합되는 방향으로 변천된다(이청규 2015). 특히 비파형동검문화의 것은 '복합뇌문(Z자형+ㄱㄴ자형)→단순뇌문(Z자형)→구획대문(성형문·평행문)'으로 변천되며, 세형동검문화의 것은 '구획대문(성형문·평행문)→구획선문(성형문·평행문·격자문)→방사선문(엽맥문·태양문)'으로 변천된다. 물론 세형동검문화 단계에는 무문양의 소문경(素文鏡)도 일부 확인된다(그림 10).

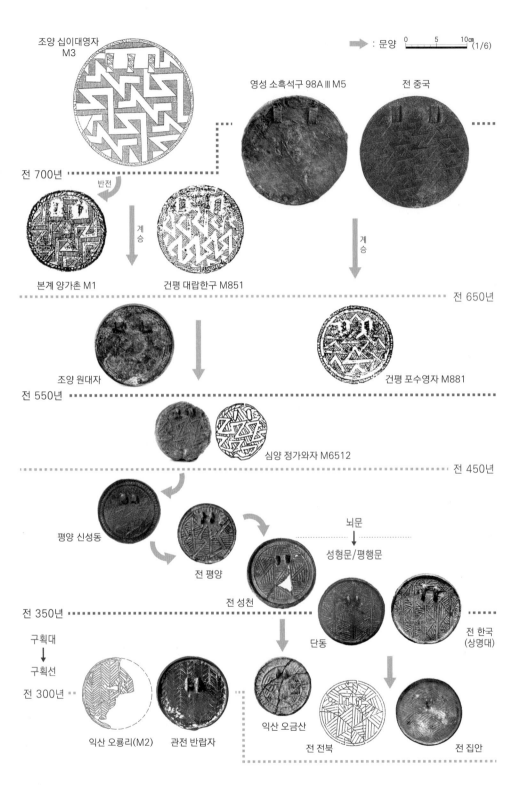

조양 십이대영자 M3

: 문양   0   5   10cm (1/6)

영성 소흑석구 98AⅢM5   전 중국

전 700년

반전

계승

본계 양가촌 M1   건평 대랍한구 M851   계승

전 650년

조양 원대자   건평 포수영자 M881

전 550년

심양 정가와자 M6512

전 450년

평양 신성동   뇌문

성형문/평행문

전 평양

전 성천   단동   전 한국 (상명대)

전 350년

구획대

구획선

전 300년   익산 오금산

익산 오룡리(M2)   관전 반랍자   전 전북   전 집안

<그림 10> 요령지역 다뉴동경(조문경)의 계보와 변천

다뉴동경은 기원전 8세기경 요서지역에서 복합뇌문식(십이대영자식)이 먼저 등장하였으며, 기원전 7세기경에는 내몽고와 요동지역에도 단순뇌문식(양가촌식)이 등장한다. 비파형동검문화의 전기에는 내몽고~요동지역, 비파형동검문화의 후기에는 요동~북한지역, 세형동검문화 초기에는 남한지역에만 확인된다. 세형동검문화 초기에는 요동~북한지역에서 Z자상의 뇌문경이 구획문경으로 변천되며, 문양 표현 방식 역시 구획대식에서 구획선식으로 전환된다. 기원전 4세기경 초기세형동검 등과 공반되어 주목된다. 구획문경(평행문·성형문)은 구획대문에서 구획선문으로 전환되는 과정에서 이형동기처럼 남한지역으로 전이된다.

6. 청동재갈과 청동방울

요령지역 비파형동검문화의 청동차마구류에는 청동재갈(銅銜·銅鑣), 청동절약(靑銅節約), 청동방울 등이 확인되어 있다. 춘추시대에는 인접지역과의 교류하에 주로 북방 계통 차마구가 수용되었으나, 전국시대에는 연국과의 교류하에 중원 계통 차마구가 급증한다. 수레끌채 1개에 2마리나 4마리의 말이 끄는 독주차(獨輈車)가 주로 사용되었는데(孫路 2011; 田立坤 2017), 무덤에는 보통 주요 부속만이 부장된다. 차마구를 일정하게 조합하여 부장하는 것은 피장자의 정치적·사회적 권위를 표현하는 수단으로 이해된다(이후석 2022).

차마구를 대표하는 기종으로 가장 많이 확인되는 것이 청동재갈이다. 청동재갈은 재갈쇠인 동함(銅銜)과 재갈멈치의 동표(銅鑣)로 구성된다. 기본적으로는 함과 표의 결합 방식에 따라 '일체형'과 '조합형'이 구분되며, 함의 형태를 반영하여 세분되고 있다(孫路 2011; 邵會秋 2004). 비파형동검문화는 조합형만 확인된다. 처음에는 북방 계통 물질문화와의 교류 과정에서, 나중에는 중원 계통 물질문화와의 교류 과정에서 재지화된 것이 수용됨에 따라 점차 대체된다.

청동재갈은 주로 십이대영자문화의 유적에서 보이는데, 동함에는 합주식의 직간식함(直杆式銜)과 이음식의 이절식함(二節式銜)이 있다(그림 11). 직간식함은 하가점상층문화의 쇠퇴하는 단계부터 출현하여 수용된다. 십이대영자문화의 경우 남동구유형과 정가와자유형의 것이 알려진다. 영성 나소대 유적 출토품인

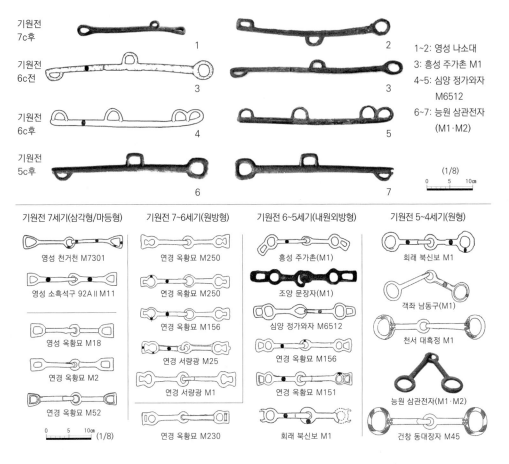

기원전
7c후

기원전
6c전

기원전
6c후

기원전
5c후

1~2: 영성 나소대
3: 흥성 주가촌 M1
4~5: 심양 정가와자
  M6512
6~7: 능원 삼관전자
  (M1·M2)

(1/8)
0 5 10cm

기원전 7세기(삼각형/마등형)	기원전 7~6세기(원방형)	기원전 6~5세기(내원외방형)	기원전 5~4세기(원형)
영성 천거천 M7301	연경 옥황묘 M250	흥성 주가촌(M1)	회래 북신보 M1
영성 소흑석구 92AⅡM11	연경 옥황묘 M250	조양 문장자(M1)	객좌 남동구(M1)
영성 옥황묘 M18	연경 옥황묘 M156	심양 정가와자 M6512	천서 대흑정 M1
연경 옥황묘 M2	연경 서량광 M25	연경 옥황묘 M156	능원 삼관전자(M1·M2)
연경 옥황묘 M52	연경 서량광 M1	연경 옥황묘 M151	건창 동대장자 M45
	연경 옥황묘 M230	회래 북신보 M1	

0 5 10cm (1/8)

<그림 11> 요령지역의 동함과 비교자료(상: 직간함, 하: 이절함)

소형 1점(길이 21cm)을 제외하면 길이 31~38cm이며, 좌우 비대칭인 것과 곁마
에만 사용되는 것(孫路 2011)이 특징이다. 대개 이절식함과 공반되며, 짝수 부
장된다. 주로 수장급의 대형 무덤에서 출토되고 있어 피장자의 사회적인 신분이
나 지위를 잘 나타내는 기종으로 판단된다.

이절함은 시베리아의 스키타이문화에서 출현하였으나, 요서지역에는 남동구
유형이 성립하는 과정에서 수용된다. 마구 중에 가장 보편적인 기종으로 바깥고
리(外環)의 형태에 따라 세분된다. 바깥고리의 변천 관계는 '삼각형→마등형→원
방형→내원외방형→(타)원형'의 변천 과정을 보이는데, 기원전 7세기경의 삼각
형을 시작으로 기원전 5세기경 이후에는 (타)원형이 널리 유행한다(邵會秋
2004). 바깥고리가 커지면서 수면문이 있는 것은 중원지역에서 재지화된 형식

이다. 길이 21~26㎝이며, 짝수로 출토되는 예가 많다. 안쪽고리(內環)가 닳아 있는 것도 확인되고 있어 직접 사용하던 것을 부장하였다고 생각된다. 십이대영자문화의 이절함은 하가점상층문화의 쇠퇴 이후 주변 지역과의 교류 과정에서 전이되었다고 할 수 있다.

동표에는 중간고리나 중앙투공이 있는 것과 없는 것, 2공식인 것과 3공식인 것이 확인되어 있다. 3공식은 고식으로 표의 고리(구멍) 안에 함이 연결되는 방식으로 사용되며, 2공식은 신식으로 함의 고리 안에 표가 끼워지는 방식으로 사용된다(孫路 2011). 다만 양단부가 동물형인 장식동표는 고식에서 파생되어 나온 형식으로 옥황묘문화의 동표 모티브와 관련되나(邵會秋·石嫦靜 2018, 2019), 구체적인 뱀도안은 재지화된 것이라고 할 수 있다. 한편 전국시대에는 건창 동대장자(M10·M45) 유적 출토품과 같이 옥황묘문화와 연하도문화가 복합되는 과정에서 하북 북부지역에서 재지화된 것도 확인된다. 길이 10~20㎝이며, 보통 이절함과 조합되어 부장된다(그림 12). 그러므로 처음에는 하가점상층문화와 관련하여 재지화된 것이 사용되었다가 나중에는 옥황묘문화(오도하자 유형)의 영향을 일부 받으면서 주로 상위 계층에서 사용되었다고 할 수 있다. 이외에도 골표 또한 적지 않게 확인된다.

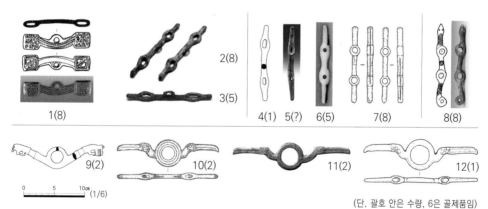

(단, 괄호 안은 수량, 6은 골제품임)

1: 호로도 오금당(M1~M3), 2~3: 조양 십이대영자 M1·M2, 4: 영성 소흑석구 92AⅡM11, 5: 영성 나소대, 6: 조양 원대자 M122, 7: 흥성 주가촌, 8: 심양 정가와자 M6512, 9: 연경 옥황묘 M156, 10: 난평 포대산 M6, 11: 건창 동대장자 M10, 12: 건창 동대장자 M45

〈그림 12〉 요령지역의 동표와 비교자료

청동방울에는 난령(鑾鈴), 장방판령(長方板鈴), 종령(鐘鈴) 등이 확인된다. 보통 소형 종령(길이 5㎝이하)보다 훨씬 큰 대형 종령(길이 12㎝~20㎝)은 동탁(銅鐸)이라고도 한다. 난령은 원개형의 동판 위쪽 또는 아래쪽에 둥근 방울이 달려 있는 마차 방울이다. 보통 짝수 부장되며, 중원 계통이 재지화된 것이라고 생각된다. 장방판령은 마장용이거나 수레용일 가능성이 있다. 짝수 부장되는 것이 특징이다. 소형 종령은 주로 피장자의 가슴이나 허리에서 출토되고 있어 마장용 보다는(孫路 2011) 복식구(이후석 2020b)로 추정된다. 대형 종령, 즉 동탁은 말 종방울이라 부르기도 하며, 마장용의 차마구로 추정된다.

동탁은 기원전 6세기경 하가점상층문화의 쇠퇴 이후 십이대영자문화의 후기 단계부터 요서 서부지역에서 주로 출토된다. 고정구멍이 상단에만 있는 것이 고식이고, 몸체에도 있는 것이 신식이다. 요서지역의 경우 기원전 4세기대 중엽에는 소형화되거나 고리 폭이 좁은 유문식의 중원 계통 동종 등이 유입되고 있어

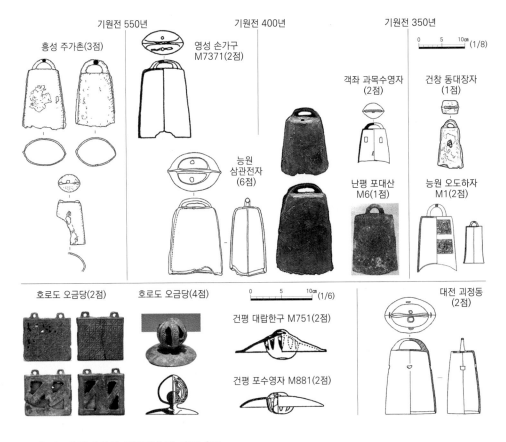

<그림 13> 요령지역의 청동방울과 비교자료

이때에는 남한지역으로 전이되었다고 생각된다. 남한지역으로 전해지는 과정에서 의기화된 기종이다(그림 13).

IV. 요령지역 비파형동검문화의 전개와 네트워크의 변동

요령지역의 비파형동검문화는 청동유물 구성에서 보편성이 확인되는 것과 달리 토기류의 조합에는 지역성이 뚜렷하게 확인되고 있어 여러 하위 지역문화 또는 지역단위 문화유형으로 설정되고 있는 점을 논하였다. 그러므로 요령지역 비파형동검문화의 네트워크 및 이와 관련되는 구체적인 교류 관계 역시 시기별·권역별로 확인되는 하위문화(또는 하위유형)를 고려하여 검토해야 할 필요성이 있다.

또한 요령지역의 비파형동검문화는 이전 단계의 문화 전통과 지역 간의 교류 관계를 바탕으로 시공간적으로 특징적인 문화 양상을 나타낸다. 이와 같은 비파

〈표 1〉 요령지역 청동단검문화의 병행 관계(천선행 2014 및 이후석 2020c 수정)

요서 (내몽고 동남부 포함)			요하평원		요동산지		요동반도 남단				요남 해안	한반도 남부
하가점하층			평안보3기(전)	고대산2단	마성자2기	전엽	쌍타자3기	양두와유형(노철산주변)	양두와유형(영성자주변)	대취자유형	고려채	초기
						중엽		양두와	쌍타자 F12?	전엽		
?									쌍타자 F7/F17/F4	중엽		
				고3단/신락상층		후엽		우가촌F1	쌍타자 F2			
희작구	위영자1단	평정산2기	순산둔					타두1단계	쌍타자 F1 / 강상하층	후엽		전기
								타두2단계	?			
								타두3단계				
하가점상층 용두산1 용두산2	위영자2단	평정산3기	3기(후) 요해둔	고4단/신락상층	마3기 동산		상마석상층(강상)	목양성1류(고)	?	?	쌍방	
용두산3	오금당 십이대영자		북외(분묘) ?	신성자 이도하자				?	쌍타자단검묘 강상묘	상마석BII		후기
								윤가촌1기 목양성1류(신)	누상묘1단	상마석A하층		
									누상묘2단			
정구자 철장구 수천北	원대자갑류 주가촌		정가와자1기	금가촌 탑만촌				와룡천묘		상마석A상층		
철영자 수천南	원대자병류 동대장자		정가와자2기	양갑산				윤가촌 2기(고)				말기

형동검문화의 전개 과정에서 확인되는 상호작용의 네트워크는 문화 변동의 배경이나 과정과도 밀접하게 관련된다. 특히 청동 네트워크에는 환경 변화에 따른 사회집단의 대응 전략, 즉 지역사회 엘리트층의 사회 통합 전략으로 연결되는 기술이나 이념 등이 밀접하게 관련되어 있었음에 주목해야 한다.

여기서는 이와 같은 점을 고려하여 요하유역의 청동단검문화 개시 단계(기원전 13~10세기경)에서 확인되는 네트워크의 형성 양상, 비파형동검문화의 전기 단계(기원전 9~6세기경)와 후기 단계(기원전 6~5세기경)의 네트워크 강화·확장 양상, 비파형동검문화의 말기 또는 세형동검문화 초기 단계(기원전 4세기경)를 중심으로 확인되는 네트워크의 재편 양상 등을 청동유물군을 중심으로 살펴보려 한다. 미리 간단하게 언급하면, 요령지역 비파형동검문화의 전개 과정에서 확인되는 획기 및 교류 관계 변화는 대외적인 청동 네트워크의 차별성에 기인하는 바가 크다.

1. 비파형동검문화의 개시와 네트워크의 형성

요하유역에서 청동단검문화가 형성되기 직전에는 북방 계통 청동유물들이 다수 출현하고 이에 따라 청동 제련기술이 한층 제고되는 분위기가 감지된다. 이때에는 중국 북방지역의 전반적인 한랭건조화로 인해 거시적인 환경변화에 따른 생업이나 문화 변동이 있었다고 지목된다(姜仁旭 2009; 王立新 2004; 吉本道雅 2009). 즉, 청동장인들을 포함하는 유목경제가 남하하고 정착농경은 후퇴하며, 이와 연동하여 대단위의 토착문화는 쇠퇴하고 소단위의 지역화된 유적군을 중심으로 물질문화가 재편된다(이후석 2019a). 이때 중국 북방지역에는 초원문화권의 카라수크 계통 청동이기(青銅利器) 또는 그 제작기술이 널리 확산되며, 중원문화권의 은상문화 역시 북상하여 서로 다양하게 접촉하는 특징적인 청동 네트워크가 형성된다(이후석 2019b).

이와 같은 중국 북방지역의 거시적인 환경변화에 따른 생업 변화 및 문화 변동이 요하유역에서 청동단검문화가 형성되는 기본적인 배경으로 이해되며, 요하 상류 일대에서 공병식동검문화가 형성되고 요하 평원 동서쪽의 북쪽 구간, 즉 '요하 평원 벨트'에서 비파형동검문화가 형성되는 배경 역시 이와 밀접하게

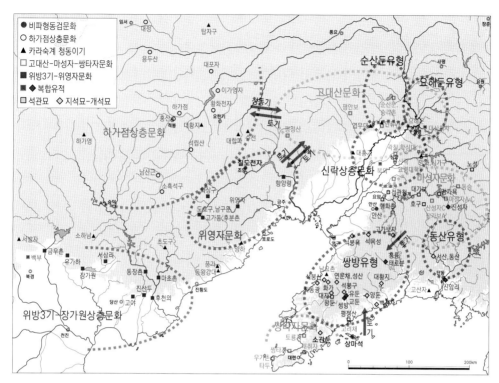

<그림 14> 요령지역 청동단검문화의 형성 단계 지역문화와 주요 유적

관련되는 것이라고 생각된다. 즉, 상말주초 단계 문화 변동을 거치면서 청동단검으로 대표되는 기술과 이념의 결합체가 등장하고, 재지화된 각종 청동유물이 제작·유통되는 것이 청동단검문화의 정착 과정이라 할 수 있다. 그러므로 가장 먼저 주목해야 하는 것은 청동단검이다(그림 14).

요하유역에서 독자적인 청동단검이 등장하는 것은 대략 기원전 11~10세기경이다. 이는 공병식동검과 비파형동검의 초기 단계인데, 일반적으로는 요동지역의 비파형동검이 내몽고 동남부지역의 공병식동검에 비해 약간 늦게 등장하는 것으로 이해되고 있다. 그러므로 비파형동검이 등장하는 기술적·이념적 배경이나 기반 형성 과정을 살펴보는 것이 중요하다. 비파형동검은 청동 제련기술과 '검'의 이념 체계가 서로 복합되는 과정에서 등장하기 때문이다.

그렇다면 요령지역에는 검을 제작하기 위한 청동 제련기술과 이념 체계가 언제부터 보급되었을까? 요하유역에는 기원전 13~10세기경의 카라수크 계통 청동이기 확산 단계부터 청동단검이 확인되기 시작한다. 처음에는 곡병식검이 보이다가 나중에는 직병식검도 보이는데(그림 15), 하가점상층문화권인 요하 상류 일대와는 달리 비파형동검문화권인 요하 하류 일대에는 토착문화와의 결합 양상이 확인되지 않는 것이 문제이다.

그렇지만 비파형동검문화권 내에서도 요하 평원 지역에는 카라수크 계통 청동이기 출토 유적들이 밀집 분포하며, 법고 만류가와 같은 일부 유적에는 재지화된 동월, 동분, 동도 등이 적지 않게 수습되어 일부나마 토착문화와의 융합 관계를 추정하게 한다 (그림 16). 이는 어찌보더라도 청동 제작기술이 한층 제고되는 상황이며, 이때 토착집단에게 동검문화에 대한 정보가 입수됐을 가능성이 높다(이후석 2020a).[4]

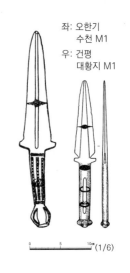

좌: 오한기 수천 M1
우: 건평 대황지 M1

(1/6)

<그림 15> 카라수크 계통 청동단검

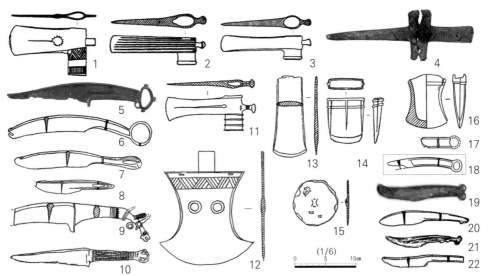

1~3: 신민 대홍기, 4: 개주 남요촌, 5: 무순 망화, 6~15: 법고 만류가, 16~17: 심양 신락, 18: 영성 소흑석구(85A Ⅰ M2), 19: 법고 엽무대, 20: 부신 평정산 3기(H113), 21: 창무 평안보 3기(H3028), 22: 무순 시가구

<그림 16> 요하 평원지역 출토 북방 계통 청동이기

4) 검과 관련되는 이념 체계는 석검 사용 전통과도 무관하지 않을 가능성이 있다. 다만 석검 전통이 확인

한편 요하유역에는 청동 제련기술과 검의 이념 체계가 결합되는 양상들이 요하 하류 일대보다 요하 상류 일대에서 먼저 확인된다. 요하 평원 주변에서 검의 이념 체계에 대한 정보가 입수되었다면, 이는 수변 교통로를 통해 요하 상류 방면으로 연결되는 청동 네트워크가 활용됐을 가능성이 높다. 요하유역에서 독자 양식의 검이 분포권을 달리하며 각각 등장하는 것은 서로 다른 정체성을 지닌 지역 집단 간의 상호작용 때문으로 이해된다. 비파형동검은 이와 같은 배경 하에 기원전 10세기경 요하 평원 동쪽에서 등장하여 요서 북부지역 등의 주변지역으로 점차 전이되었다고 생각된다.

요령지역의 비파형동검문화는 중원 계통 물질문화보다 북방 계통 물질문화와의 교류 과정에서 성립하였지만, 초출 단계부터 비파형동검과 선형동부 등의 독자적인 기종들이 함께 확인되는 것이 주목된다. 아직 관련 자료가 충분하게 확보되지 않았지만, 이는 비파형동검문화가 북방 계통 물질문화와의 전면적인 교류 관계 하에 성립하였다기보다 재지적인 지역집단들이 주도하여 능동적인 방식으로 진행되었음을 보여준다. 비파형동검문화는 청동 장인집단과 그가 속한 토착사회 엘리트층의 주도하에 성립하였으며, 교류 네트워크를 활용하여 급속도로 확산되는 과정에서 지역별로 정착하였다고 생각된다.

2. 비파형동검문화의 발전(전기)과 네트워크의 강화

1) 요서지역

요서지역 비파형동검문화의 전기 단계는 기원전 9~7세기경으로 십이대영자문화가 형성되어 하가점상층문화와 경쟁하며 발전하는 시기이다. 전반(1단계) 및 후반(2단계)으로 세분되나, 공반유물이 충분하지 않아 잘 구분되지 않는 예도 많다. 십이대영자유형과 오금당유형의 선후 관계에서 오금당유형의 시간 폭이 십이대영자유형에 비해 훨씬 좁고 유구 구조 및 출토유물에서 이전 단계 문화요소가 포함되어 있는 점을 무시하기 어렵다면, 1단계는 오금당유형이 상당

되는 요동 남단지역에는 상말주초 무렵까지 청동 제련기술의 제고 양상으로 볼 수 있는 것이 없고, 요남지역이나 요북지역에는 석검 사용 전통이 미약하여 현재로는 가능성이 높지 않은 것 같다(이후석 2020a).

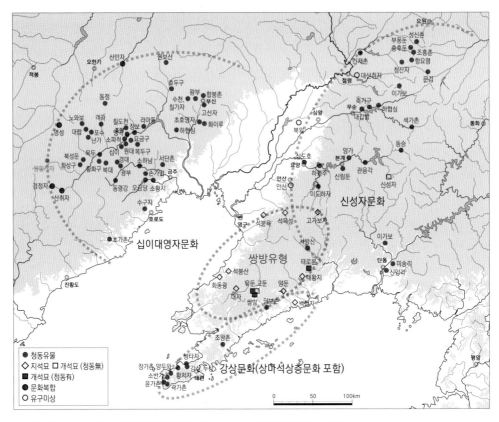

<그림 17> 요령지역 비파형동검문화의 전기 단계 지역문화와 주요 유적

부분 포함됐을 가능성이 높고, 2단계는 십이대영자유형을 중심으로 하는 시기
라고 할 수 있다(그림 17).[5]

　전반(1단계)에는 십이대영자문화가 형성되며, 위영자문화의 요소들이 일부
잔존하는 시기이다. 하가점상층문화의 연대관을 고려하면 대략 기원전 9~8세
기경으로 편년된다. 요서지역 비파형동검의 최고식에 해당되는 칠도천자식 동
검, 손가만식(오금당식) 투구, 오금당식 동부 등과 함께 이전 단계 문화요소들로
구성됐을 가능성이 높다. 조양 칠도천자 유적, 객좌, 금서 오금당 유적의 일부 무
덤 등이 대표적인 사례이다(그림 18). 십이대영자문화는 비파형동검의 등장지
역으로 보아 요서 북부지역에서 개시됐을 가능성이 높다. 비파형동검이 북쪽에

---

5) 오금당유형을 과도기적 현상으로 보더라도 조양 일대에서 아직 확인되지 않았기에 십이대영자유형과
　어느 정도의 병행 관계를 고려할 수밖에 없다.

조양   객좌
칠도천자

호로도 오금당
(M1~M3)

조양 원대자
(79M1)

조양
십이대영자
(M2/M1)

M3

건평 대랍한구
(M851)

조양 목두구
(M1)

건평 포수영자(M881)

동검 위(1/6)   동촉(1/4)
0   5   10cm   0   5cm

〈그림 18〉 요서지역 전기 비파형동검문화의 주요 청동유물와 그 변천

서 남쪽으로 확산되고, 하가점상층문화가 동쪽에서 서쪽으로 전이되며, 위영자문화가 북쪽에서 남쪽으로 퇴축되는 양상으로 보아 십이대영자문화는 대릉하권에서 소릉하권으로 확산되었다고 생각된다(이후석 2019a).

후반(2단계)에는 오금당유형이 쇠퇴하고 십이대영자유형이 발전하는 시기이다. 십이대영자유형은 대릉하유역(특히 조양 일대)을 중심으로 가장 오랫동안 발전하며, 남산근유형(하가점상층문화)의 하한연대를 고려하여 기원전 8~7세기대로 편년되나, 상한이나 하한 연대 폭은 다소 불명확한 점이 있다. 이중구연발과 흑색마연장경호가 등장하며, 이단경식 양익동촉을 비롯하여 동검, 선형동부, 동도 등의 조합관계에 따라 유적군이 세분된다. 즉, 십이대영자식 동검, 십이대영자식 동부, 누공동도(또는 원공동도) 등의 유물구성이 이른 시기이며, 목두구식 동검, 포수영자식 동부, 치병동도 등의 유물구성이 늦은 시기이다(그림 18).

무덤 10기 내외로 구성되는 묘지들이 여러 곳에 형성되며, 대릉하 중류의 조양 일대(십이대영자)와 대릉하 상류의 건평 일대(포수영자)에서 각각 이른 시기와 늦은 시기의 수장묘를 포함하는 거점유적들이 확인된다. 수장급묘는 모두 석곽묘에 해당되며, 무덤 입지나 규모보다 부장유물에서 차별성이 확인된다. 비파형동검과 다뉴뇌문동경, 선형동부 등은 물론 하가점상층문화의 의기류나 차마구가 재지화된 것이 일부 부장되는 것이 특징이다. 비파형동검과 다뉴뇌문동경은 수장층의 군사적·종교적 권위를 드러내는 한편 관련 의례를 통하여 집단 내의 결속이나 집단 간의 통합을 유도하였다고 생각된다.

이때 교류 네트워크는 요하유역을 크게 벗어나지 않은 것 같다. 요서지역과 요동지역 및 내몽고 동남부지역과 요서지역 등의 교류 관계가 확인된다. 청동유물의 교류 관계는 무기류, 의기류, 차마구류 등의 기종에서 확인된다. 이를테면 신성자문화(본계 양가촌)에서는 요서식의 비파형동검과 다뉴뇌문동경이 확인되었으며, 강상문화(대련 강상·누상)에서는 요서식의 비파형동검과 재갈모양동기, 기하학문 청동장식 등이 확인된다. 하가점상층문화에서는 별주식의 비파형동검을 비롯하여 다뉴뇌문동경, 장방판형동령 등이 확인된다. 십이대영자문화에서도 중원식동과와 청동고삐고리, 청동당로 등이 일부 보이는데, 하가점상층문화를 통해 입수하였거나 전이됐던 기종으로 판단된다.

십이대영자문화에서는 공병식동검과 삼족토기가 거의 출토되지 않는 것에 비해 하가점상층문화에서는 비파형동검과 무문토기가 적지 않게 확인된다. 십이대영자문화는 하가점상층문화와 경쟁·교류하는 과정에서 문화요소를 일부 수용하였지만, 요서지역에서 확인되는 것은 대부분이 재지화된 것이라는 점에 주목해야 한다. 십이대영자문화는 무기류와 토기류를 중심으로 자신만의 정체성을 유지하며 교류 관계를 바탕으로 점차 발전하였다고 할 수 있다

2) 요동지역

요동지역 비파형동검문화의 전기 단계는 기원전 9~6세기경으로 권역별로 지역문화가 형성되어 보편성과 특수성을 띠며 발전하는 시기이다. 이는 청동유물과는 달리 토기문화의 상호작용권이 지역별로 한정됐기 때문으로 생각된다. 요동지역 지역문화 간의 무덤 양식에는 상사성과 상이성이 모두 보이지만, 토기문화에는 상이성이, 청동유물에는 상사성이 훨씬 높다. 그러므로 토기 네트워크와 청동 네트워크는 서로 다른 차원에서 전개되었다고 할 수 있다(그림 17·19).

이때 요동지역의 청동유물들은 대부분이 요동식이라고 할 수 있는 지역화된 양식이다. 주로 무기류와 공구류로 구성되며, 장식류도 일부 확인된다. 동검, 동모, 동촉, 동부 등이 대표 기종으로 지목된다. 이와 같은 기종들은 요하 이동지역에서 널리 확인되고 있어 비파형동검문화의 네트워크 확장 방향을 보여준다.

먼저 요동지역에서 권역별로 확인되는 지역 간의 교류 네트워크 관계를 살펴보자. 쌍방유형은 요남 중부 및 서부지역을 중심으로 분포한다. 청동유물은 지하식의 개석묘에서만 출토되며, 보란점과 수암 일대를 중심으로 소량 확인된다. 보란점과 수암 일대는 요남 내륙과 남쪽 해안을 연결하는 벽류하와 대양하의 결절점에 해당된다. 또한 독자적인 양식으로 볼 수 있는 것이 없다. 그러므로 쌍방유형은 주변 영향하에 한정적인 네트워크를 형성하고 있었음을 알 수 있다.

신성자문화는 요북 중부 및 동부지역을 중심으로 분포한다. 청동유물은 수계별로 청하유역의 철령-서풍, 혼하유역의 무순-청원, 태자하유역의 요양-본계 일대를 중심으로 보이는데, 이는 각각 요북지역을 중심으로 요서지역과 길림지역 및 요남지역을 연결시켜 주는 수변 교통로의 거점지역에 해당된다. 또한 신성자문화의 청동유물군은 주변지역으로 널리 확산되고 있어 요하 이동지역에

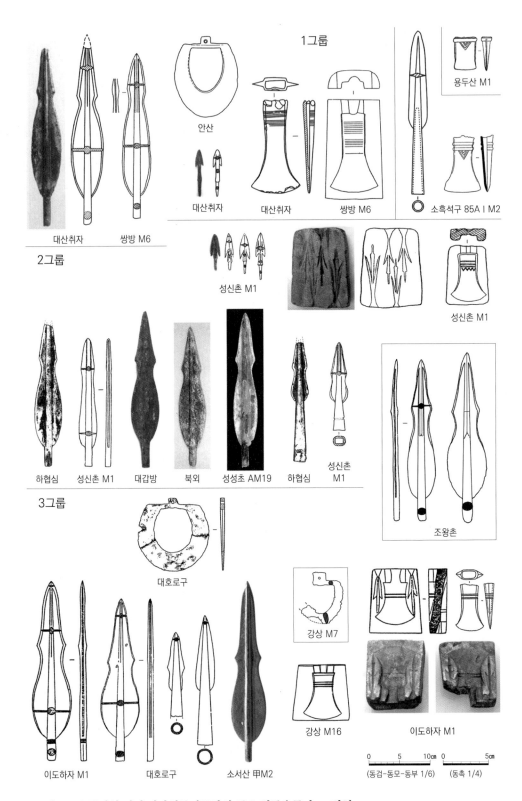

<그림 19> 요동지역 전기 비파형동검문화의 주요 청동유물과 그 변천

서 광역적인 네트워크를 형성하고 있었다고 할 수 있다.

강상문화는 요동 남단지역을 중심으로 분포한다. 다른 지역보다 다장묘가 오랫동안 유지되는 측면에서 공동체적 문화 전통이 강하다고 할 수 있다. 청동유물은 이른 시기에는 북쪽 내륙(조왕촌)에서 서해안(영성자, 여순)을 중심으로 확인되며, 늦은 시기에는 남해안(여순)과 동해안(금주, 장해)에 밀집도가 높다. 요서 계통 청동유물이 점차 증가하는 것을 통해 해안 교통로를 따라 남북과 동서로 연결되는 광역적인 네트워크가 형성되어 있었다고 할 수 있다.

다음으로 요동지역에서 권역별로 확인되는 지역 간의 사회(권력) 네트워크 관계를 살펴보자. 요동지역에서 중심권역으로 추정되는 곳은 요북 동부지역과 요동 남단지역에서 확인된다. 이는 각각 신성자문화와 강상문화의 거점지역에 해당된다. 신성자문화에서는 혼하유역의 청원, 청하유역의 서풍 일대 등지에서 각각 수장급의 청동기부장묘가 확인되며, 강상문화에서는 서남해안 가까이의 영성자 일대에서 수장급에 근접하는 청동기부장묘가 확인된다. 쌍방유형 역시 일정 수준의 권력 네트워크가 있었다고 생각되나 청동유물이 거의 없어 구체적인 분석에는 어려움이 있다.

신성자문화의 수장급의 무덤 주변에는 최소 몇 기에서 최대 수십 기의 무덤들이 분포하는 것이 확인된다. 수계별로 약 20㎞, 최대 40㎞ 간격으로 유적들이 보이는데, 특히 철령-서풍 일대에는 청동기부장묘의 밀집도가 높아 주목된다. 이른 시기 유적부터 늦은 시기 유적까지 다양하며, 수장급의 무덤 역시 서풍 성

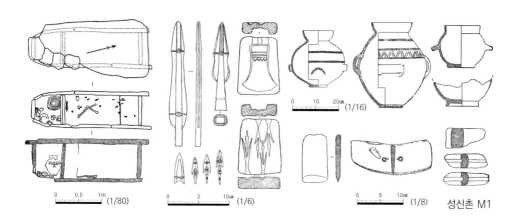

성신촌 M1

<그림 20> 신성자문화의 수장묘와 출토유물(서풍 성신촌)

신촌 1호 묘와 서풍 부풍둔 1호 묘가 시기 차를 두고 조영되고 있어 상대적이지만 신성자문화의 청동 네트워크를 주도하는 엘리트층이 이곳에서 존재하였음을 알 수 있다. 서풍 일대에서 수장급의 무덤에는 '동검-동모-동촉-동부'의 조합 관계를 중심으로 토기류와 석기류도 다수 부장되는 것이 특징이다(그림 20).

강상문화의 수장급의 무덤에는 강상묘와 누상묘가 지목되고 있다. 지상식의 다장 적석묘는 '다인-다차' 등의 매장 행위 과정에서 수장급의 묘곽만을 분별하기 쉽지 않다. 다만 강상묘에서는 12기의 묘곽에서 30여 점의 청동유물이, 누상묘에서는 5기의 묘곽에서 100여 점의 청동유물이 각각 출토되어 주목된다. 특히 누상묘는 강상묘에 비해 기종 구성이 다양하고, 일부 매장부에 무기류가 다수 부장되며, 마구류, 공구류, 의기류, 장식류 등도 적지 않게 부장되는 것이 특징이다. 요서 계통 유물들이 다량 확인되고 있어 교류 관계를 통해 계층화가 더욱 진척되었음을 추정하게 한다(그림 21).

그러므로 요동지역의 전기 비파형동검문화는 요북 동부지역(신성자문화)의 서풍 일대와 요동 남단지역(강상문화)의 영성자 일대를 중심으로 거점유적군이 형성되어 있었다고 할 수 있다. 요북지역을 중심으로 요동지역에서 재지화된 청동유물들이 길림~남한지역까지 널리 파급되고 있어 청동 네트워크는 요하 이동지역에서 광역으로 더욱 확장되었음을 알 수 있다. 요동 남단지역에는 요서 계통 유물들이 점차 증가하는 것이 주목된다. 이는 해안 교통로가 발달되어 있는 입지 조건과도 관련되는 것이라고 생각된다. 청동 네트워크는 광역으로 연결되어 있었다고 생각되나, 양식 측면에서 보면 독자적인 것보다는 주변지역에서 확인되는 것이 대부분이어서 이곳에는 기술 거점보다 유통이나 소비 거점으로 볼 수 있는 유적군이 있었다고 할 수 있다.

이제 요동지역과 주변지역의 구체적인 대외 교류 관계를 살펴보자. 요동지역과 요서지역의 교류 관계는 비파형동검문화가 유행하는 단계부터 점차 강화된다. 처음에는 일부 기종으로 한정되었으나, 점차 종류와 수량이 증가하고, 결국에는 청동유물 외에 토기문화와 매장문화까지 전해져서 요서 계통 물질문화가 전이되는 양상으로 귀결된다. 이는 정가와자유형의 형성과도 맞물리는 현상이다(이후석 2020c).

청동유물에는 하가점상층문화와 십이대영자문화의 요소들이 확인된다. 유엽

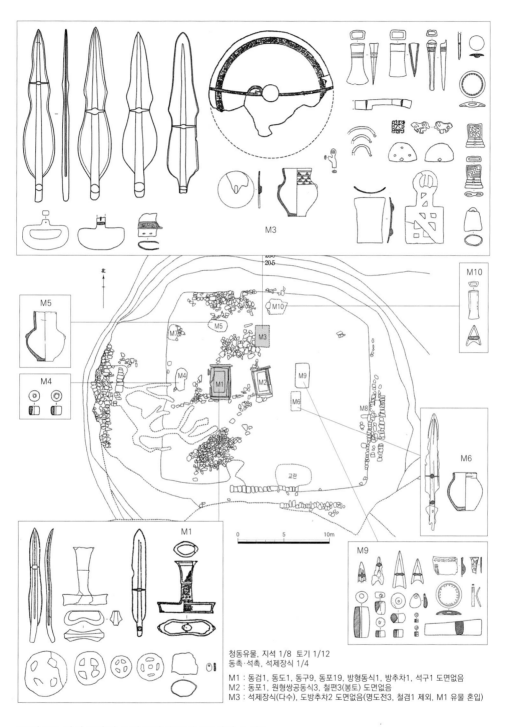

M3

M10

M5

M4

M6

M9

M8

M7

M1

M2

북

교란

0   5   10m

M1

M9

청동유물, 지석 1/8 토기 1/12
동촉·석촉, 석제장식 1/4

M1 : 동검1, 동도1, 동구9, 동포19, 방형동식1, 방추차1, 석구1 도면없음
M2 : 동포1, 원형쌍공동식3, 철편3(봉토) 도면없음
M3 : 석제장식(다수), 도방추차2 도면없음(명도전3, 철겸1 제외, M1 유물 혼입)

〈그림 21〉 강상문화의 수장묘와 출토유물(대련 누상)

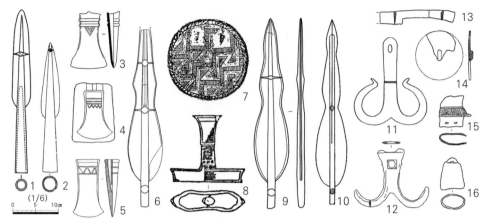

1·3: 영성 소흑석구 85A I M2, 2: 청원 대호로구, 4: 서풍 성신촌 M1, 5: 영성 소흑석구 M8501, 6~7: 본계 양가촌 M1, 8: 대련 누상 M1, 9·13~16: 대련 누상 M3, 10: 내만기 원보산, 11: 능원 오도하자 M1, 12: 대련 와룡천 M1

〈그림 22〉 요동지역과 요서지역의 교류 관련 자료(전기-후기 포함)

형동모는 하가점상층문화의 요소이며, 십이대영자식의 동검이나 다뉴뇌문동경, 경형동기 등은 십이대영자문화의 기종이다. 다만 유엽형동모는 외부에서 전입되었으며, 다뉴뇌문동경 등은 요서지역 출토품을 모방하여 만든 것이라고 생각된다. 그러므로 이때에는 제품 이입, 모방 제작 등의 방식으로 지역 간의 청동 네트워크가 점차 강화되었다고 할 수 있다(그림 22).

요동지역과 남한지역과의 교류 관계는 일찍부터 다방면에 걸쳐 증대된다. 비파형동검문화의 청동유물은 거의 동시기에 여러 기종들이 전해진다. 청동유물에는 주로 요북지역과 관련되는 무기류와 공구류가 주로 확인된다. 비파형동검은 쌍방식과 강상식이 확인되며, 청동검파두식과 이단경식동촉 역시 확인된다. 이는 북한지역과 남한지역의 비파형동검문화가 요동 계통임을 보여주는 근거 자료이다(이후석 2020c). 이후에도 비파형동모와 선형동부가 북한지역을 거쳐 남한지역으로 차례대로 파급된다. 그러므로 이때에는 제품 이입, 기술 전이 등의 방식으로 지역 간의 청동 네트워크가 발달하기 시작하였음을 알 수 있다.

요동지역과 산동지역의 교류 관계는 지석묘와 석관묘도 거론되나 최근에는 주로 청동유물을 중심으로 논의되고 있다. 요동반도와 산동반도의 사이에는 묘도열도가 위치하고 있어 일찍부터 교류 관계가 형성되어 있었는데, 이때에는 소형 무기류나 공구류의 일부 기종에서 교류 관계가 확인된다. 요동지역에는 중원

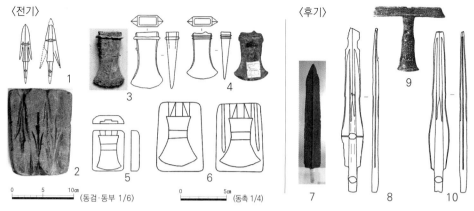

〈전기〉 〈후기〉

0 5 10cm (동검·동부 1/6)   0 5cm (동촉 1/4)

1: 유산 남황장, 2: 서풍 성신촌 M1, 3: 용구 귀성, 4~6: 장도 왕구촌, 7: 보란점 화아산, 8: 서하 행가장 M2, 9~10: 전 무순

〈그림 23〉 요동지역과 산동지역의 교류 관련 자료(전기-후기 포함)

식동검과 중원식동촉이 확인되고, 산동지역에는 선형동부가 확인되고 있어 지역 간의 교류 관계를 알 수 있다.

다만 요동지역의 중원식동검(보란점 화아산)은 기원전 6~5세기경으로 편년되는 것이어서 후기 단계 교류 양상을 보여주며, 중원식동촉(서풍 성신촌)은 대개 기원전 9세기경으로 편년되는 이단경식 양익동촉으로 전기 단계 교류 양상을 보여주는 기종이다.[6] 산동지역의 선형동부(장도 왕구촌, 용구 귀성)는 요동 남단지역(대련 강상) 출토품과 가장 유사하다(박준형 2013). 석범까지 확인되고 있어 청동장인들의 왕래 가능성도 제기된다(그림 23).

3. 비파형동검문화의 변천(후기)과 네트워크의 확장

1) 요서지역

요서지역 비파형동검문화의 후기 단계는 기원전 6~5세기경으로 하가점상층문화가 쇠퇴하고 십이대영자문화가 더욱 확산되어 요동지역 및 내몽고 동남부 일부 지역까지 확산되는 시기이다. 요서지역에는 남동구유형(주가촌유형)이, 요중지역에는 정가와자유형이 각각 발전한다. 상한연대는 각각 기원전 6세기대

---

6) 이외에도 대련 강상묘(M7)에서는 아열대산 보배조개가 확인되고 있다(박준형 2004).

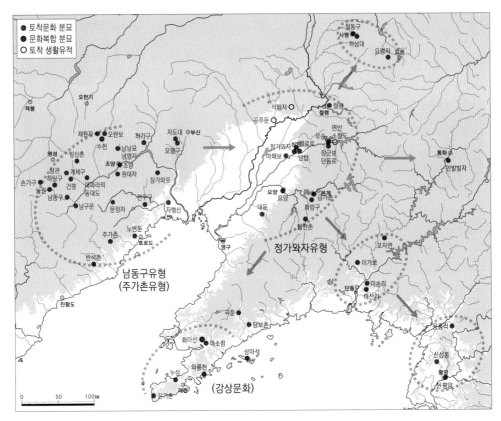

<그림 24> 요령지역 비파형동검문화의 후기 단계 지역문화와 주요 유적

전반(흥성 주가촌)과 후반(심양 정가와자)이며, 하한연대는 각각 기원전 400년
경 전후(능원 삼관전자)와 기원전 4세기대 후반(심양 남탑)이다(그림 24).

십이대영자문화에 옥황묘문화의 요소들이 일부 복합되었지만, 홍도 계열 단
경호(관)가 출토되는 요서 서부지역을 중심으로 남동구유형이 발전하며, 점토대
토기발과 흑도장경호를 반출하는 요중지역을 중심으로 정가와자유형이 발전한
다. 요서 동부지역은 십이대영자유형의 토기문화가 지속되는 한편 옥황묘문화
의 유물들이 확인되고 있어 점이지대 양상으로 추정된다. 이전 시기와는 달리
외래 계통 유물에는 청동유물과 토기류가 함께 확인되고 있는 것이 특징이다

무덤 10기 이상으로 구성되는 묘지들이 확인되며, 대릉하 상류의 객좌-능원
일대(남동구→삼관전)와 발해만권의 흥성-금주 일대(주가촌→전구구), 혼하 중
류의 심양-요양 일대(정가와자→탑만촌)에서 각각 이른 시기와 늦은 시기의 수
장급묘를 포함하는 거점유적들이 확인된다. 수장급묘는 석곽묘와 함께 대형 목

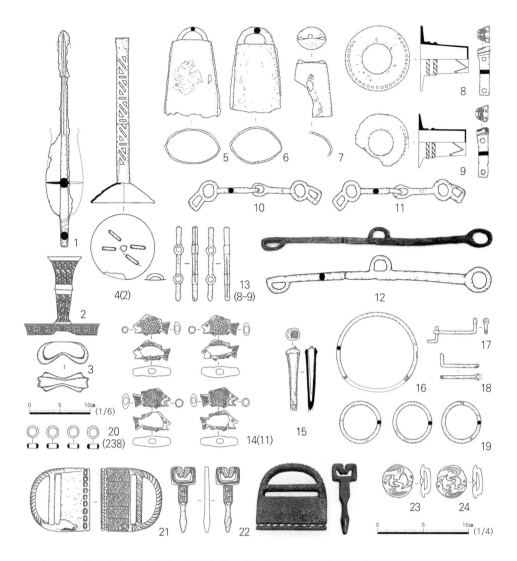

<그림 25> 요서지역 후기 비파형동검문화의 수장묘와 출토유물(흥성 주가촌)

관묘나 목곽묘도 조영되며, 무덤 입지나 규모는 물론 부장유물에서 차별성이 확인된다. 동일 묘지 안에서도 수장급묘는 다른 무덤들과 떨어져서 조영된다.

    부장유물의 경우 남동구유형은 십이대영자유형의 토착 의기류가 확인되지 않는 대신 옥황묘문화의 북방 계통 차마구류가 부장되며, 정가와자유형은 십이대영자유형의 의기류와 토기류를 계승하는 한편 옥황묘문화나 남동구유형의 차마구류가 일부 확인되는 것이 특징이다. 특히 중원 계통 청동유물은 남동구유형에, 다뉴뇌문동경은 정가와자유형에만 각각 확인되고 있어 주목된다. 두 문화유형은 위신재적 물품 등을 통해 확인되는 수장층의 권력 기반이 상이하고 토기문화를 통해 추정되는 공동체의 기층문화가 약간 다르므로 서로 다른 정치체로 보는 것이 타당하다. 다만 차마구로 추정되는 거마풍속으로 보면, 2마리나 4마리가 끄는 독주차를 사용하는 것을 통해 수장층의 사회적인 지위와 권위를 과시하는 것은 거의 같았다고 할 수 있다(그림 25).

후기에는 인접지역과의 교류 네트워크가 강화되고 그 외곽까지 가장 광범위한 교류 네트워크를 형성한다. 하가점상층문화가 쇠퇴하는 대신 십이대영자문화가 발전하여 요서지역에서 내몽고 동남부나 요동 일부 지역까지 확산되어 관련 유물들도 더욱 확산된다. 이전 단계에는 하가점상층문화 요소들이 의기류와 차마구류의 일부 기종으로 한정되는 것과 달리 이때에는 옥황묘문화의 요소들이 공구류와 차마구류의 다수 기종에서 확인된다. 또한 이때에는 토기문화의 교류까지 확인되는 것이 특징이다. 그러므로 남동구유형과 정가와자유형의 형성 과정에는 물적 교류 외에 인적 교류까지 일부 있었다고 생각된다.

옥황묘문화의 요소들은 남동구유형은 물론 정가와자유형에도 확인된다(그림 26). 청동유물의 경우 동부, 동도 등의 공구류와 황형동식 등의 장식류에서도 일

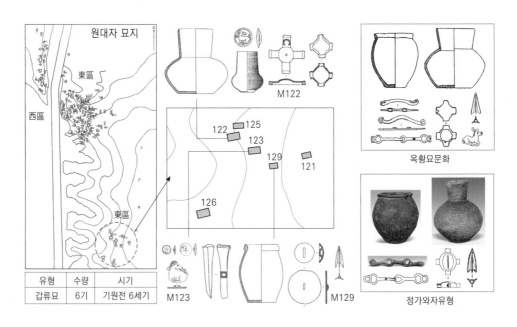

〈그림 26〉 정가와자유형 형성 단계 주요 유물의 계보(이후석 2020d)

부 보이지만, 동함, 동표, 청동절약 등의 차마구류에서 주로 확인된다. 나팔형의 청동정식, 동탁 등의 재지화된 차마구도 이때부터 확인된다. 차마구는 남한지역으로 전이되는 과정에서 의기화된 기종들이 많아 수장층의 권력 기반을 강화하는 수단으로 활용되었다고 생각된다. 이외에도 남동구유형은 동과, 동차축두 등의 중원 계통 유물들이 일부 보이는데, 대개 옥황묘문화를 경유하는 연국과의 간접적인 교류 결과라고 생각된다.

또한 토기류에서는 지역 간의 교류 관계가 확인된다. 이중구연점토대발은 십이대영자문화권에서 주로 확인되는 것이지만, 옥황묘문화나 정구자문화의 분포권에서도 일부 확인된다. 특히 수천유형에는 전형적인 점토대토기발이 확인되고 있어 요서지역에서 주변지역으로 확산되었음을 알 수 있다. 저속회전으로 생긴 요철흔이 특징적인 장경호는 소위 만륜기법으로 만든 옥황묘문화의 호형토기에서 먼저 확인되는 것이지만 십이대영자문화로 전이되어 흑도장경호에 채용되었음도 확인된다. 이는 정가와자유형에도 확인되는 것이어서 요서지역에서 요동지역으로 재파급된 토기문화임을 알 수 있다(金玟璨 2014).

십이대영자문화는 옥황묘문화의 요소들을 적지 않게 수용하였지만, 대부분은 하북-내몽고-요서 접경지역을 거치면서 재지화된 기종이다. 청동유물에서 신출 기종이 다수 확인되며, 토기 제작 기술까지 전이되었음을 고려하면, 물적 교류 외에 장인집단 간의 인적 교류까지 있었다고 생각된다.

2) 요동지역

요동지역 비파형동검문화의 후기 단계는 기원전 6~4세기경으로 요동지역의 토착적인 지역문화가 쇠퇴하고, 요서 계통의 비파형동검문화가 확산되는 시기이다. 또한 이전 시기에는 토기와 청동 네트워크가 서로 다른 차원에서 전개되었지만, 이때에는 토기와 청동 네트워크가 거의 같은 방향으로 전개되었다는 측면에서 상호작용의 네트워크는 훨씬 더 직접적인 방향으로 강화되었다고 할 수 있다. 요동지역 내에서의 청동 네트워크 요서 계통으로 재편되고, 주변지역과의 네트워크 역시 훨씬 증대되었다고 할 수 있다.

요동지역 비파형동검문화의 후기 단계를 대표하는 청동유물들은 대부분이 요서지역에서 전이된다. 이전 시기에는 청동유물만이 전이되었는데, 이때에는 매장문화와 토기문화도 전이되어 요서 계통 물질문화가 요중지역을 중심으로 형성되어 확산되는 것이 주목된다. 이는 곧 정가와자유형의 출현과 확산을 의미한다. 특히 청동유물에는 기종 수가 증가하여 무기류와 공구류를 비롯하여 의기류, 마구류, 장식류 등의 여러 기종에서 다양성이 증대된다.

정가와자유형은 요중지역의 심양-요양 일대에서 등장한다. 정가와자유형이 요하 평원 동변에서 출현했던 것은 이 일대가 요서지역과 요동지역은 물론 요동지역의 남과 북을 연결하는 교통로의 결절점에 해당되는 지리환경 때문으로 생각된다. 이에 더해 신락상층문화(新樂上層文化)의 쇠퇴 이후 요동지역의 토착문화가 가장 미약했던 곳이어서 요서 계통의 물질문화가 정착하기 쉬운 문화환경하에 놓였었기 때문으로 추정된다(이후석 2020d).

정가와자유형은 목질 장구를 사용하는 토광묘와 석관묘가 주요 묘제이고, 청동유물군과 함께 점토대토기로 대표되는 토기문화가 매우 특징적인 양상으로 지목된다. 정가와자유형은 요중지역을 중심으로 유행하였으나, 심양-요양 일대에는 토광묘가 주로 축조되며, 무순-본계 일대에는 재지적인 석관묘도 함께 조영되는 지역성도 확인된다. 이는 정가와자유형의 확산 과정에서 복합되는 기층문화의 차이로도 해석된다.

정가와자유형의 형성 과정은 요서지역과의 여러 상호작용 측면에서 주목된다. 목질 장구, (북)서쪽의 두향, 소의 순생, 경형동기와 토기류의 부장 방식 등이 요서지역의 비파형동검문화와 거의 동일하다. 또한 다수 확인되는 요서 계통 청동유물과 토기류도 주목된다. 이는 정가와자유형의 유물들이 요서 계통 장인이나 그와 관련되는 기술 교류 하에 제작되었음을 보여준다(姜仁旭 2018; 이후석 2020d). 특히 요양 탑만촌의 석범인면상과 심양 정가와자 6512호 묘 및 본계 금가촌 유적에서 확인되는 만륜기법의 흑도장경호와 청동장경호는 요서 계통 장인과의 연관성을 상정하지 않고서는 설명하기 힘든 부분이다.

정가와자유형은 무덤 양식 및 다수 유물에서 요서 계통 요소들이 한꺼번에 확인되는 것을 보면, 물적 교류 외에 청동 장인들을 포함하는 주민집단의 이주까지 있었다고 생각된다. 정가와자유형 형성 이후에도 지속적인 교류 양상이 확인되는 점도 주목된다. 정가와자 1기(비파형동검문화의 후기 단계)에는 남동구유형과 주로 교류하며, 청동유물들은 거점유적에만 집중된다. 이른 시기(1기 전반)에는 심양 일대에만 집중되나 나중에는(1기 후반) 요양-본계 접경지역에도 확인되며, 곧이어서 북한지역의 평양 일대까지 확산된다. 정가와자 2기(비파형동검문화의 말기 또는 세형동검문화의 초기 단계)에는 동대장자유형과 주로 교류하며, 청동유물은 무기류를 중심으로 확인된다. 철령-심양-요양-해성 일대 및 단동 일대에서 동검, 동과 등이 일부 확인되고 있다.

한편 정가와자유형은 북한지역으로 확산되고 난 후 다시 남한지역으로 전이되어 세형동검문화를 형성하게 하는 주요 배경으로 이해되고 있다. 다만 심양-요양 일대를 중심으로 하는 요하평원 일대보다 본계-단동 일대를 중심으로 하는 천산산맥 일대 역시 주목해야 할 필요성이 있다. 남한지역의 세형동검문화에는 이형동기와 같은 심양 및 요양-본계 접경지대에서 확인되는 정가와자 1기 단계 요소, 다뉴구획문경과 같은 본계-단동 일대에서 확인되는 정가와자 2기 단

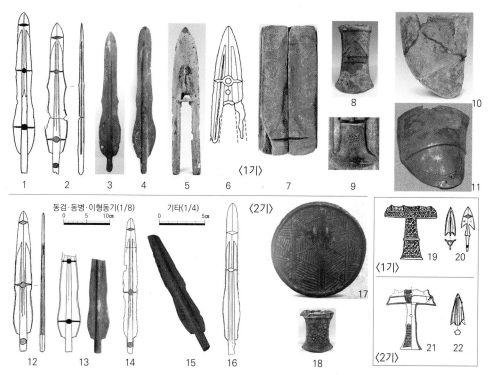

1·19: 심양 정가와자 1지점, 2·10·20: 정가와자 M6512, 3: 정가와자 M656, 4·7·9: 요양 탑만촌, 5·8: 정가와자3지점, 6·16·22: 본계 화방구·사와·동구, 12: 법고 상둔, 13: 심양 남탑, 14·21: 해성 대둔, 15: 개주 패방, 17: 단동, 18: 환인

〈그림 27〉 요동지역 후기(말기 포함) 비파형동검문화(정가와자유형)의 주요 청동유물

계 요소들이 함께 확인되기 때문이다(그림 27).

북한지역에는 기원전 5세기대부터 동검, 다뉴동경, 토기 등의 정가와자유형 요소들이 다수 확인되는 것을 통해 단선적인 교류 관계를 넘어 기술(양식)과 이념(의례)의 전이 관계가 있었음을 알 수 있다. 남한지역에도 중부지역과 영남지역에서 동검, 검부속구, 토기 등의 정가와자유형 요소들이 확인되며, 앞서 언급했던 다뉴구획문경, 경형동기, 이형동기 등의 청동의기 역시 늦더라도 기원전 300년경 이전에는 호서-호남지역으로 전이되는 것이 확인된다. 그러므로 남한지역의 세형동검문화는 기술 전이와 집단 이주를 수반하여 문헌 기록으로 상정되는 기원전 300년경의 연(燕)의 요동 진출보다 일찍 형성되었다고 할 수 있다.

한편 요동지역과 산동지역과의 교류 관계는 산동반도와 요동반도의 두 지역에서 확인되는 무기류를 통해 확인되고 있다. 특히 이전 시기에는 동촉과 동부가 주로 확인되던 것에 비해 이때에는 양쪽 지역에서 동검이 확인되고 있어 주목된다. 즉, 이전 시기에는 상징성이 낮은 무기류(동촉)와 공구류가 교류되었다면, 이때에는 상징성이 높은 무기류(동검)와 장식류도 확인되고 있는 점에 주목해야 할 필요성이 있다.[7]

요동반도의 중원식동검(보란점 화아산)은 앞서 언급하였듯이 기원전 6~5세기경으로 편년되는 유경협척식에 해당되는 형식이다. 이때 보란점만 일대에는 지석묘나 석관묘가 축조되고 있었으나 정가와자유형 관련 유물들이 전이되고 있어 문화 정체성이 달라졌을 가능성이 높다. 산동반도의 비파형동검(서하 행가장)은 동대장자식에 가까워진 약간 재연마된 동검이다. 잔존 상태만을 보면 역시 재연마된 전 무순 출토품과 흡사한데, 무순 출토품이 전국 전기 무렵으로 편년되는 청동검병과 조합되는 점은 이를 반증한다. 이때에는 두 지역의 정치체가 서로 교류하였다고 생각된다(그림 23).

요중지역의 정가와자유형이 주변지역으로 확산되는 과정에서 교류 관계가 일변하는 것은 요동반도의 토착문화가 정가와자유형과 복합되어 성격 변화를

---

7) 심양 정가와자 1지점에서는 아열대산 보배조개를 모티브로 만든 청동절약이 출토되었는데, 산동반도와의 교류 관계를 반영하는 것일 가능성이 있다(박준형 2004).

초래하는 것을 통해서도 알 수 있다. 이때에는 요남지역에서 쌍방유형이 사라지고, 요동 남단지역에도 강상문화 또는 상마석상층문화가 정가와자유형 요소들과 복합되어 문화 정체성이 일부 변화된다. 이는 정가와자유형의 청동유물들이 출토되는 적석묘(대련 누상 M1, 대련 와룡천)와 토광묘(장해 상마석 M3)를 통해 알 수 있다. 요중지역과 요남 도서지역은 해안 교통로를 따라 정가와자유형의 네트워크로 긴밀하게 연결되어 있었다고 생각된다.

4. 비파형동검문화의 종말(말기)과 네트워크의 재편

요령지역 비파형동검문화의 말기 단계는 세형동검문화 요소들이 출현하기 시작하여 초기세형동검 단계로도 언급되고 있다(이청규 2014; 이후석 2020a). 대략 기원전 4세기경으로 요서지역에는 동대장자유형이 부상하며, 요동지역에는 정가와자유형(정가와자 2기)이 지속되는 시기인데, 기원전 4세기대 후반 무렵에는 세형동검문화로 전환되기 시작한다. 동대장자유형은 요서지역 토착집단

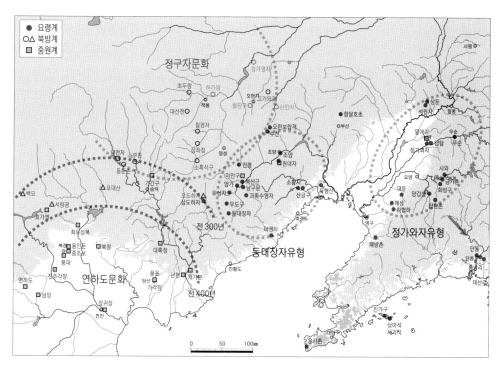

<그림 28> 요령지역 비파형동검문화의 말기 단계 지역문화와 주요 유적

과 북경 일대의 연국과의 직접적인 교류 관계가 증대됨에 따라 형성되었으며, 정가와자유형은 북한지역 및 남한지역과의 상호작용이 증가하여 토착문화와도 복합되며 문화 변동을 일으킨다.

동대장자유형은 십이대영자문화에 연하도문화가 복합되기 시작하는 기원전 5세기 후반경에 성립되었으며, 기원전 4세기대 전반에는 남동구유형을 대체하여 요서 서부지역을 중심으로 발전한다. 남동구유형이 북방 계통 물질문화와의 교류 네트워크를 활용하여 능원-객좌 일대를 중심으로 발전하였다면, 동대장자유형은 중원 계통 물질문화와의 교류 네트워크를 활용하여 건창-객좌 일대를 중심으로 발전하였다고 할 수 있다(그림 28).

이때에는 연하도문화가 확산되는 과정에서 주변 문화와 다양하게 접촉한다. 난하유역에는 옥황묘문화의 정체성이 일부 변화되어 오도하자유형이 등장하고, 내몽고 동남부지역의 경우에는 정구자문화와 일부 복합되어 철영자유형이 등장하며, 요서지역에는 십이대영자문화와 복합되어 동대장자유형이 등장한다. 부장유물 역시 북방 계통 유물군을 대신하여 중원 계통 유물들이 대폭 증가한다. 특히 연하도문화와 관련되는 청동유물과 토기류가 다수 확인되는 것이 특징이다. 다만 무덤 주향이나 두향, 동물순생, 토착적인 무기류와 토기류의 부장 등의 측면에서 볼 때, 토착문화의 정체성은 일정하게 유지되었다고 판단된다.

무덤 10기 내외부터 50기를 훨씬 넘는 대형 묘지까지 확인되며, 대릉하 상류의 건창 일대(동대장자)에서 수장급묘를 포함하는 거점유적이 확인된다. 수장급묘는 무덤 크기가 커지면서 적석 구조의 대형 목관묘나 목곽묘가 축조되며, 무덤 입지와 규모는 물론 구조와 장법, 부장유물 등의 여러 측면에서 차별성이 더욱 심화된다. 이를테면 수장급묘의 경우 묘역 위쪽 배치, 묘광 다단 구축, 목곽 상부 적석 시설, 부장칸의 설치, 소의 순생, 의장화된 동검 부장, 위신재적 외래 물품 다량 부장 등이 확인된다. 또한 일부 수장급묘(건창 동대장자 M45)에는 마차 1대분을 초과하는 거여구와 순장 및 서역(페르시아) 계통 청안문(蜻眼文) 유리구슬까지 확인되고 있어 계층화된 정치체의 권력 정점에 선 '제후왕'급 지배자의 면모를 추정하게 한다.

거의 모든 기종에서 연하도문화의 유물들이 확인되며, 동검-동과-동모의 청동무기 조합체계가 전해진다. 이와 같은 청동무기 조합체계는 세형동검문화로

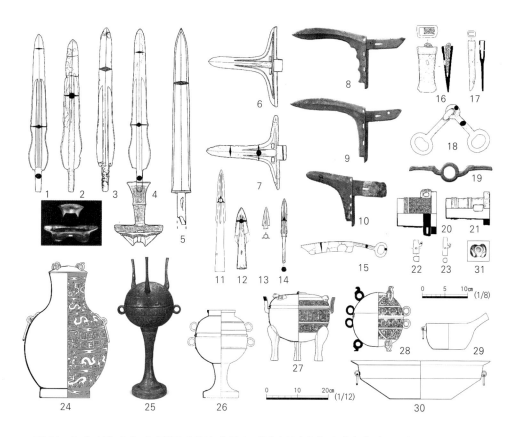

<그림 29> 요서지역 말기 비파형동검문화의 주요 청동유물(건창 동대장자·우도구)

의 전환 단계에서 나타나는 양상으로 이후 요서지역에서 요동지역으로 전이되
는 것이어서 주목된다(그림 29). 연국 계통 유물군에 주목하여 토착문화의 정체
성이 일변하였다고 인식하는 연구(石川岳彦 2016, 小林靑樹 2016)들이 없는 것
은 아니지만, 토착적인 묘제와 장법이 유지되는 한편 토착 계통 동검이나 토기
류가 꾸준하게 부장되는 점을 고려하면, 거점지역 간의 교류 관계가 강화되어
토착 수장층의 권력 기반이 강화되는 양상으로 이해된다(이후석 2016).

　말기에는 요서지역 토착집단과 북경 일대 연국과의 직접적인 접촉으로 중원
계통 물질문화를 중심으로 교류 네트워크가 재편된다. 요서지역과 요동지역의
토착집단들도 일정하게 교류하였지만, 이때에는 전국연계 물질문화가 대거 수
용되는 점이 주목된다. 다만 전국연계 토기류가 요동 서부지역까지 일부 확인되
는 것에 비해 청동유물은 요서 서부지역으로 한정된다. 특히 위신재적 외래 물

품을 대표하는 연국 청동예기는 건창 동대장자 유적 등의 상위 계층 무덤에만 부장되는 것이 특징이다. 이는 지역 간의 상호작용이 거점지역에 해당되는 북경 일대와 건창 일대를 중심으로 이루어졌다는 것을 보여준다.

이때에는 중원 계통 유적들도 일부 확인되고 있어 물적 교류 외에 인적 교류까지 활발하였다고 생각된다. 동시기의 인접 유적에서 중원 계통과 토착 계통 무덤들이 확인되는 사례(객좌 미안구·북산근, 심양 열애리·남탑) 및 동일 묘지에서 토착 계통과 중원 계통 무덤들이 공존하는 사례(조양 원대자) 등이 확인되기 때문이다. 다만 이와 같은 연국 계통 무덤들은 대개 토기류만 출토되는 중하위급 무덤이며, 연국 양식에서 벗어나는 동물 순생이나 토기류가 함께 확인되는 것이 특징이다. 이와 같은 부장 맥락을 고려하면, 연국세력의 군사적인 진출 같은 적극적인 의미 부여는 설득력이 떨어진다. 이외에도 연국 중심부인 연하도(燕下都)의 주변에는 동대장자유형의 무기류가 일부 확인된다. 지역 간의 교류 관계는 전쟁 등의 비일상적 상호작용까지 포함하여 훨씬 다양했을 가능성이 높다.

한편 정가와자유형은 동대장자유형이 부상하는 단계에는 요양-본계 접경지대(요양 탑만촌, 본계 금가촌) 및 단동 일대(단동 관내)에서 다른 지역거점을 형성한다. 무기류(동검·동과·동모)와 토기류(두형토기)를 중심으로 교류 관계가 확인되며, 의기류(다뉴동경)의 양식 변화 역시 확인된다. 이후 북한지역이나 남한지역에서 동검, 다뉴동경 등의 관련 유물군이 확인되고 있어 교류 네트워크는 이전보다 훨씬 확장되었다고 할 수 있다.

정가와자유형은 주변지역을 동서 또는 남북 방향으로 연결시켜 주는 요중지역의 입지 조건을 활용하여 발전하였는데, 이미 정가와자 1기부터 '심양-무순→요양-본계→단동-의주→평양 일대' 방향으로 이어지는 교통로를 따라 유적군이 형성되는 것이 확인된다. 또한 정가와자 2기에는 요양-본계에서 단동-의주 및 평양 일대까지 이어지는 교통로의 유적군이 강화되는 것도 확인된다. 그러므로 정가와자유형은 북한지역과는 훨씬 더 직접적인 네트워크를 형성하고 있었다고 할 수 있다. 즉, 정가와자유형은 교통로의 요충지를 따라 광역 네트워크를 구축하고 거점 확보 방식으로 확산되었다고 생각된다(이후석 2020d).

만약 고조선이 기원전 4세기경 이전부터 요동지역에서 성장하였다면 가장 중심적인 물질문화를 형성하고 있던 정가와자유형을 중심으로 이해할 수 밖에 없다. 정가와자유형은 북한지역까지 확산되며, 동대장자유형과의 지속적인 상호작용 관계 하에 있었다는 점이 주목된다. 시공간적 측면에서 고조선과 관련되는 문헌 기록을 충족하는 한편 동시기는 물론 다음 단계와의 문화 연속성과 계승성을 고려하면 비교되는 지역문화가 없을 정도이다(이후석 2020d). 즉, 정가와자유형은 비파형동검문화의 전개과정에서 가장 긴밀하고 다양하게 연결되는 네트워크를 보여주며, 그 중심권역으로 판단되는 요중지역에서 정치체로 성장하였으며, 대외 교류를 확대하는 과정에서 고대 중국(연 또는 제)에도 알려지게 되었다고 생각된다.

V. 맺음말

요령지역의 비파형동검문화는 요서지역과 요동지역의 문화 양상이 동일하지 않아 권역별로 다양하게 전개된다. 이는 이전 단계의 문화 전통이 다양하고, 새로 등장하는 청동유물군과 토기문화의 변천 과정이 같지 않기 때문이다. 이와 관련하여 요서지역과 요동지역 비파형동검문화를 여러 지역문화로 설정하는 안을 바탕으로 청동유물을 중심으로 한 상호작용의 네트워크, 즉 청동 네트워크의 변화 양상을 논하였다.

비파형동검문화의 전개 과정에서 획기별로 확인되는 청동 네트워크는 정치체의 상호 교류 관계는 물론 지배층의 권력 기반과도 밀접하게 관련된다. 또한 네트워크와 관련되는 문화 변동의 배경에는 여러 요인들이 있겠지만, 거시적인 기후 환경의 변화를 비롯하여 엘리트층의 생계 전략이나 사회 통합 전략과도 관련되는 기술, 이념 등을 포함시켜 볼 수 있다. 이는 비파형동검문화와 관련되는 상호작용의 네트워크가 정치체의 성장 전략과도 밀접함을 보여준다.

요령지역에는 비파형동검문화가 개시되는 과정부터 청동 네트워크와 관련되는 획기적인 문화 변동이 감지된다. 북방 계통 청동유물이 요하유역까지 확산되는 상황에서 요하 평원 주변부를 중심으로 청동 제작기술이 제고되는 면이 일부 확인된다. 또한 토착집단의 엘리트층은 새로 유입되는 청동장인이나 그 동검문화의 이념 등을 일부 차용하여 비파형동검과 선형동부 등을 제작하게 되었으며, 곧이어서 지역별로 비파형동검문화가 정착되었다고 생각된다.

요령지역 비파형동검문화의 전개 과정으로 보면, 전기에는 요서지역과 요동지역의 청동유물군은 상이성이 확인되나, 후기에는 요서 계통을 주심으로 청동유물군의 상사성이 매우 높아지는 것이 확인된다. 이는 요동 계통에서 요서 계통으로 기술 또는 양식 변화가 있었음을 보여준다. 이는 '동검+동촉'으로 구성되는 무기 조합에 동모나 동과가 추가되는 무기 체계의 변동이나 다뉴동경으로 대표되는 이념 체계의 전이와도 밀접하게 관련되는 현상이다. 또한 말기에는 중원 계통 청동유물의 확산 속에 토착 계통 청동유물도 일변하며 세형동검문화로의 이행 단계로 접어드는 것이 확인된다.

요서지역의 조양 일대, 요북지역의 서풍 일대, 요남지역의 대련 일대 등이 전기 단계 거점지역으로 판단된다. 청동유물을 다량 부장하는 수장묘는 조양-건평 일대와 서풍-대련 일대에서 확인된다. 다만 수장묘가 누세대적으로 지속되는 양상들이 분명하지 않아 광역 정치체를 상정하는 것은 어렵다고 생각된다.

요서지역의 흥성-객좌 일대, 요중지역의 심양 일대와 요양-본계 일대 등이 후기 단계 거점지역으로 판단된다. 청동유물군을 다량 부장하면서도 입지와 규모가 다른 무덤들에 비해 차별화된 상위등급 무덤들은 이때부터 조영된다. 특히 정가와자유형에는 비약적인 수장묘가 확인되며, 남동구유형은 그보다는 다소 늦게 차별적인 수장묘가 확인된다. 특히 정가와자유형은 북한지역까지 긴밀하게 연결되는 한편 산동지역과도 교류하였음이 주목된다.

요서지역의 건창 일대, 요동지역의 요양-본계 접경지대 등이 말기 단계 거점지역이다. 다만 건창 일대의 동대장자유형에 비해 요양-본계 일대의 정가와자유형은 수장급의 상위등급 무덤들이 아직 확인되지 않고 있다. 동대장자유형에는 입지, 규모, 구조와 장법, 부장유물 등의 여러 측면에서 비약적인 수장묘가 확인된다. 동대장자유형의 수장층은 정가와자유형의 수장층과 긴밀하게 교류하면서도 독자적인 세력으로 존재했을 가능성이 높다. 정가와자유형은 요양-본계에서 단동-의주 일대를 거쳐 평양 일대까지 이어지는 교통로의 요충지를 따라 지역거점을 형성·강화하며 정치체적 성장을 거듭하였다고 생각된다.

요령지역 비파형동검문화의 여러 지역문화 중에 어느 것을 고조선의 중심적인 물질문화로 볼 것인지는 쉽지 않은 문제지만, 요령~북한지역에서 요서 계통 문화요소들이 점차 강화되는 점에 주목해야 할 필요성이 있다. 고조선이 기원전 4세기경 이전부터 존재하였음이 인정되는 것이라면, 요서지역과 요동지역의 물질문화를 연결하는 한편 비파형동검문화와 세형동검문화의 계승 관계를 명확하게 보여주는 정가와자유형을 중심으로 살펴보는 것이 타당하다.

다만 정가와자유형이나 정가와자유형으로 연결되는 물질문화의 네트워크가 고조선의 문화권을 반영하는 것이라고 하더라도 그 중심지와 세력권을 추정하는 것은 쉽지 않다. 정가와자유형이 요서지역에서 기원하더라도 요중지역에서 형성되었으며, 요서지역과 요동지역(요중지역)의 정치체를 어떤 관계로 설정하느냐에 따라 고조선의 역사성은 달라지기 때문이다. 요령지역의 비파형동검문화를 통해 고조선의 네트워크를 살펴보는 것은 이와 같은 이유 때문이다.

중국 고대 사료에서 고조선은 요동지역에서 성장했던 정치체로 나오기도 하고(『史記』朝鮮列傳), 북경 일대 연국과는 멀지 않은 곳에 있으면서 직접 교류하는 정치체로 나오기도 한다(『魏略』). 이는 고대 중국인이 인식했던 고조선과 당시 실체로서 고조선이 일치하지 않을 가능성을 보여주는 것이어서 고조선에 대한 고고학적 연구에서 특히 유의해야 할 사안으로 생각된다. 고조선이 주변 집단들과 연맹체적 관계 하에 성장하였다면, 고조선의 범주화에 대한 인식 역시 과거부터 다양했을 가능성이 높다. 고조선에 대한 본격적인 연구의 첫걸음은 '인식'과 '실체'의 간극을 인정하는 것이라고 생각한다.

참고문헌

〈한국어〉

姜仁旭, 2009, 「기원전 13~9세기 카라수크계통 청동기의 동진과 요동·한반도의 초기 청동기문화」, 『호서고고학』21, 호서고고학회.

姜仁旭, 2018, 「초기 고조선 네트워크의 형성과 비파형동검문화」, 『한국고고학보』106, 韓國考古學會.

宮里修, 2010, 『한반도 청동기의 기원과 전개』, 사회평론.

金美京, 2009, 「遼東地域 靑銅器時代 土器文化圈 設定에 관한 再檢討-凉泉文化를 中心으로」, 『湖西考古學』21, 湖西考古學會.

金玟爀, 2014, 「요령지역 점토대토기문화의 변천과 파급」, 『韓國靑銅器學報』15, 韓國靑銅器學會.

김정열, 2018, 「고고문화와 민족 –중국학계의 시각에 대한 비판적 검토」, 『동북아역사논총』62, 동북아역사재단.

박선미, 2009, 『고조선과 동북아의 고대 화폐』, 학연문화사.

박준형. 2004, 「古朝鮮의 대외교역과 의미 -春秋 齊와의 교역을 중심으로-」 『北方史論叢』2, 고구려연구재단.

박준형, 2013, 「산동지역과 요동지역의 문화교류 –산동지역 발견 선형동부를 중심으로-」, 『韓國上古史學報』79, 韓國上古史學會.

成璟瑭·徐韶鋼, 2021, 「최근 20년 중국 동북지역에서 발견된 청동기의 조사와 연구」, 『崇實史學』46, 崇實史學會.

성춘택·문수균·양혜민, 2018, 「물질문화의 유형과 고고학 분석의 단위 – 한국 청동기시대 유형론을 중심으로」, 『韓國考古學報』109, 韓國考古學會.

孫路, 2011, 「中國 東北地域 先秦時代 車馬具의 登場과 變遷」, 『韓國考古學報』81, 韓國考古學會.

吳江原, 2006, 『비파형동검문화와 요령지역의 청동기문화』, 청계.

李健茂, 1992, 「韓國 靑銅儀器의 硏究-異形銅器를 中心으로」, 『韓國考古學報』28, 韓國考古學會.

이양수, 2010, 「다뉴뇌문경의 제작기술과 사회」, 『湖南考古學報』35, 湖南考古學會.

이양수, 2020, 「한반도의 이형동기」, 『2020 한국의 청동기문화』, 국립청주박물관.

이청규, 2005, 「청동기를 통해 본 고조선과 주변 사회」, 『北方史論叢』6, 高句麗
　　研究財團.

이청규, 2008, 「중국 동북지역과 한반도 청동기문화의 연구 성과」, 『중국 동북
　　지역 고고학 연구현황과 문제점』, 동북아역사재단.

李淸圭, 2013, 「中國東北地域과 韓半島의 合鑄式 銅柄 銅劍·鐵劍에 대하여」, 『白
　　山學報』97, 白山學會.

이청규, 2014, 「청동기와 사회」, 『청동기시대의 고고학5 : 도구론』, 서경문화사.

이청규, 2015, 『다뉴경과 고조선』, 단국대학교 출판부.

이후석, 2016, 「동대장자유형의 계층 분화와 그 의미」, 『한국상고사학보』94, 韓
　　國上古史學會.

이후석, 2019a, 「요령지역 비파형동검의 등장과 그 배경」, 『한국고고학보』111,
　　한국고고학회.

이후석, 2019b, 「요서~하북지역 북방계통 청동단검문화의 전개와 성격 -하가
　　점상층문화와 옥황묘문화를 중심으로」, 『요서지역의 청동기문화』, 동북
　　아역사재단.

이후석, 2019c, 「비파형동검문화의 청동 네트워크와 상호작용」 『교류와 교통의
　　고고학』, 제43회 한국고고학전국대회 발표자료, 한국고고학회.

이후석, 2020a, 「한국 청동기문화권의 청동무기, 그 기원과 전개」, 『2020 한국
　　의 청동기문화』, 국립청주박물관 특별전시도록.

이후석, 2020b, 「요서지역 비파형동검문화의 전개와 교류 – 십이대영자문화를
　　중심으로」, 『한국청동기학보』27, 한국청동기학회.

이후석, 2020c, 「요동지역 비파형동검문화의 체계와 사회」, 『崇實史學』45, 崇實
　　史學會.

이후석, 2020d, 「정가와자유형 네트워크의 확산과 상호작용」, 『白山學報』118,
　　白山學會.

이후석, 2022, 「고조선 문화권 차마구의 전개 초론 – 외래 계통 차마구의 유입
　　과 변용 –」, 『고고학』21-2, 중부고고학회.

이희준, 2011, 「한반도 남부 청동기~원삼국시대 수장의 권력 기반과 그 변천」,

『嶺南考古學』58, 嶺南考古學會.

조진선, 2010, 「요서지역 청동기문화의 발전과정과 성격」, 『요하문명의 확산과 중국 동북지역의 청동기문화』, 동북아역사재단.

조진선, 2020, 「청동기~초기철기시대의 무기조합과 전쟁유형·사회유형」, 『한국고고학보』115, 한국고고학회.

천선행, 2014, 「요동반도 남부 청동기시대 토기문화의 전개」, 『嶺南考古學』70, 嶺南考古學會.

G. 에렉젠·양시은, 2017, 『흉노』, 진인진.

〈중국어〉

郭大順, 1993, 「遼東地區靑銅文化的新認識」, 『馬韓百濟文化』13, 圓光大學校 馬韓百濟文化研究所.

喬梁, 2010, 「燕文化進入前的遼西」, 『內蒙古文物考古』2010-2.

潘玲·于子夏, 2013, 「朝陽袁臺子甲類墓葬的年代和文化因素分析」, 『北方文物』2013-1.

成璟瑭·徐韶鋼, 2019, 「鄭家窪子類型小考」, 『文物』2019-8.

邵會秋, 2004, 「先秦時期北方地區金屬馬銜研究」, 『邊疆考古研究』3.

邵會秋·石嫣靜, 2018, 「中國北方地區先秦時期馬鑣研究(一)」, 『草原文物』2018-2.

邵會秋·石嫣靜, 2019, 「中國北方地區先秦時期馬鑣研究(二)」, 『草原文物』2019-1.

瀋陽市文物考古研究所 編, 2008, 『瀋陽考古發現六十年』, 遼海出版社.

烏恩岳斯圖, 2007, 『北方草原考古學文化研究』, 科學出版社.

王立新, 2004, 「遼西地區夏至戰國時期文化格局與經濟形態變遷」, 『考古學報』2004-3.

劉永華, 2013, 『中國古代車與馬具』, 靑華大學出版社.

李新全, 2012, 「雙房文化質議」, 『中國考古學特講』V, 第19會 招請講演會, 蔚山文化財研究院.

李曉鐘, 2007, 「瀋陽地區戰國秦漢考古初步研究」, 『瀋陽考古文集』1.

林澐, 1980, 「中國東北系銅劍初論」, 『考古學報』1980-2.

田立坤, 2017, 「遼西地區先秦時期馬具與馬車」, 『考古』2017-10.

趙賓福, 2009, 『中國東北地區夏至戰國時期的考古學文化研究』, 科學出版社

朱永剛, 1997, 「大,小凌河流域含曲刃短劍的考古學文化及相關問題」, 『內蒙古文物考古文集』2, 中國大百科全書出版社.

許志國, 2009, 「遼北地區靑銅時代文化再探」, 『遼寧省博物館館刊(2009)』.

邢愛文 主編, 2009, 『遼陽博物館館藏精品圖集』, 遼寧大學出版社.

華玉氷·王來柱, 2011, 「新城子文化初步研究」, 『考古』2011-6.

〈일본어〉

宮本一夫, 2000, 「戰國燕の擴大」, 『中國古代北疆史の考古學的研究』, 中國書店.

吉本道雅, 2009, 「先秦時代の內蒙古東南部における考古學的諸文化 -近年の環境考古學的研究に寄せて-」, 『史林』92-1.

大貫靜夫, 2017, 「彌生開始年代論」, 『季刊 考古學』137, 雄山閣.

石川岳彦, 2016, 「東北アジア靑銅器時代の年代」, 『季刊 考古學』135, 雄山閣.

小林靑樹, 2016, 「遼寧靑銅器文化」, 『季刊 考古學』135, 雄山閣.

비파형동검문화 성립 이후 요서지역의 토기문화 시론

- 점토대토기와의 관계를 중심으로 -

배현준

동북아역사재단 초빙연구위원

* 이 글은 『白山學報』第113號(白山學會 2019)에 게재된 논문을 일부 수정·보완한 것이다.

I. 머리말

비파형동검으로 대표되는 요서지역의 고고학문화는 십이대영자문화를 들 수 있다. 십이대영자문화는 기원전 9세기 요서 서북부에서 형성된 이후 기원전 8세기에 요서 대부분 지역으로 확산되었고 기원전 7세기에는 의무려산과 요하 사이의 유하 유역을 포괄한다. 기원전 6~5세기에는 요하 이동으로 확산되는 동시에 객좌 중심의 남동구유형과 심양 중심으로 정가와자유형으로 분화된다(오강원 2006a: 2007: 99-136). 이 십이대영자문화는 전기비파형동검문화 단계(기원전 9~6세기대)의 십이대영자유형-오금당유형과 후기비파형동검문화 단계(기원전 6~5세기대)의 남동구유형-정가와자유형(요동지역)으로 구분되며(이청규 2008), 초기고조선과 관련된 것으로 알려져 있다(이후석 2017). 한편 요서지역에서 남동구유형은 동대장자유형 단계(기원전 5세기 후반~4세기대)로 이어진다.

그러나 요서지역의 고고학문화에 대한 연구는 대부분 비파형동검이나 다뉴경 등의 청동기에 초점을 두고 진행되는 경우가 많은 반면, 토기를 중심으로 이루어진 연구는 거의 없는 실정이다. 최근 천선행(2010)이 토기문화를 중심으로 요서지역의 비파형동검 성립기의 청동기문화를 분석하였지만 위영자문화와 하가점상층문화, 고대산문화를 중심으로 하였을 뿐 정작 십이대영자문화의 토기문화에 대해서는 간략히 언급할 뿐이었다.

현재까지 우리가 비파형동검문화의 토기문화라고 했을 때 떠오르는 토기는 뚜렷하지 않은 상태이다. 그 이유는 조양 십이대영자 석곽묘(M1, M2, M3)나 금서 오금당 등 전기 비파형동검문화를 대표하는 중심 유적들에서 토기가 공반되는 경우가 거의 없고, 공반되었더라도 해당 토기에 대한 설명이나 도면이 보고서에 소개되지 않기 때문이다.

한편 중국학계에서는 십이대영자문화 분포범위가 대·소능하유역을 중심으로 하는 점에 착안하여, 이 지역에 존재하면서 서쪽의 하가점상층문화와 차별성을 갖는 유적들을 능하유형으로 명명하고(王成生 1981) 이들의 토기상을 분석한 바 있다(朱永剛 1997; 趙賓福 2009). 크게 전기와 후기로 구분되며 전기의 상한은 서주 전기까지 올라가고 하한은 춘추 후기이며, 후기는 대체로 전국 전기부터 전국 중기까지이다.

그러나 이 토기들은 다양한 기종과 기형을 가지고 있으며, 단지 몇 개의 유적 혹은 하나의 유적에서만 발견되는 기종도 적지 않다. 이 중 연속성을 가지는 토기들도 확인되는데, 대표적으로 이중구연점토대토기[1], 호형토기, 우각형 파수

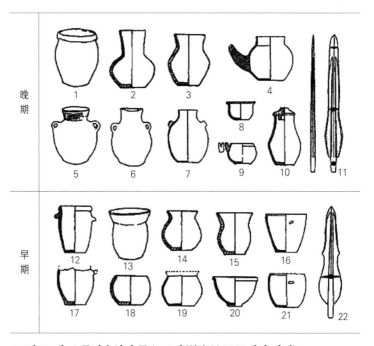

<그림 1> 대·소릉하유역의 주요 토기(趙賓福 2009에서 전재)

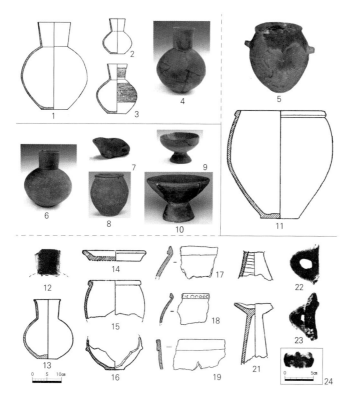

<그림 2> 정가와자유형의 주요 토기(김민경 2014에서 전재)

부호, 창구우 등은 이른 시기부터 늦은 시기까지 확인된다. 그리고 이들을 요서
지역 비파형동검문화의 대표적인 토기들로 부를 수 있을 것이다.

문제는 이러한 토기들이 모두 요서지역의 전기 비파형동검문화와 연속성을
가지는 요동지역의 후기 비파형동검문화에서도 보이는 것은 아니라는 점에 있
다. 특히 후기 비파형동검문화를 대표하는 정가와자유형은 한반도의 점토대토
기문화와 직접적으로 연관되는 것이기 때문에 전체적인 연속성을 고려한다면
요서지역과 요동지역에서 공통적으로 보이는 토기들이 비파형동검문화의 중심
토기문화를 구성한다고 볼 수 있다. 즉, 이미 여러 연구자들이 주목하고 있는 이

---

1) 토기 구연부에 점토대를 덧붙인다는 점에서 한반도나 요동지역의 점토대토기와 관련성이 인정되지만
단지 구연부 외면 형태만 가지고 이들을 모두 점토태토기로 지칭하는 것은 곤란하다. 시기적으로, 문
화적으로 점토대토기문화와 구별되는 양상도 확인되기 때문이다. 때문에 본고에서는 이후석(2017)의
견해를 받아들여 잠정적으로 이중구연점토대토기로 지칭한다.

중구연점토대토기가 그 근간을 이루는 것이다.

이외에도 호형토기(장경호), (단각, 공심형장각)두형토기, (환상, 조합우각형)
파수부호 역시 한반도와 요동지역의 점토대토기문화를 구성하는 주요 토기들
이다. 그러나 (환상, 조합우각형)파수부호는 요서지역에서 확실히 보고된 사례
가 아직 없다. 두형토기는 후기 비파형동검문화 단계부터 비로소 확인되며 요서
지역 출토품은 대부분이 연식 토기 계통에 속하는 것이다. 호형토기는 기종만
놓고 보았을 때는 요서와 요동지역에서 전기 비파형동검 단계부터 출현하지만
두 지역의 호형토기가 서로 계승성을 가지는지 여부는 아직 확실하지 않다.

따라서 요서지역 비파형동검문화의 토기문화를 논하는 데 있어서 이중구연
점토대토기의 출현과 전개, 특징 및 요동지역 점토대토기문화와의 관계를 파악
하는 것이 핵심이라고 할 수 있다. 이에 본고에서는 요서지역 이중구연점토대토
기의 출현과 전개를 중심으로 논지를 전개하고자 한다.

II. 요서지역 이중구연점토대토기의 전개

요서지역에서 이중구연점토대토기의 전개는 존속기간이 길고 초기부터 토광
묘제에 옹·발형의 이중구연을 가지는 토기가 확인되면서 비파형동검문화권에
속하는 요서동부의 조양 원대자 유적(遼寧省文物考古硏究所·朝陽市博物館
2010)과 하가점상층문화 소멸 후 등장하는 요서서부의 오한기 수천 유적(郭治
中 2000)을 통해서 파악할 수 있다.

원대자 유적은 크게 재지계와 연계 무덤으로 구분할 수 있는데, 갑(甲), 을
(乙), 병(丙)류 무덤과 정(丁)류 무덤의 일부는 재지계 무덤으로, 소석판이 공반되
는 정류 무덤과 연식토기가 출토되는 무류 무덤은 연계 무덤에 해당한다. 이 중
재지계 무덤에서는 기본적으로 이중구연점토대토기가 출토되며, 연계 무덤에서
는 연문화 토기와 함께 간헐적으로 이중구연점토대토기가 공반된다.

수천 유적은 북구묘장과 남구묘장으로 구분된다. 북구묘장은 무덤의 규모가
비교적 크며, 관이 있거나 곽이 있다. 무덤의 깊이도 깊고 순생도 많은 편이다.
토기는 협사의 쌍이(雙耳, 손잡이 두 개 부착), 단이(單耳, 손잡이 한 개 부착), 무

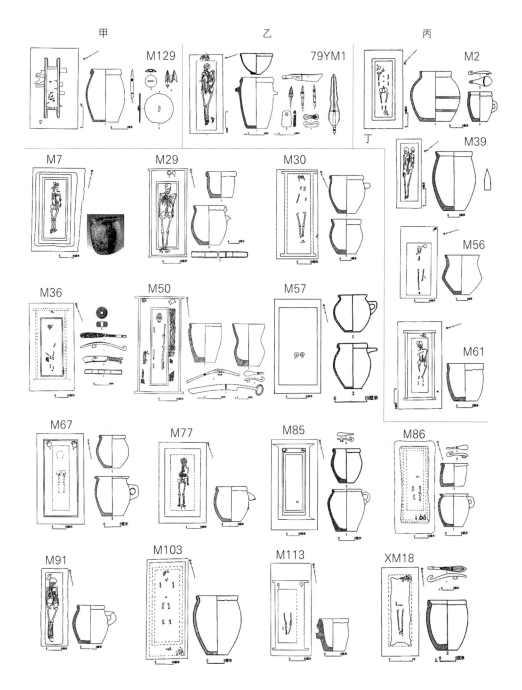

〈그림 3〉 조양 원대자 갑-을-병-정류 무덤 및 출토 유물

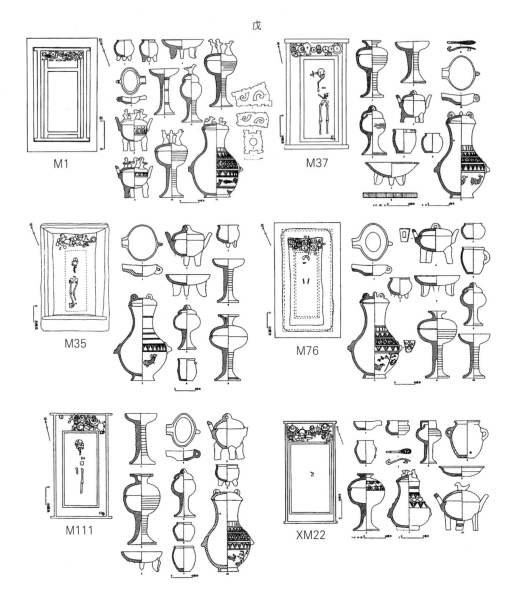

〈그림 4〉 조양 원대자 무류 무덤 및 출토 유물

이(無耳, 손잡이 없음) 이중구연점토대토기가 많으며 니질토기의 수량은 적은 편이다. 특히 쌍이, 단이 이중구연점토대토기가 북구묘장의 대표적인 특징이다. 남구묘장은 북구묘장에 비해 무덤의 규모가 비교적 작고, 장구(葬具)가 있는 무덤은 소수이다. 일부 석재를 두른 무덤도 있다. 토기는 무이의 이중구연토기와 다양한 능하유형의 니질토기가 존재하며, 인근의 오란보랍격 유적과 비슷한 양

　　　고조선의 네트워크와 그 주변 사회

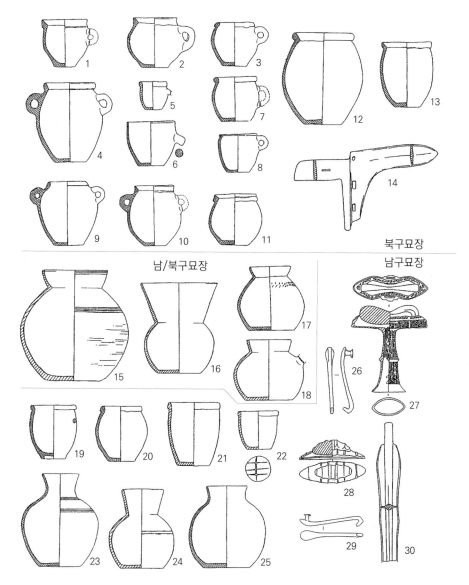

1: M4, 2: M7, 3: M36, 4: M50, 5: M3, 6: M22, 7: M75, 8: M77, 9: M73, 10·14: M79, 11: 북구묘장, 12: M8, 13: M76, 15: M29, 16: M108, 17: M86, 18: M100, 19: M21, 20: M69, 21: M37, 22: M105, 23: M42, 24: M105, 25·28·29·30: M20, 26: M87, 27: M82

<그림 5> 오한기 수천 출토 유물(축척부동)

상을 가진다.

　원대자 유적에서 가장 이른 시기의 이중구연점토대토기는 춘추 전기의 을류 79YM1 출토 이중구연점토대심발과 천발을 들 수 있다. 구연부는 대체적으로 직립한 구연에 점토띠를 얇게 감싼 납작한 형태를 띤다. 이러한 이중구연점토대토기의 발생 배경은 현재로서는 확실하게 알 수 없으나, 요령지역에서 이중구연의 전통은 신석기시대 후기의 편보자문화부터 찾을 수 있으며 고대산문화나 하가점상층문화에서도 역시 확인된다(王成生 2003: 206).[2] 이러한 이전 시기 혹은 동일 시기의 이중구연 전통이 옹·발형의 이중구연점토대토기의 출현과 관련 있는 것으로 판단되며, 특히 하가점상층문화에서 비교적 이른 시기의 옹·발형의 이중구연점토대토기가 확인되기 때문에 하가점상층문화의 영향을 상정할 수 있겠다.[3]

춘추 중기가 되면 원대자 을류 M129에서 구연부 내측이 부드럽게 외반되고 외측의 점토대가 비교적 두텁게 부착된 이중구연점토대토기가 확인된다. 한편 갑류 무덤은 'ㅐ'형 목관이 사용되며, 동촉, 원개형장신구, 골기, 동포, 마구류, 장경호, 현문호 등이 확인된다. 출토된 청동기류의 성격은 십이대영자 및 정가와자와 연속성을 가진다.

춘추 후기가 되면 원대자 병류 무덤에서 구연부 단면 삼각형의 무이 이중구연점토대토기가 주를 이루며 이전 단계에서 확인되는 마구, 골제병기, 청동장신구 등은 보이지 않는다. 종방향의 환상파수가 부착된 단이 이중구연점토대토기가 등장한다. 대체로 장방형 목관곽의 묘제를 사용하며, 평면 'Ⅱ'형 목곽이 등장한다. 개, 돼지의 순생이 보편적으로 확인된다. 요서서부의 하가점상층문화권에서는 석관묘제가 소멸하고 수천 유적에서 확인되듯이 동물 순생과 함께 토광묘가 조성되기 시작한다. 특히 수천 북구묘장에서는 다수의 이중구연점토대토기가 부장되는데 구연부 형태가 다양하다.

그러나 수천 유적의 전체적인 문화양상은 원대자 유적과는 차별성을 가지는데, 특히 하북성 북부의 문화적 영향에 의한 것으로 판단된다(陳平 2006). 먼저, 묘제에 있어서 수천 북구묘장은 일부 석재를 두른 묘가 존재하며, 인접한 묘에

---

2) 대부분 鬲의 구연부를 이중구연으로 조성하는 경향이 많으며, 제일 이른 시기의 옹·발형 이중구연점토대토기는 하가점상층문화의 임서 대정 고동광에서 확인된다.

3) 요동지역에서는 원대자 79YM1 출토 이중구연점토대토기와 기형과 파수가 동일한 토기가 동요하의 포대산 1기에서도 확인되어 1단계에는 구연부를 얇게 감싼 이중구연점토대토기가 요서 동부뿐만 아니라 요서 서부, 요동지역에서 폭넓게 확인됨을 알 수 있다. 한편, 이중구연심발이 요동지역에서 하요하(심양)를 거쳐 요서지역의 대소능하까지 영향을 미친 것으로 보는 견해도 있다(陳平 2006: 467).

대해서는 두향이 정반대인 묘를 교차하여 배치하는 양상이 확인된다. 또한 동물 순생이 대체적으로 하북성 북부에서 유행하던 습속이라는 점에 있어서 하가점 상층문화 소멸 이후 토광묘제의 등장은 하북성 북부의 문화적 영향에 의한 것임을 뒷받침한다. 원대자 병류 묘장에 동물순생이 갑자기 등장하는 것은 수천 북구묘장과의 교섭에 의한 것으로 판단할 수 있으며, 원대자 유적에서 이 시기부터 수천 북구묘장에서 보편적으로 확인되는 소형의 이중구연점토대토기가 등장한다는 점도 이를 뒷받침한다.

한편, 원대자 병류 M39 출토 무이 이중구연점토대토기는 수천 북구묘장, 오란보랍격 유적, 하북성 북부의 군도산묘지 옥황묘(北京市文物硏究所 編著 2007) YYM340호 묘 출토 무이 이중구연점토대토기와 구연부 형태와 기형이 거의 유사하다. 이를 통해서 춘추 후기에는 요서 동부, 요서 서부, 하북성 북부지역이 활발한 교류관계를 가진 것을 알 수 있다. 그러나 요서 서부의 수천 북구묘장과 정구자, 산만자 등에서는 쌍이 이중구연점토대토기가 확인되는 반면, 요서 동부지역에서는 쌍이 이중구연점토대토기는 확인되지 않기 때문에 요서 동부지역과 하북성 북부와의 교류는 제한적이었던 것으로 판단된다.

전국 전기에는 원대자 병류 M2와 정류 무덤에서 다양한 구연부 형태를 가지는 이중구연점토대토기가 등장하며, 묘제는 동물순생이 거의 확인되지 않고, 장방형과 'Ⅱ'형태의 목곽이 비교적 균일하게 분포한다. 요서 동부지역은 단이 이중구연점토대토기와 함께 구연부가 타원형에 가까운 이중구연점토대토기가 등장하는 것을 볼 수 있는데, 요서 서부지역에서는 수천 북구묘장과 남구묘장에도 유사한 구연부 단면 형태를 가지는 단이 이중구연점토대토기가 확인된다.

수천 남구묘장의 등장은 요서 동부지역에서 일련의 사회적인 변화에 의한 것으로 판단되는데, 수천 남구묘장은 묘향이 남북향이며 무덤의 규모가 작고 장구가 거의 없다. 또한 동물순생의 습속도 거의 없으며, 파수가 달린 이중구연점토대토기도 확인되지 않는다. 단면 타원형 이중구연점토대토기의 존재와 동물순생이 거의 확인되지 않는다는 점에서는 요서 동부 원대자 정류 무덤과 동질성을 가지며, 요서 동부지역은 전통적으로 파수가 없는 이중구연점토대토기가 주류인 점을 고려하면 수천 남구묘장은 요서 동부지역과의 높은 관련성을 가지는 것으로 판단된다.

전국 중기에는 원대자 정류 무덤과 무류 무덤 일부에서 이전 시기와 마찬가지로 단면 타원형의 구연부가 주를 이루며, 새롭게 단면 방형, 홑구연의 구연부를 가지는 이중구연점토대토기가 등장한다. 또한 토기의 부장은 단이 이중구연점토대토기+무이 이중구연점토대토기의 조합이 보편화된다. 無耳 이중구연점토대토기는 대체로 타원형의 구연부 형태를 가지지만 단이 이중구연점토대토기는 구연부 형태가 다양하다. 소석판과 동대구가 공반되기 시작한다. 이 단계에는 전형적인 연식 묘제인 원대자 무류 무덤이 다수를 이룬다. 재지계 무덤에서 소석판의 공반은 이러한 연식 묘제의 영향 하에서 나타난 것으로 판단된다.

동시기 요서 동부에서는 동대장자, 북산근, 요서 서부지역은 오란보랍격 등지에서 연문화의 요소와 재지계의 요소가 모두 확인되어, 이 단계에는 요서지역에 전체적으로 이미 연문화가 확산되었음을 알 수 있다.

전국 후기 요서 동부지역에는 홑구연을 가지는 토기가 주를 이루어 이중구연점토대가 이미 외반구연화 된 것으로 판단된다. 요서 서부지역에서는 아직까지 이 시기에 이중구연점토대토기가 출토된 예는 없으나, 요서 동부지역에서 연문화와 이중구연점토대토기가 공존하는 양상(裵炫俊 2017)을 보면 요서 서부지역도 이와 유사할 것으로 판단된다.

III. 점토대토기와의 관계

1. 요서지역 이중구연점토대토기를 둘러싼 논쟁

이상의 이중구연점토대토기들은 토광묘라는 묘제와 토기의 구연부에 점토대를 부착하거나 말아서 구연부를 두껍게 처리하는 방식에서 한반도 청동기시대 후기~초기철기시대에 등장하는 점토대토기문화와의 관련성이 상정되고 있는 것 들이다(朴淳發 2004: 22-23; 李成載 2007: 9-10).

한반도의 점토대토기문화는 이전 단계의 청동기문화와는 차별성을 지니는데, 원형점토대토기와 함께 (흑도)장경호, (단각, 공심형장각)두형토기, (환상, 조합우각형)파수부호, 한국식동검, 다뉴경, 유구석부, 목관(곽)묘 등이 등장하고,

삼각형점토대토기는 영남지역을 중심으로 단조품의 철제무기와 공구류 등 다양한 철제품, 실심형 두형토기, 합구식 옹관묘의 보편적인 사용 및 와질토기의 등장이라는 점에서 문화적으로 큰 의미를 가진다(박진일 2007).

문제는 한반도에서 문화적으로 유의미한 원형점토대토기 및 삼각형점토대토기와 유사한 단면 (타)원형, 삼각형, 능형, 방형 등의 구연 형태를 가지는 토기가 앞서 살펴보았듯이 요서지역에서도 확인된다는 점이다.

한반도 점토대토기문화와 제일 친연성을 가지는 것으로 요동지역의 정가와자유형을 드는데 큰 이견은 없다. 요동지역 점토대토기의 기원에 대해서는 요서기원설과 요동기원설로 구분되는데, 대체로 요서지역에서 점토대토기가 먼저 등장하여 요동지역에 영향을 미친 것으로 본다. 현재까지는 요서지역의 이중구연토기 전통과 동령강식 토기에서 확인되는 흑색마연 토기제작기법, 하북성 북부의 토기제작기술 등이 결합하여 기원전 6~5세기대에 점토대토기가 출현하고, 요서지역에서 성립한 점토대토기문화는 요하 중류지역으로 확산하여 정가와자유형으로 대표되는 점토대토기문화를 형성했다는 요서기원설(오강원 2006a; 李成載 2007; 金玟憬 2014)이 지지를 받고 있다.

그러나 요동기원설을 지지하는 학자도 적지 않다. 中村大介(2008)는 수천 유적이나 오란보랍격 유적에서 확인되는 이중구연점토대토기에 대해서는 점토대토기로 지칭하고 있으나, 이보다 이른 시기에 해당하는 요동반도의 상마석 BII구나 A구 하층에서 확인되는 한반도의 점토대토기와 제작 기법이나 구연부 형태가 거의 유사한 토기에 대해서는 이중구연토기로 지칭하고 있다. 그리고 요동지역에서 점토대토기는 춘추 후기 이전에 발생했을 것이지만 현재 자료의 부족으로 요동반도 중부인지 심양지역인지에 대해서는 판단을 보류하고 있다.

최근에는 요동반도에서 시작된 쌍방문화가 북상하여 요동북부에 이른 후 요서지역으로 확산하여 대소능하유역의 능하유형을 형성하였다는 견해(陳平 2006; 趙賓福 2009)를 적극 수용하여, 요동지역 이중구연 통형관의 전통 아래에서 기원전 800~600년경 요동지역에서 점토대토기가 발생한 후 요서지역 수천 유적의 점토대토기 등장에 영향을 끼친 것으로 보기도 한다(박순발 2015).

더 나아가서 요서와 요동 어느 지역이 먼저 점토대토기가 출현했는지 여부와 상관없이 조양 원대자 79M1과 요동 서풍 충후둔 석곽묘의 이중구연점토대토기를 모두 점토대토기로 보고 역시 기원전 800~600년경부터 요서와 요동지역이 모두 점토대토기문화권에 포괄되는 것으로 보기도 한다(이형원 2018).

그러나 이상의 논의에서는 몇 가지 문제들이 도출된다. 먼저 점토대토기와 이중구연토기 구분의 모호성을 들 수 있다. 中村大介는 요동반도 상마석 출토 토기가 전형적인 점토대토기의 구연부 제작방식과 거의 유사한 특징을 가지고 있다고 하면서도 이를 이중구연토기로 보고 있다. 이는 점토대토기가 확실하다고 판단되는 정가와자나 공주둔 후산의 연대가 춘추 후기이고 상마석 A구 하층은 춘추 중기, 상마석 BII구는 춘추 전기에 해당되기 때문에 시간적으로 점토대토기가 출현하기 전 단계의 것으로 보았기 때문인 것 같다. 반면 수천 유적이나 오란보랍격 유적의 이중구연을 가지는 토기는 사실 구연부의 명확한 형태나 제작방식을 아직 알 수 없음에도 점토대토기로 지칭하고 있다. 즉, 이중구연토기와 점토대토기의 구분을 특정 시기를 기준으로 구분한 것이다.

그러나 특정 시기를 기준으로 이중구연토기와 점토대토기를 구분할 경우 점토대토기의 출현을 어느 시점으로 보느냐에 따라 그 기준이 달라질 수 있다는 문제가 있다. 만약 점토대토기의 출현을 기원전 800~600년경부터 본다면 동시기 요서와 요동지역에 존재하는 이중구연의 토기는 모두 점토대토기가 되는 것이다.

하지만 이럴 경우 그 이전부터 요동과 요서지역에 존재하는 이중구연의 토기는 또 어떻게 볼 것인지에 대한 문제가 생긴다. 이에 대해서는 이미 오강원(2006b)이 지적한 것처럼 구연부 형태의 유사성만으로 요령지역의 이중구연을 가지는 토기를 점토대토기로 볼 경우 그 기원은 신석기시대까지 소급될 수 있는(李在賢 2002) 문제가 있다. 또한 소위 점토대토기가 출토되는 유적 자체의 문화양상을 고려하면 요서지역과 요동지역에는 차이가 있어 양 지역의 유사 토기를 모두 점토대토기문화에 속하는 것으로 이해하는 것은 문제라는 지적도 있다(成璟瑭 2009).

2. 요서지역 이중구연점토대토기의 특징

점토대토기의 가장 큰 특징은 구연부 단면의 형태일 것이다. 때문에 이중구연을 가지는 토기의 구연부 형태 또는 제작방식이 한반도의 소위 '점토대토기'와 얼마나 유사한가에 따라서 이중구연토기와 점토대토기를 구분하는 일차적인 기준이 되어야 할 것이다.

한반도 점토대토기의 구연부 특징은 점토대 자체가 구연부를 형성한다는 점에 있다. 즉 토기를 성형할 때 저부와 동체부를 성형하고 구연부 부분은 마무리가 안 된 상태에서 점토대를 덧붙인다는 점인데, 단면을 보면 동체부 끝단에 점토대가 부착되어 있는 것을 확인할 수 있다. 물론 구연부를 조성하고 그 외측에 점토대를 부착한 경우도 없는 것은 아니지만 이러한 예는 소수에 불과하다(그림 6-1~4).

반면 우리가 접할 수 있는 중국 자료는 상마석 출토품처럼 일본 학자에 의해 보고된 경우는 구연부의 형태와 제작방식을 참고할 수 있지만 중국 학자에 의해 보고된 자료는 중국식 실측도 자체가 기물의 단면을 구체적으로 표현하고 있지 않기 때문에 구연부를 이루는 점토대의 형태라든가 접합방식 등을 확인할 방법이 없다(그림 6-5·6). 때문에 중국 측 자료만 참고할 수 있는 요서지역의 이중구연점토대토기를 점토대토기로 판단할지 이중구연토기로 판단할지는 풀릴 수 없는 문제일지도 모른다.

따라서 중국 자료에 대한 실견을 바탕으로 한 분석이 필수적이지만 현재의 여건상 박물관 전시품을 제외하고 실견할 수 있는 기회는 거의 없다. 특히 요동지역의 이중구연점토대토기는 박물관에 전시되어 있는 사례가 있지만 요서지역은 현재 몇몇 보고서에 수록된 사진을 제외하고 실물을 관찰할 수 있는 기회는 기본적으로 없다고 할 수 있다(그림 6-7·8). 이 중 본계 상보촌 출토품은 구연부를 이루는 점토대의 양 끝단이 접착된 상태를 육안으로 관찰할 수 있는데, 한반도의 점토대토기와 동일한 단면형태와 접합방식을 가지는 것으로 판단된다. 요서지역의 경우는 조양 원대자 보고서에 유물사진이 수록되어 있어 참고할 수 있지만 구연부 관찰에는 한계가 있다.

필자는 요서지역에서 수습된 이중구연점토대토기편을 실견할 기회가 있었는

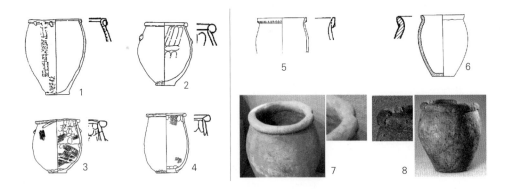

1~3. 보령 교성리, 4. 안성 반제리, 5. 장해 상마석, 6·8. 조양 원대자, 7. 본계 상보촌(단, 1~4는 박진일(2007), 5는 中村大介 (2008), 6·8은 원대자 발굴보고서, 7은 필자 촬영)

〈그림 6〉 한반도와 중국 동북지역 이중구연점토대토기 비교(축척부동)

데, 대체로 요서지역에서 출토된 이중구연점토대토기의 다양한 구연부 단면형 태와 대응시킬 수 있었다. 관찰 결과를 바탕으로 작성한 모식도는 〈그림 7〉과 같다. 모식도 상단의 완형 이중구연점토대토기 실측도는 중국 보고서에서 구연 부 단면형태별로 선별하여 추출한 것이고, 하단의 구연부 단면 실측도는 필자의 관찰 결과를 바탕으로 중국 보고서에 실렸을 때의 단면도, 한국과 일본의 보고 서에 실렸을 때의 단면도 방식으로 모식도를 작성한 것이다.[4]

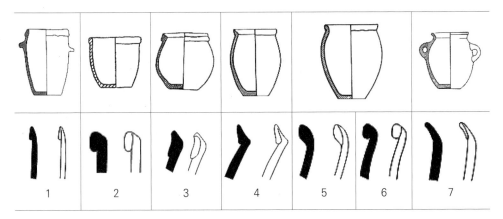

〈그림 7〉 요서지역 이중구연점토대토기 구연부 단면 모식도(축척부동)

---

4) 모식도의 객관성을 담보하기 위해서는 사진자료와 함께 제시하여야 하지만 관련 보고서가 아직 미간

관찰 결과 요서지역 이중구연점토대토기편의 가장 큰 특징은 대부분이 동체부와 구연부를 성형한 후 구연부의 외측에 점토대를 붙인다는 점을 알 수 있었다. 이때는 구연부 내측의 외반 정도(꺾임의 유무), 점토대의 형태, 접착 위치에 따라서 구연부의 형태가 (타)원형, 삼각형, 능형, (장)방형 등 다양한 형태를 띠게 된다. 여기서 중요한 점은 구연부 형태가 (타)원형이든 삼각형이든 기본이 되는 구연부를 먼저 조성한 후 그 외측에 점토대가 덧붙여진다는 점이다. 때문에 구연부 내측은 동체부와 동시에 성형된 구연부 부분이며, 구연부 외측은 점토대 부분이 된다. 따라서 구연부에 이중으로 점토대를 덧붙였다는 의미로 이중구연점토대토기라는 용어는 적합하다고 할 수 있다.

물론 요서지역에도 기초 성형시 구연부의 끝보다 점토대가 위로 올라오게 덧붙여진 것이 있고, 한반도에도 구연부 외측으로 점토대가 붙여진 것이 있기도 하다. 특히 한반도의 삼각형 점토대토기는 요서지역과 마찬가지로 외반되는 구연부 외측에 점토대를 덧붙인다는 점에서 요서지역의 이중구연점토대토기와 동일한 제작방식을 보인다. 그러나 삼각형점토대토기의 출현 시점이나 문화적 배경을 보았을 때 요서지역의 유사한 구연부 형태를 가지는 이중구연점토대토기와 직접적으로 연결시킬 수는 없다. 어쨌든 비파형동검 단계인 원형점토대토기 단계에서 이러한 예는 전체적으로 보았을 때 극소수에 불과하다. 즉, 요서지역의 이중구연점토대토기와 한반도의 점토대토기는 제작 전통에 있어서 뚜렷한 차이점이 존재하는 것이다.

한편 요서지역의 이중구연점토대토기 중 구연부 내측이 부드럽게 꺾이면서 외측의 점토대가 기초 성형시의 구연부 끝단보다 높게 덧붙여져 있고 점토대의 단면이 (타)원형 또는 방형을 띠는 것은 주목할 필요가 있다.[5] 이러한 이중구연점토대토기는 한반도의 점토대토기와 상당히 유사한데, 요서지역에서 전국 전기부터 원대자 정류 무덤, 수천 남구묘장, 북산근 유적 등을 중심으로 확인된다.

인 상태이기 때문에 모식도만 제시할 수밖에 없는 상황이다. 모식도와 관련된 사진자료는 제42회 한국고고학전국대회 자유패널 발표(2018.11.3)에서 중국 측 조사 담당자의 양해를 구하고 공개한 바 있기 때문에 어느 정도의 객관성은 담보했다고 생각한다.

5) 구연부 점토대의 단면 갈라짐이 외면에서 내면까지 이어질 경우 이는 점토대 자체가 구연부를 형성하는 것으로 볼 수 있겠다.

3. 요동지역 점토대토기와의 관계

요동지역의 점토대토기는 정가와자유형 성립 이전 단계인 요동반도의 상마석 유적에서 점토대토기의 구연부 조성방식과 공통되는 부분이 있는 이중구연 양식이 확인되고, 정가와자 제3지점 출토 장경호의 Z자 문양과 시문 위치가 상마석 A구 하층 자료와 유사한 점이 있어 점토대토기는 요동지역에서 처음 출현했을 가능성이 있다(中村大介 2008).

그러나 정가와자유형의 문화양상은 요서지역의 십이대영자나 원대자 갑류 무덤과의 관련성이 높다. 십이대영자가 서주 후기~춘추 전기로 편년되는 것을 고려하면 춘추 중기로 편년되는 원대자 갑류 무덤과 더욱 밀접한 관련성이 있는 것으로 판단된다. 원대자 갑류 무덤 출토 유물이 정가와자 출토 동착, 유공삼익석촉, 청동절약 등과 유사한 동시에 장경호가 동일하게 확인되며, 원대자 M122 출토 현문호는 정가와자 M6512호 출토 장경호가 외면에 현문을 새긴 점에서 기형은 다르지만 동일한 제작기법을 사용했다고 볼 수 있다(그림 8).

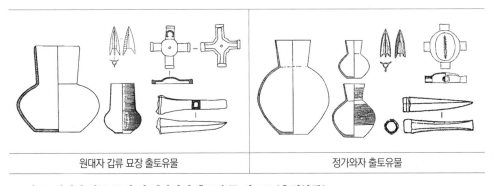

| 원대자 갑류 묘장 출토유물 | 정가와자 출토유물 |

<그림 8> 원대자 갑류 무덤 및 정가와자 출토유물 비교도(축척부동)

위의 청동유물과 장경호 외면에 현문을 조성하는 방식을 비롯하여, 정가와자 유형에서 확인되는 흑색마연기법이 요서지역에서 기원전 7~6세기대에 유행하던 기법인 점과 석관묘를 기본 묘제로 하던 지역에 토광묘가 새로 등장하는 점 (오강원 2006a) 등을 고려하면 정가와자유형의 형성에는 요서지역의 영향이 컸음을 알 수 있다. 그리고 구연부 단면이 (타)원형, 방형인 것은 요서와 요동에서

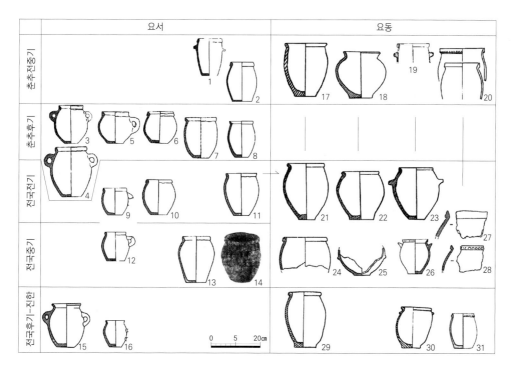

	요서	요동
춘추전기	1, 2	17, 18, 19, 20
춘추후기	3, 5, 6, 7, 8	
전국전기	4, 9, 10, 11	21, 22, 23
전국중기	12, 13, 14	24, 25, 26, 27, 28
전국후기-진한	15, 16	29, 30, 31

1: 원대자 79M1, 2: 원대자 M129, 3: 수천북구 M79, 4: 수천북구 M50, 5: 수천북구 M7, 6: 수천북구 M21, 7: 수천북구 M76, 8: 원대자 M39, 9: 원대자 M77, 10: 수천남구 M69, 11: 원대자 M103, 12: 원대자 M91, 13: 오란보랍격 95AWM8 14: 북산근, 15·16: 원대자 XM22, 17: 이가구 채집, 18: 강상 M19, 19: 포대산, 20: 상마석 A구 상층, 21~23: 공주둔후산 F1, 24·25: 정가와자 제3문화층, 26: 양갑산 M5, 27·28: 정가와자 제3문화층, 29·30: 상보 M2·M3, 31: 윤가촌 M12

<그림 9> 요서와 요동지역 (이중구연)점토대토기 비교도

거의 동시기에 모두 확인되지만, 요서지역의 겨우 이중구연점토대토기의 구연부 단면형태가 얇은 점토대를 부착한 것에서 점차 두터운 점토대를 부착하는 양상이 계기적으로 확인되며 이러한 흐름 속에서 구연부 단면 형태가 (타)원형 또는 방형인 것이 출현하게 된다. 그러나 요동지역은 이러한 변화 양상은 현재까지 확인되지 않으며 다소 돌출적으로 출현하는 것처럼 보인다. 따라서 구연부 형태를 '원형점토대토기'와 유사한 (타)원형 또는 방형으로 조성하는 방식은 요서지역에서 먼저 발생한 후 요동지역에 영향을 끼친 것으로 볼 수 있다(그림 9).

그러나 요동지역의 점토대토기는 단순히 요서지역의 일방적인 영향 또는 요서지역 이중구연점토대토기 소유 집단의 직접적인 이주 등에 의해서 기물 자체가 전이된 것은 아니다. 정가와자유형의 점토대토기 기형은 이전 시기의 토기 중에서 유사한 형태를 찾을 수 있으며, 구연부 조성방식은 상마석의 예에서 확인할 수 있듯이 요동지역에서 춘추시기부터 이어져 내려오는 전통이고, 정가와자 제3문화층과 윤가촌 M12에서도 상마석 출토품과 유사한 형태의 구연부가 확인된다.

　이것은 요동지역의 춘추시기부터 존재하던 재지적 요소가 이어져 내려오는 가운데 구연부를 원형 또는 삼각형으로 조성하는 방식이 추가되었음을 의미하는 것으로 볼 수 있다. 그리고 요서지역 이중구연점토대토기의 주요 구성 기형인 종상의 환형파수가 부착된 쌍이, 단이 이중구연점토대토기는 요동지역에서 기본적으로 확인되지 않는다. 또한 이중구연점토대토기가 무덤에 부장되는 양상은 요서지역에서 춘추시기부터 이미 보편적으로 보이는 양상인 반면, 요동지역에서 점토대토기는 비교적 긴 시간적 범위 내에서 부장품으로서의 성격을 가지지 못했다. 요양 양갑산 유적에서 조사된 토광묘에는 점토대토기와 (흑도)장경호가 같이 공반되는 양상이 확인되는데, 무덤 구조와 장법 및 부장방식이 정가와자의 무덤과 유사하다. 즉 요동지역에서 점토대토기는 양갑산 유적의 연대를 고려하면 대체로 전국 중기에 이르러서 비로소 무덤에 부장되기 시작하는 것이다(이후석 2010).

　따라서 요동지역의 재지집단이 재지의 토기 기형과 제작방식을 고수하는 가운데 요서지역의 구연부를 (타)원형 또는 방형으로 조성하는 모티브를 선별적으로 수용했고, 그 결과 요동지역에서 한반도의 점토대토기와 동일한 토기가 출현한 것으로 볼 수 있다.

IV. 맺음말

　요서지역 비파형동검문화 속의 토기는 다종다양하여 어느 특정 기종 또는 특정 기종 조합이 토기문화를 구성한다고 한정해서 말하기 어렵다. 또한 전기 비파형동검문화의 중심지인 요서지역과 후기 비파형동검문화의 중심지인 요동지역은 시기적으로도 차이가 있어 양자를 아우르는 토기문화를 특정하기란 더욱 어렵다. 이는 비파형동검문화가 아우르는 지역이 광범위하고 지역에 따라서, 시기에 따라서 각기 다양한 문화적 전통과 교류관계를 가지기 때문일 것이다.

그러나 요동지역 비파형동검문화의 중심을 이루는 정가와자유형은 한반도의 점토대토기문화와 직접적으로 연관되는 것이기 때문에 전체적인 연속성을 고려한다면 요서지역에서도 점토대토기문화와 관련된 토기들이 비파형동검문화의 중심 토기문화를 구성한다고 볼 수 있다.

즉, 이미 여러 연구자들이 주목하고 있는 요서지역의 이중구연점토대토기가 그 근간을 이루는 것이다. 요서지역의 이중구연점토대토기는 형태적 유사성 때문에 한반도나 요동지역에서 확인되는 점토대토기와 동일하게 여겨지는 경향이 있다. 그러나 요서지역의 이중구연점토대토기는 기본적으로 구연부를 완성한 후 외측에 점토대를 부착하는 제작전통을 가진다. 이는 구연부를 완성하지 않은 상태에서 점토대를 부착하여 점토대 자체가 구연부를 형성하는 요동지역이나 한반도의 점토대토기와는 제작방식에 있어서 근본적인 차이가 존재하는 것이다. 그리고 요서지역은 구연부에 부착되는 점토대가 얇은 것에서 점차 두터워지는 흐름이 있으며 그 과정에서 구연부 단면 (타)원형 또는 방형의 형태가 등장한다. 구연부 단면이 삼각형인 이중구연점토대토기는 단면이 (타)원형 또는 방형인 것보다 이른 시기에 등장하기 때문에 원형→삼각형의 흐름 속에서 등장하는 한반도의 삼각형점토대토기와는 관련성을 상정하기 어렵다.

그러나 요서지역의 구연부 단면 (타)원형 또는 방형 이중구연점토대토기 중에서도 점토대토기의 구연부 제작방식과 동일한 것이 존재하기 때문에 이들은 점토대토기의 범주에 포함시킬 수 있으며, 대체로 원형점토대토기라고 부를 수 있다. 그 출현은 전국 전기인 기원전 5세기 후반보다 올라갈 수 없다. 동시기 요동지역의 정가와자유형에서 확인되는 점토대토기는 정가와자유형의 형성배경을 고려하면 요서지역의 영향을 받아 출현한 것으로 볼 수 있다. 다만 그 영향을 요서에서 요동으로의 일방적인 영향관계로만 규정할 수는 없는데, 요동지역의 점토대토기는 기형이나 구연부 제작방식에서 자신의 전통을 줄곧 고수하고 있기 때문이다. 따라서 상호 간에 지속적으로 이루어진 다양한 방식의 교류 속에서 요동지역의 토기제작 전통 하에 요서지역의 구연부를 두텁게 (타)원형으로 조성하는 모티브가 선별적으로 수용된 결과 발생한 것으로 볼 수 있다.

참고문헌

〈한국어〉

金玟憬, 2014, 「遼寧地域 粘土帶土器文化의 변천과 파급」, 『한국청동기학보』15.

박순발, 2015, 「점토대토기문화의 기원과 전개」, 『점토대토기문화의 기원과 전개』, 제9회 한국청동기학회 학술대회 자료집.

박진일, 2007, 「粘土帶土器, 그리고 青銅器時代와 初期鐵器時代」, 『한국청동기학보』1.

裵炫俊, 2017, 「春秋戰國시기 燕文化의 중국동북지역 확산 및 토착집단과의 관계 -고고학자료를 중심으로-」, 『한국고대사연구』87.

오강원, 2006a, 『비파형동검문화와 요령 지역의 청동기문화』, 청계.

오강원, 2006b, 「遼寧省 建昌縣 東大杖子 積石木棺槨墓群 출토 琵琶形銅劍과 土器」, 『科技考古研究』12, 아주대학교박물관.

오강원, 2007, 「비파형동검문화 십이대영자 단계 유물 복합의 기원과 형성 과정」, 『단군학연구』16.

李成載, 2007, 『중국동북지역 점토대토기문화의 전개과정 연구』, 崇實大學校大學院 碩士學位論文.

李在賢, 2002, 「圓形粘土帶土器文化에 대하여」 『金海大淸遺蹟』, 釜山大學校博物館.

이청규, 2008, 「중국 동북지역과 한반도 청동기문화의 연구 성과」, 『중국 동북지역 고고학 연구현황과 문제점』, 동북아역사재단.

이형원, 2018, 「토기로 본 고조선 연구의 비판적 검토 -비파형동검 시기를 중심으로-」, 『한국고고학보』106.

이후석, 2010, 「중국 동북지역 세형동검문화와 한반도」, 『요령지역 청동기문화의 전개와 한반도』, 한국청동기학회 제4회 학술대회.

이후석, 2017, 「고고학을 통해 본 초기고조선의 성장 과정」, 『숭실사학』38.

中村大介, 2008, 「青銅器時代와 初期鐵器時代의 編年과 年代」, 『韓國考古學報』68.

천선행, 2010, 「비파형동검 성립전후 요서지역 토기문화의 전개」, 『요하문명의 확산과 중국 동북지역의 청동기문화』, 동북아역사재단.

〈중국어〉

郭治中, 2000, 「水泉墓地及相關問題之探索」『中國考古學跨世紀的回顧与前瞻』, 科
　　學出版社.

北京市文物研究所 編著, 2007, 『軍都山墓地-玉皇廟(一)』, 文物出版社.

北京市文物研究所 編著, 2007, 『軍都山墓地-玉皇廟(二)』, 文物出版社.

北京市文物研究所 編著, 2007, 『軍都山墓地-玉皇廟(三)』, 文物出版社.

成璟瑭, 2009, 『韓半島靑銅武器硏究』, 全南大學校大學院 博士學位論文.

王成生, 1981, 「遼河流域及鄰近地區短錠曲刃短劍硏究」, 『遼寧省考古博物館學會
　　成立大會紀念文集』.

遼寧省文物考古研究所·朝陽市博物館, 2010, 『朝陽袁臺子』, 文物出版社.

趙賓福, 2009, 『中國東北地區夏至戰國時期考古文化硏究』, 科學出版社.

朱永剛, 1997, 「大,小凌河流域含曲刃短劍類存的考古學文化及相關問題」, 『內蒙古
　　文物考古文集』第二集, 中國大百科專書出版社.

陳平, 2006, 『北方幽燕文化硏究』, 群信出版社.

맺음말을 대신하여

　　고조선에 대한 최신 연구 중에 본 연구소를 중심으로 수행했던 연구 성과들을 모아 '고조선의 네트워크와 그 주변 사회'라는 주제 하에 이번 단행본을 기획하고 출간했습니다. 본 서에 실린 연구들은 대부분이 최근 학술지에 실린 논문으로 단행본 체제를 고려하여 수정·보완하였는데, 일부 논문은 새로 집필하다시피 대폭 보완했습니다. 이는 본 서가 고조선에 대한 연구성과를 모은 단순 논문집이 아니라 고조선 연구의 전반적인 현황과 방향을 보여주기 위한 것입니다.

　　무엇보다 고조선에 대한 기존 연구 틀을 넘어서기 위해 새로운 방법론과 다양한 시각에서 고조선의 형성과 변천 과정에 접근하려 했습니다. 흔히 매몰되기 쉬운 일국사적 관점에서 벗어나서 넓은 시각에서 고조선과 그 주변 사회의 물질문화를 바라보고자 했습니다. 좁게는 중국 동북 지역 각지, 넓게는 중국에서 벗어나서 유라시아 각 지역으로 연결되는 광역 네트워크를 바탕으로 그 교류 관계와 상호작용의 면모를 구체적으로 드러내기 위해 노력했습니다. '고조선의 네트워크와 그 주변 사회'라는 본 서의 제목은 이와 같은 문제의식과 연구결과를 반영하여 탄생한 것입니다.

　　또한 본 서에 담은 연구성과들은 크게 1부와 2부로 나누어서 고조선의 성립 및 변천 과정에 대한 체계적인 이해를 돕고자 했습니다. 제1부는 '고조선의 성립과 유라시아'인데, 4편의 논문이 포함되어 있습니다. 고조선의 성립 전야로서 비파형동검문화가 성립하기 전의 요하유역의 문화변동과 광역적인 네트워크를 주로 다루었습니다. 제2부는 '고조선시대(=비파형동검문화)의 전개와 주변 지역'으로 5편의 논문이 포함되어 있습니다. 고조선의 성립은 비파형동검문화의 성립 이후라는 보편적인 관점에서 비파형동검문화의 전개 과정을 고려하여 요령지역을 중심으로 지역 간의 네트워크와 교류 관계를 주로 다루었습니다. 특히 요서계통 비파형동검문화(십이대영자문화)에 주목하여 거시적이나마 초기 고조선의 밑그림을 그리면서 그 발전 과정을 확인해 보고자 했습니다.

먼저 고조선이 성립하게 되는 배경에는 소위 '상말주초'라고 하는 기원전 11세기경 전후 요하유역에서 나타났던 거시적인 문화변동을 들 수 있습니다. 비파형동검문화로 특정되는 청동단검문화가 성립하기 전에 요하유역으로 유입되는 북방계 청동기와 중원계 청동기를 어떤 맥락으로 이해하는 지가 관건인데, 이는 정치체로서의 고조선이 형성되는 고고학적 기반으로 청동 제련기술과 그 결과물의 두 축인 '동검'(무력)과 '동경'(제의)이 어떤 과정으로 출현하는지를 확인하는 것과 관련되는 일이라고 할 수 있습니다. 특히 가장 보편적인 '검'의 제작과 사용은 그 이념의 수용을 전제하는 것이어서 우선 주목할 필요도 있습니다.

기원전 13~10세기경에 주로 확인되는 중원계 청동기와 북방계 청동기는 토착문화 무덤에서 확인되는 예는 별로 없고, 대부분이 매납유적에서 확인되는 것이 특징이라 할 수 있습니다. 무엇보다 중원계 청동기는 용기류에 거의 한정되며, 특정 지역에만 집중되는 것에 비해 북방계 청동기는 무기류와 공구류가 다양하게 확인되며, 발해만은 물론 요하 상류부터 하류의 평원 지역까지 광범위한 분포상을 나타내는 점에 주목해야 할 필요성이 있습니다. 그렇다면 '검'의 제작과 사용은 중원계 청동기보다는 북방계 청동기를 제작 또는 사용하는 집단들과 연결되는 것일 수가 있습니다.

또한 중원계 청동기라 하더라도 상주시기 중원지역에서 확인되는 특정 기종 조합과는 달리 제작 시기를 달리하는 여러 기종들이 잡다하게 모여 있다거나 중원지역 외에 북방 초원지역에서 확인되는 기종이나 동물장식 등이 함께 확인되는 점은 그 제작이나 사용 과정에서 상나라나 주나라보다는 중국 북방지역의 토착집단이나 북방 계통 장인집단 등이 밀접하게 관련되어 있었음을 보여주는 것이라고 할 수 있습니다. 심지어는 청동용기 안에 광사(鑛砂)가 채워져 있어서 일반적인 제의보다 채광이나 정련 등의 청동 제작과 관련되는 제의 행위로 추정되는 것도 일부 유적에서 확인되고 있습니다. 그렇다면 요하~발해만권에서 확인되는 중원계 청동기는 중국학계의 일부 주장처럼 소위 '기자조선(箕子朝鮮)'을 설명하는 자료로는 활용하기 힘들다는 것을 알 수 있습니다.

한편 북방계 청동기는 대부분이 '카라숙계 청동기'로 보입니다. 시베리아~몽골지역부터 중국 북방 전역에서 광범위한 분포상을 나타내며, 요하 상류 및 요하 하류 지역에는 토착문화와 결합되는 측면 역시 일부 확인되고 있습니다. 이 카라수크 계통 청동기의 확산 배경에는 장인들의 이주와 기술 교류가 주된 요인으로 지목되고 있습니다. 다만 황하 상류 일대와는 달리 요하 상류 및 하류 일대에는 토착문화와의 복합 양상이 뚜렷하지 않습니다. 그렇지만 앞서 언급하였듯이 중원계 청동기에서도 동물장식 등의 북방계 요소들이 확인되며, 북방계 공구류가 토착문화에서 적지 않게 확인되는 것은 무시할 수 없는 현상이라 할 수 있을 것입니다. 북방계 청동기는 중원계 청동기에 비해 훨씬 많은 영향을 주었으며, 이때 동검 등에 대한 정보 또한 함께 유입되었음에 틀림없습니다.

이와 같이 기원전 11세기경을 전후하는 문화변동을 배경으로 요하유역에는 청동 제련기술과 함께 '검'에 대한 정보와 이념이 널리 확산되었다고 할 수 있습니다. 이 청동단검을 포함하는 신문화는 그 제작과 사용의 주체에 따라 크게 두 방향으로 나타나고 있습니다. 요하 상류 일대에서 주로 확인되는 공병식동검과 요하 하류의 주변 지역에서 주로 확인되는 비파형동검이 그 주인공입니다. 공병식동검문화와 비파형동검문화로 각각 포괄되는 이 두 양식의 청동단검 문화권은 자신만의 지역성을 띠면서도 다양하게 교류하였는데, 공병식동검문화는 하가점상층문화라는 비교적 단일한 성격의 문화권을 형성했던 것에 비해 비파형동검문화는 광범위한 지역에서 유행했던 만큼 지역별로 다양한 성격의 문화권을 형성하였음을 이해할 필요가 있습니다.

과거에는 요하유역의 비파형동검문화에 대한 조사연구가 부족하여 요서지역의 비파형동검문화를 하가점상층문화의 지방유형으로 이해하고, 요동지역의 비파형동검문화도 요서지역의 영향으로 성립하였다고 인식했던 적이 있습니다. 이와 같은 주장들은 중국학계를 중심으로 최근까지 이어지고 있습니다. 그렇지만 본 서의 연구성과만을 보더라도 하가점상층문화와 요서지역의 비파형동검문화, 즉 십이대영자문화는 물질문화의 기본적인 구성조차 서로 달라 같은 고고학 문화로는 보기 힘듭니다. 가령 토기문화의 정체성을 가장 잘 보여주는 취사용기에서 하가점상층문화는 '력'으로 대표되는 삼족기를 사용하나, 십이대영자문화는 '이중구연점토대'가 있는 발형토기를 주로 사용하고 있습니다. 또한 하가점상층문화는 공병식동검 외에 비수식동검과 비파형동검도 함께 사용하고, 무문토기 역시 적지 않게 확인되는 것에 비해 십이대영자문화는 비파형동검만 사용하며, '력'과 같은 삼족기는 사용하지 않는 것이 특징이라 할 수 있습니다.

비파형동검문화는 요동지역에서 성립하여 주변 지역으로 전이되었지만, 이후 가장 역동적인 발전상을 나타내는 것은 요서지역의 비파형동검문화인 '십이대영자문화'라는 것을 본 서의 연구성과를 통해 제시할 수 있습니다. 물론 비파형동검과 그 문화의 기원론은 그리 단순하지 않고 아직 해결해야 할 문제 역시 남아 있습니다. 다만, 비파형동검문화의 성립 과정과 비파형동검문화가 지역별로 분화되어 발전하는 과정은 서로 다를 수도 있습니다. 이는 비파형동검문화권을 둘러싸는 대외적인 상호작용과 네트워크의 환경들이 시기별로 같지 않기 때문이며, 비파형동검문화권의 지역문화 역시 상호 간의 관계 변화에 따라 발전 방향이나 대응 전략 등이 달라질 수 있기 때문으로 여겨지고 있습니다.

본 서의 연구들이 비파형동검문화권 내에서도 요령지역(특히 요서지역)과 주변 문화권의 상호작용과 네트워크에 주목했던 것도 바로 이와 같은 이유 때문이라 할 수 있습니다. 가령 본서에서는 요서지역의 십이대영자문화를 중심으로 내몽고 지역의 하가점상층문화와의 상호 관계는 물론 하북지역의 옥황묘문화와의 상호 관계를 교류와 네트워크의 관점에서 다루었습니다. 결과론적으로 십이대영자문화는 하가점상층문화나 옥황묘문화를 통해 북방 계통 물질문화 요소들을 선택적으로 수용하면서도 자신만의 정체성을 유지하는 전략 등을 통해 지속적으로 발전할 수 있었다고 생각되고 있습니다. 예나 지금이나 변화하는 환경 속에 잘 적응하기 위해서는 능동적인 대응책이 필요하며, 새로운 트렌드를 변용시켜 내면화할 수 있는 정체성도 필요한 것 같습니다.

요서지역의 비파형동검문화는 십이대영자문화를 중심으로 전개되었지만, 요동 지역에는 그와 다른 비파형동검문화가 있었음을 간과할 수 없습니다. 요동지역에는 전기 청동기문화의 지역성이 후기 청동기문화에 지속되는 것이 특징인데, 비파형동검문화도 강한 지역성이 확인되고 있습니다. 이를테면 요북지역의 석관묘와 요남지역의 지석묘는 물론 요동 남단 해안지역의 적석묘도 비파형동검문화가 성립하기 훨씬 이전부터 지역별로 정착되어 있었으며, 동반되는 토기류도 차별성이 분명하게 보입니다. 그렇지만 이와 같은 요동지역 물질문화의 지역성은 십이대영자문화가 확산되고 난 후 점차 약화되는 것에 주목해야 할 것입니다. 결과론적으로 십이대영자문화가 비파형동검문화권 내에서도 가장 역동적이면서 지속력과 영향력이 강한 물질문화라는 것이 확인되는 셈입니다.

십이대영자문화는 기원전 6세기경 이후 본격 확산되었으나, 사실 그 이전부터 점차 확산되고 있었음은 요서식의 동검이나 다뉴동경 등이 요동지역에서 출토되는 것을 통해 짐작해 볼 수 있습니다. 그러므로 십이대영자문화가 요중지역으로 확산되어 '정가와자유형'이 형성되는 것은 아주 단기간에 걸쳐 일어났던 '사건'이라 하기보다 요동지역 비파형동검문화의 주변부에 해당되는 요중 서부지역(심양-요양 일대)에서 요서 계통 비파형동검문화가 정착하는 '과정'으로 이해하는 것이 합리적이라고 할 수 있습니다. 정가와자유형은 요서 계통 요소들이 주류지만, 요동 계통 요소들도 일부 복합되어 형성되었음에 유의할 필요도 있습니다. 요동지역의 토착문화는 정가와자유형의 요소들과 점차 복합되며 쇠퇴하고 요서 계통 요소들이 증가하는 것이 확인되고 있습니다.

요동지역의 비파형동검문화가 정가와자유형을 중심으로 전개되는 것은 고조선사와 관련하여 특히 주목해야 할 필요가 있습니다. 왜냐하면 『사기』 등의 중국 한대 문헌으로 보면, 고조선은 요동지역을 중심으로 성장했을 가능성이 높기 때문이라 할 것입니다. 이에 많은 연구자가 '정가와자유형'을 고조선과 직접 관련되는 물질문화로 이해하고 있습니다. 특히 심양 정가와자 유적 묘지에서 확인되는 6512호 묘는 거의 모든 측면에서 다른 무덤들을 압도하는 것이어서 고조선의 최고 수장묘로 이해되고 있습니다. 이후 정가와자유형은 요동 동부 지역을 거쳐 북한 서부 지역까지 확산되며, 관련 유물들이 길림지역이나 남한지역까지 널리 확인되고 있어 정가와자유형을 중심으로 하는 상호작용의 네트워크가 이전보다 크게 강화되었음도 알 수 있습니다.

그렇지만 이것만으로는 고조선의 물질문화가 무엇인지 단정할 수 없습니다. 중국 선진문헌인 『관자』에는 고조선이 제나라의 교류 대상으로 언급되고 있어 이미 기원전 7세기경에는 고조선이 알려졌을 가능성이 있습니다. 그렇다면 정가와자유형 형성 전의 고조선의 물질문화가 무엇인지 다시 고민하지 않을 수 없습니다. 본 서의 필자들도 기원전 8~7세기경 요서지역의 십이대영자문화에 주목하는 입장이 우세하나, 요동지역의 대형 지석묘문화나 석관묘문화에 주목한다거나 요동지역에서 요서 계통 요소들이 점차 증가하는 것에 주목하는 입장 등 여러 관점에서 바라보고 있습니다. 다시 말해 전기 고조선은 정가와자유형으로 설명할 수 있겠지만, 초기 고조선에 대해서는 아직 연구해야 할 과제들이 많이 남아 있습니다.

이와 같이 과거에는 세형동검문화 단계의 후기 고조선에 대한 연구들이 많았다면, 최근에는 비파형동검문화의 형성과 발전 과정을 고려하여 초기 또는 전기 고조선의 물질문화를 복원하려 노력하고 있습니다. 본 서가 비파형동검문화의 지역 간 상호작용과 네트워크에 주목했던 것도 고조선과 밀접하게 관련되는 물질문화의 정체성이 어떻게 형성되어 변화하는 지를 살펴보기 위한 것이었습니다. 고조선은 처음부터 강성했던 정치체는 아니었고, 주변 사회와의 교류하고 경쟁하는 과정에서 다른 집단들과 구분되는 대국(大國)으로 성장하였다고 이해되고 있습니다. 그러므로 고조선과 관련되는 물질문화 역시 비교적 장기간에 걸친 대외적인 상호작용 하에 주도적인 흐름으로 유행했을 가능성이 높은 점에 주목했던 것입니다.

고조선은 고대 중국의 동방에서 가장 주목되는 정치체였으며, 특히 연나라와 경쟁하며 성장하였다고 전해지고 있습니다. 연나라의 북방에서 고조선과 동시기에 활동하였다는 '산융'이나 '동호', '예맥' 등의 명칭에는 이민족을 멸시하는 고대 중국인의 세계관이 담겨 있습니다. 그렇지만 '조선(朝鮮)'이란 명칭은 대립적인 관계보다 우호적인 관계 하에 부여되는 미칭으로 볼 수 있습니다. 그러므로 고조선사에서 고대 중국과 고조선을 대립적인 관계로만 바라보는 것은 바람직한 것이 아닐 것입니다. 고조선의 물질문화에도 때에 따라서는 북방 계통 요소들이 많았다가 나중에는 중원 계통 요소들이 증가하였다고 보는 것이 합리적입니다. 타자와의 구별에만 매몰되어 고조선의 문화 정체성을 규정하게 되면, 문화순혈주의에 빠질 위험성도 있습니다. 고조선을 북한지역으로 한정한다거나, 초기 중심지가 요동지역에만 있었다고 하여 외래 계통 요소들이 적지 않게 포함되어 있는 요서지역의 비파형동검문화를 고조선사에서 배제하는 것은 그와 같은 대표적인 오류라고 할 수 있습니다.

최근 한국 고고학계에서 고조선사를 한국 고고학의 시대 구분 체계 속에 포함시키고자 하는 노력들이 적지 않습니다. 이와 같은 논의들은 본 서에서 언급하였듯이 '고조선시대론'으로 부를 수가 있을 것입니다. 그렇지만 고조선사에 대한 인식들은 천차만별이고, 문헌사와 고고학의 관점 차이 역시 적지 않습니다. 학계 내에서도 민족주의-국가주의적인 관점이나 서술 편의상의 관점에서 청동기시대의 개시기와 고조선사의 초현기를 일치시켜 본다거나 소위 국가형성 단계 또는 세형동검문화 단계부터 '고조선시대'를 적용시키자는 견해까지 제시되고 있습니다. 그럼에도 비파형동검문화의 발전 과정에서 고조선이 성장하였다는 것은 일치되는 견해라고 할 수 있습니다. 고조선은 '기자조선설'과 같이 천년 왕국은 아니지만, 유서 깊은 비파형동검문화가 그 배경 문화가 되는 셈입니다.

다만 여기에서 유의해야 할 것은 "'고조선사'와 '고조선시대'는 일치하지 않을 수도 있다"라는 점에 대한 것입니다. '고조선사'는 다른 고려없이 고조선의 역사와 문화만을 논하기만 하면 되는 것이지만, '고조선시대'는 '삼국시대(원삼국기 포함)' 앞에 위치하는 개설서의 한 장으로서 관련 유적·유물 등을 통해 고조선을 설명해야 하는 어려움이 있습니다. 앞서 잠시 언급하였듯이 고조선사를 초기-전기-후기로 3분하는 경우, 후기 단계는 세형동검문화, 전기 단계는 정가와 자유형으로 어느 정도 설명할 수 있습니다. 그렇지만 초기 단계에 대해서는 견해 차이가 너무 커서 물질문화를 특정하여 서술하기 힘듭니다.

고조선사의 초기 단계 또는 초기 고조선의 등장 시기와 관련하여 일단 삼국시대의 개시기는 소위 건국 연대로서 정할 수가 있겠지만, 고조선은 건국 연대를 획정하기 어려워서 결국 고고학적 획기로서 정할 수밖에 없습니다. 비파형동검문화의 전개 과정에서 확인되는 고고학적 획기에는 동검이나 다뉴동경의 등장, 단독 수장묘의 조영, 주변 사회를 압도하는 차별화된 수장묘의 등장 등을 들 수 있습니다. 이와 같은 고고학적 현상의 이면에는 정치체의 성립이나 성장 기반과 관련되는 기술-무기-제의(또는 이념) 등의 복합 과정이 반영되어 있으므로 향후 다양한 방법론을 통해 면밀하게 접근해야 할 필요가 있습니다.

고조선에 대한 연구는 역사학과 고고학의 어느 한쪽 분야에만 매몰되지 않고 학제 간의 통합적인 방식으로 수행하는 것이 바람직한 방법일 것입니다. 이 과정에서 문헌사료의 기록과 고고학적 자료가 꼭 일치하지 않을 수도 있습니다. 또한 고대 중국인의 '인식'과 실제 확인되는 고고학적 '실체'가 다를 수도 있는 점을 인정하는 것이 고조선사 연구의 시작이라 할 수 있을 것입니다. 그럼에도 극히 적은 문헌사료와는 달리 고고자료는 앞으로도 꾸준하게 증가할 것이기에 고조선에 대한 고고학적 연구는 더욱 심화되고 다양화할 필요가 있습니다.

이와 같은 고조선에 대한 고고학적 연구가 설득력을 얻기 위해서는 무엇보다 세계사적 보편성을 견지하는 수준에서 접근해야 할 것입니다. 비파형동검문화의 성립과 전개 과정에서 확인되는 대내외적 교류 관계와 네트워크에 주목했던 것은 그와 같은 이유 때문임을 인식해야 할 필요가 있습니다. 고조선은 주변 사회와 긴밀하게 연결되어 있고, 그 전개 과정에서 확인되는 문화변동 역시 주변 사회를 넘어 훨씬 더 넓은 유라시아 세계로 다양하게 연결되어 있기 때문일 것입니다. 본 서가 지향하는 바도 이와 같습니다. 아무쪼록 본 서가 고조선사 연구의 지평을 확대하기 위한 미래지향적인 안내서가 될 수 있기를 기대해 봅니다.

2022년 10월 이후석

찾아보기

ㄱ

ㄴ

ㄷ

ㅊ

ㅋ

강인욱

경희대학교 한국고대사·고고학연구소 소장
및 고조선사부여사연구회 회장

Undercurrents of Go'joseon Research Reflected in the Diaries: With a
Focus on Gu Jiegang's Diary (顧頡剛日記) and An Zhimin's Diary (安志敏日
記), The Journal of Northeast Asian History, Volume 18 Number 2 (Sum-
mer 2022)

「만발발자 유적으로 본 후기 고조선의 교역 네트워크와 고구려의 발흥」(『동북
아역사논총』 71, 2021)

「초기 고조선 네트워크의 형성과 비파형동검문화 -기술, 무기, 제사를 중심으
로」(『한국고고학보』 106, 2018)

「북한 고조선 연구의 기원과 성립: 리지린의 고조선 연구와 조중고고발굴대」
(『선사와 고대』 45, 2015)

▎ 이후석

경희대학교 한국고대사고고학연구소 학술연구교수

『고조선과 고구려의 만남 : 길림성 통화 만발발자 유적』(공저, 동북아역사재단, 2021)

『동북아시아 고고학 개설 I - 선·원사시대 편』(공저, 동북아역사재단, 2020)

『요서지역의 청동기문화 : 문화접경·다양성·상호작용』(공저, 동북아역사재단, 2019)

「위만조선 물질문화의 형성 과정」(『고고학』 21-1, 2022)

「요령지역 비파형동검의 등장과 그 배경」(『한국고고학보』 111, 2019)

▎ 오대양

단국대학교 동양학연구원 연구전담조교수

『북한지역의 청동기시대 묘제와 고조선 연구』(단국대학교출판부, 2020)

『요서지역의 청동기문화 : 문화접경·다양성·상호작용』(공저, 동북아역사재단, 2019)

『고조선사 연구동향』(공저, 동북아역사재단, 2018)

「금강하류지역 청동기시대 묘제의 제사·의례적 성격 고찰」(『한국고고학보』 125, 2022)

「송국리유적 석관묘의 특징과 성격 재검토」(『한국청동기학보』 28, 2021)

┃ 정현승

국립경주문화재연구소 연구원

『북방지역 주요 고고 유적』(공저, 동북아역사재단, 2020)

『조선고고연구 해제집 1·2』(공저, 국립문화재연구원, 2017)

「북한~중부지역 청동단검문화의 변천과 교류」(『고고학』 20-2, 2021)

「遼西地區靑銅文化的形成與演變」(『靑銅器與金文』 4, 2020)

「중국 기북·요서지역 중원식동과의 전개와 계통」(『한국고고학보』 104, 2017)

┃ 조원진

한양대학교 문화재연구소 연구조교수

「중국의 최근 고조선·부여사 연구 현황과 평가」(『동북아역사논총』 77, 2022)

「준왕남래설과 전북지역」(『고조선단군학』 48, 2022)

「최근 중국학계의 기자조선 연구 동향 검토」(『한국사학보』 85, 2021)

「고대 진번의 변천 연구」(『선사와 고대』 66, 2021)

「위만조선-漢나라의 전쟁 양상」(『군사』 118, 2021)

배현준

동북아역사재단 한중관계사연구소 초빙연구위원

『동북아시아 고고학 개설 I - 선·원사시대 편』(공저, 동북아역사재단, 2020)

『동북아시아 철기문화 연구의 새로운 움직임』(공저, 역사공간, 2018)

「세죽리-연화보유형 개념의 출현과 전개 - 해방 후~현재까지의 연구사 정리」
(『백산학보』 123, 2022)

「출토 유물로 본 후기 십이대영자문화와 연문화의 네트워크」(『백산학보』 120,
2021)

「요서지역 전국 연문화의 전개와 그 배경 - 출토 유물을 중심으로」(『동북아역
사논총』 69, 2020)

김동일

목포대학교 도서문화연구소 학술연구교수

「청동기로 본 중국 동북지역과 기북지역의 교류양상」(『한국고고학보』 2022-3,
2022)

「비파형·세형동검의 검병 구조와 전개 과정 고찰」(『호남고고학보』 71, 2022)

「玉皇廟文化靑銅短劍研究」(『北方民族考古』 11, 2021, 중국)

「청동기시대 기북지역 반유목문화의 개념과 영역 -옥황묘문화와 낙타량유형을
중심으로-」(『고고광장』 28, 2021)

「옥황묘문화의 편년과 전개양상」(『한국상고사학보』 105, 2019)